本书研究受2020年国家社会科学基金青年项目"明清时期长江舆图整理与研究"（20CZS060）资助

本书出版受2021年陕西师范大学优秀学术著作出版基金、陕西师范大学一流学科建设经费资助

A Study
on the Navigation
Atlas of
Upper Yangtze
River in the
Qing Dynasty
and Republic
of China

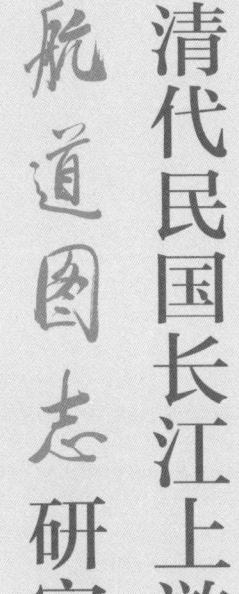

清代民国长江上游航道图志研究

李鹏 著

中国社会科学出版社

图书在版编目(CIP)数据

清代民国长江上游航道图志研究/李鹏著. —北京：中国社会科学出版社，2023.12（2024.4 重印）

ISBN 978-7-5227-2760-8

Ⅰ.①清… Ⅱ.①李… Ⅲ.①长江—上游—航道图—研究—中国—清代-民国 Ⅳ.①U612.26

中国国家版本馆CIP数据核字（2023）第235598号

出 版 人	赵剑英
责任编辑	宋燕鹏
责任校对	李　硕
责任印制	李寡寡

出　　版	中国社会科学出版社
社　　址	北京鼓楼西大街甲158号
邮　　编	100720
网　　址	http://www.csspw.cn
发 行 部	010-84083685
门 市 部	010-84029450
经　　销	新华书店及其他书店
印　　刷	北京君升印刷有限公司
装　　订	廊坊市广阳区广增装订厂
版　　次	2023年12月第1版
印　　次	2024年4月第2次印刷
开　　本	710×1000　1/16
印　　张	21.75
字　　数	328千字
定　　价	118.00元

凡购买中国社会科学出版社图书，如有质量问题请与本社营销中心联系调换
电话：010-84083683
版权所有　侵权必究

序

之前，我在《试论中国川江历史文化的世界性》一文中提出中国川江是"世界内河航运最繁忙同时又最危险的河道，由此产生了规模宏大的拉纤盘滩提驳场景、特殊地位的滩师角色、内容丰富的号子文艺、特殊地名群、丰富的专门文献，同时也滋生出了在世界历史上少见的码头文化体系、江湖社会概念、饮食菜系和戏剧河道划分标准"。所以，从交通史意义上来看，长江上游内河交通有明显的世界范围的特殊性。长江上游河道的特殊性决定了航道的独特性，而航道的独特性又滋生出特殊的航道图。

其实，我们并没有发现清代以前的有关长江的专业航道图流传下来，历史上中国内河航运基本上是依靠人们的经验来完成技术传承的，篙师、滩师、驾长、领江往往通过师徒、父子关系口头传承，在航行实践中进行引导，自然没有航道图文本产生的必要和可能。就我们发现的宋代到明代的有关长江的图绘来看，其类型主要是山水画和山水地图，并不具有引航导船的功用，显然不是真正意义上的航道图，如夏圭的《巴船出峡图》、巨然的《长江万里图》、传李公麟的《蜀川胜概图》等等。清代以来，随着中国政治经济文化重心的东移南迁，四川盆地的东南区域地位上升，川江水路出入中原的第一通道地位完全确立，川江运输的重要性大大上升，滇铜转运、皇木运输、川盐接济等国计民生工程对川江的依赖加重，运输的繁忙和地位抬升催生出了许多河道整治参考、内河航运事功总结而有一定引航护航功能的川江图绘出现，如我们熟悉的乾隆《金沙江全图》、佚名《岷江图说》、《峡江救生船志》与《峡江图考》等等。

不过，严格地说，清代出现的本土川江图绘大多数是为河道整治参考、内河航运事功总结编绘的，虽然有一定的护航导航功能，但在现实的航运实践中仍然是依靠滩师、驾长心脑中的经验来引航的。这本身是清代川江传统图绘文本精度不高的先天缺陷和文本编绘事功总结的功能目的决定的。我们发现，在民国时期，许多旅行川江的人都随身带有《峡江图考》一册，反而是导航的驾长、领江们少见有随身带《峡江图考》的。

到了近代，机动船进入川江后，机动船在航速、船形、机动等方面的差异性，更使传统川江图绘失去了实际运用的功能，川江航道图绘的技术转型自然是当务之急，这就是李鹏这部《清代民国长江上游航道图志研究》中提出的"现代性引入"话语的重要性。

李鹏《清代民国长江上游航道图志研究》从宋代《蜀川胜概图》谈起，分别对清代乾隆《金沙江全图》、清末的《峡江救生船志》《峡江图考》等本土航道图绘做了研究，然后对近代西方人对长江上游航道图的绘制历史进行了梳理，对近代海关设立与近代长江航运技术与设施的现代化过程做了分析，涉及蒲蓝田的《川江航行指南》（又称《长江上游宜渝间航行指南》）编制与川江航政的现代化问题，然后对民国时期本土航道图编绘过程中"传统"与"现代性"的融合过程做了分析，最后引伸到中国地图史学的"现代性"问题。应该说这是目前对长江上游航道图志最系统最深入的一部研究著作，可贺可喜。

《清代民国长江上游航道图志研究》是李鹏在我指导下完成的博士论文基础上形成的著作。李鹏在学生中是一个学术天赋较高又相当勤奋的年轻人，具体表现在学术敏锐性强，对历史过程现象理论总结有强烈的悟性，对历史资料的探寻有一种不达目的不罢休的精神。这部著作是他的第一部著作，字里行间显现了一位年轻学者对学术的一种不懈追求。

前面已经谈到，川江河道的特殊性使川江流域滋生出了"丰富的专门文献"，可以说"川江历史文献"从内河河段专门文献角度来看，其种类之多、出现之早可能都是世界上罕见的。如传说唐代吴道子《三峡图》、王周《峡船具诗序》、唐宋《三峡记》、宋代《蜀川胜概图》、夏圭《巴船出平图》、巨然《长江万里图》、范成大《吴船录》、陆游《入蜀记》、明代吴守忠《三峡通志》，清代佚名《岷江图说》、《巴东县长江图》、乾隆《金沙江全图》、洪良品《巴船纪程》、陈明申《夔行纪程》、谢鸣篁《川船记》、唐炯《沿江滩规》、贺笏臣（缙绅）《峡江救生船志》、国璋《峡江图考》、史锡永等《峡江滩险志》、杨宝珊《最新川江图说集成》、盛先良《川江水道与航行》、傅崇矩《江程蜀道现势书》、陈登龙《蜀水考》、李元《蜀水经》等。近代西方人有关川江河道运输的文本、地图也是相当丰富，如英国人布莱基斯顿的《扬子江汉口至屏山段航道图》、德国人李希霍芬《三峡地质地貌图》、法国人薛华立（又译蔡尚质、蔡尚思等）《上江图》、法国水师《长江上游航道图集》、海关《长江上游航道图》、英国人蒲蓝田《川江航行指南》和《峡江一瞥》、威廉·吉尔《金沙江》。近代日本人编的《扬子江水路志》中对川江航段记载最多最详。直到现当代编的各种版本专业导航图、资料汇编也是相当丰富，如《长江上游宜渝段航行指南》《长江上游宜渝段航道及航标配布简图》《长江上游航行参考图》及《四川内河航运史料汇集》《四川省内河航运史志资料》等。

可以说，在世界上可能没有哪一个内河河段上有如此多的专门文献和航道图绘。所以，不论是专题文献，还是从"河道图""航道图"的角度来看，川江历史文献完全可以作为专门类别进行研究。从众多专题文献入手，研究具有世界性文化的川江历史文化，特别是研究这种文化产生的原因和影响，留下的空间更是巨大。所以，在以后适当的时候出现"川江学"这个相对独特的学科领域也是可能的。从这个意义上来看，长江上游历史文化的研究应该是刚刚起步。李鹏《清代民国长江上游航道图志研究》的出版，自然会极大地推动川江历史文化的研究深入，我也相信李鹏会在这个方面有更多更好的论著出现，成为"川江学"历史构建的先驱实践者。

蓝勇

2022 年 8 月 30 日

目　　录

绪　论 ……………………………………………………………（1）

第一章　传统的延续：清代长江上游航道图志编绘之考察 ………（21）

　第一节　《蜀川胜概图》与宋明传统"蜀川"图绘 ……………（23）

　　一　宋明时期"蜀川图"的绘制谱系 ……………………（23）

　　二　《蜀川胜概图》长卷的文本价值 ……………………（26）

　第二节　乾隆朝金沙江工程与《金沙江全图》的绘制 ………（28）

　　一　金沙江工程与《金沙江全图》绘制的背景 …………（29）

　　二　《金沙江全图》的绘制机制与图像差异 ……………（33）

　　三　《金沙江全图》的景观刻画与文本流传 ……………（39）

　第三节　清代长江上游航政建设与《峡江救生船志》的
　　　　　编绘 ………………………………………………（43）

　　一　清代长江上游救生船制实施的现实困境 ……………（44）

　　二　《峡江救生船志》的编绘缘起与版本流传 …………（49）

　　三　《峡江救生船志》的编绘机制与地图叙述 …………（56）

　　四　《峡江救生船志》的文本价值与历史局限 …………（61）

　第四节　晚清川江内河航运变迁与《峡江图考》的编绘 ……（65）

　　一　《峡江图考》的版本源流与编绘背景 ………………（66）

　　二　《峡江图考》的图绘内容与地图刻画 ………………（75）

　　三　《峡江图考》的文本价值与书籍传播 ………………（80）

　本章小结 …………………………………………………………（83）

第二章 现代性的引入：近代外国对长江上游航道的地图测绘 …………………………………………………………（85）

第一节 19世纪英国对长江上游航道的调查与勘测 ………（86）
　　一　1861年"扬子江上游考察队"测绘川江的尝试 ……（86）
　　二　1869年英国海军《岳州—夔州航行图》的测绘 ……（96）
　　三　川江行轮与英国政府对长江上游航道的勘测 ………（102）

第二节 近代法国测绘长江上游航道的历史轨迹 …………（117）
　　一　近代法国人对中国西南地区的地理情报搜集 ………（117）
　　二　1898年蔡尚质川江考察与《上江图》的编绘 ………（122）
　　三　近代法国海军与《长江上游航道图集》的测绘 ……（130）

第三节 近代日本编绘长江上游航道图志的历史考察 ……（137）
　　一　近代日本人测绘长江上游航道的缘起与背景 ………（137）
　　二　日本海军水路部与《扬子江水路志》的编制 ………（142）
　　三　"扬子江战略"与《扬子江案内全》的编绘 …………（152）

本章小结 ……………………………………………………………（155）

第三章 现代性的展开：近代海关与长江上游航道图志的标准化 ……………………………………………………………（157）

第一节 近代海关在长江上游设置的历史过程 ……………（159）
　　一　宜昌海关的设立 ………………………………………（159）
　　二　重庆海关的设置 ………………………………………（161）
　　三　万县分关的开办 ………………………………………（165）
　　四　海关与近代川江航运贸易结构的变化 ………………（166）

第二节 长江上游巡江司与川江航道秩序的重构 …………（169）
　　一　海关与长江上游巡江司的设置 ………………………（169）
　　二　蒲蓝田与川江行轮航线的开辟 ………………………（172）
　　三　蒲蓝田与川江助航设施的建设 ………………………（177）
　　四　蒲蓝田与川江航行规则的修订 ………………………（181）
　　五　蒲蓝田与川江轮船结构的设计 ………………………（186）

第三节 近代长江上游航道图志标准的确立 ………………（191）

一　长江上游巡江司《航行布告》的发布 …………………… (191)
　　二　标准《长江上游航道图》的编制与刊印 ………………… (195)
　　三　海关发售《长江上游航道图》的权威性 ………………… (200)
　　四　蒲蓝田与《长江上游宜渝间航行指南》 ………………… (205)
本章小结 …………………………………………………………… (215)

**第四章　现代性的回响：清末民国长江上游航道图志的
　　　　　本土建构** ………………………………………………… (217)
第一节　川江轮船公司的成立与《最新川江图说集成》的
　　　　编绘 ………………………………………………………… (219)
　　一　清末民初长江上游航权的中外争夺 ……………………… (219)
　　二　《最新川江图说集成》编绘的缘起 ……………………… (229)
　　三　传统航道图志知识资源的再利用 ………………………… (234)
　　四　"旧瓶装新酒"与《最新川江图说集成》的文本价值 … (237)
第二节　长江上游航道整治与《峡江滩险志》的编绘 ………… (239)
　　一　刘声元与"修浚宜渝滩险事务处"的设立 ……………… (239)
　　二　《峡江滩险志》的编纂缘起与成书过程 ………………… (247)
　　三　《峡江滩险志》的文本内容与地图编绘 ………………… (249)
　　四　长江上游航道图志本土谱系的初步建构 ………………… (257)
第三节　抗战时期长江上游的水道测绘与航图制作 …………… (259)
　　一　20世纪30—40年代川江航政的重叠管理 ……………… (259)
　　二　《川江绞滩总站所属各滩站形势图说》的编绘 ………… (264)
　　三　战时大后方水利机构与长江上游水道测绘 ……………… (269)
　　四　民生公司与战时川江行轮的知识总结 …………………… (283)
本章小结 …………………………………………………………… (285)

结语　从地图史学透视中国"现代性"问题 …………………… (287)
参考文献 ………………………………………………………… (310)
后　记 …………………………………………………………… (334)

绪　　论

一　选题缘起与问题提出

万物皆存于时空之中，并以一定的秩序相互联系与作用。人类为记录与传递周围事物的时空信息，往往需要借助于不同的信息传递媒介。其中，图像是人类在语言、文字与数字之外的第四种信息传递方式，与其他信息传递形式相比，图像具有更加直观、形象与简洁的特点。正因如此，以年鉴学派为代表的西方史学界越来越重视对图像或视觉史料的运用。① 按照新文化史的倡导者彼得·伯克的说法，"图像是历史的遗留，同时也记录着历史，是解读历史的重要证据。从图像中，我们不仅能看到过去的影像，更能通过对图像的解读来探索它们背后潜藏着的信息"。② 由此来看，图像入史的学术旨趣，就是通过解读图像史料的符号刻画，挖掘背后隐藏的社会变迁与权力运作，剖析更为深层的社会心态、观念信仰与文化传统。③ 换言之，图像史学建构的学术意义，不仅是以

---

① 李源：《图像·证据·历史——年鉴学派运用视觉材料考察》，《史学理论研究》2010年第4期。
② [英] 彼得·伯克：《图像证史》，杨豫译，北京大学出版社2018年版，"封面"。
③ 西方新文化史研究对图像资料的运用与解读，参见 [英] 彼得·伯克《制造路易十四》，郝名玮译，商务印书馆2007年版；[美] 林·亨特《法国大革命时代的家庭罗曼史》，郑明萱、陈瑛译，商务印书馆2008年版等。国内学界对图像史学的提倡，参见葛兆光《思想史研究视野中的图像》，《中国社会科学》2002年第4期；黄克武主编《画中有话：近代中国的视觉表述与文化构图》，台北"中央研究院"近代史研究所2003年版；杨念群主编《新史学——感觉、图像、叙事》（第1卷），中华书局2007年版；陈平原《左图右史与西学东渐：晚清画报研究》，生活·读书·新知三联书店2018年版；韦正《将毋同：魏晋南北朝图像与历史》，上海古籍出版社2019年版等。

图证史、以图明史、以图补史，更在于研究视野、研究对象上有所更新；不仅体现为跨学科的研究理念，更展现出方兴未艾的学术前景。①

就史学方法论而言，相比于文献考证、数理统计、理论阐述、田野调查、话语分析等研究方法，图像分析显得更加形象、鲜活和生动。而通过视觉材料来追寻曾经的历史景观，发掘逝去的历史记忆，其本身就是对史学研究过分追求科学化的一种纠偏。有学者就指出：图像提供的细节，为我们的历史事实重建提供了文字资料所不具备的内容。② 近年来，运用图像资料或视觉材料进行史学研究的观念开始深入人心，建构中国图像史学（或"形象史学"）的呼声也越来越高。③ 例如，蓝勇教授在2014年发表《中国古代图像史料运用的实践与理论建构》一文，区分了"图像证史"与"图像存史"两种不同研究路径与学术功能的差别，提出了建构中国图像史学的学科设想。④

在诸多类型的图像资料中，相比绘画、肖像、雕刻、照片、影像等视觉文本，地图不仅是对地理事物的视觉呈现，更是一种空间记忆与地理想象。自哈雷提出"解构地图"的新理念后⑤，重新定义作为权力表征的地图，解构近代以来视地图为纯粹客观的地理知识形态的看法，日益成为当下探索地图制作与社会权力相互关系的理论基石。⑥ 如果说地图通过独特的图形符号，将自然世界人文化，将利益隐而不显地蕴藏在

---

① 王加华：《让图像"说话"：图像入史的可能性、路径及限度》，《史学理论研究》2021年第3期。

② 曹南屏：《图像的"文化转向"——新文化史视域中的图像研究》，参见复旦大学历史学系、复旦大学中外现代化进程研究中心编《新文化史与中国近代史研究》，上海古籍出版社2009年版，第323—361页。

③ 自2011年始，中国社会科学院古代史研究所文化史研究室刘中玉主编的《形象史学研究》（现改为《形象史学》）已经连续出版多辑，至今已有12年。2014年9月12日，《中国社会科学报》就组织了题为"可视的叙事：形象史学的理论与实践"的笔谈，收入"眼光向下：形象史学的寓意与功能""文字资料和非文字资料相得益彰""形象史学悄然兴起""形象史学：从图像中发现历史""《玄风庆会图》政治在形象之后""道符书写的灵异世界""物、图史料更贴近历史真实""冷战时期卫星影像中的鲁乡景观""从图像、史境到形象史学"等重要文章。2015年11月，由科学出版社与西南大学历史地理研究中心合办的"首届中国图像史学论坛"在北京举办，同时宣布《中国图像史学》正式创刊。

④ 蓝勇：《中国古代图像史料运用的实践与理论建构》，《人文杂志》2014年第7期。

⑤ Harley, J. B. , "Deconstructing the Map", Cartographica, 1989, pp. 1 - 20.

⑥ 国内地理学界对哈雷"解构地图"思想的解读，参阅蔡运龙、［美］Bill Wyckoff 编《地理学思想经典解读》，商务印书馆2011年版，第287—298页。

图形中。① 那么，流传至今的古旧地图作为历史时期地理现象的再现手段，不仅是对往昔地理景观的图像描绘，也是空间历史认知的文化隐喻。② 因此，在地图史学研究中，将古旧地图作为"图像证史"的重要工具，从空间描述、位置安排、比例大小、符号运用、色彩异同等方面，探索古旧地图背后隐藏的空间观念与地理认知，有助于我们清晰认知历史时期地图绘制与社会文化之间复杂的互动关系。③

就目前中国地图史学的研究现状看，这种从社会文化角度重新解读中国古旧地图的学术理路，业已成为一种新的范式。自美国华裔学者余定国《中国地图学史》在国内翻译、出版以来，中国地图史学界逐渐引入了古旧地图的社会文化史分析框架，致力于阐释中国传统地图的社会价值与文化意义，突破了此前注重定量研究与线性思维的局限性，引发了中国地图史学研究的"社会文化史转向"。④ 在此基础上，国内学者逐渐形成了若干新的地图史学研究路径，或从思想文化史的视阈出发，去思考古旧地图制作与传播背后的思想世界及社会观念；或从制度史的角度切入，去考察古旧地图的源流谱系、绘制机制与社会影响；或借鉴知识史的视角，去探寻古旧地图绘制的知识来源与地理认知；或参考阅读史的方法，去分析古旧地图的文本阅读与传播路径。⑤

---

① [美]丹尼斯·伍德：《地图的力量》，王志弘等译，中国社会科学出版社2000年版，第41—74页。
② 李孝聪：《古代中国地图的启示》，《读书》1997年第7期。
③ 葛兆光：《古地图与思想史》，《中国测绘》2002年第5期。此外，华林甫教授在研究英国国家档案馆所藏清代军事舆图文献的过程中，进一步提出"舆图也是一种史料"。参见华林甫编著《英国国家档案馆庋藏近代中文舆图》，上海社会科学院出版社2009年版，第29页。
④ 韩昭庆：《中国地图史研究的"由今推古"及"由古推今"——兼评余定国〈中国地图学史〉》，《复旦学报》（社会科学版）2009年第6期。
⑤ 参见葛兆光《作为思想史的古舆图》，收入《古代中国的历史、思想与宗教》，北京师范大学出版社2006年版，第48—87页；唐晓峰《两幅宋代"一行山河图"及僧一行的地理观念》，《自然科学史研究》1998年第4期；《地图中的权力、意志与秩序》，收入刘东主编《中国学术（第四辑）》，商务印书馆2000年版，第261—268页；成一农《非"科学"的中国传统舆图：中国传统舆图绘制研究》，中国社会科学出版社2016年版；钟翀《中国近代城市地图的新旧交替与进化系谱》，《人文杂志》2013年第5期；孙靖国《江防海防图再释——兼论中国传统舆图所承载地理信息的复杂性》，《首都师范大学学报》（社会科学版）2020年第6期；潘晟《地图的作者及其阅读——以宋明为核心的知识史考察》，江苏人民出版社2013年版；丁雁南《地图学史视角下的古地图错讹问题》，《安徽史学》2018年第3期；《地理知识与贸易拓展：17世纪荷兰东印度公司手稿地图上的南海》，《云南大学学报》（社会科学版）2020年第5期等。

上述基于社会文化史研究的路径特点，就是更多关注古旧地图绘制的社会人文因素，这种研究范式的转变，无疑为当前中国地图史学研究的深入发展开启了新的问题空间。因此，就学术视野来看，将古旧地图看作独特的图像文本，从中国固有的知识脉络出发去思考传统地图的本土表达，就是力求贴近历史语境与地方实践，而非简单地屈从西方制图标准。对此，有学者就指出：中国传统地图常常是"地方尺度"下一种感性的、高度个人化的"默会知识"，故将古旧地图定义为"绘画与现代地图之间的，由地理实际、地理观念和默会知识三种层面的知识所共同呈现的图像"[①]。

毋庸讳言，社会文化史视野下的古旧地图研究，对当前重新书写中国地图学史来说，起到了代际转换的范式转型意义。然而，由此亦带出若干重要问题值得我们思考：当前学界虽然注意到从中国固有知识脉络中去追寻本土地图的价值，却忽视了作为"地方性知识"的传统地图，在近代以来西方测绘制图技术为标志的"普遍性知识"的影响下，不可避免地走向现代性与科学性。换言之，在近代中国社会转型的大背景下，植根于本土的地方制图实践，不可避免地受到西方测绘技术与现代制图理念的渗透，由此"地方"开始让位于"空间"，而伴随"地方性知识"的逐步消退，"普遍性知识"最终单向存在。

从某种程度上讲，中国传统地图编绘的"现代性"转型，就是西方科学制图与现代测绘技术渗透、发展与确立的过程。当然，我们不能简单地采用"传统/现代"去判定"落后/先进"，这样不仅有失武断，更无助于对晚清以来中国地图绘制现代转型问题的深层阐释。[②] 然而，从社会文化史的视角出发，突破此前过分"科学化"的阐释体系，深入研究晚清以来中国地图绘制的现代转型，及其与近代社会变迁的复杂纠葛关系，当是目前中国地图史学研究中亟待加强的核心议题之一。[③] 从某

---

① 丁一：《"源流派分"与"河网密切"——中国古地图中江南水系的两种绘法》，《中国历史地理论丛》2011年第3辑。
② 李鹏：《晚清民国川江航道图编绘的历史考察》，《学术研究》2015年第2期。
③ 华林甫教授已经看到当前中国地图史学研究的薄弱环节，认为近代中国地图史学的发展（特别是其中的转化环节）亟待加强研究。参见华林甫《十年来中国历史地理文献研究的主要成就》，《中国历史地理论丛》2011年第3辑。

种程度上讲，对近代中国地图绘制转型问题的研究，也是目前"近代中国知识与制度转型"研究的重要组成部分。①

值得注意的是，在中国传统地图的绘制实践中，描绘水道风景、河道水系、治河工程以及航行路线的江河水道舆图源远流长，或以审美性的山水绘画展示江河沿岸风景，或以实用性的示意符号标示内河空间特征，在传统时代水域景观营造、内河航道整治、河政漕政管理等诸多方面起着极为重要的作用，是中国古代专题地图体系中不可缺少的组成部分。根据描绘对象的不同，传统江河水道舆图主要有黄河图、运河图、长江图等几大类。特别是长江作为中国第一大河，自唐宋以来就已出现题为《万里长江图》的专题图绘。至明清时期，有关长江舆图的绘制更是蔚成大观，如傅斯年图书馆所藏明代《长江图》残卷，台北故宫博物院所藏《长江地理图》，清代马征麟编绘的《长江图说》，中国国家图书馆所藏《长江名胜图》等，都是不可多得的长江舆图精品。②

不过，明清以来传世的长江舆图，反映整体的全程江图并不多见，多以分段的单程江图为主。以长江上游为例，该段河道曲折迂回，乱石横江，险滩林立，历来就是长江水域最艰险的河段之一。自唐宋以来，就有诸多"蜀川图"（典型代表为《蜀川胜概图》）的绘制。及至清代，为使内河舟人认明水径，对长江上游航道图志的编绘开始发展为专门之学，为后世留下珍贵的舆图资料。这类地图在西方绘图技术传入前已经取得了较高的成就，特别是以山水写意法绘制的川江航道图册，突出了中国传统舆图形象化的视觉特征，十分精美。然而，伴随近代川江行轮的兴起，传统长江上游航道图志逐步引入现代性的变革。最终，在近代中国知识与制度转型的大背景下，科学化的航道图志以其精确的测绘技

---

① 2004年11月，台北"中央研究院"近代史研究所曾主办了题为"近代中国的知识建构（1600—1949）"的国际学术研讨会，并集结为《近代中国新知识的建构》专号出版。自2005年以来，桑兵教授主持了"近代中国的知识与制度转型"的大型学术研究项目，并出版了一套"近代中国的知识与制度转型丛书"。此外，章清教授也主持了"中国现代学科的形成"的研究项目，台北"中央研究院"的潘光哲研究员也主持了"知识仓库与阅读史"的研究计划。上述主题相近的研究课题从不同角度切入"近代中国的知识与制度转型"问题，力求探索近代中国知识转型与社会变迁的互动关系，阐释西学东渐语境下中国本土知识与学科构建的形塑空间。

② 席会东：《中国古代地图文化史》，中国地图出版社2013年版，第194—285页。

术，逐步取代山水画法绘制的传统航道图志。

从清代民国长江上游航道图志编绘的历史轨迹看，不仅清晰可见中西方对长江上游航道地理信息处理的空间差异，同时也反映出两种不同社会文化理念的碰撞、交互与融合的过程。以中国山水写意绘法为主的传统航道图谱系和以西方测绘技术为基础的现代航道图系统，两种地图在绘制的背景、目的、技术等方面都呈现不同的方向。① 那么，如何评价传统长江上游航道图志的基本成就？晚清以来长江上游航道图志编绘与内河航运变迁的关系何在？西方测绘技术及其制图体系是如何传入长江上游地区的，其中又蕴含着怎样的知识/权力运作机制？长江上游地方精英是如何回应西方航道图志编绘体系的？这些问题都是亟待探索的。有鉴于此，在本书中笔者尝试从近代中国知识与制度转型的角度，通过梳理清代民国长江上游航道图志编绘的历史轨迹，旨在探析近代中国地图编绘从"传统"向"现代性"过渡的复杂过程，这对深入思考晚清以来中国地图编绘的现代转型问题来说，其积极意义自不待言。

就现实关怀来看，推动长江经济带建设是党中央作出的重大战略决策，是关系国家发展的重大战略布局。早在2013年7月，习近平总书记就提出长江流域要加强合作，把长江全流域打造成黄金水道。2014年9月底，由国务院印发的《关于依托黄金水道推动长江经济带发展的指导意见》也正式出台。为推进长江经济带建设，总书记先后在重庆、武汉召开两次专题座谈会，强调长江是中华民族的母亲河，是中华民族发展的重要支撑。必须从中华民族长远利益考虑，把修复长江生态环境摆在压倒性位置，共抓大保护，不搞大开发。② 自2021年3月1日起，《中华人民共和国长江保护法》正式施行，将习近平总书记的重要指示和党中央的战略部署，以法律的形式落实、转化为国家意志与社会行为准则，为保护好长江母亲河、推动长江经济带高质量发展，提供了重要的法律

---

① 冯明珠等编：《笔画千里：院藏古舆图特展》，台北故宫博物院2008年版，第14—16页。

② 习近平：《在深入推动长江经济带发展座谈会上的讲话（2018年4月26日）》，人民出版社2018年版，第2—12页。

依据。① 因此，在当前党和国家积极推进"长江经济带"建设的大背景下，笔者希望继承中国历史地理学"有用于世"的传统，在实证研究的基础上为保护与发扬长江优秀传统文化略尽绵力，更好地发挥学术研究服务现实社会的作用。② 实际上，作为长江传世图像文献的一种类型，当我们谈论传统长江上游航运文化时，那些遥远而鲜活的记忆就收藏在一帧帧泛黄的航道图志之中。

二　研究现状与学术回顾

"地理之学，非图不明"，当前地图史学研究的问题意识，正从图幅内容与绘图技术的讨论，转向对地理认知及文化观念的考察。同时，分专题对传统地图的文本谱系进行考察，进而探索其在中国传统社会中发挥的知识功能，是近年来中国地图史学研究的趋势所在。③ 就目前学界对传统江河水道图的研究而言，无论是从文献整理还是文本阐释来看，都取得了较好的成绩。特别是李孝聪先生以及席会东、王耀对清代黄、运河图的系列研究，对本书的写作起到了很好的借鉴作用。④ 然而，相比于学界对黄、运河图的重点关注，有关长江图的研究虽有所突破，但总体上还有较大的发展空间。⑤ 自20世纪90年代至今，对长江图的文献

---

① 《中华人民共和国长江保护法（附草案说明）》，法律出版社2021年版，第35页。
② 史念海：《发挥中国历史地理学有用于世的作用》，《中国历史地理论丛》1992年第3辑。
③ 汪前进：《地图在中国古籍中的分布及其社会功能》，《中国科技史料》1998年第3期。
④ 对中国古代运河图的综合考察，参见李孝聪主编《中国运河志·图志》，江苏凤凰科学技术出版社2019年版。席会东关于清代黄河图的系列研究，参见《清康熙绘本〈黄河图〉及相关史实考述》，《故宫博物院院刊》2009年第5期；《台北故宫藏雍正〈豫东黄河全图〉研究》，《中国历史地理论丛》2011年第3辑；《高斌〈南河图说〉与乾隆首次南巡研究》，《中国历史地理论丛》2012年第2辑；《晚清黄河改道与河政变革——以"黄河改道图"的绘制运用为中心》，《中国历史地理论丛》2013年第3辑；《〈王石谷全黄图〉研究》，《故宫博物院院刊》2010年第1期；《河图、河患与河臣——台北故宫藏于成龙〈江南黄河图〉与康熙中期河政》，《中国历史地理论丛》2013年第4辑；《美国国会图书馆藏〈豫东黄河全图〉与乾隆朝河南河患治理》，《西北大学学报》（哲学社会科学版）2013年第4期；《欧洲所藏清代〈南河图〉研究》，《中国国家博物馆刊》2011年第7期；《九曲黄河方寸中——美国国会图书馆藏〈江南黄河堤工图〉研究》，《殷都学刊》2013年2期。王耀对清代运河图的专题研究，参见《水道画卷——清代京杭大运河舆图研究》，中国社会科学出版社2016年版。
⑤ 李孝聪：《欧洲收藏部分中文古地图叙录》，国际文化出版公司1996年版，第55页。

考订与内容分析，形成如下三种路径：

首先，从历史文献学的角度，对长江图进行文献考订，主要关注古地图的成图年代、编绘背景、图幅内容、文本源流。由于传世的长江舆图多不注明绘图年代与绘制者，只有根据图幅内容进行考证。例如，秦明智等通过考证甘肃省博物馆藏《长江江防图》的成图年代，探讨了清初长江经略的时代背景①；陈熙远、卢雪燕分别考订了傅斯年图书馆所藏明代《长江图》残卷与台北故宫博物院藏《长江地理图》的文本源流。② 但是，上述研究多集中于单幅地图的文献考证，对不同江段、不同类型长江图的专题研究尚待展开。

其次，从测绘科技史的角度，重点考察不同类型长江图的绘制方法，探究中西方测绘长江航道的技术分异。其中，张修桂从马征麟《长江图说》的图幅设计与制图方法切入，进而探析晚清长江舆图编绘的数理基础③；许金生通过考察19世纪以来日本对长江航道的地图测绘，指出这是近代列强侵略中国的技术手段，同时也认识到其对江河地理知识形成的意义。④ 然而，上述路径多关注地图编绘的科学性与准确性，无法回应传统长江图的现代性变迁。

再次，从地理认知史的角度，旨在梳理古地图对长江水系的地理刻画，阐释传统长江图背后的知识来源与地理认知。例如，林加丰通过考察雍正《长江图》长卷的知识来源，进而探析明清长江图绘制过程中的空间观念⑤；丁一对比古地图中长江下游"源流派分"与"河网密切"的两种绘法，考察了地方尺度下江南水系的绘制脉络⑥；林宏重点关注

---

① 秦明智、林健：《甘肃省博物馆藏清顺治〈长江江防图〉》，《文物》1996年第5期。
② 陈熙远：《长江图上的线索：自然地理与人文景观的历史变迁》，《"中央研究院"历史语言研究所集刊》第85本第2分，2014年；卢雪燕：《院藏彩绘本〈长江地理图〉：无边落木萧萧下，不尽长江滚滚来》，《故宫文物月刊》总第366期（2013年）。
③ 张修桂：《马征麟〈长江图〉研究》，原载《中国古代地图集（清代）》，后收入《中国历史地貌与古地图研究》，社会科学文献出版社2006年版，第577—590页。
④ 许金生：《盗测中国——近代日本在华秘密测量史概述》，《抗日战争研究》2012年第1期；《近代日本对长江航道军事谍报活动概述》，《民国档案》2013年第1期。
⑤ 林加丰：《院藏雍正朝〈长江图〉解码》，《故宫文物月刊》总第304期（2008年）。
⑥ 丁一：《"源流派分"与"河网密切"——中国古地图中江南水系的两种绘法》，《中国历史地理论丛》2011年第3辑。

中外古地图对长江河口的空间叙述，详细分析了10—20世纪江海分界的地理认知。①

上述三种研究路径表明：传统长江图迥异于西方航道测绘地图，脱离本土语境很难理解其独特的价值。有鉴于此，笔者对清代民国长江上游航道图志的研究，力求突破依照"传统/现代"判定"落后/先进"的思维定式，转而从社会文化史的视角入手，通过探讨本土语境下清代民国长江上游航道图志编绘的转型过程，进而分析航道图志在近代长江上游航运变迁中的重要意义。围绕上述研究对象，相关学术史的回顾分为两类，一为"长江上游航道图志的研究现状"，二为"长江上游航运史的研究回顾"。

（一）长江上游航道图志的研究现状

最早论及长江上游航道图志的是邓少琴先生。在其所著《近代川江航运简史》一书中，邓氏对近代长江上游航道测绘的历史进程做了初步梳理，并按测绘年代、测绘次数、测量范围、测绘者依次统计，制作了第一份"川江河道测量表"。在此书中，他认为："光绪二十八年（1902），法海军少佐虎尔斯特（武尔士）率测量队始于上下段着手测量，是为探测川江河道之嚆矢……故今日之川江河道图，实自法兵舰海图部译绘而成者也。"② 在此基础上，他对《峡江救生船志》《峡江图考》《峡江滩险志》等长江上游航道图志展开评述，认为前两部"绘事未得其法……未可以供行轮之参考"③。作者通过比较清末以来中外两种航道图志的文本差异，初步厘清了近代长江上游航道图志编绘转型的历史过程。然因此书稿成于20世纪30年代，其论述仅止于当时，欲求全璧，尚有不足。

继邓少琴之后，李约瑟对清代长江上游航道图志的代表作——《峡江图考》进行了专题研究，在《中国科学技术史（地学卷）》中他认为："人们只要翻一翻诸如《峡江图考》一类近代书籍，就能看到其中有许

---

① 林宏：《中西长江口地理知识及地图绘制（10世纪中叶至20世纪初）》，博士学位论文，复旦大学历史地理研究中心，2016年。
② 邓少琴：《近代川江航运简史》，重庆地方史资料组，1982年，第65—66页。
③ 邓少琴：《近代川江航运简史》，重庆地方史资料组，1982年，第107页。

清代民国长江上游航道图志研究

多描绘得很清楚的地质构造，但图文均带有纯中国的传统形式，丝毫没有受西方影响的痕迹。"① 在这里，作者试图摆脱单纯西方科学话语的局限，重新评价了中国传统航道图志对山川构造的描绘方式，在一定程度上肯定了传统长江图的特点与成就。不过，由于此书的重点在于探索中国古代地质描绘的特点，对其在地图学上的价值作者未能做深入分析，殊为遗憾。但是，在评价中国传统地质学成就的时候，李约瑟指出《峡江图考》是19世纪此类书籍的代表，为后来学者深入研究打下了坚实基础。无论是论证方法，还是学术观点，他的研究均有助于中国学者反思西方中心话语的局限性。

自20世纪80年代末起，在长江航运史的通论性著作中，也开始出现航道图志的研究内容。例如，熊树明主编《长江上游航道史》一书就专门论述长江上游近代航道的开创过程，对川江水道的测量、早期航道图的绘制、近代川江行轮的兴起以及长江上游航道助航设施的建设都有涉及。作者还注意到19世纪末法国人蔡尚质编绘《上江图》的意义，认为此套图志"是长江上游第一次测量的航道全图，也是外国人利用西方测量技术对长江上游航道的第一次测量"②。对照邓少琴所言"法海军少佐虎尔斯特率测量队始于上下段着手测量，是为探测川江河道之嚆矢"的传统观点，③ 上述看法算得上是一个卓越的见识。王绍荃主编《四川内河航运史》一书中，亦专辟一节对长江上游航道测绘的历史进行回溯。作者认为："外人测绘川江航道图的目的，是为入侵川江所用。但同时也将先进的测绘技术传入四川，为中国整治川江航道和通行轮船起了借鉴作用。"④ 上述两书关于传统长江上游航道图志的论述平实有力，客观总结了近代长江上游航道图志编绘的技术转型过程。

在单篇论文中，蓝勇教授最早对传统长江上游航道图志进行专门研

---

① ［英］李约瑟：《中国科学技术史（地学卷·第一分册）》，《中国科学技术史》翻译小组译，科学出版社1976年版，第253—254页。
② 熊树明主编：《长江上游航道史》，武汉出版社1991年版，第81—82页。
③ 邓少琴：《近代川江航运简史》，重庆地方史资料组，1982年，第65页。
④ 王绍荃主编：《四川内河航运史（古、近代部分）》，四川人民出版社1989年版，第209—210页。

究。在其《三峡最早的河道图〈峡江图考〉的编纂及其价值》① 一文中，作者指出《峡江图考》所具有的写实风格，对复原长江上游历史地理具有极高的参考价值。在《清乾隆〈金沙江全图〉考》一文中，作者又对目前海内外所见乾隆年间绘制的三套《金沙江全图》进行比较分析。②在《近代三峡航道图编纂始末》一文中，作者又将近代长江三峡航道图编绘的历史进程，与列强对川江航权的侵夺问题联系起来，不仅注意到国人所绘传统航道图志的成就与不足，还详细论述了近代测量技术兴起后的文本变迁。③ 然而，目前学界对传统长江上游航道图志的研究，仍多以西方地图学作为衡量标准，认为其没有数学基础，科学性不够，有欠准确。应该说，这种过于追求"科学化"的研究范式存在一定的局限性，因为传统长江上游航道图志植根于中国本土舆图绘制的经验土壤，是否具有精确性非其本意，也无法掩盖其社会文化方面的价值。④

实际上，中国传统地图的编绘者多是地方官员或"通儒"，采用描述性的山水图画符号，更易阅读交流。⑤ 相比之下，近代以来西方测绘而成的现代地图，则需要专门的制图技术专家绘制，阅读者经过专业训练方能看懂图绘内容。而传统长江上游航道图志的独特价值，就在于通过山水写意的手法，同时配以大量注解文字，颇为形象地总结了长期流行在民间的航行经验，这种编绘方式不仅是"地方性知识"的表达与升华，更是现代航道图志无法比拟的优势所在。从上述思路出发，笔者在参编《重庆古旧地图研究》《长江三峡历史地图集》《重庆历史地图集》以及《中国国家图书馆藏山川名胜舆图集成》等大型集体项目的过程中，就对清代民国长江上游航道图志与近代中国地图编绘转型产生了较

---

① 蓝勇：《三峡最早的河道图〈峡江图考〉的编纂及其价值》，《文献》1995年第1期。
② 蓝勇、金兰中：《清乾隆〈金沙江全图〉考》，《历史研究》2010年第5期。
③ 蓝勇：《近代三峡航道图编纂始末》，《近代史研究》1994年第5期。
④ 成一农：《"科学"还是"非科学"：被误读的中国传统舆图》，《厦门大学学报》（哲学社会科学版）2014年第2期。
⑤ 姜道章：《历史地理学》，台北三民书局2004年版，第394页。

大兴趣。① 在此基础上,笔者陆续发表多篇专题论文,试图突破此前过于"科学化"的阐释体系。不过,上述研究仅是专题性、个案式的考察。在本书中,则力求从整体上梳理清代民国长江上游航道图志编绘的转型过程,进而阐释地图史学研究对中国"现代性"问题的理解与省思。②

(二) 长江上游航运史的学术回顾

对长江上游航运史的研究始于20世纪20、30年代,邓少琴在《西南实业通讯》上连载的《川江航业史》就是其中的代表。此文之作,源于当时卢作孚主持川江航务管理处,邓时任管理处秘书,负责撰写《川江航运史稿》。因资料多取自宜昌、重庆、万县海关关册,故上述文稿保留大量原始材料,价值甚高。20世纪80年代,邓先生应重庆地方史资料组之约,就原文稿斟酌损益,并附《川江航运大事年表》,合为一册,名为《近代川江航运简史》。此外,静石《川江航行之行源及其近况》③、杨戒净《四十年来之川江航行概况》④、屈平《川江航运之过去及其现状》⑤ 等文章,亦是不可多得的佳作。总体上看,这一阶段有关

---

① 参见蓝勇主编《重庆古旧地图研究》,西南师范大学出版社2013年版;《长江三峡历史地图集》,星球地图出版社2015年版;《重庆历史地图集》,星球地图出版社2017年版;李孝聪、饶权主编,钟翀、张志清副主编《中国国家图书馆藏山川名胜舆图集成》,上海书画出版社2021年版。

② 李鹏:《追寻多样化的地方图景》,《中华文化论坛》2012年第3期;《清代民国重庆军事地图叙录》,《军事历史研究》2014年第2期;《学术史视野下的北碚中国地理研究所(1940—1947)》,《中国历史地理论丛》2014年第2辑;《晚清民国川江航道图编绘的历史考察》,《学术研究》2015年第2期;《乾隆朝金沙江工程与〈金沙江图〉的绘制》,《历史地理》2017年第1期;《清末民国川江航道图编绘的现代性》,《西南大学学报》(社会科学版)2017年第5期;《近代外国人对长江上游航道的地图测绘》,《中国历史地理论丛》2017年第2辑;《清末民国中国历史地图编绘与民族国家建构》,《史林》2018年第1期;《旧瓶装新酒:近代川江本土轮船公司的成立与〈最新川江图说集成〉的编绘》,《三峡大学学报》(人文社会科学版)2018年第6期;《从地图史透视中国现代性问题》,《形象史学》2018年第1期;《清末民国商务印书馆地图出版述论》,《苏州大学学报》(哲学社会科学版)2019年第6期;《图绘大川:晚清〈峡江救生船志〉航道图研究》,《学术研究》2020年第6期;《民初长江上游航道整治与〈峡江滩险志〉的编绘》,行龙主编:《社会史研究》(第11辑),社会科学文献出版社2021年版,第197—216页;《蒲蓝田与清末民初川江航运的现代转型》,《国家航海》2022年第2辑(总第29辑)。

③ 静石:《川江航行之行源及其近况》,《航业月刊》1933年第2卷第11期。

④ 杨戒净:《四十年来之川江航行概况》,《中国航业》1941年第1卷第1期。

⑤ 屈平:《川江航运之过去及其现状》,《商学丛刊》1936年第2期。

绪　论

长江上游航运史的研究尚处于起步阶段，虽多有不足，但在研究方法、资料整理等方面亦有可圈点之处，为此后研究的展开奠定了基础。

至20世纪50、60年代，学界对长江上游航运史的研究继续深入。其中，聂宝璋《川江航权是怎样丧失的?》一文详细考察了清末以来川江航权的丧失过程，堪称近代长江上游航运史研究的扛鼎之作。① 然而，囿于时代局限，作者的研究重心放在对帝国主义侵略川江航权的批判上，难免在认知上有局限之处，如将约翰·立德、蒲蓝田等人简单地视作"帝国主义的流氓"。改革开放以后，在现代化史观的影响下，长江上游航运史的研究呈现出新的局面。其中，汪敬虞《立德和川江的开放》一文，通过考察约翰·立德与川江开放之间的关系，旨在反思近代西方技术引进与中国民族资本主义发展的关系。作者认为不能对西方人开发长江上游的历史过程简单地视作是侵略，有必要重新思考近代轮运技术引入与川江航运现代化之间的关系。②

值得注意的是，在20世纪80、90年代，"中国航海史研究会"与人民交通出版社合作，曾主持编写了一套中国水运史丛书。其中涉及长江上游航运史的有《重庆港史》《万县港史》《宜昌港史》《长江上游航道史》《川江航道整治史》《四川内河航运史》等。这批重要研究成果囊括历史时期长江上游内河航道整治、轮运航线开辟、助航设施建设等诸多方面的内容，足资借鉴。近年来，伴随长江史研究整体水平的推进，学界对长江上游航运史的研究，在资料来源上多有突破，研究领域亦有所拓宽。③ 特别是吴松弟教授对哈佛大学所藏近代海关文献的系统整理，促使学界对近代长江水运制度、航道管理、海图绘制等方面都有新的研究，部分涉及长江上游航道知识生产与中外贸易、港埠开发、城市变迁

---

① 聂宝璋：《川江航权是怎样丧失的?》，《历史研究》1962年第5期。
② 汪敬虞：《立德和川江的开放》，《中国经济史研究》1987年第4期。
③ 参见戴鞍钢《港口·城市·腹地——上海与长江流域经济关系的历史考察（1843—1913）》，复旦大学出版社1998年版；陆远权《通商贸易与区域社会变迁——重庆开埠二十年发展研究》，西南师范大学出版社2004年版；王文君《近30年来清代民国川江航运研究综述》，《中华文化论坛》2009年第2期。

的关系，标志着长江上游航运史研究进一步走向深入。①

具体而论，在长江上游航运制度史研究方面，以蓝勇教授对明清时期长江上游救生船制度的专题研究最具代表性，其成果涉及明清以来长江上游救生船设立时间、设立地点、红船形制、运作方式、成效地位、文献资料等不同层次的问题。② 近年来，作者又对清代滇铜京运路线进行了系统研究，就传统长江上游航行路线、停靠码头、风险追补、沉铜打捞、环境变迁进行了专门探讨。③ 此外，作者还通过考察近代川江木船船型的分类标准，深入分析传统川江木船制造技术传承过程中的分类无序与技术断层问题，为解决"李约瑟难题"提供了具体的案例支持。对于近代川江木船主要船型流变的原因，近代川江木船情结与轮船制造力、航行权、利益权的考量，作者亦有深入阐释。④

在长江上游航道史研究方面，王轼刚主编的《长江航道史》对近代长江上游航道治理、航运路线的开辟都有较为系统的论述，作者从长江全流域的角度审视川江航道变迁，有助于比较分析，但在体量上有些单

---

① 参见吴松弟《港口—腹地与中国现代化的空间进程》，《河北学刊》2004年第3期；吴松弟、方书生《一座尚未充分利用的近代史资料宝库——中国旧海关系列出版物评述》，《史学月刊》2005年第3期；姚永超《中国旧海关海图的时空特征研究》，《历史地理》2014年第2辑（总第30辑）；《中国近代海关的航海知识生产及其谱系研究》，《国家航海》2016年第3辑（总第16辑）；《近代海关与英式海图的东渐与转译研究》《国家航海》2019年第2辑（总第23辑）；李明义《洋人旧事：讲述百年前发生在宜昌的故事》，三峡电子音像出版社2016年版；吴松弟、方书生主撰《中国旧海关内部出版物使用手册》，广西师范大学出版社2021年版。

② 蓝勇：《清代长江上游救生红船制初探》，《中国社会经济史研究》1995年第4期；《清代长江上游救生红船制续考》，《中国社会经济史研究》2005年第3期；《清代长江红船救生的地位和效果研究》，《中国社会经济史研究》2012年第3期；《清代长江救生红船的公益性和官办体系的衰败》，《学术研究》2013年第2期；《中国历史上特殊的地方志书——救生类专志》，《中国地方志》2015年第12期；《晚清海关〈中国救生船〉与东西洋红船情结》（与刘静合作），《学术研究》2016年第4期；《难言之隐——清代内河救生慈善组织内部服务有偿化研究》，《社会科学研究》2018年第6期。

③ 蓝勇：《清代滇铜京运路线考释》，《历史研究》2006年第3期；《清代滇铜京运对沿途的影响研究——兼论明清时期中国西南资源东运工程》，《清华大学学报》（哲学社会科学版）2006年第4期；《清代京运铜铅打捞与水摸研究》，《中国史研究》2016年第2期。

④ 蓝勇：《对先进制造技艺与落后传承路径的反思——以历史上川江木船文献为例》，《历史研究》2016年第5期；《近代川江木船主要船型流变及变化原因研究》，《四川大学学报》（哲学社会科学版）2018年第4期；《近代川江木船情结与轮船制造力、航行权、利益权之考量》，《江汉论坛》2018年第5期；《传统制造名实类分无序与技术时代断层研究——以近代川江木船船型调查反映的现象为例》，《西南大学学报》（社会科学版）2019年第5期。

薄。熊树明主编《长江上游航道史》与朱茂林主编《川江航道整治史》两书，均采用历时性的分析模式，梳理了历史上长江上游航道整治、勘测、管理等方面的变迁过程，亦有较高的文献与参考价值。张瑾与秦和平则从经济社会史的角度，分别探讨了长江上游内河水运发展与重庆城市现代化、长江上游秘密社会组织建构的相互关系。① 此外，邱澎生通过分析清代长江上游的水运纠纷，进而反思传统中国国家与社会互动以及"第三领域"等问题。② 陈新立通过考察清代川江航运中不同利益群体的航道争夺，进而探讨长江上游地区滩务纠纷的解决模式。③ 尹玲玲结合历史地理学与生态环境史的双重视角，长期关注明清以来长江上游航道的环境变迁问题，成果颇丰。④ 邓晓、郑敬东、黄权生、罗美洁、张铭、陈俊梁等学者立足社会文化史，重点关注长江上游航运文化、码头社会与船夫生活，研究成果亦有突破。⑤

---

① 张瑾：《权力·冲突与变革：1926—1937年重庆城市现代化研究》，重庆出版社2003年版，第55—71页；秦和平：《川江航运与啯噜消长关系之研究》，《社会科学研究》2000年第1期。

② 邱澎生：《十八世纪滇铜市场中的官商关系与利益观念》，《"中央研究院"历史语言研究所集刊》第72本第1分，2001年，第49—119页；《国法与帮规：清代前期重庆城的船运纠纷解决机制》，邱澎生、陈熙远编：《明清法律运作中的权力与文化》，联经出版事业公司2009年版，第275—344页。

③ 陈新立：《清代川江航运业中的纠纷与滩务管理》，冯天瑜主编：《人文论丛（2012年卷）》，中国社会科学出版社2013年版，第193—218页。

④ 尹玲玲：《试论宋代三峡新滩地区的滑坡灾害及其影响》，《中国社会经济史研究》2008年第4期；《明代三峡地区地质滑坡对交通和社会的影响》，《中国历史地理论丛》2008年第4辑；《明清时期三峡地区环境变动下的驿传变迁与改革——关于三峡新滩地区的滑坡地质灾害之影响的个案考察》，《上海师范大学学报》（哲学社会科学版）2009年第2期；《历史时期三峡地区的城镇水资源问题与水利工程建设》，《华北水利水电学院学报》（社会科学版）2012年第5期；《论清末三峡云阳兴隆滩的滑坡灾害》，《史林》2015年第6期；《新滩·新龙滩·兴隆滩——记清末三峡滑坡灾害后的一次地名与聚落演变》，《中国历史地理论丛》2017年第2辑；《记长江三峡地质灾害后的江流与航道变迁——以1896年云阳县兴隆滩的滑坡灾害为中心》，《中国农史》2018年第4期。

⑤ 邓晓：《川江流域的物产、木船与船工生活》，《重庆师范大学学报》（哲学社会科学版）2005年第4期；《老重庆的城门与码头文化》，《重庆师范大学学报》（哲学社会科学版）2005年第1期；《川江号子的文化内涵》，《中华文化论坛》2015年第1期；郑敬东：《长江三峡交通文化研究》，中国文史出版社2005年版；黄权生、罗美洁：《千年坝梦：长江治水文化研究》，中国水利水电出版社2021年版；张铭、李娟娟：《〈峡江一瞥〉译补图注》，西南大学出版社2022年版；陈俊梁：《晚清以来川江码头地理研究（1840—1949）》，博士学位论文，西南大学历史地理研究所，2023年。

清代民国长江上游航道图志研究

自21世纪以来,海外学者通过研究方法上的创新、资料运用上的突破、问题意识的转向,在研究视野上将长江上游航运史研究继续推向深入。例如,日本著名航运史家松浦章对清代内河航运史的研究,其中就探讨了长江上游航运路线、木船形制、物资交通等诸多方面的内容。① 川胜守则认为正是依赖清代滇铜京运与长江水运的发展,导致重庆、汉口、芜湖、天津等沿江大型城市连锁的形成。② 德国学者金兰中(Nanny Kim)通过考察清代长江上游航道控制、商业组织与环境变迁之间的关系,深入分析了清代中叶李本忠对川江航道进行整治的社会背景。③ 在此基础上,金兰中还撰写了题为《山路与峡江:清代前中期西南交通史(1700—1850)》的学术专著,书中对18—19世纪长江上游航道变迁与水运事业的发展及其历史局限有专门研究,是近年来值得关注的重要成果。④ 荷兰学者查义高(Igor Iwo Chabrowski)通过考察历史时期川江船夫号子的文化内核,进而分析传统长江上游内河航运中"地方性知识"的重要价值。⑤ 美国学者罗安妮(Anne Reinhardt)则重点考察近代中国轮船航运业兴起与民族国家建构的关系,其中就涉及晚清以来川江航运的现代性变迁。⑥

综上所述,中外学界对长江上游航道图志与内河航运史的研究,结合了地图史学、历史地理学、经济社会史、社会文化史、生态环境史等不同的研究视角,在文献资料、研究方法、学术视野、研究结论等诸多方面,都对本书写作有很好的借鉴意义。但是,目前的研究尚未很好地

---

① [日] 松浦章:《清代内河水运史研究》,董科译,江苏人民出版社2010年版,第226—251页。

② [日] 川胜守:《清乾隆朝的云南铜京运问题与天津市的发展》,《清史研究》1997年第3期;《明清贡纳制と巨大都市連鎖——長江と大運河》,汲古书院,2009年。

③ Nanny Kim, "River Control, Merchant Philanthropy and Environmental Change in Nineteenth Century China", *Journal of the Economic and Social History of the Orient*, Vol. 52, 2009, pp. 660 - 694.

④ Nanny Kim, *Mountain Rivers, Mountain Roads: Transport in Southwest China, 1700 - 1850*, Leiden and Bosten: Brill, 2020.

⑤ Igor Iwo Chabrowski, *Sing on the River: Sichuan Boatmen and Their Work Songs*, Boston: Brill, 2013.

⑥ [美] 罗安妮:《大船航向——近代中国的航运、主权和民族建构(1860—1937)》,王果、高领亚译,社会科学文献出版社2021年版。

绪 论

将这两者结合起来进行整体考察。有鉴于此，在本书中，笔者将充分借鉴中外学者的相关研究，通过考察清代民国长江上游航道图志编绘的历史过程，从"近代中国知识与制度转型"的角度切入，重新评价传统长江上游航道图志的价值，进而思考近代航道图志编绘转型与长江上游航运变迁的互动关系。换言之，本书不仅要深入分析清代民国长江上游航道图志编绘的转型，还要结合近代长江上游内河航运的变迁，最终反思中国本土"现代性"的构建方式，这才是笔者最为关心的学术问题。

三 概念界定与研究方法

（一）"航道图志"的概念界定

现代航运书籍中，"航道图志"是指关于航路航行安全方面的图表和记录。从上述定义的基本内涵看，凡是汇集编纂的关于航行安全所必须的图书都可以归入航道图志。在种类上，航道图志不仅包括航道图、航路志（航行指南），相关的灯塔表、潮汐表、航行历书、航行报告、水道测量公报、航行杂志、航行布告等杂类都算其中的一种。① 狭义上的航道图志，主要是航道图和航路志两种。而就内河航道图志而言，其主要类型也就是各类内河航道图和航路志。一般而言，编绘内河航道图，主要通过测量内河深浅、底质、岸线、岩石、沙滩、障碍物等航道地物，最终按照一定的符号与记法在纸面上缩绘而成。②

在本书中，笔者对清代民国长江上河航道图志的考察，也是以内河航道图和航路志（航行指南）为主要研究文本，包括各类航用图、锚地图、滩险图、港湾图等，同时参以其他各类航行文献，兼顾图像与文字双重文本。然而，值得注意的是，在西方地图测绘技术传入之前，用山水画技法和形象符号编绘的航道图或航路图志曾是中国传统长江上游航道图志的主流，如果用现代西方科学概念去硬套中国传统航道图志的绘制体系，难免有隔靴搔痒之感，因此，笔者在使用"航道图志"的概念

---

① 叶可松编：《水道图志用法指南》，商务印书馆1954年版，第1—2页。
② 船舶教材编写组编：《内河普通水路图志》，人民交通出版社1960年版，第47页。

时，既涵盖了西方科学体系编制的现代航道图志体系，同时也兼顾中国传统航道图志编绘的历史事实。

本书研究的时间范围聚焦于清代民国，主要因为这一时期是长江上游航道图志编绘转型的关键阶段。特别是晚清川江行轮兴起以后，长江上游内河航运亦向现代性转变。以清代民国（特别是晚清民国）作为本书研究的时间范围，有助于分析近代中西文化交汇背景下绘图技术的转型过程，进而阐发其背后的社会文化意义。此外，本书关于"长江上游"的地理概念，主要是指长江干流金沙江与川江主航道，沿岸支流暂不涉及。① 特别是后者，即长江上游从四川宜宾到湖北宜昌的川江航段，全长1045千米，沿途受大小峡谷约束，不仅险滩密布，水文环境亦十分复杂，对船舶航行造成较大的影响，但又不至于无法航行，其在整个长江流域内河航运中都具有典型性。②

（二）研究方法

就研究路径而言，本书拟从两方面入手：首先，要厘清清代民国不同类型长江上游航道图志的文本流传和谱系关系。因为不了解航道图志编绘的基本脉络，就无法辨明其内容特征与文本价值。其次，将长江上游内河航运变迁与航道图志编绘有机结合起来。具体研究方法如下：

1. 历史文献学方法

这是本书的基础研究方法，主要用于清代民国长江上游航道图志文

---

① 有学者曾将长江上游河谷地貌分为通天河、金沙江、川江、三峡四段。不过，历史语境下川江的地理概念有广义和狭义之分，广义上的川江一般分为上川江与下川江，其中下川江包括长江三峡，一般称之为峡江。在本书中，笔者将长江上游按照通航范围，从广义出发划分为金沙江和川江（包括长江三峡）两大河段。参见沈玉昌《长江上游河谷地貌》，科学出版社1965年版，第3—6页。

② 对于川江在长江航运乃至世界范围内流域文化中的特殊地位，蓝勇教授指出：从流域历史地理学的比较视角看，中国川江流域文化在历时性上是世界唯一大河上游文明，因此具有不可替代性。川江特殊的自然环境与区位地域，塑造了世界历史上一个典型的大河上游文明和世俗程度最高的文化区。特别是川江是世界内河航运最繁忙同时又是最危险的河道，由此产生了规模宏大的拉纤盘滩提驳场景、特殊地位的滩师角色、内容丰富的号子文艺、特殊的地名群、丰富的专门文献，同时也滋生出在世界历史上都少见的码头文化体系、江湖社会概念、饮食菜系和戏剧河道划分标准。参见氏著《试论中国川江历史文化的世界性》，《中华文化论坛》2022年第4期。

本信息的考订工作,包括图目整理、时间判读、背景考证、版本梳理等方面。其中,判读舆图绘制时代与所表示的图面信息,是运用历史文献学方法进行古旧地图整理的主要内容。

2. 地图史学方法

这是本书的重要研究方法,主要用于分析不同类型长江上游航道图志的传承关系。目前,地图史学界依据图面地物表现内容、绘制技法相似程度、文本载体保存状况,作为古旧地图文本谱系关系的判读方式。这一较为成熟的地图史学方法,也将为笔者所采纳。

3. 田野考察方法

上述两种研究方法,只是对古旧地图文献的文本解读与纸上作业。对长江上游河道形势进行实地踏查,方可有效验证古旧地图绘制的实际情境。具体操作过程为:针对一些可作为个案的航道图志,设计详细的田野考察方案,分析其绘制视野以及地物表现,并对其误差进行校正。

四　资料说明与文本结构

任何一种文献资料,都是作为历史文本存在于总体的知识网络之中,本研究亦不例外。本书所依赖的历史文献主要是清代民国传世的长江上游航道图志,如《金沙江全图》《峡江救生船志》《峡江图考》《上江图》《长江上游宜渝间航行指南》《最新川江图说集成》《峡江滩险志》等。中国国家图书馆、北京大学图书馆、日本东洋文库、英国国家图书馆、上海图书馆徐家汇藏书楼等处还藏有单幅长江上游航道图,这也是非常宝贵的古旧地图文献。此外,档案资料、文献汇编、报纸杂志、考察报告、口述资料等其他文献,也是本书研究的重要参考资料。其中,第一历史档案馆、四川省档案馆、重庆市档案馆、宜昌市档案馆、重庆长江航道局所藏的近代川江航运档案,为本研究的展开打下了良好的资料基础。近代地方性的报纸杂志,如《星槎》《新世界》《渝报》等,也都有关于近代长江上游内河航运发展的详细记载。

在文本结构上,本书主要分为三大部分。第一部分为"绪论",主要叙述本书的研究缘起、问题意识、学术回顾以及概念界定。第二部分为主体内容，具体分为四章。其中，第一章为"传统的延续：清代长江上游航道图志编绘之考察"，通过梳理传统长江上游航道图志编绘的历史轨迹，分析清代长江上游航道的图像表达与空间叙述。第二章为"现代性的引入：近代外国对长江上游航道的地图测绘"，主要考察近代外国对长江上游航道的地图测绘与地理考察，旨在思考西方殖民利益、空间控制与地图绘制的关系问题。第三章为"现代性的展开：近代海关与长江上游航道图志的标准化"，通过梳理现代长江上游航道图志标准的确立过程，进而分析近代海关如何赋予长江上游航道图志"普遍性知识"的"科学宰制"特征。第四章为"现代性的回响：清末民国长江上游航道图志的本土建构"，主要探讨清末民国长江上游航道图志本土谱系的建构过程，探析"传统"在"现代性"语境中的绘图实践。第三部分为"结语"，题为"从地图史学透视中国'现代性'问题"。在全书研究的基础上，笔者提出：近代中国地图学对西方测绘技术与制图知识的认同与接受，是一场由西方文化传播者与本土地图绘制者共同参与的、颇为复杂的"在地化"知识生产过程。只有充分认识"传统"与"现代性"之间的复杂性，才能真正重建中国地图史学对"现代性"问题的阐释体系。

第一章

传统的延续：清代长江上游航道图志编绘之考察

英国地缘政治学家费尔格里夫（J. Fairgrieve）在分析中国地理形势的特点后，执意称中国为"一个独特的江河之乡"①。之所以如是说，"其意义不仅在于它有众多的河流，而且在于因为对河川进行了治理而极大地影响了它的历史"②。无独有偶，魏特夫、冀朝鼎等学者亦将传统中国水利工程的建设与国家形成、意识形态以及经济变迁结合起来，建构了古代中国"东方专制主义"与"治水社会"的分析框架。③ 近年来，王铭铭、行龙、钱杭、鲁西奇、胡英泽、张俊峰、周亚、李嘎、徐斌、刘诗古、陈瑶等学者极力倡导"以水为中心的社会史"，进一步提出了"水利社会"或"水域社会"的理论范型，日益成为当下中国区域社会史研究的重要典范之一。④

---

① ［英］詹姆斯·费尔格里夫：《地理与世界霸权》，胡坚译，浙江人民出版社2016年版，第212页。
② 有学者将此处翻译为"河川之国"，参见冀朝鼎《中国历史上的基本经济区》，朱诗鳌译，商务印书馆2014年版，第33页。
③ 有关"东方专制主义"与"治水社会"的理论，参见［美］卡尔·魏特夫《东方专制主义——对于集权力量的比较研究》，徐式谷等译，中国社会科学出版社1989年版；冀朝鼎著《中国历史上的基本经济区》，朱诗鳌译，商务印书馆2014年版。
④ 对于传统中国"水利社会"的研究，参见王铭铭《"水利社会"的类型》，《读书》2004年第11期；行龙《从"治水社会"到"水利社会"》，《读书》2005年第8期；钱杭《共同体理论视野下的湖湘水利集团——兼论"库域型"水利社会》，《中国社会科学》2008年第2期；鲁西奇《"水利社会"的形成——以明清时期江汉平原的围垸为中心》，《中国经济史研究》2013年第2期；胡英泽《流动的土地：明清以来黄河小北干流区域社会研究》，北京大学出版社2012年版；《凿井而饮：明清以来黄土高原的生活用水和节水》，商务印书馆2018年版；张俊峰《"水利社会"的类型：明清以来洪洞水利与乡村社会变迁》，北京大学出版社2012年版；《泉域社会：对明清山西环境史的一种解读》，商务印书馆2018年版；周亚《晋南龙祠：黄土高原一个水利社区的结构与变迁》，商务印书馆2018年版；李嘎《旱域水潦：水患语境下山陕黄土高原城市环境史研究（1368—1979年）》，商务印书馆2019年版等。相比之下，对"水域社会"的研究以南方学者为主，参见徐斌《制度、经济与社会：明清两湖渔业、渔民与水域社会》，科学出版社2018年版；刘诗古《资源、产权与秩序：明清鄱阳湖区的渔课制度与水域社会》，社会科学文献出版社2018年版；陈瑶《籴粜之局：清代湘潭的米谷贸易与地方社会》，厦门大学出版社2017年版等。

清代民国长江上游航道图志研究

作为公共工程或公共事务，官方与地方士绅合作对江河水道进行整治、管理及维护，促使国家、地方社会以及各区域之间形成了极为紧密的社会关联，这成为帝制时代中国地域社会有效运行的前提条件之一。与此同时，相关机构或个人还绘制了反映河渠管理、河川整治、水道变迁的"河渠图""河川图""水道图"，不仅数量众多，而且类型多样。特别是在清代，有关黄河图、运河图的绘制，不仅蔚为大观，还是关乎河政运作、水利建设乃至王朝施政的资料依据，其重要性自不待言。①然而，已有研究多集中于黄、运河图的意义，甚少论及长江图的作用。

与黄河、运河以及长江中下游相比，长江上游河道蜿蜒于高山峡谷之中，惊险至极。②特别是位于长江上游的川江河段，礁石林立，险滩众多，行舟稍有不慎，即有覆溺之患。③为确保航运安全，历代中央王朝多重视对长江上游进行有效管控，相关航道图志的编绘也逐步增多。早在宋明时期，伴随审美性山水图绘的发展，以《蜀川胜概图》为代表的"蜀川图"就开始兴起。④及至清代，长江上游作为东西交通的关键航路，朝廷逐步加强了对金沙江、川江的整治与管理。在此过程中，有关长江上游水文信息的记录与航道险滩的考察日益增多，绘制了诸如《金沙江全图》等彩绘舆图。晚清以降，为使往来船主认明水径，航道图志的编绘逐渐发展成为专门之学，涌现出《峡江救生船志》《峡江图考》等颇具代表性的传统长江上游航道图志。

目前，学界对传统长江上游航道图志的研究，或考述其文献价值，或分析其历史演变，对其评价则多以西方制图学作为衡量标准，认为其没有科学基础，有欠准确。而对于长江上游内河航道、航政管理的研究亦多限于一点一地，未能对其与航道图志编绘的互动关系进行系统考察。需要指出的是，传统长江上游航道图志植根于本土舆图绘制的土壤之中，只有从中国社会文化的历史语境出发，才能深刻理解其在长江航运中的

---

① 席会东：《中国古代地图文化史》，中国地图出版社2013年版，第194—195页。
② 熊树明：《长江上游航道史》，武汉出版社1991年版，第10—11页。
③ 邓少琴：《近代川江航运简史》，重庆地方史资料组，1982年，第65—66页。
④ 蓝勇：《宋〈蜀川胜概图〉考》，《文物》1999年第4期。

第一章　传统的延续：清代长江上游航道图志编绘之考察

价值与意义。① 有鉴于此，本章旨在梳理清代长江上游航道图志编绘的文本谱系，重点分析传统文化语境下的"地方"绘图实践，进而考察其在长江上游内河航运中的作用与意义。

第一节　《蜀川胜概图》与宋明传统"蜀川"图绘

一　宋明时期"蜀川图"的绘制谱系

魏晋以降，知识阶层对于自然的审美观念逐步确立，山川图绘随之兴起。② 及至唐代，山川图绘在描述自然风景之外，更成为文人士大夫表达自身情感的方式。在审美性自然观的刺激下，以山川名胜为对象的景观图、胜览图、纪游图大量出现，介乎地理地形图与纯粹山水画之间，成为唐宋及其以后图像传播中值得注意的内容。其中，蜀川山水最早进入画家的视野始于唐代。唐高宗时，成都人李昇志攻山水，"悟达国师自京入蜀，重其高手，请于圣寿寺本院同居数年，因于厅壁画出峡图一堵"③。唐代诗人王维亦绘有《三峡图》一卷，然不知确信否。

宋明时期，以蜀川山水为图绘题材者大量出现。保留至今，最为有名的当属《蜀川胜概图》长卷。此图卷为纸本水墨，全长752.1厘米，高32.3厘米，传为北宋名画家李公麟所绘，实际上是南宋时人托名之伪作。④ 全卷所绘内容，主要为岷江源头茂州界至三峡段川江两岸之山川形势与名胜古迹。图绘虚实相生，颇具写实风格，意境优美。现收藏于美国华盛顿弗利尔美术馆（Freer Gallery of Art），藏品编号为：F1916.539。⑤ 1920年，有正书局出版珂罗版精印《内府藏李龙眠蜀川胜概图》，是目前最早的刊印本（见图1-1）。西南大学图书馆善本书库

---

① 李鹏：《晚清民国川江航道图编绘的历史考察》，《学术研究》2015年第2期。
② 陈传席：《中国山水画史》，天津人民出版社2001年版，第1—21页。
③ （宋）黄休复：《益州名画录》卷中，人民美术出版社1964年版，第17页。
④ 李良、李鹏：《历史记忆与写家山：〈蜀川胜概图〉中的景观叙述》，《装饰》2016年第10期。
⑤ 张弘星：《〈女史箴图卷〉在19世纪的流传——一个假说》，载范景中等主编《考古与艺术史的交汇》，中国美术学院出版社2009年版，第73—81页。

藏有1931年日本兴文株式会社刊行的《支那南画大成》，其中第15卷著录有此图，大约为原图的2/3。此外，1982年日本东京大学出版会出版的《中国版画总合图录》亦有著录，但缩印甚小以致难以识读。

图1-1　有正书局刊印《内府藏李龙眠蜀川胜概图》书影

资料来源：西南大学历史地理研究所古旧地图典藏室。

宋明以来，以"三峡图""蜀川图""蜀江图"等为名的蜀川图绘，已经成为一种类型化的书写。据《蜀川胜概图》所载王穉登跋语：

> 往见文太史临李成《蜀江图》，叹其妙绝，庶几一睹真迹，竟不可得。今乃阅李伯时《蜀川图》，虽江山形胜，如出一轨，其点染之妙，人各不同。营丘之工工在绵密，龙眠之工工于古澹，盖彼李以院体擅长，不若此李英英有岩壑之致。

另据元代刘埙《隐居通议》记载：

> 予六十年前，见蜀人李宰所藏《长江万里图》，起岷州，迄浙

第一章　传统的延续：清代长江上游航道图志编绘之考察

江海门。山川城郭，历历可玩，惜不复见。今黄德英示以《蜀江图》一卷，广踰半尺，长四丈余，其间惟画蜀江，起威州，迄公安而止，不得如旧图之抵海门也。漫记大略，以见泝蜀之艰险云。①

上述不同版本的"蜀川图"大致可分为两类：一类是以蜀川山水胜概为内容的静态风景图绘，一类是展示峡江行船之动态景观绘画。两种"蜀川图"虽有静动之别，然其地理意蕴则多有一致性。从传统地图学的视角看，以《蜀川胜概图》为中心的静态蜀川图多注意实景描绘，介乎传统地图与山水画之间，是宋明时期蜀川图制作的杰出代表。② 在景观呈现上，《蜀川胜概图》采用写实与写意结合的方法，从传统认为的长江发源地汶山、岷山画起，经茂州、威州、永康军、青城山、成都城区、双流、新津、彭山、龙安、眉州、青神后，大跨越式地跨过嘉定、叙州、泸州、渝州、涪州后接忠州、万州、云安、夔州、巫山县结束。全卷共标出历史地名160多个，多集中于岷江和峡江一带。对永康军、青城山、成都城区、眉州以及夔州、巫山着力较多，山川形胜和地名标注也较为准确，亦可看作是流传至今长江上游最早的山川名胜舆图。③

例如，就图中所绘夔巫峡区来看，共标出历史地名30多个，见于宋代史籍的有武侯庙、白帝庙、越公堂、八阵台、永安宫、三峡堂、瞿塘关、鱼复浦、北山、卧龙山、白盐山、胜已山、赤甲山、西市、滟滪、高斋、圣母泉、东瀼等。而黄汧、梓潼庙、猪头山、白鹿山、夔子、狗子石、天宁寺、青龙溪、德胜渡、景福寺等地名则不见于宋元明清的文献记载，或为史籍所漏载，或古今地名名实有变化。④ 在历史时期，夔州州治一直在东瀼水（今草堂河）、白帝城、瀼西、大瀼水、今奉节县

---

① （元）刘埙：《隐居通议》卷29，商务印书馆1937年版，第301页。
② 袁琳等：《古代山水画中的地域人居环境与地景设计理念——宋〈蜀川胜概图〉（成都平原段）为例》，《中国园林》2014年第11期。
③ 郭声波：《〈蜀川胜概图〉岷江上游地名考释》，四川大学古籍整理研究所、四川大学宋代文化研究资料中心：《宋代文化研究（第11辑）》，线装书局2002年版，第215—233页；《宋〈蜀川胜概图〉成都平原地名考释》，四川大学古籍整理研究所、四川大学宋代文化研究资料中心编：《宋代文化研究（第12辑）》，线装书局2003年版，第119—141页。
④ 李君鉴：《宋〈蜀川胜概图〉奉节段山川名胜考》，《三峡论坛》2009年第1期。

之间来回迁移。宋代奉节县治治地多在大瀼水与东瀼水之间迁移，图中将夔州府治标注于白帝山附近，奉节县正好标注于白帝城和大瀼水之间，背靠卧龙山。今天的卧龙山当时称北山，下注"旧州"，由此可知此图真实反映了1242年后长江上游沿岸的山川形胜。①

二　《蜀川胜概图》长卷的文本价值

总体来看，《蜀川胜概图》通过对长江上游沿岸景观的如实描绘，进而再现了一个逼真的蜀川山水空间；通过对蜀川山水从上到下、从左到右、可连续性的地理陈述，最终呈现出一个连贯的、历时性、可移动的想象空间。② 换言之，图幅呈现出将空间转换为时间的方式。对此，缪荃孙《云自在龛随笔》谈道：

> （《蜀川胜概图》）卷中写蜀川，自发源至出峡。所经各地于县则青城、导江、郫县、温江、江源、广都、双流、新津、彭山、南宾、武宁、南浦、云安、奉节、巫山。于州则茂州、威州、眉州、邛州。于军则永康。城滩古迹，两岸备详，某处至某处若干里，某滩至某滩若干滩，以蝇头小书志之，字亦极佳，昔人推为米笔。③

高居翰在《中国山水画的意义和功能》一文中，曾将中国古代山水画中描绘实景的类型归为地形山水画（topographical landscape painting），认为这类地形山水画往往具有绘画地图（picture map）的特征，诸如图中各地方标有地名，山水成分简化为约定符号。同时，这类地形山水画也可以是图示性和功能性的，地形功能与政治功能往往融为一体，从而被赋予政治意涵。④

---

① 蓝勇：《宋〈蜀川胜概图〉考》，《文物》1999年第4期。
② 李良、李鹏：《历史记忆与貌写家山：〈蜀川胜概图〉中的景观叙述》，《装饰》2016年第10期。
③ 缪荃孙：《云自在龛随笔》，商务印书馆1958年版，第45—46页。
④ 高居翰：《中国山水画的意义和功能》，《新美术》1997年第4期。同时，有关中国山水画中的政治主题及其风格，参见高居翰《中国绘画史三题》，收入范景中、高昕丹编选《风格与观念：高居翰中国绘画史文集》，中国美术学院出版社2011年版，第26—92页。

第一章　传统的延续：清代长江上游航道图志编绘之考察

在中国古代绘画史上，唐宋是"地图性山水画"向"观念性山水画"转型的关键时期。① 前者注重对地理环境的知识性和实用性，后者更注意纯粹山水画的审美性与艺术性。南宋以降，这种文人化的趋势愈加明显，在对自然胜景的亲近与欣赏中，各种胜景图以风景名胜作为绘制对象，成为文人览胜的图像支撑。这种带有文人画倾向的图绘方式，促使图中胜览因素不断得到加强，"发展为以风景名胜为对象的景观地理图或写真图，介于普通地理图与山水画之间，进而为中国地图学开出一个以审美为核心的地图分支"②。由此可说，《蜀川胜概图》正是在此背景下宋明时期"蜀川图"绘制的典型代表，而这种对蜀川景观的无限热情，不仅表达出地方文人对蜀川名胜的追慕，更将自身的政治幽思融入其中。

综上所述，《蜀川胜概图》通过对长江上游蜀川景观的塑造，进而获得某种文化认同。作为不断被阅读的历史文本，蜀川山水被赋予不同的文化意义与象征符号，使得"蜀川图"不仅成为一种景观符号，更影响了清代长江上游山川名胜舆图的绘制风格。例如，美国国会图书馆就藏有一套以山川审美为主要目的，采用中国传统山水画法绘制的长江上游景观图卷——《岷江图说》。③ 此图为彩绘本，14页，叠装成册。图集每页37厘米×42厘米，未注比例，方位以红印形式盖于图中四角。内容上描绘岷江从四川省松潘岷江源头，经成都后汇入长江，以及川江从重庆经三峡至湖北荆州的全部流程，图中多记载山水特征与历史典故，透露出深厚的艺术气息。对此，李孝聪先生认为：

> （《岷江图说》）重点表现岷江、长江两岸最引人入胜的风光景致。墨书注记，对航行险要之处及观光景点，皆引用前代诗文、笔

---

① 有关"地图性山水画"与"观念性山水画"之区别，参见张弘星《作为地图的山水画——六朝至唐宋图画的思考》，《新美术》1988年第3、4期。
② 潘晟：《地图的作者及其阅读——以宋明为核心的知识史考察》，江苏人民出版社2013年版，第87—93页。
③ 此图现藏美国国会图书馆地图部，绘制者不详，原题为"四川湖北水道图"，此图名与图面内容的关系不确切，故由李孝聪先生酌改，现沿用此说。

记、志书的描述，说明绘制此图的目的，更多是为了文化人欣赏天赐美景时以备参考。①

从内容上看，《岷江图说》明显沿袭宋明以来蜀川图的绘制风格，虽设色明快，然手法生硬，所记蜀川沿线地理信息与空间方位多有混乱，故推测该图绘制者应非本地人，且未到过巴蜀地区。在性质上，此图仅是文人收藏的审美性山水景观图，而非实用性的长江上游航道图。

第二节　乾隆朝金沙江工程与《金沙江全图》的绘制

清初以降，滇铜作为重要的国家战略资源，其用途不仅在于制器造炮，更是铸造货币的基本原料，可谓国计民生之命脉所在。② 在此基础上，清代滇铜外运逐渐形成一个全国范围内的西部资源转运网络，对沿途各地社会经济与生态环境产生重要影响。然而，滇铜产地多处滇东北高海拔山区，交通颇为不便，导致滇铜外运的物流压力极大。③ 为有效解决滇铜外运特别是京运过程中的交通困境，乾隆朝开始筹备金沙江航道的整治工程，力求通过水运就近将滇铜运达川江，以缓解滇东北陆路铜料运输压力。④

作为国家级的大型水利工程，在金沙江航道的整治过程中，相关航道图的绘制与运用，不仅是工程决策施工的重要资料，还是奏折呈报存

---

① 李孝聪：《美国国会图书馆藏中文古地图叙录》，文物出版社2004年版，第176页。
② 严中平：《清代云南铜政考》，中华书局1948年版，第1—10页；邱澎生：《十八世纪滇铜市场中的官商关系与利益观念》，《"中央研究院"历史语言研究所集刊》第72本第1分，2001年，第49—119页。
③ 马琦：《国家资源：清代滇铜黔铅开发研究》，人民出版社2013年版，第53—76页。
④ 有关滇铜外运方式与路线考证，参见［日］川胜守《清乾隆时期云南铜的京运问题》，九州大学文学部东洋史研究会《东洋史论集》第17辑，1989年，第1—94页；蓝勇《清代滇铜京运路线考释》，《历史研究》2006年第3期；张永海、刘君《清代川江铜铅运输简论》，《历史档案》1988年第1期。有关滇铜外运对沿途社会经济与生态环境的影响，参见［日］川胜守《清乾隆朝的云南铜京运问题与天津市的发展》，《清史研究》1997年第3期；蓝勇《清代滇铜京运对沿途的影响研究》，《清华大学学报》（哲学社会科学版）2006年第4期。

第一章 传统的延续：清代长江上游航道图志编绘之考察

贮的珍贵文书。流传至今的《金沙江全图》共计三种。其中，中国第一历史档案馆所藏《金沙江上下两游图》，长达77.8米；中国国家博物馆所藏《金沙江全图》，共分5幅，总计74.22米；德国私人藏家戈利波特（Griebert）所藏《金沙江全图》，全长72米有余。[①] 上述三图均为彩绘绢本，采用中国传统山水画法绘制，形象展示了乾隆朝金沙江航道整治的施工过程，不仅是中国传统江河水利工程的纪实杰作，更是目前所见最长的传统长江地图长卷。其画工之精细，篇幅之宏阔，形象之逼真，都堪称中国传世舆图的精品之作。[②]

目前，学界对乾隆朝绘制的不同版本《金沙江全图》多有关注。例如，20世纪90年代，曹婉如等就对第一历史档案馆所藏《金沙江上下两游图》进行初步研究。此后，刘若芳通过考证《金沙江上下两游图》的具体内容，较为深入地评价了此图的历史价值。蓝勇、金兰中等通过研究海外所藏《金沙江全图》的绘制内容，对其绘制背景、成图过程以及地图价值进行了更为深入的研究。[③] 总体来看，学界对不同版本《金沙江全图》的文本考证已经取得较好的成绩，但对绘制机制、图像差异、流传过程等问题或未曾涉及，或阐之未尽。在本节中，笔者通过考察乾隆朝金沙江工程与《金沙江全图》绘制的历史背景，重点分析不同版本《金沙江全图》的文本差异及其流传过程，进而思考川滇两省如何围绕《金沙江全图》的绘制，来表达各自地方利益的诉求。

一 金沙江工程与《金沙江全图》绘制的背景

从地理条件看，金沙江流经云贵高原，至四川盆地宜宾而止，全长2316千米。因多蜿蜒于高山峡谷之间，河床多呈V字形，河道岸坡陡峭，水流湍急，险滩众多，难有舟楫之利。明代中后期，滇省官员始有开辟金沙江航道之议。首倡其说者，为正统年间兵部尚书王骥，然论而

[①] 蓝勇、金兰中：《清乾隆〈金沙江全图〉考》，《历史研究》2010年第5期。
[②] 李鹏：《乾隆朝金沙江工程与〈金沙江图〉的绘制》，《历史地理》2017年第1期。
[③] 曹婉如等编：《中国古代地图集（清代）》，文物出版社1997年版，第5页；刘若芳：《〈金沙江上下两游图〉所记述的张允随开浚金沙江及其意义》，《明清档案与历史研究论文集——庆祝中国第一历史档案馆成立80周年》，新华出版社2008年版，第1217—1226页。

未果。此后，迨至嘉靖年间，云南巡抚都御史黄衷又复议，然为武定土酋凤朝文所梗。云南巡抚汪文盛派员查勘金沙江航道，又遭到土官凤朝文之妻瞿氏的阻扰。①

乾隆初年，由于军需耗繁与钱荒加剧，滇铜的生产与运输日益成为维系清王朝经济命脉之关键所在。然而，滇铜运道多处高山深谷之中，艰险万分，只能靠人力背运或畜力驮运。由于滇铜主要产地特别是东川矿场靠近金沙江，云南要纾解滇铜运输困境，开通金沙江水运就成为解决问题的首选方案。乾隆五年（1740）七月，云南总督庆复、巡抚张允随等连名具奏，请求清廷准许云南开通金沙江航道。同年七月二十九日，经军机大臣鄂尔泰等议准，动用国帑修凿。由此，金沙江工程正式提上清廷的议事日程。

此后，乾隆帝下令中央及地方大员对金沙江工程各抒己见，广泛进行求证。同年九月，时任天津镇总兵黄廷桂上疏，提出两点意见：一是金沙江河道艰险万分，现有技术条件恐怕难以完成此项工程；二是工程开修地区为彝族聚居地，一旦大量汉人工匠涌入，恐会滋生民族矛盾。在这样的条件下，骤然由国家出面兴修大规模水利工程，后果难料。为打消上述疑虑，庆复再次上奏，强调"开凿通川河道一事，实为滇省之大利"②，并对金沙江工程作出系统规划，涉及工程兴修时序、人员分派、工匠雇募、站船安设、后勤保障、资金来源等诸多方面，并对工程实施细节予以可行性分析。③

乾隆六年（1741）五月，庆复调任，金沙江工程由署理云南总督张允随接办。同年八月，张允随上奏乾隆帝，正式提出金沙江工程应"分上、下两游办理"的方针。同时，他还从国家工程的角度，进一步阐述开辟金沙江航道对清王朝实现西南边疆长治久安的重要意义，认为："此功告成，足以续禹力所未至，不独一省一时之利，实西南万里疆隅

---

① 熊树明主编：《长江上游航道史》，武汉大学出版社1991年版，第50—51页。
② 《云南总督庆复为陈开修金沙江通川河道工程八事奏折》，刘若芳、孔未名编选：《乾隆年间疏浚金沙江史料（上）》，《历史档案》2001年第1期。
③ 《高宗纯皇帝实录》卷133，《清实录（影印本·第10册）》，中华书局1985年版，第934页。

第一章 传统的延续：清代长江上游航道图志编绘之考察

久安长治之计也。"① 在张允随看来，修凿金沙江航道不仅是一项水利工程，更是宣扬"国家声教"的文化工程。然而，金沙江流经川滇之间，工程开修必然涉及两省利益的协调。对于云南而言，在乾隆朝加速滇铜开发的背景下，修凿金沙江确是"滇省之大利"。然而，对于四川来说，开凿金沙江航道则弊大于利。具体原因如下：

1. 金沙江工程兴工之地，"系夷方荒僻之区，盐米薪蔬必需官为买运"②。然而，云南米价昂贵，民食维艰，一旦滩工开修，官役夫匠群集江干，所需后勤保障势必仰给四川，即"由川（省）递运盐米以资匠食"③。对于川省而言，粮政仓储之事亦最为紧要，若川米大规模贩运出境，"恐外省商贾人等一体报捐，以致米价昂贵，有碍民食"④。一旦金沙江工程开修，"则以建之邮舍，而设以夫役，其应支之直，当必取给于蜀民，大木之余，材力久竭矣"。所以，"滇云之所利，而蜀境之所不利也"⑤。

2. 金沙江界处川滇两省，沿江两岸均为彝族聚居地。改土归流后，雍正帝同意将以前四川所属东川、昭通等地划归云南。然而，东川、昭通又是铜矿资源富集区和滇铜运输干线区，滇省为确保滇铜的开采和运输，大量彝族被驱赶和迁徙到四川凉山地区，这令川省颇为不满。由此而来，势必造成川滇之间对彝区善后处理的矛盾。⑥ 为保障金沙江工程的顺利开修，滇省上奏乾隆帝，请饬"按照界址以专责成，川省不得推卸，仍前遗漏管束"。然而，对于四川而言，"工程之事责在滇省，约束夷寨责在川省"⑦，控制少数民族地区以助滇省，不仅坐失铜利，还增加

---

① 《署理云南总督张允随为筹办开凿金沙江工程情形事奏折》，刘若芳、孔未名编选：《乾隆年间疏浚金沙江史料（上）》，《历史档案》2001 年第 1 期。
② 《署理云南总督张允随为筹办开凿金沙江工程情形事奏折》，刘若芳、孔未名编选：《乾隆年间疏浚金沙江史料（上）》，《历史档案》2001 年第 1 期。
③ 《云南总督庆复为陈开修金沙江通川河道工程八事奏折》，刘若芳、孔未名编选：《乾隆年间疏浚金沙江史料（上）》，《历史档案》2001 年第 1 期。
④ 《高宗纯皇帝实录》卷 120，《清实录（影印本·第 10 册）》，中华书局 1985 年版，第 771 页。
⑤ （清）师范：《入滇江路论》，（清）贺长龄、魏源等辑：《皇朝经世文编》卷 118《工政》，中华书局 1992 年版，第 2881 页。
⑥ 此处关于雍正朝凉山彝区善后问题的论述，系云南大学陆韧教授提示，特致谢忱！
⑦ 《署理云南总督张允随为奏明事奏折》，方国瑜主编，徐文德、木芹、郑志惠纂录校订：《云南史料丛刊（第 8 卷）》，云南大学出版社 2001 年版，第 617 页。

了行政成本。因此，对比云南力主开通金沙江航道的利益，四川更焦虑沿江民族问题所带来的隐患。

基于上述考虑，对于滇省开凿金沙江航道工程的倡议，四川方面一直未予积极回应。乾隆七年（1742）四月二十四日，时任川陕总督尹继善上奏清廷，明确表示反对。在奏折中，尹继善认为："（金沙江）滩多石广，凿不胜凿。以有限之民力，开无限之险滩，纵使不惜帑金，迟以岁月，终不能化险为平"，不宜贸然兴建。特别是对于沿线民族问题，四川方面一再强调："沿江一带蛮猡杂处，大半俱系生夷，只宜处于镇静，听其自生自长。"换言之，川省坚持金沙江航道工程之难，"不止大工之难成，而更在夷疆之隐患也"①。

为平息川滇两省围绕金沙江工程的争议，乾隆帝于同年五月十五日谕旨，"此事着尹继善、张允随前往开工之处，和衷面商，毋得各执己见，仍差新柱前往，一同相度机宜，妥酌具奏"②。三人自四川境内叙州府启程，由金沙江北岸沿江会勘。就勘过情形而论，云南总督张允随认为实可开修，钦差新柱亦表示支持，川陕总督尹继善只得持保留态度。在勘察结果为主张开修的意见之后，乾隆帝下旨"详酌妥协为之，以此成善举"③。最终，云南省在清廷的强力支持下，金沙江航道的修凿开始正式实施。

从乾隆五年（1740）开始，至乾隆十三年（1748）完成，金沙江工程前后总计八年之久。工程完成后，金沙江上游从小江口至黄草坪段水陆联运，黄草坪以下可以直运。然至乾隆十四年（1749），由于金沙江上游险阻万分，险滩太多，即便整治仍事故频出，尚书舒德赫奏请停止金沙江上游水运，改行陆运而止。从某种程度上讲，金沙江航道工程最终以失败告终，这也验证了尹继善的意见。正是川滇两省对金沙江工程

---

① 《乾隆七年四月二十四日川陕总督尹继善奏为遵议云南金沙江浊流浩瀚石岸峻仄不宜开凿通川河道事》，中国第一历史档案馆藏"朱批奏折"，档案号：0401010084002。
② 《高宗纯皇帝实录》卷166，《清实录（影印本·第11册）》，中华书局1985年版，第110—111页。
③ 《高宗纯皇帝实录》卷177，《清实录（影印本·第11册）》，中华书局1985年版，第288页。

第一章　传统的延续：清代长江上游航道图志编绘之考察

的相反态度，从而为不同版本《金沙江全图》的绘制埋下了伏笔，进而影响了各自的地图叙述。

二　《金沙江全图》的绘制机制与图像差异

在传统王朝时代，金沙江图何时开始绘制？现有资料表明，早在明嘉靖年间，滇省官员就提出对金沙江"逐处踏勘……勘估明白，画图贴说"①，然并未见诸实际。直到清康熙五十三年（1714），为完成《皇舆全览图》，康熙帝派法国传教士对长江上游进行测绘，由此绘出《金沙澜沧等江源图》等水系图。②然而单靠这样的水系图并不能满足金沙江工程的实际需求。因此，在工程筹建中，对金沙江的实地勘察及相关"公务地图"的绘制就成为一项系统工程。③

正是在金沙江工程的实施过程中，各级政府因应金沙江航道整治的公务需求，对金沙江进行实地勘察与地图测绘，并以此作为地理信息传递的载体，最终服务于工程运作与定策施政。就绘制机制来看，由于滇省在金沙江工程中的主导优势，故相关金沙江图的绘制主要以云南为主。而在金沙江工程的实施过程中，滇省对于《金沙江全图》的绘制则分为前、后两个时期，在实地考察与反复论证的基础上，通过普通画师与技术官僚的合作，共同完成对《金沙江全图》的绘制。从使用目的来看，云南绘制《金沙江全图》主要是为满足金沙江工程运作的现实需求，明显带有官方文牍的性质。

现有研究表明，云南对金沙江的实地勘察与前期制图，在工程筹建之初就已经开始。④乾隆四年（1739），为论证金沙江工程的可行性，时任昭通镇游击韩杰就"出入于夷界荒僻险瘴之区，带领匠役逐加酌看……往返上下，逐段查勘，计应修应凿河道一年三百余里，险隘七十

---

① （明）毛凤韶：《疏通边防河道议》，（明）刘文征撰，古永继校点，王云、尤中审订：《滇志》卷25《艺文志》，云南教育出版社1991年版，第867页。
② 席会东：《中国古代地图文化史》，中国地图出版社2013年版，第276页。
③ 有关"公务地图"的概念，参见潘晟《宋代地理学的观念、体系与知识兴趣》，商务印书馆2014年版，第188页。
④ 李鹏：《乾隆朝金沙江工程与〈金沙江图〉的绘制》，《历史地理》2017年第1期。

二滩，分晰绘图造册"①。由此可知，韩杰等人所绘的金沙江图，应是乾隆朝金沙江航道整治过程中最早的工程舆图，从性质上还属于地方政府文书汇报的"公务地图"。而正是在此次实地勘察与地图测绘的基础上，云南总督庆复正式奏请开修金沙江航道。不过，上述韩杰"绘图造册"的工作似乎并未彻底完成。对此，乾隆六年（1741）张允随就奏称："查调任督臣庆复任内……估计上游工册、通江河图，臣现在严催经手各员，造册绘图，到日分别题奏。"②

自张允随接办金沙江工程后，因江程辽远，故分成上、下两游分段办理。其中，小江口至金沙厂673里为上游，自金沙厂至新开滩646里为下游。所以，滇省后期《金沙江全图》的绘制也以上、下两游为断。其中，金沙江上游河道图的草图，于乾隆六年十月前已经绘制完成，并上报至滇督。同年十月，张允随上奏称："至勘估两游图册，今上游工册已据造报，现饬道司确加核减，另造绘到江图，臣恐有未符之处，业经差员前往上游一带，按图逐加核对，俟下游勘毕，将全江滩形工费一并纷造，恭呈御览。"③为保证金沙江上游河道草图的正确性，张允随等"将送到上游江图估册逐细核查"④，用力甚深。至乾隆七年五月二十四日，金沙江上游河道图已经基本完成，"其上游滩形图说，已经核定无讹，现在绘造，另行进呈御览"⑤。

从绘制机制看，金沙江上游江图的成图过程可分为三道：第一道是地方官员实地勘察并绘制草图；第二道是张允随等对草图进行详细的核查工作；最后则是上述基础上另行改绘新图。与此同时，金沙江下游河道的绘图工作也在紧张进行中。从乾隆六年十月十六日起，张允随委派

---

① 《云南总督庆复为请留推升游击韩杰以资工程差委事奏折》，刘若芳、孔未名编选：《乾隆年间疏浚金沙江史料（上）》，《历史档案》2001年第1期。
② 《署理云南总督张允随为筹办开凿金沙江工程情形事奏折》，刘若芳、孔未名编选：《乾隆年间疏浚金沙江史料（上）》，《历史档案》2001年第1期。
③ 《署理云南总督张允随为奏明事》，方国瑜主编，徐文德、木芹、郑志惠纂录校订：《云南史料丛刊（第8卷）》，云南大学出版社2001年版，第617页。
④ 《署理云南总督张允随为报办理金沙江工程情形事奏折》，刘若芳、孔未名编选：《乾隆年间疏浚金沙江史料（上）》，《历史档案》2001年第1期。
⑤ 《署理云南总督张允随为奏报金江工程事》，方国瑜主编，徐文德、木芹、郑志惠纂录校订：《云南史料丛刊（第8卷）》，云南大学出版社2001年版，第628页。

第一章 传统的延续：清代长江上游航道图志编绘之考察

曲靖府知府董廷扬、昭通府知府来谦鸣前往估勘兴修。此次勘察从四川省叙州府新开滩起，至乾隆七年正月十五日，已经勘至云南省昭通府，估勘业已近半，故张允随奏称："容俟通力勘竣绘图造册详报。"① 直至下游河图绘制成功后，金沙江上、下两游河道图拼合装裱，最终绘制成《金沙江全图》长卷。同年十一月十七日，在同川陕总督尹继善、钦差大臣新柱联合查勘金沙江后，张允随即"谨将绘就金江图说装潢成卷，恭呈御览"②。对此，《清实录》就记载"张允随绘进《金沙江全图》"，这也是清代官修文献对《金沙江全图》的正式定名。③

应该看到，上述对《金沙江全图》绘制机制的分析，主要基于滇省官员对金沙江河道的勘绘过程。或者说，主要是张允随主持下《金沙江全图》从工程草图到御览舆图的绘制过程。结合目前学界的相关研究，可以确定张允随所奏进的《金沙江全图》就是现藏中国第一历史档案馆的《金沙江上下两游图》，图中卷首附有张允随奏折可以印证此说。而中国国家博物馆所藏的《金沙江全图》，画卷共分五幅，各自成图。拼合之后，与第一历史档案馆所藏张允随进呈本在内容上几乎相同，基本可以判断一档本与国博本有直接的继承关系，均为滇省官员所绘。由于此图无张允随进呈说明，兼画风不同，应出自多人之手，故有学者推测是一档所藏《金沙江上下两游图》的蓝本。④

此前学界一直认为，与云南绘制《金沙江全图》的积极性相比，四川没有绘制或上呈《金沙江全图》。然而，近年来蓝勇、金兰中在共同研究滇铜京运的过程中，就发现了一幅由德国私人收藏家戈利波特（Griebert）所藏的《金沙江全图》长卷，图幅卷首题有"臣刘文诰谨呈"六字。因刘氏在雍正十三年（1735）至乾隆九年（1744）任职永宁道，故可推知此图当为四川绘呈本。另据方志记载，刘文诰因"滇省以

---

① 《署理云南总督张允随为奏报金江上下两游工程事》，方国瑜主编，徐文德、木芹、郑志惠纂录校订：《云南史料丛刊（第8卷）》，云南大学出版社2001年版，第624页。
② 《署理云南总督张允随为勘明办理金沙江上下游情形并绘图事奏折》，刘若芳、孔未名编选：《乾隆年间疏浚金沙江史料（上）》，《历史档案》2001年第1期。
③ 《高宗纯皇帝实录》卷181，《清实录（影印本·第11册）》，中华书局1985年版，第343页。
④ 蓝勇、金兰中：《清乾隆〈金沙江全图〉考》，《历史研究》2010年第5期。

运铜建议开金沙江，奉委往勘，自叙州府河口起，至云南东川府属小江口止，共计水程千二百余里，历大小一百二十三滩"①。由此可见，刘文浩是尹继善派去云南就金沙江工程进行协调的关键人物，其对金沙江河道的勘察结果，自然影响四川方面的最终意见。乾隆五年，尹继善在接到内阁抄出黄廷桂奏折后，随即"檄行永宁道刘文浩、副将岳钟璜前往，会同滇省委员，将应开凿河道逐一查勘，并将沿江上下番族情形悉心体察，妥议详覆"②。正是在尹继善的指示下，"文浩沿江上下详视，绘图贴说，自正月迄五月渡泸而还。沿途虎啸高崖，魈窃什器，蛮烟瘴雨，目骇心惊，石广滩多，凿不胜凿。详议中恐终不能化险为平之语，与建议者不合"③。

分析上述史料，可知：1. 刘文浩作为四川官员，代表川省查勘金沙江河道，在此过程中自行"绘图贴说"；2. 刘文浩通过勘察金沙江形势，明确提出反对意见。对此，张允随奏称："川省委员永宁道刘文浩等会勘，将各滩种种危险，断非人力能开等情详复。"④ 至于刘文浩呈报四川所绘《金沙江全图》的具体时间，据档案记载，刘氏分别于"乾隆五年三月"和"乾隆九年十月"觐见乾隆帝。⑤ 由于其勘测金沙江在乾隆五年首次觐见之后，故其上呈《金沙江全图》应是在乾隆九年。因此，在绘制机制上，四川是在刘文浩实地查勘的基础上，通过画工绘图贴说，最终完成《金沙江全图》的绘制。

综上所述，川滇两省不同版本《金沙江全图》的绘制机制，都是在实地勘测的基础上，由技术官僚与地方画工合作完成草图，具有一定的绘图程式，不过川省明显借鉴了滇省的绘图内容。因此，双方最终上奏的《金沙江全图》都经改绘、装裱而成，主要是上呈乾隆帝御览而用，

---

① 嘉庆《枣强县志》卷14《列传》。
② 《乾隆七年四月二十四日川陕总督尹继善复奏金沙江通川河道难以开凿事》，中国第一历史档案馆藏"录副奏折"，档案号：030984044。
③ 嘉庆《枣强县志》卷14《列传》。
④ 《署理云南总督张允随为请旨事》，方国瑜主编，徐文德、木芹、郑志惠纂录校订：《云南史料丛刊（第8卷）》，云南大学出版社2001年版，第677页。
⑤ 秦国经主编：《清代官员履历档案全编（第1册）》，华东师范大学出版社1997年版，第485页。

第一章 传统的延续：清代长江上游航道图志编绘之考察

虽仍带有奏折附图的文书性质，但无疑已经摆脱了地方公文往来中"公务地图"的初级形式，成为王朝国家舆图事业的重要代表。需要指出的是，滇省官员对《金沙江全图》的绘制，不仅态度积极，且用力甚勤。究其原因，一方面是由于滇省承受滇铜京运的巨大压力，关乎本省利益；另一方面，笔者推测是由于明代金沙江中下游区域属于四川，云南对金沙江水道状况并不了解，需要深入认识。所以，滇省在《金沙江全图》的编绘上更具主动性，与四川形成显著差异。

地图作为一种文本，不仅是绘图者空间感知的图像叙述，更是权力运作的知识工具。[1] 李孝聪先生亦指出："各种地图对地理要素所采用的不同表现方式，透视的方向，裁量的取舍，既代表那个时代的科学水平，也反映了那个时代的思想和世界观。"[2] 那么，川滇两省之间不同版本的《金沙江全图》有何不同？其图像刻画是否反映出绘图者对金沙江工程不同的看法？由此来看，分析乾隆朝不同版本《金沙江全图》的图像差异，可以挖掘川滇两省对金沙江工程的空间叙述，其中必然会反映绘图者自身的政治意向。具体分析如下：

首先，对比目前所见不同版本《金沙江全图》的图像差异，其间最大的不同表现为：云南绘制的两套《金沙江全图》，其前面都要绘制一幅《金沙江上下两游总图》作为地势总图，而四川绘制的《金沙江全图》则没有卷首的地势总图。因此，有无绘制地势总图，这是川滇之间不同版本《金沙江全图》最大的不同。特别是第一历史档案馆所藏《金沙江上下两游总图》，采取"上南下北、左东右西"的方式。在传统中国地图方位的处理上，虽然格式不一，颇为灵活，但宋明以降"上北下南"多成为一种通则。对此，明代郑若曾就有"天地定向，以北为上，以南为下"之说。[3] 然而，仔细分析滇省所绘《金沙江上下两游总图》，

---

[1] 唐晓峰：《地图中的权力、意志与秩序》，刘东主编：《中国学术（第4辑）》，商务印书馆2000年版，第261—268页。
[2] 李孝聪：《古代中国地图的启示》，《读书》1997年第7期。
[3] 李零：《古代地图的方向》，唐晓峰、辛德勇、李孝聪主编：《九州（第2辑）》，商务印书馆1999年版，第10—20页；葛兆光：《作为思想史的古舆图》，《古代中国的历史、思想与宗教》，北京师范大学出版社2006年版，第48—70页。

可以发现：

1. 图中云南省位处舆图中心，周边则为四川省和贵州省。云南省主要标示云南省城、武定府、嵩明州、寻甸州、东川府、昭通府等主要城市以及金沙厂、汤丹厂等铜矿产地。同时，还以淡红线条标示铜运陆路走向。四川省除绘出叙州府外，多标示少数民族地区，如者保地方、木欺古、阿都地方、阿布鲁、木欺古二十一寨等。

2. 图中金沙江由南而北呈半环形，并以上、下两游作为区分，依次以黄签标示沿江主要城镇，并以文字注记说明起止路程、险滩数目及工程计划。图中绘制者极欲显示云南省在金沙江工程中的主导作用，故图中滇省在上方与中心，川黔两省位处下方与边缘。这种内外上下有别的处理方式，看似只是一种地图方向，其实却是水利工程背后地方利益的表达与象征。

3. 图中对金沙江上、下两游的叙述以及对川省少数民族地区的标示，其实也是在重申：金沙江工程中，一是须贯彻由滇省提出的分段修凿的方针，二是川省需承担安抚少数民族的责任，从而起到辅助作用。换言之，绘制者之所以采取"上南下北"的方位，就是要突出云南省的优势地位，其背后蕴藏的则是滇省对工程主导权的宣示。

其次，在不同版本的《金沙江全图》中，川滇两省在图幅刻画细节上均有所差异，隐然表达出各自的立场。具体表现如下：

1. 川滇不同版本《金沙江全图》的险滩数目明显具有差异性。如滇省为显示滇铜京运的全程内容，所绘两套《金沙江全图》均从滇铜产地汤丹厂绘起，至川省叙州府结束。所绘险滩自上游双龙滩始，至下游新开滩止，共计134滩。而川省所绘《金沙江全图》则没有绘制汤丹厂，直接从上游独石滩绘起，至下游叙州府结束，只有132滩，缺乏上游双龙滩和橄榄坝滩。

2. 在航道险滩的细节表现上，川省更注重渲染船运过程中的危险性，进而委婉表达自身的立场。如以川省所绘《金沙江全图》中异石滩段为例，川省重点强调对运铜船只盘滩的艰辛万状，而滇省则有意轻描淡写，图中船夫拉纤人数偏少即为明证。同时，川省还重点绘制本省叙州府在滇铜运输中的重要性，这与滇省对四川境内地理状况的简化形成

第一章　传统的延续：清代长江上游航道图志编绘之考察

鲜明对比。

由此可见，川省官员在绘制《金沙江全图》的过程中，不仅放弃了绘制《金沙江上下两游总图》，图幅内容中所绘险滩数目也略少，实则是在婉转地表达四川方面对金沙江工程的看法。笔者推测，在清廷明显支持云南的条件下，四川若同云南一样绘制《金沙江上下两游总图》，无疑在支持滇省主导金沙江工程；若在内容上与滇省完全不一致，则有可能给乾隆帝造成川省在金沙江工程中的消极印象，进而加深川滇两省之间的矛盾。

正如葛兆光先生所言："空间性的地图在被绘制出来的过程中，已经融入了绘制者的视觉、感受和历史性观念……人们将会通过地图上设定的空间确定自己对国家和历史的认同，并划分中心和边缘的等级差异。"① 因此，四川选择在图幅内容上选择与云南大致相同，但又在图像细节上有少许变动，既体现川省在金沙江工程上对皇权意志的尊重，又避免直接表现出对滇省的支持。从川滇不同版本《金沙江全图》的图像差异来看，可以解释不同地域群体在同类型地图叙述中的选择性特征。而正是地图刻画的凸显或隐藏，反映出乾隆朝国家工程背景下地方利益表达的差异性。

三　《金沙江全图》的景观刻画与文本流传

川滇不同版本《金沙江全图》长卷中，都有关于金沙江航道景观的详细描述，可分为三类：一类是自然景观，即金沙江河道的山川地理形势；二是工程景观，即金沙江航道修凿与滇铜京运的具体场景；三是人文景观，即金沙江沿岸营汛田庐的分布态势。

首先，就自然景观而言，川滇不同版本《金沙江全图》长卷中，都有对金沙江滩情水势的刻画，或大石杂错，或水势凶险，或石阻水急，或峭壁峙立，或溜急浪涌，使人如身临其境，山川之险不寒而栗。同时，图中对金沙江各处险滩均有文字注记，分别就险滩里程、滩次等级、滩险特征、工程措施详录在案。以滇省所绘《金沙江上下两游图》为例，

---

① 葛兆光：《中国思想史（导论）》，复旦大学出版社2001年版，第113页。

就标识有"（上游）江程六百七十余里之内，险滩林立。或巨石亘于水中，或石壁横挡水势，兼有跌水、喷漩、倒捲等项名色"①。再如，记双佛滩"离飞云渡滩十五里，系最险滩。南岸大石堆积，石根相连，水从缝分流，溜急浪涌。自碎琼滩至此，前经恭折奏请改修陆路"②。这种对金沙江航道险滩形势的精确绘制，均采用工笔写实的手法绘制，故其场景性极强，这是清以前从未有过的。正是乾隆朝的大规模航道勘测，方能系统完成对金沙江水域详细的地理编码，而图中场景宏大的长卷描绘，动辄长达70余米，最终提供给王朝统治者一个引人注目的西南边缘地区的山川形象。

其次，就工程景观而言，《金沙江全图》重点刻画两类内容：一是碎琼滩至双佛滩陆路的运铜场景；二是金沙江水路的工程措施。其中，金沙江上游碎琼滩至双佛滩段水路险峻，无法修凿航道，只得依靠陆路马帮运铜。川滇不同版本《金沙江全图》中均具体标示出此段"议建铜房"处，在地方官员的监督下，各马帮均按部就班，"日则奔走崎岖，夜则栖宿水次"③，穿梭于金沙江沿岸之高山峻岭之中。以致"远近客民，多于泊船之处葺屋兴场"④，商品日渐流通，店房日渐建设，千里之内往来不绝，渐有内地景象。此外，在水路工程措施方面，《金沙江全图》均绘"每遇险滩，即起剥盘载，将空船牵挽而上"⑤，即于重要险滩处绘出圆木搭建的船路，纤夫从岩边用绳索抬升铜船过滩，这种"或用旱厢，或架台杆"的盘滩法，传造性地运用了杠杆原理和民间智慧。⑥

再次，在人文景观方面，不同版本《金沙江全图》均重点刻画金沙

---

① 《署理云南总督张允随为奏明筹办开凿金沙江上下两游工程事》，方国瑜主编，徐文德、木芹、郑志惠纂录校订：《云南史料丛刊（第8卷）》，云南大学出版社2001年版，第609页。

② 蓝勇、金兰中：《清乾隆〈金沙江全图〉考》，《历史研究》2010年第5期。

③ 《云南总督张允随为报金沙江工竣铜运商货流通情形等事奏折》，刘若芳、孔未名编选：《乾隆年间疏浚金沙江史料（下）》，《历史档案》2001年第2期。

④ 《云南总督张允随为报金沙江工竣铜运商货流通情形等事奏折》，刘若芳、孔未名编选：《乾隆年间疏浚金沙江史料（下）》，《历史档案》2001年第2期。

⑤ 《署理云南总督张允随为筹办开凿金沙江工程情形事奏折》，刘若芳、孔未名编选：《乾隆年间疏浚金沙江史料（上）》，《历史档案》2001年第1期。

⑥ 邓少琴等主编：《四川省内河航运史志资料汇编（上册）》，四川省交通厅地方交通史志编纂委员会印（内部刊行），1984年，第32页。

第一章 传统的延续：清代长江上游航道图志编绘之考察

江沿线营汛田庐的分布态势。作为王朝军事力量的代表，图中两岸塘汛"星罗棋布，立法至为周详"①，代表了清廷对西南边疆地区的有效管控。正如张允随奏称："（金沙江）蒙茸陡绝之区……安设塘汛，以资保护，务使水陆往来俱安行利涉，庶几夷方僻壤，日久渐成坦途。"② 图中所绘金沙江两岸地无旷土，耕地多呈梯状分布，可谓"夹岸营汛分布，田庐相望"③。形成鲜明对比的是，图中处处展示王朝深入边地的统治秩序，却有意过滤掉沿江两岸彝族村寨的活动空间，更找不到任何汉族"滋扰"少数民族的痕迹，着意塑造出"村寨夷民皆欢欣交易……无知蛮猓渐被华风"④ 的形象。因此，从政治文化的角度看，金沙江沿线营汛田庐的广泛分布，不仅意味着王朝国家的武力后盾与军事优势，更体现为18 世纪以来汉族对西南边疆的移民运动和文化移植。⑤

最后，作为乾隆朝国家级水利工程的图像呈现，川滇所绘不同版本《金沙江全图》的流传路径明显不同。其中，由张允随等奏进的《金沙江全图》，也就是《金沙江上下两游图》，在上奏后即存贮于清宫内务府造办处舆图房，进入清王朝的皇家地图收藏体系之中。在《萝图荟萃》中，此图被归入"江海"类第38 图。⑥ 而在《国朝宫史续编》中，则被归入"图绘类·江海"，题为："《云南金沙江上下两游全图》，绢本，纵一尺七寸，横二十四丈三尺四寸。"⑦ 中国第一历史档案馆成立后，《金沙江上下两游图》一直收藏于该馆。在 20 世纪该馆编制的《内务府舆图目录》中，此图又被归并在"江河湖渠"大类中，作为该馆舆图收藏

---

① 道光《云南通志》卷43《营制·总叙》。
② 《署理云南总督张允随为遵旨具奏事》，方国瑜主编，徐文德、木芹、郑志惠纂录校订：《云南史料丛刊（第8 卷）》，云南大学出版社2001 年版，第662 页。
③ 《署理云南总督张允随奏明遵旨会勘酌议具奏事》，方国瑜主编，徐文德、木芹、郑志惠纂录校订：《云南史料丛刊（第8 卷）》，云南大学出版社2001 年版，第639 页。
④ 《云南总督张允随为报金沙江上游工程告竣事奏折》，刘若芳、孔未名编选：《乾隆年间疏浚金沙江史料（下）》，《历史档案》2001 年第2 期。
⑤ 温春来：《从异域到旧疆：宋至清贵州西北部地区的制度、开发与认同》，生活·读书·新知三联书店2008 年版，第89 页。
⑥ （清）佚名：《萝图荟萃》，汪前进选编：《中国地图学史研究文献集成（民国时期·第5 卷）》，西安地图出版社2007 年版，第1879 页。
⑦ （清）庆桂等编纂，左步青校点：《国朝宫史续编（下）》，北京古籍出版社1994 年版，第1018 页。

的镇馆之宝，外人很难一睹全貌。①

与张允随奏进的《金沙江上下两游图》进入清朝皇室收藏体系不同，刘文诰进呈的《金沙江全图》则进入底层文人的民间收藏体系。换言之，此图虽为川省进呈本，却因清廷对滇省的支持，而未能成为皇家舆图收藏的代表。理由如下：此图左下方有藏印一枚，题为"品石山房"，系刘文诰的同乡王圻所有，故可推论此图一直流传宫外。② 至于此图为何流入德国，经金兰中老师告知，现藏者戈利波特（Griebert）的姑母曾与清末一位官员或幕友结婚，故此图原为其姑父所有。20 世纪 30 年代，其姑母携图回到德国慕尼黑，后传至其手中。③ 至于滇省绘制的 5 幅《金沙江全图》草图亦流传民间，曾为德国来华汉学家福克斯所得。1947 年 3 月 29 日，邓之诚先生在日记中就记："步访福克斯，观其所藏内府手绘本《金沙江图》"④，此图后被中国国家博物馆收入囊中。⑤

综上所述，传统河川水道舆图作为王朝河政运作与水道整治的重要资料，其绘制机制往往遵循官方主导、画工参绘的方式，前期草图绘制以实地勘察为基础，后期成图则由草图改绘装裱。在绘制方法上，亦多以传统中国山水形象绘法为主，并以长卷的形式表现河渠水道曲折漫长的沿岸景观。⑥ 作为目前所见最长的清代长江彩绘舆图，《金沙江全图》山水长卷式的表现模式，绘制范围绵延曲折，虽旨在表现金沙江千里之遥，但观者视线所及，恰好位于景物的正前方，并随卷轴的展开而移动。本节对乾隆朝不同版本《金沙江全图》的研究表明：在传统中国王朝国家体制下的绘图实践，官绘舆图不仅是公文往来与官员施政的工具，更体现了绘制者对山川疆界与各自地方利益的关怀。因此，作为官方编绘的地理文

---

① 秦国经、刘若芳：《清朝舆图的绘制与管理》，曹婉如主编：《中国古代地图集（清代）》，文物出版社 1997 年版，第 71 页。

② 此图"品石山房"印的辨别，系张伟然先生指点，特致谢忱。2015 年嘉德春季拍卖会曾竞拍此图，起拍价为 1800 万元，但未有藏家入藏。

③ 关于海外所藏川省所绘《金沙江全图》的流传路径，参见德国海德堡大学金兰中老师 2016 年 3 月 18 日给笔者电子邮件所作的文本说明。

④ 邓之诚著，邓瑞整理：《邓之诚文史札记》，凤凰出版社 2012 年版，第 420 页。

⑤ 该图在 2006 年嘉德春季拍卖会中以 280 万元落槌，创造了当时中国传世古地图拍卖的最高纪录。

⑥ 席会东：《中国古代地图文化史》，中国地图出版社 2013 年版，第 195 页。

第一章 传统的延续：清代长江上游航道图志编绘之考察

本，在共同语境下绘制的同类舆图，亦可以有不同结果的叙述。从乾隆朝川滇不同版本《金沙江全图》的价值来看，虽图绘有别，但其对金沙江河道沿岸场景的实景描绘，敷彩润丽、设色详明、场面宏阔、描绘精细，均反映出清代彩绘长江舆图长卷的绘制特点，具有独特的研究价值与审美价值。

进而言之，中国传统河川水道舆图在绘制过程中，其对地理空间的组织，往往是经验的、主观的、流动的非线性组合，并带有浓厚的政治指向性，而非可测量的、数理的、线性的客观载体。因此，这种对地理空间信息处理的特殊性，导致中国传统舆图多不受准确性的支配。① 此外，中国传统舆图长卷的一个主要特点，就是运用"鸟瞰式的移点透视法"，即观察者的视点不是固定的，而是随着图绘景观的展开而移动。② 因此，在乾隆朝不同版本《金沙江全图》中，其对长江上游金沙江河道空间的组织，往往伴随长卷的展开而呈现出流动性的特征，有利于在多样化的水域空间中表述地方景观的丰富性。这种对特定区域地理的图像叙述，更关系到阅读者的观看方式。而中国传统舆图所具有的主观性与展示性，正是有别于西方科学制图学的最明显特征。③

第三节　清代长江上游航政建设与《峡江救生船志》的编绘

在传统时代，长江上游以航道之艰险、航政之复杂、航运之重要，成为长江流域内河航运最具特色之处。宋明以来，在中国经济重心东移南迁的大背景下，川江因其沟通东西的桥梁作用，不仅是皇木、滇铜、黔铅等国家资源转运的重要水道，更是西南地区山货、盐米等民生物资出川的最佳商路。④ 特别是在清代，"川货之出荆襄、达吴粤，与夫各省

---

① 成一农：《"非科学"的中国传统舆图：中国传统舆图绘制研究》，中国社会科学出版社2016年版，第13页。
② 姚伯岳：《清代彩绘地图的特点和价值》，《中国典籍与文化》2007年第4期。
③ ［美］余定国：《中国地图学史》，姜道章译，北京大学出版社2006年版，第198页。
④ 蓝勇：《明清时期的皇木采办》，《历史研究》1994年第6期；马琦：《国家资源：清代滇铜黔铅开发研究》，人民出版社2013年版，第53—76页；王绍荃主编：《四川内河航运史（古、近代部分）》，四川人民出版社1989年版，第47—112页。

诸货之入蜀者，无不道经三峡"①。然而，川江航道水势险峻，船只往来稍有不慎，即有沉溺之患。为保护航运安全，长江上游地区日益形成以救生船为核心的航政管理体系。同时，为使往来船主认明水径，相关航道图志的编绘从无到有，很快发展为一项专门之学。② 前者关乎官方权威，后者指涉事功总结，彼此一体两面，关系密切。

目前，学界对清代长江上游航政建设与航道图志的研究，或从经济社会史的角度，探讨明清时期川江救生船的实施效果；③或从历史文献学的视角，论述传统时代长江上游航道图志的文本价值，未能有效揭示两者之间互动影响的内在脉络。④ 在本节中，笔者通过考察长江上游现存最早、最具典型意义的航道图志——《峡江救生船志》，旨在分析晚清川江救生船制重构与航道图志编绘的关系，进而思考王朝地理学背景下"地方"绘图实践的特点与价值。

一 清代长江上游救生船制实施的现实困境

明清以来，在长江上游航政建设中，最为显著的办法就是在川江设置救生船，专门抢救失事船只。根据现有资料，长江上游最早设立救生船是在明末，地点是在归州境内。⑤ 天启年间，归州知州周昌期在吒滩设立救济船二只，颇有成效。光绪《归州志》就记载："州西二里黄魔神庙前曰吒滩，一曰人鲊瓮……春夏水涨，漩如鼎沸，舟入漩中立碎，人无免者。昌期至，捐置救济船二。尝一月活五十人。州之有救济船，自昌期始，民感之至今。"⑥ 清初，归州救济船改为救生船。同治《归州志》记载："救生船，康熙丙辰年分巡道李会生、知州邱天英设立。吒

---

① 道光《夔州府志》卷13《榷政》。
② 李鹏：《晚清民国川江航道图编绘的历史考察》，《学术研究》2015年第2期。
③ 蓝勇：《清代长江上游救生红船制初探》，《中国社会经济史研究》1995年第4期；《清代长江上游救生红船制续考》，《中国社会经济史研究》2005年第3期；《清代长江红船救生的地位和效果研究》，《中国社会经济史研究》2012年第3期；《晚清海关〈中国救生船〉与东西洋红船情结》，《学术研究》2016年第4期。
④ 邓少琴：《近代川江航运简史》，重庆地方史资料组，1982年，第107页；李鹏：《清末民国川江航道图编绘的现代性》，《西南大学学报》（社会科学版）2017年第5期。
⑤ 蓝勇：《清代长江上游救生红船制初探》，《中国社会经济史研究》1995年第4期。
⑥ 光绪《归州志》卷16《列传一》。

第一章 传统的延续：清代长江上游航道图志编绘之考察

滩、石门、上八斗、下八斗船只每处觅水手六名，有工价在册，每遇覆溺，全活甚多。后又添洩滩、新滩、黄牛滩、崆岭滩四处。"①

应该看到，明末清初归州设置救生船，只是一种地方行为，还未上升为国家层面对长江上游治理的重要举措。因此，当时长江上游救生船制尚属草创阶段，这是毋庸置疑的。至雍正末年，归州设立救生船的做法方才被国家认可，并在川江沿线广泛推广。据雍正十二年（1734）内阁学士凌如焕奏言：

> 查楚属接壤长江，地名三峡。自湖北夷陵州起，至四川夔州府，横亘数百里。峰峦插天，两岸对峙，中间水道一线，滩高石巨，罗布江心。商民往来，如遇风涛之险，每赖江边小船抢救方得保全，以此知救生船只所宜广设。访闻峡中木植颇贱，造一小船约计银二三十两。现在归州城外设有救生船三只，但地广难周。即如归州而上，有泄滩、巴峡、瞿塘峡、滟滪堆等处；归州而下，有新滩、獭洞、崆岭峡、黄牛滩等处，悉系著名奇险，每年为商旅之患……请敕谕四川、湖广两省督抚，转饬地方官，将三峡中水道，遍加详勘，设立小船，守候救生，保全民命，亦推广皇仁之一端也。②

正是在凌如焕的奏请下，雍正帝同意在长江三峡普设救生船。因救生船多涂以红色，故又称为救生红船，以显其专用救生（见图1-2）。为奖励水手捞救，还规定凡救起一落水之人，赏钱八百文；捞尸一具，加赏钱四百文。③ 然而，清初在长江上游设置救生船还局限于长江三峡，真正大规模在川江两岸设置救生船应是在乾隆年间。从目前史料来看，乾隆帝即位之初，即令时任四川巡抚杨馝于川江全线滩水险恶处委勘设立救生船只。谕旨曰：

---

① 同治《归州志》卷8《政典志》。
② 《世宗宪皇帝实录》卷144，《清实录》（影印本·第8册），中华书局1985年版，第801—802页。
③ 王纲：《清代四川史》，成都科技大学出版社1991年版，第770页。

江路风涛之险，最为不测。闻楚省宜昌以上，川省夔州以下，凡滩水险迅之处，蒙皇考谕令设立救生船，每年多所救济，商民感激。但朕闻川水发源岷山，至眉州彭山县江口而始大，自江口至夔州府巫山县，计程二千余里，其中有名险滩不可悉数。向来该督抚亦有奏请设立救生船之意，逡巡未果。著巡抚杨馝遴委贤员，详确查明，于滩水险恶之处，照夔州府以下事例，设立救生船只，以防商民意外之虞。其所需经费，准于正项内报销。务令该地方官实力奉行，毋得草率塞责。①

图1-2 清末长江上游的救生红船
资料来源：[美]威廉·埃德加·盖洛：《扬子江上的美国人》，晏奎译，山东画报出版社2008年版，第69页。

图1-3 位于新滩的白骨塔
资料来源：[美]威廉·埃德加·盖洛：《扬子江上的美国人》，晏奎译，山东画报出版社2008年版，第83页。

如上所述，乾隆帝下令将原先分散孤立的救生船制逐渐发展为全局性的内河救生公益事业，成为促进川江内河航政建设与水上慈善事业发

---

① 《乾隆元年十一月初七日著四川巡抚杨馝于滩水险恶处委勘设立救生船只准动正项报销事上谕》，哈恩忠编选：《乾隆朝整饬江河救生船档案》，《历史档案》2013年第1期。

第一章 传统的延续：清代长江上游航道图志编绘之考察

展最重要的因素之一。① 从这一角度看，清代长江上游救生船制的建构，体现的是官方对川江公益救生事业的专办与监管。相比长江中下游地区，长江上游救生船制的实施多由政府负责，并由官方提供经费运作。正是在地方官员的主导下，长江上游救生船不仅担负川江水上救生的社会责任，还形成了一整套的捞浮收瘗制度，官府严格按照规章发给棺木、抬埋赏钱，具有明显的公益属性与人文关怀（见图1-3）。②

为保障长江上游救生船制的有效运行，当时四川省府还不时对川江沿线救生船情形进行调查，并对存留去汰以及船只状况及时跟踪。③ 然而，清代前期所建构的长江上游救生船制，在复杂的社会局势下日久弊生。例如，咸丰年间四川省曾委员对川江沿线各主要险滩救生船情形进行密查，留下一份详尽的调查报告，从中可以看出清中叶救生船法久则弊的变化。兹录部分内容如下：

> 访闻沿江各滩，小船距市镇稍远、人烟稀少之处，偶遇船只失事，实不免有乘危舍人掠货之事。甚至被溺之人漂近船边，一援手即可救起，乃反舍之而去，每致溺毙。即间有得生者，复畏事不敢赴诉，遂无主名。又有附滩小船，每于客船上滩吃紧之际，放由滩边攒挤而上，乘其不备，暗将缉索折断，以致失事，彼遂乘势抢货。此等恶习各滩均所难免，而云阳之东洋、庙矶滩为尤甚。至于沿江救生船，现在虽不敢明目张胆掠取货物，率皆与小船通同作弊，如遇客船失事，该水手等照人救起，泊于前港无路处，即促之登岸，使不能自去。直至日暮无船来往，始同赴县呈报请赏。其实意在俟失事之船漂流而下，以便各小船于下流掠取货物，事后分肥，使本船之人，不能随往探视，无所指名。其取巧之弊大都如此，沿江此

---

① 杨国安：《救生船局与清代两湖水上救生事业》，《武汉大学学报》（人文科学版）2006年第1期。
② 蓝勇、张铭：《清代浮尸收瘗中的人文关怀》，《学术研究》2018年第2期。
③ 《乾隆十四年十二月初七日四川总督策楞为查明川省所设救生船情形分别存留裁汰事奏折》，哈恩忠编选：《乾隆朝整饬江河救生船档案》，《历史档案》2013年第1期。

习虽多，而于夔巫两峡之内为更甚。①

分析上述史料，结合其他文献，可得出如下认识：

首先，从技术层面来看，清代长江上游官办救生船制日久弊生，船质老化朽坏，不堪使用，严重影响水上救生事业的实际展开。同时，救生船的设置在空间分布上存在严重问题，如涪州白岩滩仅设救生船一只，一旦往来客船失事，被溺之人随水经分两路，顺流而下，救生船无法兼及，顾此失彼的事情时有发生。而且，川江沿线各州县额设救生船的舵工水手不仅缺额甚多，亦多用本滩居民，平时不过一人或二三孩童看船，其余皆在家做活，有事再呼唤舵工水手。再如夔州各救生船水手缺额甚多，并不停泊在滩上，具报领赏，俱皆摆冒。这些因素，都使得救生船制在长江上游航运建设中的作用大打折扣。

其次，从制度方面来看，救生船制作为清代长江上游航政建设的重中之重，理应由官方来主办或主导。然而，清中叶以来，官方对救生船的管理日益松散，官办体系开始走向衰败。②导致后果有二：一是经费不足，救生船舵工水手无法保障正常的收入。特别是囿于严重腐败的衙门习气，救生船舵工水手在请领口食时，不仅守候太久，又遭吏役层层盘剥，即使救起被溺人物亦未能按额领取赏钱。因此，救生船舵工水手的口食既少，不能不别寻生计。二是由于官方权威的"缺失"，使得民间组织无法有效参与救生红船的运作。例如当时巴县额设的救生船多遭裁撤，全靠民间善堂慈善进行组织，然而由于险滩离市镇较远，民间所设的救生船或渡船多救助不及。

再次，从实践层面来看，由于官办救生制度的日渐衰败，官方对川江救生船的监管不力，使得长江上游内河航运秩序严重失范。如部分州县救生船舵工水手偶遇船只失事，还有乘危舍人掠货之事。以致遇有客船往来至滩舟覆，袖手旁观，任其沉溺，止捞捡货物，并不抢救人口。

---

① 《四川办理滇黔边计盐务总局抄呈委员密查自泸州起至巫山止各滩救生船一案清册》，四川省档案馆藏清代"巴县档案"（咸丰版），档案号：6560472。

② 蓝勇：《清代长江救生红船的公益性与官办体系的衰败》，《学术研究》2013年第2期。

第一章 传统的延续：清代长江上游航道图志编绘之考察

这种坐视不救、隐瞒私匿的行为，使得清代长江上游救生船制度有名无实。同时，部分州县救生船还与附滩小船勾结，如遇客船失事，掠取货物，事后分肥。可以说，正是由于官方的监督不力，导致救生船舵工水手违法乱纪之事时有发生。官设救生船本为慈善而设，反过来却为害内河航运，这种对比实在惊人。①

总体而言，清中叶以来长江上游的官办救生船制已经百弊丛生，无法完成水上救生的任务与使命，亟待大刀阔斧的改革。特别是到光绪年间，虽定例设有救生船只，但水手岁领工食无多，不敷口食，加上船只损坏，无费修补，以致有名无实，工食甚至为书役吞蚀。至此，清代长江上游官办救生体系整体走向衰败，严重影响了川江内河航政管理的正常秩序。换言之，作为一项公益事业，清代长江上游救生船制单纯依靠官办，很难在社会效益与实际运作之间寻得平衡，日久弊生的"制度套利"行为亦无法真正根除。②

二 《峡江救生船志》的编绘缘起与版本流传

流传至今最早的单幅川江彩绘航道图，当是清中叶佚名所绘《巴东县长江图》。此图现藏中国科学院图书馆善本室，编号：史580159，图中未注明绘者，纸本设色，图廓48.1厘米×80.9厘米，绘制年代不详。孙靖国将绘图年代定至雍正十三年（1735）以后，然从图中所表现的人文景观看，可判定其绘制时段为道光十八年（1838）左右。③在内容上，此图采用中国传统山水形象绘法，详细描绘了川江航道巴东段水流、礁石、江滩等各类地物，图中还注明"报部险滩"的地理分布，可知其绘制目的在于提示行船安全。不过，该图覆盖范围仅限

---

① 蓝勇：《清代长江救生红船的公益性与官办体系的衰败》，《学术研究》2013年第2期。
② 所谓"制度套利"（regulatory arbitrage），原是经济学领域分析企业在市场运作中，运用制度漏洞降低交易成本以谋取利益的行为。近年来，史学界开始采用这一概念来分析明代卫所制度在地方实施的过程中，军户是如何利用体制漏洞作出安排，以规避风险。参见［加］宋怡明《被统治的艺术：中华帝国晚期的日常政治》，［新加坡］钟逸明译，中国华侨出版社2019年版，第185—232页。
③ 孙靖国：《舆图指要：中国科学院图书馆藏中国古地图叙录》，中国地图出版社2013年版，第312页。

于巴东一县之地，对航道险滩位置的标示亦不准确，仅是局部长江上游航道图的例证。

就目前资料来看，国人首次对长江上游航道进行系统考察，且编制为专门的航道图志，是以贺缙绅《峡江救生船志》为标志的。① 就其编绘缘起而言，尽管清中叶以来，以救生船为中心的川江航政建设弊端丛生，官办体系逐渐衰败。然而，地方政府始终没有放弃对长江上游救生船制的管理责任，在官绅捐款以及地方精英的支持下，开始对长江上游救生船制的积弊进行改革，并重构了晚清川江内河航政的制度空间。在此基础上，贺缙绅主持编绘了长江上游第一部较为系统的航道图志——《峡江救生船志》。

如前所述，长江上游乱石横江，险滩林立。每当夏秋泛涨之际，惊涛骇浪，汹涌异常，危险异常。作为商舶往来必由之路，川江覆溺之患，不可胜言。光绪二年（1876），原山东巡抚丁宝桢调任四川总督，途经川江目击覆舟伤惨情形，深为悯念，故在四川总督任内，即捐廉银10000两，以6000两交四川，以4000两交湖北，函商各督抚臣，增设救生红船，以资救溺。② 收到丁宝桢的捐款后，时任湖北巡抚翁同爵委托程以辅，会同贺缙绅陆续查明川江沿岸险滩情形，"钉造大小红船十五只，连旧有红船四只，摆江二只，并入管理，共计二十一只，分驻沿江险滩，统归贺缙绅经理，随时督率救护"③。贺氏亦忠于职守，不仅周历各滩，勘明水道，还进一步增设红船，随时布置。对此，沈云骏《峡江救生船记》就赞誉：贺缙绅"亲巡险要，就泊红船……每申令麾下士卒，谓行舟猝遇暴风，撞击巨石，必以救人为急，次及货物。敢有乘危匿货，诈伪索谢者，重惩无宥"④。

总之，晚清川江救生船自开办以来，全活人口甚多，颇具成效。那

---

① 熊树明主编：《长江上游航道史》，武汉出版社1991年版，第80页。
② 《光绪八年八月初二日湖南提督鲍超奏为体察蜀江情形请添补险滩救生红船等事》，中国第一历史档案馆藏"录副奏片"，档案号：037165041。
③ 《光绪九年四月初二日湖广总督涂宗瀛、湖北巡抚彭祖贤奏为遵查宜昌府属沿江险滩并添设救生红船事》，中国第一历史档案馆藏"录副奏折"，档案号：037165045。
④ 光绪《归州志》卷3《赋役志·救生船》。

第一章 传统的延续：清代长江上游航道图志编绘之考察

么，作为主事官员，贺缙绅何以能取得如此成绩？查阅清代官员履历档案：贺缙绅，号笏臣，后归宗罗姓，亦称罗笏臣、罗缙绅，湖南平江县人。咸丰八年（1858），贺缙绅由文童入平江营。同治年间，为湖广督标水师健捷新副中营副将。光绪四年（1878），贺缙绅署理湖北宜昌镇总兵官，不久即去职。光绪九年（1883），又以湖北宜昌镇总兵员缺补授。① 从贺缙绅的为官履历来看，其年少以文童入武，成长于行伍之间。后历任湖北管带水师官员，办事老成持重，深得湖北督臣信任，加之久历峡江水师，故令其就近在宜昌设局，经理救生船事业。

由此来看，贺缙绅的水师经历与行伍历练，对于晚清川江救生船制的重构有着积极的意义。为改变此前官办救生船系统的懒散局面，贺缙绅以"红船分布险滩驻泊，辅以炮船督率弹压"②，即以水师管理之法融入长江上游航政制度建设之中。这种带有军事色彩的管理体系，对于清中叶以来百弊丛生的救生船制度来说，不啻是一场带有革命性的改革。因此，民初《宜昌商会报告书》就评价："峡江水程相距四百余里，仅以红船分守各滩，恐奉行不力，转滋流弊，（贺缙绅）乃仿照舟师办法，添造炮船，划分防汛，分督红船救生，绳以营制，俾无泄沓，是即峡江水师所由昉，救生功用，因之益著。"③ 正是贺缙绅的军事化管理，晚清长江上游救生船事业才得以进一步发展，而《峡江救生船志》的编绘缘起也与其多年经营救生船的经历密切相关。

光绪三年（1877），为总结川江救生船制重构的事功经验，使得日后水上救生有章可循，贺缙绅"既藏厥功，复编辑为志"④，书成后正文二卷二册，附刻《峡江图考》《行川必要》各一册，总名《峡江救生船志》。全书白口，单鱼尾，版面29厘米×17厘米，封面竖题"峡江救生船志"，扉页墨题"光绪丁丑仲秋水师副中营刊"。书中不仅记载晚清峡

---

① 秦国经主编：《清代官员履历档案全编（四）》，华东师范大学出版社1997年版，第164—165页。
② 《光绪九年四月初二日湖广总督涂宗瀛、湖北巡抚彭祖贤奏为遵查宜昌府属沿江险滩并添设救生红船事》，中国第一历史档案馆藏"录副奏折"，档案号：037135045。
③ 民国《宜昌县志初稿》卷20《社会略·慈善事业·救生红船》。
④ （清）李翰章：《〈峡江救生船志〉序》，《峡江救生船志》光绪九年刻本。

江救生船的制度源流、空间布局、管理方式以及红船形制，还详细绘制川江虎牙滩到狐滩段345千米的航道地图，重点标注沿途险滩水文状况，全面展示峡江导航、救生等行江概要。① 可以说，《峡江救生船志》不仅是长江上游首部系统的航道图志，更是现存为数不多的水上救生专志之一，其文本价值自不待言。② 对此，丁宝桢作序称：

> 余两次道经峡江，深悉其患，与楚制府李公小泉、中丞翁公玉甫共谋设救生船。两公匙之，力筹巨款，俾程观察以辅、罗副将缙绅主其事。适余在山左，仅酿得白金四千两寄至。阅年，余移督蜀中，两君办理已著成效，并绘图著说刊为《峡江救生船志》……余详观志载，每滩设船，画疆而理，上下千余里，统以水师，分以曹主，事不烦而克济，工不费而有成。是有二利：峡滩船过，如有覆溺磕损，藉可拯救，一也；或遇滩险，即用其船以济，且免滩人之龋龅，二也。③

至光绪九年（1883），《峡江救生船志》在初版的基础上，开始刊印第二版。此次再版之缘起，盖于光绪八年（1882）七月，时任湖南提督鲍超在回乡过程中，舟行至巫峡贾古石滩遇险，家中二子均被淹死。鲍超则历经艰辛，被救生船救起。此事在川鄂两省引起巨大震动，鲍超也上奏清廷，痛陈经历：

> 惟查大江西来，即夔宜一带险滩过多，约计不下六七十处……纵令每滩分设一只，而峡中货船每船人员多至五六十人。又滩凶水恶，剽急非常，遇有失事之时纷纷乞命。一船往救，既有拥挤沉溺之虞。次第相援，又有顾此失彼之憾，以致救起者少而溺毙者似多。奴才体察形势，凡著名涂滩，每滩如有红船多只，则不难施以拯救。④

---

① 李鹏：《图绘大川：晚清〈峡江救生船志〉航道图研究》，《学术研究》2020年第6期。
② 蓝勇：《中国历史上特殊的地方志书——救生类志书》，《中国地方志》2015年第12期。
③ （清）丁宝桢：《〈峡江救生船志〉序》，《峡江救生船志》光绪九年刻本。
④ 《光绪八年八月初二日鲍超奏为体察蜀江情形请添补险滩救生红船等事》，中国第一历史档案馆藏"录副奏折"，档案号：037135041。

第一章　传统的延续：清代长江上游航道图志编绘之考察

鲍超请求增设川江救生船的奏折迅速得到清廷的支持。同年八月初二日，内阁奉上谕，着湖广总督、四川总督、湖北巡抚筹拨款项，于川江著名险滩处所酌量添设红船，并饬属随时认真救助，以保行旅。① 时任湖广总督涂宗瀛、湖北巡抚彭祖贤立即命令管带水师健捷新副中营总兵贺缙绅，"周历各滩，勘明形势，何处尚应添设船只，据实秉办"，并将川江救生船情形上奏。② 时任四川总督丁宝桢亦认为："川省自渝至夔水道一千四五百里，节交夏令，水势汹涌，险滩林立，来往船只每多覆溺之虞，向设救生红船急不敷分布，必须多设船只，分滩驻守，方足以资拯救。"③ 由于当时四川地方政府经费紧张，增设川江救生船所需款项颇巨，筹措维艰，只得寻求重庆商人的财力支持。此后，川鄂两省共同在宜昌设立救生总局，统一由贺缙绅负责川江红船救生事宜。

接到谕令后，贺缙绅再次周历川江各滩，并勘明形势，对沿线救生船制进行完善。具体做法有三：一是增设救生船数量，使其在空间布局上更为合理；二是重构救生船管理体制，在宜昌设救生总局，实现川鄂两省水上救生的跨地域合作；三是提高救生船水手报酬，其工食银两参照水师章程办理。而正是这次大发展，为贺缙绅修订《峡江救生船志》一书奠定了坚实的基础。在光绪九年《峡江救生船志》重刻本中，贺缙绅专门增加了多篇序言，以及此次添设峡江救生船的图文档案。例如，时任湖广总督涂宗瀛在序言中，就对上述川江救生船制重构与《峡江救生船志》重刻的关系做出概括，内中有云：

> 壬午夏，鲍春霆爵帅乞假还蜀，覆舟于归州之贾古石。既自幸救护之获全，而益慨沉沦之可悯也。乃上其事于朝，请度地益舟，

---

① 《光绪九年十二月初六日丁宝桢奏为遵旨查明川省现有救护红船尚敷拯济等事》，中国第一历史档案馆藏"录副奏片"，档案号：037135050。
② 《光绪九年四月初二日湖广总督涂宗瀛、湖北巡抚彭祖贤等奏为遵查宜昌府属沿江险滩并添设救生红船事》，中国第一历史档案馆藏"录副奏折"，档案号：037135045。
③ 《光绪九年四月初二日湖广总督涂宗瀛、湖北巡抚彭祖贤等奏为遵查宜昌府属沿江险滩并添设救生红船事》，中国第一历史档案馆藏"录副奏折"，档案号：037135045。

永资利济，得旨报可，命宗瀛等亟议以闻。因笏臣总戎习于其地，橄观察何君伯英往与之会，履勘一周，察形势之险夷，完增造之多寡。巴东、归州、东湖所属恶滩林立，择其尤甚者，酌加救生船六……笏臣督工既竣，以所辑《峡江救生船志》邮寄示余，凡创置规模、川途险要灿然具在，更于郡北设局经理之，足以垂久远示来兹矣！①

分析上述序言，可以明确以下信息：第一，在贺缙绅的领导下，经过多年发展，川江救生船重新成为长江上游内河航运的重要保障；第二，在川江救生船制的重构中，官方始终是救生船体制运作的主要责任者；第三，《峡江救生船志》的重刻，是对晚清长江上游水上救生事业的事功总结，两者之间存在对应关系。与此同时，近代西方人也开始了解长江上游独特的水上救生系统，并给予了高度评价。早在1883年，英国驻汉口领事加德纳（Gardner）在乘木船上溯长江上游的过程中，就在新滩遭遇沉船事故，"事故发生时，加德纳先生的两个朋友正在岸上步行，他本人和船上的中国人被迅速出动的救生船搭救。……这些救生船就驻扎在每处急流险滩的下方，隶属宜昌水师提督属下的救生局"②。对此，英国人约翰·立德（Archibald John Little）亦谈道：

在中国，扬子江救生船网是我遇到的唯一值得信赖的官方机构，宜渝间水道沿途险滩都有救生船驻泊，并按现存方式分布。该体系的总部设在宜昌，并由一位贺姓将军指挥，其职责为维护川江航道安全，拯救江上濒于危险的船客。而贺将军在其精心编绘的图册《行川必要》中，不仅列举了上千处险滩，还为行船避免沉溺提供了详细的航行指南。③

---

① （清）涂宗瀛：《〈峡江救生船志〉序》，《峡江救生船志》，光绪九年刻本。
② 《1882—1901年宜昌海关十年报告》，李明义译编，李晓舟校订：《近代宜昌海关〈十年报告〉译编（1882—1931）》，团结出版社2020年版，第36页。
③ Archibald John Little, *Through the Yangtze Gorges*, London：Sampson Low & Co, 1898, pp. 349 – 350.

第一章　传统的延续：清代长江上游航道图志编绘之考察

此后，伴随长江上游行轮航线的开辟，新任宜昌镇总兵傅廷臣开始接办川江两岸的水上救生事宜。20世纪伊始，德国瑞生轮在归州崆岭滩失事，经驻滩救生船全力救捞，救起西人多名，从此西方人彻底改变以往对中国传统救生船的漠视态度，进一步促成晚清川江救生船制的第三次变革。在傅廷臣的组织下，《峡江救生船志》于光绪三十二年（1906）第三版刊刻，其间就详细记载近代西方人关注川江救生船的缘起，实因"瑞生轮船失事之际，经驻滩红船接救。……西人目击，实系身受。……调赴重庆英领事韦礼敦，照绘红船尺寸式样成图，携归外洋表扬"①。因此，在第三版的《峡江救生船志》一书中，傅廷臣不仅增加了近代西方人募款捐造救生船的文件，还将原来的航道图替换为国璋《峡江图考》的部分内容。②

如前所述，近代西方人对长江上游救生船的认知过程有一个由浅入深的过程。当时法国人武尔士就评价："中国人在所有危险地带附近都停有一两艘救生木船。这是些不会沉没的舢板，漆成红色，所以叫红船，并以此闻名。这一救生机构的组织由来已久……红船常年展开救生，每年所救性命不计其数。这是我在中国内地所见过的少有的、合情合理、组织有序的事情之一。"③正是德国瑞生轮的失事，直接促成西方人对长江上游救生船制的介入。一方面，西方人通过宣传手段，用图绘红船尺寸，在西方广为宣扬；另一方面，则通过集资手段，对川江水上救生人员进行犒赏，并直接捐造救生红船。④需要说明的是，近代西方势力的介入，使得长江上游救生船制沾染了现代性的色彩。故时人有言："各国官商人士入川，得占利涉，皆被红船保护之福。"⑤在此版《峡江救生船志》序言中，傅廷臣坦言：

---

① （清）贺缙绅、傅廷臣：《峡江救生船志》卷1《文件》，光绪三十二年刻本。
② 蓝勇：《中国历史上特殊的地方志书——救生类志书》，《中国地方志》2015年第12期。
③ ［法］武尔士：《长江激流行——法国炮舰首航长江上游》，曹娅、赵文希译，重庆出版社2019年版，第30—31页。
④ 李鹏：《图绘大川：晚清〈峡江救生船志〉航道图研究》，《学术研究》2020年第6期。
⑤ （清）贺缙绅、傅廷臣：《峡江救生船志》卷1《文件》，光绪三十二年刻本。

光绪壬寅岁，经英国官商以出入峡江得保护，力助款添红船一艘，坚辞不获。并由臣另行筹添新船五号，舢板炮船一号，专泊南关外之轮船码头，以资弹压。乙巳岁又以英款岁助二百两，足敷一船之用。……是年夏，工竣，分泊于巴东、归州……以备地方官因公驱策，名之曰"藩惠"，用示区别。综计共五十二号文件，均补入《峡江志》，俾垂久远。①

对此，民国《宜昌县志初稿》就记载，"至傅镇廷臣时，连前官私红船，共增为五十四只，救活人口，每年约千数百计。"② 较之此前的版本，由傅廷臣增补的第三版《峡江救生船志》，对新形势下川江救生船制度的变革叙述周详，堪称《峡江救生船志》的集大成者。至1969年，台湾学海出版社曾依据傅氏增补本《峡江救生船志》，冠以《行川必要》为名再版，是目前所见今人对《峡江救生船志》最早的全文影印本。近年来，由李勇先、高志刚主编的《巴蜀珍稀交通文献汇刊》，亦收入《峡江救生船志》一书。

综上所述，通过考察晚清以降《峡江救生船志》的编绘缘起与版本流传，可知丁宝桢捐设救生船与鲍超上奏添设救生船，间接促进了川江救生船设置的重构，而经办人贺缙绅忠于职守，直接促成了晚清长江上游救生船制的军事化变革。③ 同时，伴随清末西方人红船情结的加深，更使得川江救生船得到新的发展。《峡江救生船志》在不同时段的编制与刊刻，就是对晚清长江上游救生船制"旌功表绩"的总结。这种带有"纪念碑性"的编纂方式，既起到图绘川江内河航道的目的，又达到对"地方"救生船事业刻功纪名的效果。④

三 《峡江救生船志》的编绘机制与地图叙述

在传统时代，地志舆图不仅是地方行政的重要组成部分，更是维系

---

① （清）傅廷臣：《〈峡江救生船志〉序》，《峡江救生船志》光绪三十二年刻本。
② 民国《宜昌县志初稿》卷20《社会略·慈善事业·救生红船》。
③ 李鹏：《图绘大川：晚清〈峡江救生船志〉航道图研究》，《学术研究》2020年第6期。
④ 巫鸿：《"纪念碑性"的回顾》，《读书》2007年第11期。

第一章 传统的延续：清代长江上游航道图志编绘之考察

区域文化认同的重要基础，亦是地方地理知识的资料汇集。从文本内容来看，《峡江救生船志》可分为两大板块，其中卷1与卷2为第一板块，主要收录和记述晚清川江救生船设置的制度缘起、发展变迁以及制度规章。① 第二板块为《峡江图考》，"图绘自四川万县起至虎牙滩止，溯源追委也，每滩系之以说"②，共计收入各类航道图68幅，均采用中国传统山水形象画法，据实画出晚清川江航道的滩形水势与相关设施，不仅是传统长江上游水上救生的专题地图文献，更是晚清以来川江内河航政管理及其演变的珍贵图像资料。

作为第一部系统的长江上游航道图志，《峡江救生船志》中航道图的编绘全部建立在实地勘测的基础之上，但其初始形态仍属于公文地图，并运用于川江救生船制运作的实践过程中。对此，《峡江救生船志》明确记载："惟绘图贴说，上下江面数百里之遥，副将（贺缙绅）拟于日内躬亲带同画工，前往各滩逐细履勘，绘图呈览。"③ 由此分析，其编绘过程可分三个阶段：1. 贺缙绅与画工历经数月，在实地勘察的过程中，共同绘制水道草图。2. 在室外工作的基础上，通过室内贴说与清绘，作为日常公文附图呈送。3. 在公文附图的基础上，贺缙绅又添加相关文献，最终编成航道图志而流传。

换言之，上述贴说之图仍属于文牍附图的性质，只有贺缙绅将其重新组织编排，才在知识形态上演变为系统的航道图志。④ 需要指出的是，《峡江救生船志》对长江上游航道的地图刻画，主要依上水船的运行方位，从下游的宜昌绘起，分滩叙述至万县湖滩而止。相比国璋《峡江图考》"上水则从册首以逮尾，下水则从册尾以达首。反复顺逆，皆可浏览"的编纂风格，《峡江救生船志》回溯式的地图叙述模式，是和贺缙绅的施政观念相符合的。⑤ 具体而言，《峡江救生船志》航道图对川江水

---

① （清）贺缙绅：《峡江救生船志》"总目"，光绪九年刻本。
② （清）贺缙绅：《峡江救生船志》"凡例"，光绪九年刻本。
③ "遵札会禀设造救生船情形拟议章程一案"，（清）贺缙绅：《峡江救生船志》卷1《文件》，光绪九年刻本。
④ 潘晟在《宋代图经与九域图志：从资料到系统知识》（发表于《历史研究》2014年第1期）一文中，曾指出宋代地理知识生产从档案走向系统化的过程，颇具价值，可资参考。
⑤ 李鹏：《晚清川江内河航运变迁与航图制作：以〈峡江图考〉为中心》，《长江文明》2015年第2期；蓝勇：《三峡最早的河道图〈峡江图考〉的编纂及其价值》，《文献》1995年第1期。

道的刻画，分如下三种方式：

首先，《峡江救生船志》航道图对川江自然地理要素的刻画，主要标示川江航道险滩的危险程度。例如，在川江水文环境中最复杂的就是"泡漩"①，其缘起多因两岸乱石错综，急流冲击所致。特别是在水位高涨之时，多有发现。其水势表现为水纹凌乱回旋，状如锅中沸水。船行其上，极容易造成船身失控，从而导致失吉之事。因此，"泡漩"对木船航行颇为不利。②《峡江救生船志》航道图中对"泡漩"的表现极为形象，多以漩涡状圈层结构来标示，展示出喷漩不止，水势凶险的特征。对于江流迅急之处，则示以波澜起伏之态势，形象地表达了川江水涨溜急的水文状态。

此外，《峡江救生船志》航道图对川江航道地形的地图再现，主要有礁石、石盘、石梁、碛坝、岩崖、峡谷等。图中所绘礁石屹立江心，石盘石大横阔，石梁横绝江岸，碛坝乱石堆叠，岩崖山势壁立，峡谷两岸对峙，分门别类，建构起一套十分形象的符号表述体系，生动展示了川江水道的自然地理特征。图中所附文字注记，则通过对水文条件、滩险成因、水险等级的描述，对川江险滩状况进行详细说明。如记"楠木坑乱石叠横，因白龙洞水势北趋，激成泡漩，水大至险"。

其次，《峡江救生船志》航道图对川江人文地理要素的刻画，主要围绕川江航政管理、行舟技术等相关水运地理形势展开。例如，为便于展示晚清川江航政管理的空间秩序，《峡江救生船志》航道图重点标绘川江救生船以及炮船分布地点。图中所绘救生船符号船形狭长，上有三角形旗帜，标有"救生船"三字。炮船形制则略宽，亦有三角形旗帜，但图幅略大，有的上书"炮船"二字。不过，《峡江救生船志》航道图对川江救生船与炮船分布的刻画，仅局限于湖北境内，四川境内则无一标绘，"陈述者正是根据地图的这种特性，赋予其更多的地方统治

---

① （民国）《峡江滩险志》云："水流旋转而中涡曰旋……水流为河床障碍，激而上冲，四散奔腾如沸，曰泡。"参见修浚宜渝滩险事务处编《峡江滩险志》，北京裕源公司1922年版，"峡江语释"第2页。

② 盛先良编著：《川江水道与航行》，中国航海学社总经售，1937年，第5页。

第一章 传统的延续：清代长江上游航道图志编绘之考察

功能"①。易言之，贺缙绅试图通过差异化的地图叙述，重点表现湖北在川江救生船制重构中的重要作用，其背后所展示的是传统长江上游航道图在地方施政中的资鉴功能，由此可以看出绘图者的关注点及其意图所在。②

长期以来，川江水道行船的知识经验及其技术要领，只是在舟人纤夫民歌谣谚（船夫号子）之间口耳相传，完全没有文本化与系统化。③作为川江木船航运的关键知识，《峡江救生船志》航道图多以文字注记对操舟注意事项进行论述，以提醒行船规避危险。具体如下：

1. 对行船路径的趋避叙述，提示操舟者规避风险。如在虎牙滩段，图中文字注记："虎牙滩江石齿齿，水涨则喷激，不可上舟，行至此必北避虎牙，南循荆门而上"；2. 对木船停泊地点的标示，以提示险滩等级层次。如记："三硃、渣波、红石、无义诸险滩，惟红石为最。春夏水当际，两岸怪石错列，波涛汹涌，水路曲折，为峡中第一险要，舟行至此，必停泊避之。"3. 对具体操舟技术的规范化论述，以此作为过滩的技术标准。如记："新滩为峡中最险名滩，两岍乱石砑砑，大石横亘，潜伏江心，洪流薄石，怒涛沸腾。冬春水涸，其险弥甚，非轻舟不可上，舟行至此，必运货陆行，名曰起拨。"4. 对行舟危险程度的提醒，图中记载："高桅子滩，夏秋水大，上水船行漕内，急流汹涌，总宜小心。"④

尽管上述有关川江行舟技术的知识形态只是地方性或经验性的，却一目了然，其积极意义不言自明。⑤正是贺缙绅对传统长江上游行船技术与操舟知识的整理和记录，从而将民间化的经验认知初步提升为文本化的系统知识。

---

① 潘晟：《地图的作者及其阅读——以宋明为核心的知识史考察》，江苏人民出版社2013年版，第149页。
② 李孝聪：《古代中国地图的启示》，《读书》1997年第7期。
③ Igor Iwo Chabrowski, *Sing on the River*: *Sichuan Boatmen and Their Work Songs*, Boston: Brill, 2013, p.135.
④ 李鹏：《图绘大川：晚清〈峡江救生船志〉航道图研究》，《学术研究》2020年第6期。
⑤ 李鹏：《清末民国川江航道图编绘的现代性》，《西南大学学报》（社会科学版）2017年第5期。

最后，《峡江救生船志》航道图对川江景观地理的刻画，带有浓厚的信仰教化痕迹与审美性特征。例如，就图中所绘川江沿岸信仰空间来说，主要刻画了传统长江上游的水神信仰景观，如王爷庙、镇江阁、吒神庙、黄陵庙等民间信仰建筑。特别是镇江阁、王爷庙（又称为紫云宫或岱山庙），在图中诸多险滩地段多有出现。追本溯源，就在于镇江王爷不仅是官方认同的川江水神信仰，还是长江上游水手纤夫的行业神。因此，对于镇江王爷的祭祀，历来都是川江木船行帮最重要的祭祀行为。如民国《江津县志》中就载："（镇江）王爷之名不知所自，始当即大禹也。继帝开王，故谓之王禹，生以六月初六日，今祀王爷者，亦以六月六日，禹之功在疏凿。"①《峡江救生船志》航道图对川江水神信仰空间的标示，从某种程度上也反映出官方对长江上游水运信仰空间的认可。这种官方认可的背后，是试图通过文化权力的运作来调节各滩船户之间的利益纠纷，这其中官府力量的介入是关键性因素。②

如果说《峡江救生船志》航道图对救生船、炮船的标注，代表的是现实世界中官方力量的存在。那么，图中对于水神信仰景观的标注，则显示官方力量对神灵世界的认可，两者往往有异曲同工的意涵。图中对川江沿岸城市景观的标绘，亦多关注城内的官方与文教空间，而忽略私人化的生活空间。从某种意义上讲，这也显示了传统中国地图中意识形态的象征性。图中对城墙、官署以及文教空间进行重点刻画，这种井然有序的景观结构，展示了川江沿岸管理中官方政治权力的所在。正如葛兆光先生所言："有了进得去的学校和望得见的官署，（人们）大概也不再会意马生猿、惹事生非。"③ 这对于传统长江上游木船航运来说，官方力量的存在始终是航运秩序的稳定剂，只有对行政秩序的着力标示与教化空间的强力展示，才能安定地方社会的秩序。④

此外，《峡江救生船志》航道图还着重绘出川江两岸的名胜古迹，

---

① 民国《江津县志》卷4《典礼志·附寺观》。
② 陈新立：《清代川江航运业中的纠纷与滩务管理》，参见冯天瑜主编《人文论丛》（2013年卷），中国社会科学出版社2013年版，第210页。
③ 葛兆光：《古代中国的历史、思想与宗教》，北京师范大学出版社2006年版，第69页。
④ 李鹏：《图绘大川：晚清〈峡江救生船志〉航道图研究》，《学术研究》2020年第6期。

第一章　传统的延续：清代长江上游航道图志编绘之考察

浸染了编图者的文人情怀。在文字注记中，贺缙绅还特意附入前贤诗文，以助山川胜览之幽思。现有研究表明，在中国传统舆图的绘制过程中，绘制者往往"将外在的详细状况变成内心的感觉，也就是一种心理景观。所以地图不仅表示自然的外貌，而且也反映地图制作者的记忆和见解"①。由此观之，《峡江救生船志》航道图中大量诗词注记与风景名胜的标绘，"不仅是获得有关现实世界知识的一种手段，而且也是增强个人主观世界或情感经验的一种手段"②。换言之，图中对川江风景名胜的标绘与诗词注记的增添，绝非仅是士大夫附庸风雅的山水审美，而是编图者意欲增强地方感的一种手段。③ 而地方精英正是通过对川江历史景观的自我标榜，进而获得某种情感上的慰藉与心灵上的共鸣。④

四　《峡江救生船志》的文本价值与历史局限

作为一部以水上救生为主题的航道图志，《峡江救生船志》不仅汇编、辑录晚清以来长江上游救生船制度的缘起背景、组织形态、章程文件等内容，更图绘出万县湖滩至宜昌虎牙滩水道之地理形势，特别是对川江湖北段救生船与炮船的分布进行详细标绘，并以文字注记的方式对沿岸礁石险滩标险，起到对木船航行保驾引航的作用。从图绘方法来看，《峡江救生船志》航道图采用传统山水绘法，以高度形象化的图绘符号展示川江航道的地理形势。这种艺术性的地图刻绘手法，"直接用实形图画表示，可使这些地图更益阅读，更易看懂"⑤。其知识来源有三：一是川江传统地志文献，二是地方官绅的实地勘察资料，三是长江上游的船工号子，呈现出"多系并存"的"地方性知识"谱系。⑥ 因此，《峡江救生船志》一书对川江木船行舟技巧、滩形水势等内容的记载，堪称传统长江上游内河船运的技术总结与经验提升。

---

① ［美］余定国：《中国地图学史》，姜道章译，北京大学出版社2006年版，第188页。
② ［美］余定国：《中国地图学史》，姜道章译，北京大学出版社2006年版，第188页。
③ 朱竑、刘博：《地方感、地方依恋与地方认同等概念的辨析及研究启示》，《华南师范大学学报》（自然科学版）2011年第1期。
④ 李鹏：《图绘大川：晚清〈峡江救生船志〉航道图研究》，《学术研究》2020年第6期。
⑤ 姜道章：《传统中国地图学的特征》，《自然科学史研究》1998年第3期。
⑥ ［日］海野一隆：《地图的文化史》，王妙发译，新星出版社2005年版，第5页。

值得注意的是，为与书中所绘航道图的内容相匹配，同时有感于川江险滩林立、危险难行，贺缙绅还将亲身经历及沿途所见，详细具载川江"或险或夷，可趋可避以及程途之远近，人力之艰难，地名之沿革"①，最终辑录成《行川必要》，附入《峡江救生船志》之后，进一步总结了川江行船的避险经验，使得其对川江水运的引航作用更为突出。对此，贺缙绅坦言：

> 蜀江险绝矣，自西陵峡口直抵渝江，上下数千余里，连峰叠嶂，水势不得旁趋。又复巨石壁立，横梗中流，或一线可通，悬崖欲坠。涨落之势既殊，趋避之途各别，虽篙师舟子惯习水程，而出险就夷未必了如指掌。余统舟师十数年，奉公入蜀，屡涉波涛，值春江泛滥之时，怒涛奔吼，力费万千，亦为之目眩而心骇。因即沿途所见，辑为《行川必要》一书。②

具体而论，《峡江救生船志》附刻《行川必要》，题为"湖北宜昌府东湖县西坝起上至四川重庆府巴县止行船要津路程备考"，主体内容分列南北，对宜昌至重庆段川江南北两岸主要险滩一一叙述，或标示险滩距离与地名源流，或提示险滩等级与行船技术，或叙述木船的停靠地点与注意事项。③ 对此，贺缙绅本人也认为"得是书而置之舟中，孰安孰危，当不啻披图而览矣"④，故《行川必要》的导航避险之功不可轻视。实际上，鉴于传统长江上游行船人与水争，船工必须结成严密的组织进行有效分工，方有可能安全行舟。在此过程中，大量木船船工才能听懂的航运俗语亦逐渐流传开来。对此，清代洪良品在《巴船纪程》就曾对传统川江行船俗语有所记载：

> 峡人目市井泊船处曰市暨，按蜀中旧呼舟子曰长年，曰三老，

---

① （清）贺缙绅：《峡江救生船志·附刻行川必要》，光绪九年刻本。
② （清）贺缙绅：《峡江救生船志·附刻行川必要》，光绪九年刻本。
③ 薛新力主编：《巴渝古代要籍叙录》，中州古籍出版社 2008 年版，第 126—127 页。
④ （清）贺缙绅：《峡江救生船志·附刻行川必要》，光绪九年刻本。

第一章 传统的延续：清代长江上游航道图志编绘之考察

今则呼掌梢者为太公，呼掌柁者为板主，以小舟供役使曰伍件。川中行船与他处异，上水牵百丈曰扯纤，以击鼓鸣钲为令，住纤曰打宽，纤挂于石，以一二人拾之曰检挽。有纤头尝手执竹枝，以挞其不力者。下水则悉去篷桅，惟数十百人鼓臂推桡而已。其推桡则拍哀歌，遇险处则声急调促，喧呼助势。发船曰开头。①

然而，洪良品对川江木船行舟俗语的记载，仅仅略举例证，内容并不全面。相较之下，贺缙绅在《行川必要》中，不仅辑录船工水手的行话俗语，还涉及川江木船行舟的操作规则；不仅收录船帮组织的称谓结构，还涉及长江上游内河航运的专有名词。如对川江水文与风向的传统称谓，《行川必要》就记载："满架水：谓极大水，淹满平也。南漕水：谓不大不小之水，且有大小南漕之分。满天星：谓石排列江心，零星错落，江水淹没一二尺许，舟行宜慎。上风：东北风也。下风：西南风也。掩风：谓顺风忽而返扑，峡中多有之。"② 对于川江传统木船操舟术语，贺缙绅在《行川必要》中重点解释：

> 打宽：船过险滩，呼水手用力，给予酒钱，名曰打宽。又上水行船呼纤夫止步，敲鼓三下，亦云。歇哨：夏秋炎热，上下行船于午后泊岸休息，谓之歇哨。开打：谓呼纤夫止步也。走别：纤夫在岸收篙，挨次回转，轮流行扯之谓。坐篙：顶大缆也，过大险滩始用。二行篙：次于坐篙也。飞篙：又次于二行篙。发缆：与飞篙同。亮船：解缆开船也，挽泊也。③

由此可见，《峡江救生船志》不仅是一部难得的长江上游水上救生图志，其附刻的《行川必要》更是极具实用价值的川江行船指南。这些原本在船工水手之间口耳相传的"地方性知识"，由此成为航道图志

---

① （清）洪良品：《巴船纪程》卷8，《小方壶斋舆地丛钞》第7帙。
② （清）贺缙绅：《峡江救生船志·附刻行川必要》，光绪九年刻本。
③ （清）贺缙绅：《峡江救生船志·附刻行川必要》，光绪九年刻本。

编绘的重要内容。当然，在论述《峡江救生船志》文本价值的同时，还应注意到此书的历史局限性。例如，《峡江救生船志》航道图仅绘出川江宜万段 345 千米的河道情况，对于渝万段则并未涉及，因此有大量脱漏的情况，图绘内容仍成片段，阅者仍无法尽窥川江航道之全貌。① 由于受版刻技术的局限性，图中多展示沿江救生船及炮船位置，对航道本身的描绘则有粗略之嫌，"没有明显的与实际相符的河道曲线和险滩位置"②。换言之，《峡江救生船志》航道图对川江航道的刻画，只是长江上游"最早的河道概貌图。这种图是片段的，内容也极为简略"③。

然而，《峡江救生船志》开创性的编纂方式与地图叙述，为日后编绘更为完备、更为系统的长江上游航道图志，无疑奠定了坚实的基础。④ 而从地方构建的视角看，贺缙绅主持编绘《峡江救生船志》，不仅是传统王朝地理学背景下的"地方"绘图实践，更是地方官府公文行政与事功总结下的产物。正是在《峡江救生船志》的编绘过程中，贺缙绅基于地方施政的内在脉络，着力审视川江救生船制的实施与运作机制，其背后展示的是川江地理知识形成中的权力、意志与秩序。⑤ 这种基于"地方"认知的航道图制作，重点刻画传统长江上游水运社会的"地方性知识"，重在表达地方官绅对于川江航运景观的"地方感"，而这种地方感也被认为是身份认同的源泉，可以被理解为地方精英与其所在区域的感情纽带。⑥ 因此，只有把《峡江救生船志》放置于地方语境加以体认，才能深入理解传统中国地志地图"位置经营"的重要性。⑦

---

① 李鹏：《晚清民国川江航道图编绘的历史考察》，《学术研究》2015 年第 2 期。
② 蓝勇：《近代三峡航道图编纂始末》，《近代史研究》1994 年第 5 期。
③ 熊树明主编：《长江上游航道史》，武汉出版社 1991 年版，第 80 页。
④ 李鹏：《图绘大川：晚清〈峡江救生船志〉航道图研究》，《学术研究》2020 年第 6 期。
⑤ 唐晓峰：《地图中的权力、意志与秩序》，参见刘东主编《中国学术》（第四辑），商务印书馆 2000 年版，第 261—268 页。
⑥ 杨念群：《地方性知识、地方感与跨区域研究的前景》，《"感觉主义"的谱系：新史学十年的反思之旅》，北京大学出版社 2012 年版，第 242—256 页。
⑦ 阙维民：《中国古代志书地图绘制准则初探》，《自然科学史研究》1996 年第 4 期。

第一章　传统的延续：清代长江上游航道图志编绘之考察

第四节　晚清川江内河航运变迁与《峡江图考》的编绘

　　明清以来，重庆作为长江上游最大的港口城市，依靠优越的地理区位条件和川江内河航运的发展，吸附了大批商业性移民，"商贾云屯，百物荟聚……水牵云转，万里贸迁"①，不仅是长江上游木船长途贩运的起落点，亦是当时中国西部最重要的商业和货物集散中心。及至晚清，伴随长江沿线通商口岸贸易的发展，洋货也开始进入长江上游地区。然而，在汉口开埠以前，洋货入川缺乏中转站，只能"由粤海关报验完税后，从湖南之郴州、常德转龙潭、龚滩出涪州以达重庆，水陆兼程必两三月方可到川"②。当时以重庆为中心的长江上游地区，由于交通闭塞，深处西南腹地，很难自行"跨出封闭的世界"③。

　　1858年汉口开埠以后，洋货经川江水道进入重庆，然而贸易量极低，增长甚缓。这种情况对西方国家极力拓展对华市场而言，无疑是极为不利的。因此，当西方资本主义势力向中国西部推进之时，重庆就成为他们侵夺的重要目标。其中，英国人最早自汉口上溯长江上游，试图强迫重庆开埠和川江行轮，成为晚清西方势力深入长江流域的重要标志。在上述背景下，晚清川江内河航运在西方行轮引入之前，即开始发生现代性的变革。④ 问题随之而来，这种变迁又对传统长江上游航道图志的编绘有何影响？此前学界的相关研究，多分析清代长江上游航道图志编绘的文献价值。然而，就川江内河航运变迁与航道图志编绘互动而言，目前的研究尚有阙漏。⑤ 在本节中，笔者以国璋编绘《峡江

---

①　乾隆《巴县志》卷10《物产》。
②　佚名：《中华民国二年湖北宜昌商务会报告》，转引自隗瀛涛主编《近代长江上游城乡关系研究》，天地出版社2003年版，第206页。
③　王笛：《跨出封闭的世界：长江上游区域社会研究（1644—1911）》，中华书局2001年版，第735—738页。
④　周勇主编：《重庆：一个内陆城市的崛起》，重庆出版社1989年版，第64页。
⑤　邓少琴：《近代川江航运简史》，重庆地方史资料组，1982年，第107页；蓝勇：《近代三峡航道图编纂始末》，《近代史研究》1994年第5期；《三峡最早的航道图〈峡江图考〉的编纂及其价值》，《文献》1995年第1期；李鹏：《晚清川江航运变迁与航图制作——以〈峡江图考〉为中心》，《长江文明》2015年第2期。

图考》为中心，探讨晚清川江内河航运变迁对传统长江上游航道图志编绘的影响。

一 《峡江图考》的版本源流与编绘背景

光绪十五年（1889），时任巴县知县国璋编绘完成《峡江图考》一书，采用中国传统山水形象画法，绘制了当时内容最为全面的川江宜渝段航道图，这也是目前所见最为系统的传统长江上游航道图志。此书见之于目录学著作，最早为清末蒙古旗人恩华编著的《八旗艺文编目》。1958年，邓衍林《中国边疆图籍录》亦著录此书，记曰："《川行必读峡江图考》二卷，清江国璋撰，清光绪间石印本，二册"①，然而此处所言作者为"江国璋"，显然是误将作者籍贯京江（镇江）作为姓氏。而在中国国家图书馆（前身为北京图书馆）善本特藏部舆图组编制的《舆图要录》中，也将作者误作"江国璋"，明显为沿袭之错。②

《峡江图考》初版上册封面为清华馆主人篆书所题"川行必读峡江图考"，扉页后即为国璋所题自叙。正文部分上册为"宜昌至夔府水道程途"（见图1-4），分列川江险滩水文与行船水程，此后为川江宜夔段航道分图，共计53幅。为便于浏览，上册背后从尾朝前，反题"夔府至宜昌水道程途"。下册为"夔府至重庆水道程途"，其后为川江渝夔段航道分图，共计44幅。下册背后与上册相似，又反题"重庆至夔府水道程途"。无论上水下水，皆可顺逆浏览。

光绪二十年（1894），《峡江图考》由上海袖海山房书局初版刊行。1917年，由宜昌二架牌坊中市宴文盛书局再版。此后，宴文盛书局又于1919年和1926年分别出版三版、四版。《峡江图考》光绪年间的初版，即上海袖海山房线装石印本，分上下两册，合装一函，版面为22.5厘米×

---

① 邓衍林编著：《中国边疆图籍录》，商务印书馆1958年版，第294页。
② 北京图书馆善本特藏部舆图组编：《舆图要录：北京图书馆藏6827种中外文古旧地图目录》，北京图书馆出版社1997年版，第462页。

第一章 传统的延续：清代长江上游航道图志编绘之考察

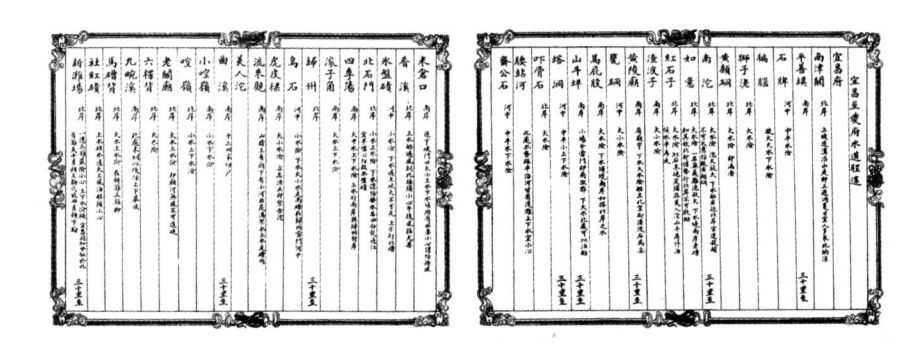

图 1-4 《峡江图考》宜昌至夔府水道程途

资料来源：中国国家图书馆·中国国家数字图书馆"中华古籍资源库·数字方志"。http://read.nlc.cn/allSearch/searchDetail?searchType=&showType=1&indexName=data_403&fid=3120 01075592。

19.5厘米。① 民国以降，宜昌晏文盛书局石印诸版，亦为上下两册，版心与光绪初版相同，版面则略为调整，改为27厘米×19厘米。图册题名亦有所改动，题为"行川峡江必要图考"。尽管后者内文与初版相同，然图版多漫漶，文字难识，效果欠佳。上述沪、宜两地刊行的《峡江图考》，均采用当时较为先进的石印技术。特别是上海初版《峡江图考》石印技术先进，印制清楚，线条清晰，图绘内容相比《峡江救生船志》，更加细致地再现了川江航道险滩林立的历史场景。②

国璋为何要重新编绘一部长江上游航道图志？这需要考察他本人的为官经历与制图理念。根据现有资料，国璋（1839—1900），字子达，姓杭阿坦氏，镇江（京口）驻防蒙古镶白旗人。他长年宦居巴蜀，因政绩卓著，深受地方敬仰。对此，民国《巴县志》就记载：

> 国璋……年十六，以幕游蜀，旋以军功保叙知县。年二十一，

---

① 对于《峡江图考》的版本问题，蓝勇在《三峡最早的河道图〈峡江图考〉的编纂及其价值》（《文献》1995年第1期）一文中有详细考证，此处不赘述。然文中记载《峡江图考》最早由"上详袖海山房书局"石印，正确应为"上海袖海山房书局"石印。

② 李鹏：《晚清民国川江航道图编绘的历史考察》，《学术研究》2015年第2期。

出宰隆昌，年少初任，人多易之。国璋决狱明敏，精覆如老吏，且严治盗事，不能欺，人乃大服。川督骆秉章知国璋能，檄署华阳，颇平反冤狱，遂历署宜宾、涪陵、内江、江北、江津等县。光绪七年，调巴县。甫视事，即揭橥十事以检县民，教禁兼施，切中时弊。更教民积谷以备凶荒。县城居民栉比，素多火患，每有警告，辄苦无水，国璋倡议置水龙，民大便之。民好讼，喜诬告，良懦受累，动至破家。璋乃察县人中之有清德宿望者，礼往其间而委之里长，付以铃记，一方事权悉以寄之。民间有小纠纷，即就和解，不能解者，非经里长加盖铃记，不得达县。于是奸宄敛迹，讼事大稀。又建住宿所以栖贫民，捐廉收贫儿之弃于道者，设粥厂以赈民之不能举火者。前后三任，惠政极多。卸任后，县人思之，为立遗爱祠于城西之鹅岭。①

由此来看，国璋是当时四川省内难得的地方行政人才，对县域治理多能切中时弊，革故鼎新。他广施惠政，息讼安民，任官有为，造福地方，其所作所为堪称一代良吏。与此同时，国璋因缘际会，在处理重庆地方教案的过程中也颇有建树，"公于是骎骎乎以熟习洋务名"②。正是长年基层为官与处理洋务的经历，使得国璋更加深切认识到：地图不仅是日常公务运作的重要参考，还是守土者地方施政的重要工具。

实际上，国璋早年在巴县任职时，就曾主持编绘过一幅《重庆府治全图》，此图详细刻画重庆城市的地理景观，是晚清传统城市地图的代表之作。在任江北厅同知时，国璋又授意画工刘培生绘制《江北舆地全图》。在图左题识中，他明确指出：地图绘制不在于"志名胜，纪方舆"，而是"如有故，即可按图而指其有故之处，不至临时茫昧，莫辨道里远近"③。由此可见，作为地方官员，国璋认为地图绘制的目的在于

---

① 民国《巴县志》卷9《官师列传》。
② 《皇清诰授朝议大夫、知府衔候补直隶州知州、四川宜宾县知县杭阿坦公暨配黄廓特罗恭人墓志铭》。1900年国璋去世后，归葬于镇江南郊八公洞山。
③ 蓝勇主编：《重庆古旧地图研究（上册）》，西南师范大学出版社2013年版，第176、250页。

第一章 传统的延续：清代长江上游航道图志编绘之考察

经世致用，以服务于地方治理的需要。基于上述认知，国璋在《峡江图考》叙言中坦言：

> 计余官蜀几三十稔，于役鄂楚，行峡八次，每当停泊，辄询榜人。凡躬历诸滩，必详究委末，记之于笔，目之曰《行江纪程》。殆以志行役鞠瘁宦海风波，非徒诩游历之见闻、舆地之考据也。岁在己丑，会有轮船入川事，余恭奉宪檄，赴宜郡赞议，因于诸滩险要，留意有加焉。①

上述所言的"岁在己丑，会有轮船入川事"，就是光绪十五年（1889）英国商人约翰·立德意欲驾驶"固陵"轮上溯长江上游所引起的外交事件。早在光绪二年（1876），中英滇案发生后，英国公使就趁机向清政府提出："英国派员在云南大理府或他处驻居，四川重庆府亦然。"② 然而，这一无理要求遭到清政府的断然拒绝。③ 此后，在《烟台条约》的谈判过程中，英方再次要求开重庆为通商口岸，李鸿章则坚持"川江峡滩险阻，轮船万不能行，姑声明候轮船能上驶时再行议办"④。经过艰难谈判，中英双方签订《烟台条约》，最终规定："四川重庆府，可由英国派员驻寓，查看川省英商事宜。轮船未抵重庆以前，英国商民不得在彼居住，开设行栈；俟轮船能上驶后，再行议办。"⑤ 这就为以后事态的发展定下一条原则，即：长江上游行轮是重庆开埠的前提条件。⑥

为开辟长江上游行轮航线，立德于1883年亲自乘坐木船上溯川江，

---

① （清）国璋：《峡江图考》"叙"，光绪二十年上海袖海山房石印本。
② 《总督奏英使对于办理马嘉理案均不同意折》，参见王彦威、王亮辑编，李育民、刘利民、李传斌、伍成泉点校整理《清季外交史料（第1册）》卷6，湖南师范大学出版社2015年版，第102页。
③ 隗瀛涛、周勇：《重庆开埠史稿》，重庆地方史资料组，1982年，第7页。
④ 《直督李鸿章奏与英使在烟台议结滇案折》，参见王彦威、王亮辑编，李育民、刘利民、李传斌、伍成泉点校整理《清季外交史料（第1册）》卷7，湖南师范大学出版社2015年版，第119页。
⑤ 王铁崖编：《中外旧约章汇编（第一册）》，生活·读书·新知三联书店1957年版，第349页。
⑥ 隗瀛涛、周勇：《重庆开埠史稿》，重庆地方史资料组，1982年，第13页。

并由此认为川江行轮并非困难，只要操纵灵便、吃水不超过现行木船而又马力强大的轮船即可。1887年，立德成立长江上游轮船公司（Upper Yangtze S. N. Co. Ltd.），资本金额达1万英镑。并于英国克来德（Clyde）船厂订造"固陵"号轮船，同年运抵上海。此轮全长160英尺，宽27英尺，吃水4英尺6寸，时速14海里。① 至1888年年底，"固陵"轮在沪装配完工，于次年开驶到宜昌，"将以上驶入川，促成重庆之开埠通商。并于宜昌购置码头，以作营业之准备，俨欲撞破夔门而直叩渝关"②。对此，立德满意地说道：这是"专门为在宜昌以上的激流中航行而设计的，用它可以开辟通往重庆的航线"③。然而，就在他踌躇满志上行川江之时，却遭到当时川鄂两省川江两岸船工水手前所未有的抵抗运动，最终这一急待出笼的行轮计划只得放弃。④

据统计，当时长江上游仅川江两岸的各式木船少则6000只，多则12000只。其中，大型木船每只需船工和纤夫25人，中型者需18—19人，小型者需10人左右（见图1-5）。由此推测，大约19世纪80年代末川江流域的船户和纤夫，总计不下20万人，连同其家属在内，则直接依赖木船为生者，应不下百万。⑤

由于轮船运输既快又安全，运价也低，必然抢夺木船航运从业者的生计。因此，立德要驾驶"固陵"轮船驶进川江的消息传开后，势必激起长江上游仰赖木船运输为生者的强烈反对，以致"川帮船户人等……欲行聚众堵截"⑥。时任四川总督刘秉璋见民情忿怒，随即发电给湖广总督张之洞，言道："轮船赴川，峡险流急，民船畏碰，群起哗然。"⑦ 尽管《烟台条约》已有关于川江行轮问题的规定，但鉴于"该处船户众

---

① 聂宝璋：《川江航权是怎样丧失的?》，《历史研究》1959年第3期。
② 邓少琴：《近代川江航运简史》，重庆地方史资料组，1982年，第2页。
③ Archibald John Little, *The Gleanings from Fifty Years in China*, London：Sampson Low & Co, 1910, pp. 5 – 10.
④ 汪敬虞：《立德和川江的开放》，《中国经济史研究》1987年第4期。
⑤ 聂宝璋：《川江航权是怎样丧失的?》，《历史研究》1962年第5期。
⑥ 《宜昌东湖县告示》，《申报》光绪十四年一月二十二日。
⑦ 《刘制台来电》（光绪十六年闰二月初九日到），参见（清）张之洞著，苑书义、孙华峰、李秉新主编《张之洞全集》（第7册·电牍）》，河北人民出版社1998年版，第5458页。

第一章 传统的延续：清代长江上游航道图志编绘之考察

图 1-5 西陵峡激流勇进的川江木船

资料来源：[美]路得·那爱德摄影，王玉龙撰述：《消失的天府：美国教师路德·那爱德摄影作品集（1910—1913）》，广西师范大学出版社2009年版，第11页。

多，易致生事"，清政府亦不敢贸然同意立德的川江行轮计划。在此情形之下，总理衙门只得一面指示地方官员"晓谕百姓，不必惊疑"，一面"咨行四川总督派员前赴宜昌，与英领事会商行驶防碰章程"①。

光绪十四年（1888），中英双方就长江上游行轮问题在宜昌进行谈判。其中，中方代表为时任重庆府知府唐勉舟与巴县知县国璋。交涉初期，由于双方意见差距很大，谈判举步维艰，时间拖延一年，仍无结果。至翌年初，中方提出"设法议买其船栈，价共十三万"，并提议"议明

---

① 《总署奏重庆开办通商停止轮船上驶续议条款请派员画押折》，参见王彦威、王亮辑编，李育民、刘利民、李传斌、伍成泉点校整理《清季外交史料（第4册）》卷82，湖南师范大学出版社2015年版，第1695页。

七年后，立德筹出保护盐船之法，川省开导百姓明白，再行上驶"①，但上述提议均遭英方拒绝，立德本人更是含糊其词，谈判陷入僵持状态。同年3月，双方争执的焦点转向如何处理轮船与民船的碰撞问题。中方首先提出如果发生轮船、民船碰撞事件，必须船货全赔。但立德坚持赔偿损失一定要经过宜昌英领事的调查，而最高额不得超过1万两；如果不经调查，则不得超过500两。② 中方又提出，为避免轮船撞沉民船，建议实行分日行走之法，即每月特许英商行轮两日，在行轮之时不准民船行驶。然英方认为"轮船由宜昌到重庆，非二日可到，每月仅让二日，轮船守候日久，恐难照办"③。

就在谈判再次陷入胶着之际，同年7月18日，总理衙门专门致电李鸿章，就长江上游行轮问题作出指示：

> 川江行轮议未成，而事难已。彼盖注意重庆通商，故先有此请，或云若允通商约明专用华船，不用洋轮，似可转圜。因思行轮患在坏民船、激众怒，通商患在夺商利、损厘金。然既行轮必通商，则兼二害；仅通商不行轮，则止一害。两害取轻，尚是中策。④

当时总理衙门的意见在于明确重庆开辟为通商口岸，但前提是不得行轮，而专用民船。相较之下，四川总督则认为重庆骤开为商埠，恐引起川商之变。如果外国人在重庆通商，则必须由长江上游本土船行雇价，外人不得自造民船，从而杜绝以洋船充华船。对此，英方自然不同意专用华船。李鸿章则认为川督所言不妥，指责刘秉璋"不知长江通商三十

---

① 《直督李鸿章致总署报英商船入川事议办情形电》，参见王彦咸、王亮辑编，李育民、刘利民、李传斌、伍成泉点校整理《清季外交史料（第4册）》卷79，湖南师范大学出版社2015年版，第1634页。
② 聂宝璋：《川江航权是怎样丧失的？》，《历史研究》1962年第5期。
③ 《使英法刘瑞芬致总署川江行轮民船停让二日英外部未允乞示再商电》，参见王彦咸、王亮辑编，李育民、刘利民、李传斌、伍成泉点校整理《清季外交史料（第4册）》卷81，湖南师范大学出版社2015年版，第1677页。
④ 李鸿章：《寄川督刘》，参见（清）李鸿章著，顾廷龙、叶亚廉主编《李鸿章全集（2）》，上海人民出版社1986年版，第110页。

第一章 传统的延续：清代长江上游航道图志编绘之考察

余年，彼自造华式及似华非华之船通行已久，岂能独禁于川江"①。此次交涉拖延到 1889 年冬，在时任海关总税务司赫德的周旋下，翌年 3 月 31 日，中英双方在北京订立了《烟台条约续增专条》。后经中英两国政府批准，主要内容如下：

> 1. 重庆即准作为通商口岸，与各通商口岸无异。英商自宜昌至重庆往来运货，或雇用华船，或自备华式之船，均听其便。2. 凡此等船只，自宜昌至重庆往来装载货物，与轮船自上海赴宜昌往来所载之货无异，即照条约税则及长江统共章程一律办理。3. 凡此等船只所执船牌、旗号，应领货照及拟运宜昌以上货物如何拆动另装，并宜昌至重庆贸易之人应遵守一切规则，俾得获保护利便之益，应由宜昌关监督及现驻重庆之川东道暨税务司与英国领事官会商，妥定章程；其所定之章，日后如有应行变通之处，彼此均可商明酌改。4. 一俟有中国轮船贩运货物往来重庆时，亦准英国轮船一体驶往该口。②

上述条约文本修改了此前《烟台条约》以川江行轮为重庆开埠前提条件的规定，明确宣告重庆"即准"作为通商口岸，但只许英商自雇华船，或自备华式之船，而不得行轮。至于"固陵"号轮船及其船栈，则由中国政府以原议 12 万两白银买下，转质与招商局改航宜汉航线，而李鸿章虽明知立德赚银不少，实属万分周旋，姑求十年无事。至此，中英川江轮船通航谈判才算最终结束，而立德的行轮计划则以重庆开埠为条件而暂时中止。对此，1882—1891 年的《宜昌海关十年报告》这样评价：

> 1887 年 6 月，长江上游轮船有限公司（The Upper Yangtze Steam Navigation Company Ltd）在中国的代表访问宜昌，他的到来引起了某些轰动。这是由于报纸过早地报导了英国正在制造一艘

---

① 民国《巴县志》卷 16《交涉》。
② 王铁崖编：《中外旧约章汇编（第一册）》，生活·读书·新知三联书店 1957 年版，第 553—554 页。

能够对付长江上游急流险滩的危险和困难的轮船。这艘名叫"固陵"（Kuling）的轮船，运载量为304吨，它于1884年2月到达宜昌。在该船到达前不久就登出布告，警告人们不要妨碍该船试图上驶重庆的航行。但向上水航行尚未得到北京方面的许可，该船暂时航行在汉口—宜昌线上。这条载货时吃水只有5英尺3英寸的轮船很适合贸易的需要。中国当局在面临官吏反对的情况下仍不愿冒险允许它航行到重庆，这些官吏害怕因该船到重庆途中引起的来自民间的麻烦。在伦敦进行的某些谈判的结果是，1890年3月，中国政府通过海关总税务司署伦敦办事处向长江上游轮船有限公司购买了这条船。①

综合分析，在上述中英长江上游行轮问题的交涉中，清政府的主要意图为阻止外国轮船入川，其谈判底线在于防止川江行轮而造成地方秩序动荡。② 不过，在当时的条件下，要开辟长江上游行轮航线，无论是在技术层面，还是在社会层面，都面临很大的阻力。因此，双方都做出了部分让步。中方放弃"轮船未抵重庆以前，重庆是不开放为对外贸易之用"这一条件。③ 而英国虽然暂时未能实现轮船上驶川江的直接目的，但却达到了促成重庆开埠的战略目标。

作为此次谈判的中方代表之一，国璋自是据理力争，以维护川江木船船工的利益。如果我们注意《峡江图考》的完成日期，就知道正是中英围绕"固陵"轮进行外交谈判最为紧张之时。正如国璋前述"余奉宪檄，赴宜郡赞议，因于诸滩险要，留意有加焉"④，他对川江地理知识的留意，以及对长江上游航道资料的搜集，就是为编绘《峡江图考》进行前期的准备工作。而国璋编绘《峡江图考》的直接目的，亦是服务于中

---

① 《1882—1891年宜昌海关十年报告》，周勇、刘景修译编：《近代重庆经济与社会发展（1876—1949）》，四川大学出版社1987年版，第73页。
② 隗瀛涛、周勇：《重庆开埠史稿》，重庆地方史资料组，1982年，第20页。
③ [美] 马士：《中华帝国对外关系史（第2卷）》，张汇文等译，商务印书馆1963年版，第458页。
④ （清）国璋：《峡江图考》"叙"，光绪二十年上海袖海山房石印本。

第一章 传统的延续：清代长江上游航道图志编绘之考察

方在长江上游行轮谈判的立场。换言之，国璋编绘《峡江图考》一书，绝非无的放矢，恰恰是因应中英"固陵"行轮交涉的应急之作，明显是晚清川江内河航运变迁下的历史产物。

二 《峡江图考》的图绘内容与地图刻画

在西方文本（text）理论中，"文本"是受"语境"（context）影响而产生的。换言之，文本生于语境，文本也存在于语境之中。如果将《峡江图考》视为一种文本，将晚清西方影响下的川江航运变迁视为历史语境，那么，在这样的历史语境下，《峡江图考》的图绘内容与文本书写又会产生何种对应关系？文本书写者又怎样表达他的情感、意图与价值判断？

在《峡江图考》叙言中，国璋专门提及他参考的地图文献有三类：一是贺缙绅编制的《峡江救生船志》航道图，二是汪晓潭编绘的《由夔至巫创修峡路图》，三是过去救生船勇所绘制的峡江水道图。不过，在绘制过程中，国璋主要是在《峡江救生船志》诸图的基础上，一方面折中上述三图，一方面新绘川江渝万段水道图，最终完成这部传统长江上游航道图志的代表之作。相比于前述《峡江救生船志》航道图的内容，国璋进一步指出：

> 爰取宜昌总镇罗笏臣军门《行川必要》，考其得失，证以详略，拾遗补阙而谨志之。然有志无图，未能豁目。嗣见夔州府汪晓潭太尊绘有《由夔至巫创修峡路图》，笏臣军门亦绘有《由巴东至东湖峡路图》，救生船勇弁亦绘有一图。因影本笏臣军门《峡江图考》，并上三图折衷之，而图为一册。更新增由万至渝数页，虽不逮云完善，然亦不大略缺也。其异于罗图者，罗图详于南岸，此则补之以北岸，上水则从册首以逮尾，反复顺逆，皆可浏览，每篇上下对列名目、道里、远近，附录极楚。尤复证以古今之沿革、俚俗之歌谣、舟师桡人之口授指画。入斯峡者，请于风樯缓发间以左右顾盼，然后取此图而历证之，庶不哂所图之或妄也。①

---

① 因贺缙绅在改宗前，又名罗缙绅，故国璋称《峡江救生船志》为罗图。（清）国璋：《峡江图考》"叙"，光绪二十年上海袖海山房石印本。

分析上述资料，可知《峡江图考》的图绘内容特点有三：

1. 增补川江南岸航道图的绘制。不过，此处作者所叙有误，《峡江救生船志》对于川江北岸极为详尽，南岸描绘则相对简略，国璋《峡江图考》当为增补南岸，而非补之北岸。同时，增加渝万段航道分图，首次系统地绘制长江上游航道全程图，在图绘内容上更为完备。2. 改变《峡江救生船志》的文本结构，通过改变透视角度，更为写实性地绘制出川江险滩形势，并以对景法描绘河岸走向，画出河道岸线，使得南北江岸有了明显区分，增强了航道图志的直观感，更便利读者阅读。① 3. 在《峡江救生船志》的基础上，进一步增补川江航道形势以及过滩行舟注意事项等内容，同时还附有大量民间口头流传的航行技巧与俚俗歌谣，往往一滩一注，标注明显，系统总结了川江行船经验。

特别是在《峡江图考》宜昌附近航道图中（见图1-6），在江面上竟绘出轮船一只。依图中所绘，轮船两侧为明轮，汽笛声起，鼓力而上。这一细微的描绘，看似漫不经心，实则大有深意。换言之，轮船作为来自西方文明的文本符号，镶嵌于传统长江上游航道图志之中，其本身就是新旧之间抑或中西文化冲击的象征。如果将其放置于晚清川江航运变迁转型时代的历史语境中，就可以看出作为一位川省地方官员，国璋对本地处境以及地方与世界之间的关系，已经有较为清晰的判断。轮船符号虽小，却是一种认知地图，展示出国璋本人强烈的忧患意识。正是在西方行轮的冲击下，川江航运正发生根本性的变革，尽管这种变革仅在宜昌口岸，但这种冲击对重庆而言，则是时间早晚而已。因此，国璋作为中英"固陵"轮交涉的四川代表，这一身份更令其对川江行轮与重庆开埠有所警觉，尽管这种警觉只是自发的感性认识，远未达到自觉的理性认知。

作为参与历史语境中的行动者，国璋在其地图刻画的过程中，以一种看似细微的符号建构，隐约表达出晚清川江行轮与重庆开埠之间的某种联系性，而这种历史变迁又是不可逆转的。但是，仅凭这点来论证文本书写与历史语境之间的对应关系，似乎还有些牵强，需要我们从全书图绘内容与文本结构深入分析，才能挖掘出《峡江图考》背后所隐藏的历史信息。如前所述，贺缙绅在《峡江救生船志》航道图中，采用

---

① 熊树明主编：《长江上游航道史》，武汉出版社1991年版，第81页。

第一章　传统的延续：清代长江上游航道图志编绘之考察

图 1-6　《峡江图考》宜昌附近航道图

资料来源：中国国家图书馆·中国国家数字图书馆"中华古籍资源库·数字方志"。http://read.nlc.cn/allSearch/searchDetail?searchType=&showType=1&indexName=data_403&fid=312001075592.

溯流而上的视觉方向。转换在地图叙述中，就是在文本编纂方式上以宜昌为卷首，在方位应用上则以上水船方向展开。同时，贺缙绅作为一位政府官员，其所重构的峡江救生船体系，体现的是对长江上游航运秩序的保护角色。这种叙述方式与地图刻画强调了传统地方秩序建构中官方的作用。

相较之下，国璋在《峡江图考》的地图刻画中，为方便上下水船皆可浏览，特意采用"上水则从册首以逮尾，下水则从册尾以达首，反复顺逆皆为浏览"的编纂方式，改变了贺缙绅在《峡江救生船志》航道图中以湖北为中心的地方感，转换为"重庆—宜昌"之间依据航船走向为使用目的的方位观念。这种图绘方式的转变让人感觉阅读者就是在船上，无论上水下水，都可左顾右盼。究其原因，在于国璋所处的历史语境与贺缙绅大为不同，伴随西方势力对川江内河航运的强力渗透，重庆作为转运商埠的地位大为增强。特别是宜昌开埠以后，伴随长江上游对外贸易的发展，重庆开始逐步被纳入国际市场。① 因此，《峡江图考》转换为

---

① 王笛：《跨出封闭的世界——长江上游区域社会研究（1644—1911）》，中华书局2001年版，第282页。

以"重庆—宜昌"的双中心格局，上水则从宜昌回溯重庆，下水则从重庆直达宜昌，其本质是对应川江走向开放这一历史语境的。

此外，国璋在《峡江图考》特意增添对三峡纤道的空间叙述，其背后的意图不仅是为川江木船航运业服务，也是地方利益的图像表达，其政治意图自不待言。根据现有资料，为改善三峡纤夫拉纤行船之艰，在夔州府知府汪鉴倡议和四川总督刘秉璋的支持下，夔州开始修凿三峡纤道。此段纤道分两段施工，其中北岸段于1888年开工，自瞿塘峡起沿峡江北岸至巫山而止，长60千米；南岸段于1889年秋开工，自巫山起沿峡江南岸，修至鯿鱼溪，长37.5千米。全线共造桥27座，费时两年之久，用银5万两，号称"五百里纤道"（见图1-7）。①光绪《巫山县志》中就收录"光绪十五年汪郡伯鉴开修峡路总督刘秉璋奏"，言及汪鉴修凿三峡纤道事上奏清廷，并提请御旨嘉奖，曰：

图1-7　1912年瞿塘峡附近的三峡栈道

资料来源：[美]路得·那爱德摄影，王玉龙撰述：《消失的天府：美国教师路德·那爱德摄影作品集（1910—1913）》，广西师范大学出版社2009年版，第120页。

---

① 郑敬东主编：《长江三峡交通文化》，中国文史出版社2005年版，第332页。

第一章 传统的延续：清代长江上游航道图志编绘之考察

光绪十四年九月间，夔州府汪鉴立志捐廉禀请开修，经臣批准先从夔峡开工，自白帝城起下至大溪之对面状元堆止，曲折迂回约三十里。施工之始，工匠无所凭藉，乃对壁凿孔层累而上，每开一大洞，实以火药，燃引线而炸之。旋炸旋凿，使千仞峭壁之腰，嵌成五六尺宽平坦路，纤轿可以并行其中，分造沟涧平桥十九道，自状元堆至巫山县城九十里，中造平桥二道，拱桥四道，并划开土石，山麓亦成宽平坦路。夔峡于去夏功竣，迄今两年，当盛涨封峡之时，行人往来山路肩挑背负络绎称便，而舟行有纤路亦少覆溺之患。巫峡于十五年十月开工，自巫山对岸起下至川楚交界之鳊鱼溪、青莲溪止，计七十五里。地段较长，经费较巨，计造大拱桥四道，迤逦开凿，变险岩为康庄，今已一律告成。本拟接修楚境巴峡，惟力是视，经臣电商湖北督抚，接其回电，由楚筹修，是以修竟川界而止。是役也，该府汪鉴捐银一万两，臣筹拨关款捐银二万八千余两。渝夔两蜀官商乐捐银二万二千余两，又钱二万串。除支用一切经费及设石椿铁链等用外，存银一万两发商生息，以作纤路轿路桥道岁修之资。兹据该府汪鉴造册禀请立案前来，臣伏查蜀山万点赴众壑者夔门，川水支流障奔涛者巫岭，径路既绝，攀跻难登，舟遭覆溺之伤，人鲜救援之处，数千年来未能经营开凿者，诚以工艰而费巨也。该府汪鉴有志竟成，竭一己之诚，胜五丁之力，免行人于胥溺，庆王路之荡平，厥功实非浅显，其平日居官，亦复精勤廉洁，培植士林。合无仰恳天恩，准将夔州府知府汪鉴降旨嘉奖，以为好善勤民者出自圣慈，所有开修夔巫两峡纤路轿路桥道事竣，谨将工程经费立案原由，恭折具奏。①

分析上述史料，可知当时四川原本计划直接修通长江三峡夔宜之间的纤道，但与湖北省洽商之后，四川只负责修凿川境。这段纤道全部蜿蜒于峭壁之间，并按统一规格修凿。由于沿线曲折迂回，故修凿甚为不易。应该说，这条三峡纤道的筑成，对于川江木船过滩与水运拉纤来说，

---

① 光绪《巫山县志》卷7《水利》。

不仅极大保障了滩工纤夫的人身安全,减少了川江水上行旅的事故,还大大有利于川鄂之间木船航运业的平稳发展。在长江上游内河航政建设中,航道整治、纤道修凿与救生船设置,都是川鄂两省地方政府职责所在,其目的在于保护木船航运发展。在上述交涉轮船入川之事中,川督刘秉璋所以坚决反对,就是深恐对川江木船航运与纤夫水手的生计构成威胁,因此严拒川江行轮。而在此次长江三峡纤道的修凿中,川督刘秉璋则积极予以支持,并筹款设法帮助。两者一为拒绝,一为支持,都是为了维护地方利益。

综上所述,尽管晚清川江内河航运正走向现代性,但在传统语境中,川省对川江行轮的重要性还缺乏自觉。因此,在《峡江图考》的地图刻画中,国璋仅仅在微小之处予以提示。换言之,在现代性面前传统的惯性依旧强劲存在。因此,《峡江图考》展示了晚清长江上游木船航运业最后的辉煌,尽管这种辉煌正面临西方轮船入川的严峻威胁。由此也可以看出,在历史语境与历史文本之中,虽存在某种对应机制,但更多地还是受制于地方政治的局限。国璋作为晚清地方官员,其对川江航运因行轮而发生变迁,尽管有所察觉,但仅仅是一种感性认识。《峡江图考》作为晚清川江木船航运"地方性知识"的系统总结,堪称传统长江上游航道图志的集大成之作。此后,伴随西方测绘技术的引入与川江行轮的兴起,传统长江上游航道图志必然会发生质的变迁。

三 《峡江图考》的文本价值与书籍传播

《峡江图考》堪称晚清最为完整的传统长江上游航道图志,书中不仅对川江航道图绘清晰,十分形象地展示了险滩位置和河岸走向,无论上水下水皆便浏览。同时,还附以详明的川江水道里程,对于木船行舟而言,可以极为便利地查索行舟注意事项。更为重要的是,《峡江图考》还大量吸收流传于民间的航船注意事项及民间民谣,第一次系统地将这些经验具体附注在航道图的地点上,十分便于行舟者。[①] 此书图文之间相得益彰,最大限度发挥了中国传统内河航道图志形象直观的特点,其

---

① 蓝勇:《三峡最早的河道图〈峡江图考〉的编纂及其价值》,《文献》1995年第1期。

第一章 传统的延续：清代长江上游航道图志编绘之考察

对于川江木船航运的积极作用自然不可低估。正是因为《峡江图考》对长江上游航道的准确表达，李约瑟先生赞誉：

> 我们不应低估中国绘画和书籍插图中所显示出来的精确观察及表现地质构造的能力。人们只要翻一翻诸如《峡江图考》一类近代书籍（此书是十九世纪出版的许多同类书籍的代表），就能看到其中有许多描绘得很清楚的地质构造，但图文均带有纯中国的传统形式，丝毫没有受西方影响的痕迹。1946年我在重庆曾看到一本此书的摹本，我注意到其中所画出的斜坡、平顶和准平原，还注意到一个花岗岩巨砾的高岗，一幅表现倾斜地层的图画，一个被坚硬岩石覆盖的方山或残丘和一个红沙岩的豚脊背斜。①

这段见诸《中国科学技术史（地学卷）》中的评价，或许可以点明传统长江上游航道图志中隐藏的科学价值。尽管《峡江图考》出版后，由于其"地方性知识"的书籍特征，其主要流传范围集中于川鄂两省，然其图绘精美，不仅是川江航船之必备书籍，还成为外地人士入川之后收藏的珍品书籍。例如，在清末民初日本东亚同文书院沪友会的《入蜀纪行》中，特别谈到作者在"归途中买了一部《峡江图考》，此书是宜昌重庆间峡江全程的图说，光绪十五年江国璋（当去掉江字）著，虽难称完备，但对于上下峡江是不可缺少的，此书在他地很难买到，游蜀的旅人一定要买的"②。无独有偶，1945年范洗人先生船过夔门时买到《峡江图考》上下两册，知王伯祥先生最喜藏书，即举以奉赠。伯祥先生凡有得意之书到手，多愿在书上作题记，而这部书却例外，在得书之时即于日记中详记此书，与书上之题记内容各异，正可相补。③ 其在日记中这样记载：

---

① ［英］李约瑟：《中国科学技术史（地学·第1分册）》，《中国科学技术史》翻译小组译，科学出版社1976年版，第253—254页。
② ［日］沪友会编：《上海东亚同文书院大旅行记录》，杨华等译，商务印书馆2000年版，第53页。
③ 王湜华：《王伯祥传》，中华书局2008年版，第145页。

洗人送我《峡江图考》二册购自夔门者。其书为光绪十五年镇江驻防旗人国璋编，虽以征诸往籍、采自他著，然所记身亲目验为多，盖其人久宦楚蜀，往返于峡江者八度矣。民国五年上海晏文盛书局石印本（此为十五年三版复制）。顾沪上殊少见，岂书之显晦亦限于地域乎？然而己见狭陋，内愧滋甚矣！①

在此书题记中，王伯祥先生又写道：

是图两册，下自宜昌以至夔府为上册，又自夔上溯至重庆为下册。光绪己丑（十五年，1889）京江国璋编集。其人盖镇江驻防旗人，久宦于楚蜀者。虽亦采及它著，征诸故籍，而亲历目验为多。书由上海坊行，题曰"行川必要"，沪地竟罕见之。乙酉秋杪，羲人（洗人字羲人）乘蜀船东下，过夔门购此，抵沪见贻，谓必见爱，诚哉故人知我之深也，书此志感，兼示书之显晦亦因地而异耳。然而域于闻知，滋愧甚矣。小春月初十日，容叟题记。②

总之，《峡江图考》写实性的图绘内容，形象化的表现方式，场景化的编纂风格，是传统长江上游航道图志最为精美的代表，这就不难理解《峡江图考》不仅受到日本人称赞，还成为江南文人收藏的珍品。即使在现代长江上游航道图志兴起以后，《峡江图考》对于今天三峡导游图的编纂来说，亦是值得借鉴的宝贵资源。尽管有学者认为其"绘事未得其法，而以写山水之皴法出之，与实际殊谬，未可以供行轮之参考也"③，但传统长江上游航道图志的绘制人员多属晚清地方官员，绘图目的是为服务川江木船航运，其知识背景与绘图技术也都根源于本土语境，强求传统航道图志与川江行轮相配套，未免有削足适履、方凿圆枘之感。

---

① 张廷银、刘应梅整理：《王伯祥日记（第八册）》，中华书局2020年版，第3729页。
② 王湜华：《王伯祥传》，中华书局2008年版，第146页。
③ 邓少琴：《近代川江航运简史》，重庆地方史资料组，1982年，第107页。

第一章　传统的延续：清代长江上游航道图志编绘之考察

本章小结

在人本主义地理学家眼中，"地方"表达了面对世界态度的概念，强调的是主体性和经验性，而非冷酷无情的空间科学逻辑。① 换言之，"空间"概念适合空间科学与经济理性的抽象概念考察，而"地方"概念则适用于价值与归属这类事项的讨论。因此，从地方构建的视角来看，清代传统长江上游航道图志的种类、样式、风格与内容，均植根于地方社会与本土语境的独特性之中。

首先，从绘图机制看，传统长江上游航道图志的编绘基本上属于王朝国家体制下的"地方"绘图实践，多是政府部门公文行政与地方官员实施管理下的产物。换言之，出于地方政务的需要，传统长江上游航道图志基本上是由非专业的地方画工与地方官员实地描摹而成。同时，从文本使用脉络来看，传统长江上游航道图志主要基于地方社会政治运作的内在脉络，着力审视长江上游地区航政运作中"地方性知识"的创造与传播机制，其背后展示的是传统木船水手与纤夫船工等普通民众的地方感觉与地方认同。

其次，从知识来源看，传统长江上游航道图志的知识资源有三种：一是本土的地志文献，二是官员画工的实地勘察与探访资料，三是初步绘制的航道草图，呈现出的是一种"多系并存"的"地方性知识"谱系。② 特别是航道图中关于川江行舟技巧、滩形水势等内容的记载，堪称传统木船水运的技术总结，尽管这种知识形态只是感觉性或经验性的，却一目了然或简单明了。

---

① 段义孚先生所著《恋地情结》和《空间与地方》两书，极大影响了人本主义地理学对"地方"的概念。段义孚认为透过人类的感知和经验，我们可以立足"地方"来认识世界。而"地方"的独特性就在于"人与地方的情感联系"，这种情感上的依附关系使得"地方"成为"关照场域"的基础。

② "多系并存"概念，系由日本著名地图史家海野一隆先生提出，他认为："地图内容并非单向进化，虽处同一时代、同一社会，但所据信息及处理方法的各不相同，导致了地图事实上的多系并存现象。"笔者此处借用此概念，来说明传统长江上游航道图在知识来源上的多样性。参见［日］海野一隆《地图的文化史》，王妙发译，新星出版社2005年版，第5页。

最后，就表现形式看，传统长江上游航道图志多采用形象生动、线条刻画的传统山水绘制方法。这种艺术性的表现手法，对地理空间的组织呈现出流动性的特征，有利于从多样化的视觉角度表述地方景观的丰富性，以高度场景化的图绘符号展示长江上游航道的地理形势，"直接用实形图画表示，可使这些地图更易阅读，更易看懂"[①]。

总体而言，清代传统长江上游航道图志的编绘，植根于本土地志舆图绘制的经验土壤，是否具有精确性并非其本意，也无法掩盖其社会文化方面的价值，展示出传统中国地方性的观念系统，这完全区别于现代性体制下西式航道图的"空间"特性。这种基于"地方性知识"的传统航道图志编绘，着力突出的是地方人士对于长江上游地方社会的"地方感"[②]。从这个意义上说，理解传统长江上游航道图志的关键就是要寻找"地方感"，只有在地方语境中加以分析与评价，才能理解传统长江上游木船航运的地域独特性。

[①] 姜道章：《传统中国地图学的特征》，《自然科学史研究》1998年第3期。
[②] 杨念群：《地方性知识、地方感与跨区域研究的前景》，《"感觉主义"的谱系：新史学十年的反思之旅》，北京大学出版社2012年版，第242—256页。

第二章

现代性的引入：近代外国对长江上游航道的地图测绘

什么是"现代性"？在西方学术话语中，"现代性"首先是指一种时间观念，一种直线向前、不可重复的历史时间意识。① 自启蒙运动以来，这种进化的、带有目的论的、不可逆转的时间观深刻影响着西方人看待历史与现实的方式。同时，"现代性"又是一种客观历史进程，即16世纪以来源自西欧的现代化结果。伴随近代西方殖民势力在非西方世界的空间拓展，这种以西方标准为参照的现代性概念也以西方为中心逐渐在全球范围内推广开来。② 正如吉登斯指出：现代性是指现代社会生活或组织模式，大约17世纪出现在欧洲，并且在后来的岁月里，程度不同地在世界范围内产生影响。③ 在此背景下，"现代性"也就成为一种宏大叙述，不仅是批判传统社会并论证现代社会合法性的话语实践，亦演化为非西方世界现代化过程中所效法的榜样与参照。④

晚清以降，西方"现代性"在引入过程中，往往伴随帝国主义对中国的空间控制。这种空间控制的首要方法，就是通过轮船、铁路、电报等技术手段，力求创造出一个网络化的空间结构，通过不同资源在网络节点的快速移动，用来管理、监督和改造中国的"传统"。与此同时，

---

① 汪晖：《现代性问题答问》，参见氏著《死火重温》，人民文学出版社2000年版，第3—41页。
② [德]哈贝马斯：《现代性——未完成的读本》《现代性的概念》，参见汪民安等编《现代性基本读本》，河南大学出版社2005年版，第108—132页。
③ [英]安东尼·吉登斯：《现代性的后果》，田禾译，译林出版社2011年版，第1页。
④ 雷颐：《面对现代性挑战：清王朝的应对》，社会科学文献出版社2012年版，第4页。

西方列强还通过地理信息的积累来对中国本土知识进行解码，即依靠科学化、专业化的地图测绘与地理考察，进而完成西方国家对华地理情报的搜集、复制与运用。① 从19世纪40年代到60年代，伴随中外一系列不平等条约的逐步签订，西方在华条约口岸体系逐渐形成。就发展进程看，这一体系首先产生于东部沿海通商口岸。在沿海城市初具规模后，沿着交通路线（特别是沿长江航道）向内陆地区逐步推进，从而构成了晚清以来中国"现代性"变迁的时空架构。②

自1861年开始，为打开内陆中国的大门，以英法为首的西方国家积极对长江上游地区进行地理探险与情报搜集。这期间外国探险家、传教士、军官、测绘师、商人均以各自的方式展开活动。他们一方面积极谋求川江行轮，以轮船作为"帝国的工具"，③ 为西方商品进入长江上游地区，打开中国西部市场创造条件；另一方面，又通过对长江上游航道的地理考察与地图测绘，积极生产服务于川江行轮的地理知识。在本章中，笔者通过考察近代外国对长江上游航道的地图测绘，旨在分析西方测绘技术影响下长江上游航道图志编绘的现代性变迁。从某种程度上讲，近代川江行轮的兴起，就是西方现代性引入中国内陆地区的象征；而为适应川江行轮，外国人通过对长江上游航道的地理考察与地图制作，进一步完成对华地理信息的搜集与编码。④

第一节　19世纪英国对长江上游航道的调查与勘测

一　1861年"扬子江上游考察队"测绘川江的尝试

1854年1月26日，英国曼彻斯特商会在致柯莱伦顿勋爵的意见书

---

① ［美］何伟亚：《英国的课业：19世纪中国的帝国主义教程》，刘文路、邓红风译，刘海岩审校，社会科学文献出版社2007年版，第133—168页。

② 吴松弟：《港口腹地与中国现代化的空间进程》，《河北学刊》2004年第3期。

③ Daniel Headrick, *The Tools of Empire: Technology and European Imperialism in the 19th Century*, Oxford University Press, 1981, pp. 45-53.

④ ［美］罗安妮：《大船航向——近代中国的航运、主权和民族建构（1860—1937）》，王果、高领亚译，社会科学文献出版社2021年版，第47—51页。

第二章 现代性的引入：近代外国对长江上游航道的地图测绘

中这样写道："如果不能得到进入中国内地的允许，我们的对华贸易永远会受到阻遏而不能得到健全的发展。"① 这句话代表了当时英国商界的普遍看法，即中英《南京条约》签订后对华贸易的不景气，主要原因是中国内陆市场的不开放。因此，要扩展英国对华贸易，就要获得英国商品进入中国内地的特权和开辟内陆通商口岸。在上述情形下，长江作为"黄金水道"，因其沟通中国东西的天然优势，就成为西方国家对华经济扩展的首要目标。② 而轮船作为最重要的水运交通工具，随之成为英国扩展长江沿线贸易、打开中国内地市场的钥匙。

1858年《天津条约》签订后，长江沿岸的镇江、南京、九江、汉口相继成为通商口岸城市，西方在华内河航行权扩展到长江中游。③ 尽管如此，西方国家特别是英国对华贸易依旧没有大的发展。在英国人看来，尽管西方商品加速进入长江沿线通商口岸，然而中国的厘金制度使得商品分销极为困难，造成内地市场并未真正开放。因此，要改变这种不利态势，就要以长江航运为基础，进一步深入中国内陆腹地，打开中国市场。位处长江上游的四川省因其广阔的市场潜力，就成为以英国为首的西方势力深入中国内地的主要目标。④ 不过，对于英国人的战略野心，清政府内部早有警惕。时任四川总督丁宝桢就谈道：

> 窃揣英人之意，从前专注意海疆，今则二十余年，船炮既极坚利，而沿海之地势人情亦经熟悉，自以为经营就绪。惟不通海疆之四川、云南、贵州、湖南、广西、甘肃、陕西、山西、河南数省，未能水陆相通，彼就目前视之，实觉毫无可恃，故又欲以向之致力于海疆者，转而用于西南各省，然必择其与该国最近之省先为入手，徐图推广。而与该国最近者，莫近于蜀，滇次之。而蜀又为数省中

---

① 《曼彻斯特商会议事录》（1849—1858年卷），1850年6月13日。转引自［英］伯尔考维茨《中国通与英国外交部》，江载华、陈衍译，商务印书馆1959年版，第15页。
② 李鹏：《近代外国人对长江上游航道的地图测绘》，《中国历史地理论丛》2017年第2辑。
③ 朱荫贵：《轮船与长江流域近代经济的演变》，《中国近代轮船航运业研究》，中国社会科学出版社2008年版，第303—323页。
④ 隗瀛涛主编：《四川近代史稿》，四川人民出版社1990年版，第93页。

菁华聚集之所，故英人此时用意在蜀，蜀得而滇黔归其囊括矣。此实英人目前肺腑之谋也。①

应该说，丁宝桢对当时英国对华政策的理解是十分透彻的。然而，长江上游群山环抱，交通极为不便。长久以来，巴蜀地区形成一个自给自足的区域市场，其与外界的联系主要是通过川江木船航运。② 因此，对于西方国家来说，只有攫取川江航权，跨越长江上游天险，才能打开中国内陆市场。有人甚至提出：可以开辟一条从印度或缅甸经由中国西部至长江中下游的水陆联运路线，进而缩短洋货入川里程，从而避免海运风险。在这种情况下，英国人开始搜集长江上游的地理情报，积极测绘航道地图，以便服务于川江行轮航线的开辟。

1861 年，英国著名探险家、博物学家与皇家地理学会会员，时任英国皇家炮兵部队上尉的托马斯·布莱基斯顿（Thomas W. Blakiston）以个人名义组建"扬子江上游考察队"，首次对长江上游航道进行科学测绘与地理考察。该考察队由 4 名欧美人士组成，除布莱基斯顿外，还有英国第 17 枪骑兵旅亨利·安德鲁·萨瑞尔（H. A. Sarel）中校、阿尔弗雷德·巴顿（Arfred Barton）医生、美国圣公会差会施约瑟（S. Scherechewsky）牧师。③ 考察队原计划从上海溯江行至重庆或万县，再上行至成都，最后向西抵达西藏，翻越喜马拉雅山进入印度西北部平原。然因当时四川境内局势动荡，他们不得不放弃原定计划，最终溯江行至四川屏山而止。从 1861 年 2 月 11 日至 7 月 9 日，共历时 5 个月之久，成为首批对长江上游地区进行探险与测绘的英国考察队。④

1862 年，布莱基斯顿在伦敦出版《江行五月》（*Five Months on the*

---

① （清）丁宝桢：《英人窥探西藏陆路情形片》（光绪三年十月十一日），罗文彬编：《丁文诚公（宝桢）遗集》卷 14，台北：文海出版社 1966 年版，第 1619—1620 页。

② 朱荫贵：《轮船与长江流域近代经济的演变》，《中国近代轮船航运业研究》，中国社会科学出版社 2008 年版，第 303—323 页。

③ Henry Andrew Sarel, "Notes on the Yang-tsze-Kiang, from Han-kou to Ping-shan", *The Journal of Royal Society of London*, Vol. 32, 1862, pp. 1 – 25.

④ Alfred Barton, "Notes on the Yang-tsze-Kiang", *The Journal of Royal Society of London*, Vol. 32, 1862, pp. 26 – 41.

第二章　现代性的引入：近代外国对长江上游航道的地图测绘

Yangtsze：*With a Narrative of the Exploration on Its Upper Waters*，*and Notices of the Present Rebellions in China*）一书，其中就写道：

> 我们乘船航行于中国内陆，是唯一一支深入其地的欧洲团队……探险队伍完全是民间性质，其中两名军人身份的成员也只是利用休假之机而参加。尽管这支探险队没有达成其最初目标，但也已经探索、考察了扬子江900英里之远，如果排除那些乔装打扮成当地人的罗马天主教传教士外，此前尚无欧洲人深入其间，并且还将抵达距河口1800英里、全无贸易迹象的地方。后来，仅因西部地区的动荡局势，难以继续前进，才被迫返回。①

考察队一路勘测长江上游航道、调查地质水文条件、搜集动植物矿物标本、进行天文气象观测，同时利用《野外工作簿》绘制川江河道草图，沿途还随时记录《航行日志》。根据此次测绘与调查的相关数据，英国著名制图师约翰·阿罗史密斯（John Arrowsmith）绘制了一幅《扬子江汉口至屏山段航道图》（The Yang-tsze Kiang, from Han-kou to Ping-shan），由约翰·阿罗史密斯印刷出版，地址为伦敦南肯辛顿区赫里福德广场35号，这是目前所知最早采用西方测绘方法绘制的长江上游航道图之一。图中汉口至屏山间的长江上游航道被绘制为7段，印制于两大纸张上，各段拼合在一起，总长近4.3米。②

根据布莱基斯顿在《江行五月》一书中所言："本书所附地图由约翰·阿罗史密斯先生绘制，忠实地反映了目前我们对这一地区的认识水平。他以我们的勘察为基础编绘了一幅水上航行图，本书中的汉口以上扬子江段地图即是其缩略图，省略了诸多细节，希望对有志于扬子江上游地理情况或船只航行的人们有所帮助。"③ 由此可知，这幅缩略图是根

---

① ［英］托马斯·布莱基斯顿：《江行五月》，马剑、孙琳译，中国地图出版社2013年版，第78—79页。
② 按1英寸约等于2.54厘米，1英尺约等于0.3048米，约翰·阿罗史密斯的这幅大比例尺《扬子江汉口至屏山段航道图》每段图幅为68.58×58.42厘米，总长度为4.2672米。
③ ［英］托马斯·布莱基斯顿：《江行五月》，马剑、孙琳译，中国地图出版社2013年版，"序言"第2页。

据《扬子江汉口至屏山段航道图》缩绘的,而原图又是根据1861年"扬子江上游考察队"的实地测绘数据而绘制的。这就有必要分析布莱基斯顿等人测绘川江的数据采集与测绘技术,进而评估上述测绘活动对阿罗史密斯绘制长江上游航道图的影响。

首先,就测绘技术而言,此次英国"扬子江上游考察队"携带的科学仪器包括"一个8英寸的六分仪、一个陀螺地平仪、一个三棱镜罗盘仪,还有几个袖珍罗盘、几支温度计和上海诸位好友所赠送的几个无液气压表,以及若干单筒和双筒望远镜"①。在考察途中,英国海军何柏中将和沃德中校还赠给他们测深绳、航海罗盘和托曳式计程仪。布莱基斯顿等人采用这些仪器或测量河道水深与流速,或进行天文测量以确定经纬度,或作详细的气象记录。② 同时,在数据采集上,考察队还准备了《航行日志》和《野外工作簿》的样张,以便在考察途中随时绘制航道草图并记录航行路程。特别是后者,布莱基斯顿特别提及:

> 我们准备了探险队的《日志》和《野外工作簿》的样张,以便大家对我们的记录方式有所了解,并使那些对我们的观测资料特别感兴趣的人能够判断其可信程度,也为此后的旅行者提供一点参考。需要提及的是,我们行经的每一段大江,都绘制了如同《野外工作簿》样张上那样的草图。虽然现场作图是用铅笔,但通常会在24小时内用墨水描摹,此后便不再作任何添绘和润色。③

从《江行五月》附录《航行日志》样张来看,航行日志表正面内容包括时间、航向、距离/英里、位置、该地区的特征、备注等6项;航行日志表反面内容则为时间、测量方向与水深数据。一般来说,每段《航

---

① [英]托马斯·布莱基斯顿:《江行五月》,马剑、孙琳译,中国地图出版社2013年版,第80页。
② Henry Andrew Sarel, "Notes on the Yang-tsze-Kiang, from Han-kou to Ping-shan", *The Journal of Royal Society of London*, Vol. 32, 1862, pp. 1–25.
③ [英]托马斯·布莱基斯顿:《江行五月》,马剑、孙琳译,中国地图出版社2013年版,第156页。

第二章 现代性的引入：近代外国对长江上游航道的地图测绘

行日志》还会记录观测点及其距离上海、汉口的英里数，同时还会记录观测所得的纬度数和通过航位推测法所得的经度数。而在《野外工作簿》样张中，布莱基斯顿等人在野外绘制航道草图时，主要采用等高线和晕渲法绘制出川江河道走向与礁石浅滩，同时还标绘出两岸村庄聚落及矿产地点等人文地理信息。

从上述测绘机制可以看出，"扬子江上游考察队"使用了当时西方较为先进的测绘手段，这种建立在经纬度控制之上的地图测绘，与中国传统航道图志编绘有着完全不同的空间认知与地理观念。在传统中国的空间观念中，大地是平面的，故只要采用象形符号缩绘于图上即可；而西方地图学则是一种数字化的、可以测量的"科学"风格，其背后是西方人视大地为球形，故需采用天文量度来确定大地位置和采用地图投影来保证经纬度控制。① 阿罗史密斯绘制的这幅《扬子江汉口至屏山段航道图》，就是以布莱基斯顿等人相对精确的测绘数据为基础的，故其在科学性上超过中国传统长江上游航道图志。② 因此，从科学地图学的立场出发，布莱基斯顿对中国传统地图作出相当尖锐的批评，认为："现今，扬子江绘制在大比例尺的地图上，要看清其弯道蜿蜒处的交汇点非常容易。……中国人自己绘制的地图或路线示意图都似是而非。因此，如果早期西方传教士的地理著作仅仅是当地人所作调查的汇编，我对此并不感到惊讶。"③

不过，对于早期西方传教士所绘制的长江地图，布莱基斯顿的态度则大不相同，认为尽管"扬子江上游考察队"在测绘仪器与实测数据上远远超过老一辈的西方传教士，但并不值得骄傲。他这样写道：

> 老一辈传教士绘制的扬子江地图通常都很准确。我们没有一幅大比例尺的地图，在旅途中，所用地图比例尺为 1 英寸代表 42 英

---

① [美] 余定国：《中国地图学史》，姜道章译，北京大学出版社 2006 年版，第 202 页。
② Henry Andrew Sarel, "Notes on the Yang-tsze-Kiang, from Han-kou to Ping-shan", *The Journal of Royal Society of London*, Vol. 32, 1862, pp. 1 – 25.
③ [英] 托马斯·布莱基斯顿：《江行五月》，马剑、孙琳译，中国地图出版社 2013 年版，第 219 页。

里。阿罗史密斯先生绘制的《中国地图》也采用同一比例大小，只是在某些情况下，他以其惯有的洞察力，对经度略作了有效修正。阿罗史密斯的地图、畏三卫的地图和一幅耶稣会士所绘中国地图的缩略摹本就是我们仅有的中国内陆地图。我们这第一支由基督徒组成的探险队溯"大江"勘测了近1600英里，携带的设备仪器是精力充沛、坚忍不拔的前辈们见所未见的。因此，我们的地图和相关记载的准确性并不值得大吹大擂。①

这种截然相反的态度，从某种程度上反映出布莱基斯顿对西方"科学"的尊崇。追本溯源，除却西方地图学中的数理传统，英国工业革命后技术标准化的广泛运用，亦是不容忽视的因素。

其次，就图绘内容来看，这幅以实测数据为基础绘制的《扬子江汉口至屏山段航道图》，从湖北汉口开始绘起，至四川屏山而止。总体上分为7大段，其中第1段为汉口至石首附近航道；第2段为石首至宜都附近航道；第3段为宜都到夔州附近航道；第4段为夔州到忠县附近航道；第5段为忠县至重庆附近航道；第6段为重庆至纳溪附近航道；第7段为纳溪至屏山附近航道。全图以经纬度坐标网格为空间控制基础，彼此之间联络一致。航道图上的河岸地形则采用晕滃法标示，对于河道两岸险滩、峡谷、碛坝均详细标绘，某些地点还有高程与河道宽度，诸如"1200—1300英尺高的山脉""500英尺高的峭壁""江面宽660码"等。图中还对采矿点重点标示，如淘金点、产煤地、掘金处等。从地图构成要素看，其数字要素中比例尺、坐标网络、控制点等均有所展示，由此可以判断此图的科学性还是较高的。②

需要指出的是，《扬子江汉口至屏山段航道图》中有关长江上游地名的标示，除去部分中文地名的英译外，还有多数以英文命名的地名。

---

① ［英］托马斯·布莱基斯顿：《江行五月》，马剑、孙琳译，中国地图出版社2013年版，第171页。

② Henry Andrew Sarel, "Notes on the Yang-tsze-Kiang, from Han-kou to Ping-shan", *The Journal of Royal Society of London*, Vol. 32, 1862, pp. 1–25.

第二章 现代性的引入：近代外国对长江上游航道的地图测绘

这种西方化的地名编码，恰恰反映出布莱基斯顿等人的殖民心态。应该看到，近代英国殖民者向海外扩张的过程中，以绘制海图的方式命名其所到之处，多意味着其成为帝国属地。如1792年英国探险家温哥华船长（Captian Vancouver）编绘北美海岸地图，并以重新命名的方式赋以空间以属地意义。① 从某种意义上讲，对地名重新编码的过程，就是以自身方式赋予空间以意义的过程。在《江行五月》中，布莱基斯顿曾对图中汉译地名的拼写标准做如下解释：

> 我们所采用的地名正名方法也就是扬子江下游航行图中所用的那种，元音字母的发音和以下英语单词的发音一样：father中的"a"，there中的"e"，ravin中的"i"，go中的"o"，flute中的"u"。可能有人会对这种方法提出异议，但总体而言，我认为它简单实用。不过，某些汉语发音难以用英语字母表达，因此，我们只能以尽可能相近的音来表示。比如，hankow之类的地名，其中用"kow"就并不完全准确。……尽管如此，在此事上并无统一标准，因而航行图中所使用的体例也是我们自己制定的。②

如上所言，这幅最早由西方人绘制的长江上游航道图，在地名标示上主观性极强。除却汉译地名外，诸如士兵岛、圣乔治岛、文书岛、弗泽勒岛、穆罕默德岛、祖曼夏岛、中士岛、施约瑟岛、萨瑞尔岛、巴顿岛等极具西方化的地名，与汉译地名相互杂陈，共同标示于长江上游航道图上，多少有些不伦不类。布莱基斯顿等人往往在不知道中文地名的条件下，随意命名所经沿途航道。如在涪陵坪西坝，由于考察队经过时正好是圣乔治节，便以此命名圣乔治岛，这样的例子比比皆是。③ 换言

---

① [美] Tim Cresswell：《地方：记忆、想象与认同》，徐苔玲、王志弘译，台北：群学出版有限公司2006年版，第17页。
② [英] 托马斯·布莱基斯顿：《江行五月》，马剑、孙琳译，中国地图出版社2013年版，第171页。
③ Alfred Barton, "Notes on the Yang-tsze-Kiang", *The Journal of Royal Society of London*, Vol. 32, 1862, pp. 26–41.

之，虽然缺乏本土地名标识，但"扬子江上游考察队"还是基于自身理解对川江进行了西方化的地名编码，而且颇具随意性。此外，由于在测绘过程中受各种现实因素的影响，亦导致《扬子江汉口至屏山段航道图》的精确性大打折扣。因此，对于这幅最新的长江上游航道图的应用范围和主要缺点，布莱基斯顿显然有充分认识，他坦言：

> 将来沿此路线而行的旅行者千万不要指望能够找到绘制精确的扬子江上游航行图。我承认，本书附图也只不过是一幅线路略图而已。如果它还能略尽其用的话，我就感到满足了。不过，对于其中有失精准或欠缺细节之处，我只能将之归咎于旅行进程的不确定、中国船只上糟糕的食宿条件以及恶劣的天气。特别是后者，在各方面都深深地影响着旅行者，尤其是对勘察、观测甚为不利。①
>
> 除非经过实地观测，否则不会以连续线来标示其他信息，实测有时也并不能完全反映真实情况。这也就解释了图中距河远近不同的山脉的显示方式问题，因为其确切位置和形态肯定有些模糊。我认为，对大江及其附近地区的特征给予特别关注是相当重要的，所以我的野外工作记录册对其进行了现场素描。因而，所有关于该地区的注释和方位记录都是远眺而得出的。②
>
> 航行图册和本地领航员能引导船只避开岩石和暗礁。尽管如此，第一批航行于这些河流上的汽船船长可能会发现航行图并不十分准确，因为不少礁石和其他障碍物并未被发现，没有标示出来，而且缩小了比例尺的航行图也使得许多细微特征难以辨认。③

尽管布莱基斯顿等人的观测数据存在严重偏差，而且在地名命名的

---

① ［英］托马斯·布莱基斯顿：《江行五月》，马剑、孙琳译，中国地图出版社2013年版，第170页。
② ［英］托马斯·布莱基斯顿：《江行五月》，马剑、孙琳译，中国地图出版社2013年版，第257页。
③ ［英］托马斯·布莱基斯顿：《江行五月》，马剑、孙琳译，中国地图出版社2013年版，第258页。

第二章　现代性的引入：近代外国对长江上游航道的地图测绘

过程中存在殖民主义的倾向，因此导致西方人绘制的第一幅长江上游航道图只是一幅概况图，在精确度上还存在严重缺陷。① 然而，"扬子江上游考察队"对长江上游的地理考察，是近代西方人测绘川江的首次探索与尝试，其编绘的《扬子江汉口至屏山段航道图》以及带回的大量地理情报，则成为英国日后开辟中国内陆市场的基础资料。② 正因如此，英国皇家地理学会这样评价："扬子江考察队……的目的，是由这条大江上溯至其北方的支流岷江，然后穿越四川省的省会成都，取得通往西藏的护照，最后从打箭炉到达拉萨和印度西北部。然而，中国西部内陆动荡的局势阻止了这一野心勃勃的计划。他们到达了岷江河口以外的屏山县，但这比此前英国人到达的地方远了900英里，还带回来大量有价值的地理情报。"③ 对此，布莱基斯顿亦扬言：

> 我们要想在其内河上超越中国人，唯一的办法就是借助强有力的蒸汽动力，那一定会迅速对扬子江带来革命性的影响。要使中国人变得文明开化，与其用武力和传教士，不如借助汽船和商业贸易。④

> 除了配备双引擎和独立明轮、专为内河航行而建造的动力强大的轻载吃水汽船而外，其他船只都将受阻于此。我相信，不久之后，此种汽船就将航行于这些江河上。这一信念也激励着我继续对扬子江上游进行观察。⑤

综上所述，布莱基斯顿组织的"扬子江上游考察队"虽然属于民间

---

① Henry Andrew Sarel, "Notes on the Yang-tsze-Kiang, from Han-kou to Ping-shan", *The Journal of Royal Society of London*, 1862, Vol. 32, pp. 1 – 25.
② 李鹏：《晚清民国川江航道图编绘的历史考察》，《学术研究》2015年第2期。
③ "Obituary: Captain Thomas Wright Blakinston. R. A", *Proceedings of the Royal Geographical Society and Monthly Record of Geography*, Vol. 32, No. 12, 1891, pp. 728 – 729.
④ ［英］托马斯·布莱基斯顿：《江行五月》，马剑、孙琳译，中国地图出版社2013年版，第206页。
⑤ ［英］托马斯·布莱基斯顿：《江行五月》，马剑、孙琳译，中国地图出版社2013年版，第258页。

性质，但其动机显然是为当时英国的殖民扩张服务的，其直接动力是希望英国人尽快开辟川江行轮航线。① 因此，布莱基斯顿呼吁英国政府："我要劝告英印政府，不要迟疑，加紧探索。组织一次扬子江探险，就可能发现乘坐当地船只下行至屏山并非难事，再往下就是已知水道，可以顺江抵达我们最上游的商埠。这样的探险耗费无多，即使没有其他重要成果，也具有重大的地理价值。"② 总之，1861年布莱基斯顿等人的首次长江上游航道测绘，尽管受到诸多局限性，其航道图编绘亦属私人行为，但却为日后川江行轮的兴起，以及英国海军和商界更大规模的长江上游航道测绘打下基础。③

二 1869年英国海军《岳州—夔州航行图》的测绘

1861年英国"扬子江上游考察队"对长江上游的勘测仅仅是试探性的，而且也不是英国政府的官方行为。同时，根据其测绘数据编制的《扬子江汉口至屏山段航道图》亦为民间出版，无论是从权威性和可靠性来说，都无法满足英国人试图开辟川江行轮航线的实际需求。应该看到，19世纪的英国海军拥有当时最先进的测绘技术与绘图仪器，为服务于英国在长江流域的战略利益，其海军舰船很早就开始测绘长江中下游航道，并以此为基础发行了一系列航道图。因此，在当时还未有对长江进行全面、系统测绘的情形下，英国海军对长江中下游航道的地图测绘，就成为其日后测绘长江上游航道的先河。

根据现有研究，早在第一次鸦片战争期间，英国海军舰船就开始对长江江阴以下河段进行测量，从而获得大量长江口航道资料及草测图，为日后英国海军侵航长江下游提供了依据。④ 1858年《天津条约》规定

---

① 李鹏：《近代外国人对长江上游航道的地图测绘》，《中国历史地理论丛》2017年第2辑。

② ［英］托马斯·布莱基斯顿：《江行五月》，马剑、孙琳译，中国地图出版社2013年版，第260页。

③ Henry Andrew Sarel, "Notes on the Yang-tsze-Kiang, from Han-kou to Ping-shan", *The Journal of Royal Society of London*, Vol. 32, 1862, pp. 1 – 25.

④ 牟振宇：《英国海道测量局所绘黄浦江实测地图初探（1840—1911）》，《史林》2018年第6期。

第二章　现代性的引入：近代外国对长江上游航道的地图测绘

长江航线对外全面开放，当年 11 月英国海军舰船即对长江中下游航道进行探测，特别是对南京至汉口段长江航道进行了连续测绘。为尽快向英国国内提供长江中下游航行的参考信息，在完成这次勘测仅仅 10 个月之后，英国海军官方版的长江航道图就在伦敦面世。其中，第一批刊行的为"南京至东流""东流至汉口"航道图，于 1859 年 10 月由英国海道测量局出版。这是目前所见英国海军测绘的最早的长江干流航道图，全部采用当时英国新式海图的制图标准，不仅初步揭示了长江下游航道的地理状况，更为日后英国轮船深入长江中游提供了条件，这也是西方"现代性"的测绘技术在长江航道应用的开始。①

自 19 世纪 60 年代开始，英国海军以《天津条约》为据，多次对长江中下游航道进行勘测，将测绘范围延伸至汉口以上岳州及洞庭湖口。例如，1861 年 10 月，英国海道测量局出版《汉口至岳州航行图》，编号为英国海图第 2849 号；1862 年，英国海道测量局又刊印了第 1 版《上海至南京航行图》，编号为英国海图第 2809 号；1866 年刊印出版《鄱阳湖口航行图》，编号不详。尽管上述航道图多有不完备之处，但至 19 世纪 60 年代末，除长江上游以外，长江干流岳州以下航道均刊行了新式航道图。受探测速度和天气影响，上述航道图在天文观测与视距测量上均无法满足现实需要，导致英国海军刊行的长江中下游航道图均只有 1—2 条水深线，在完整性与准确性上大受影响。②

与英国海军对长江中下游航道的系统测绘与航道图绘制相比，其对长江上游航道的勘测明显处于劣势。由于当时重庆尚未开埠，川江是否可以行轮还是未知数。因此，在布莱基斯顿与"扬子江上游考察队"测绘川江航道之后的 8 年间，英国海军一直没有对长江上游进行航道测绘。直到 1869 年初，英国海军才首次派出测量小组试图对川江航道进行考察与勘测，以验证长江上游行轮通商的可能性。这个测量小组由英国海军中尉道逊（L. S. Dawson）与帕默尔（F. J. Palmer）率领，上海英商总会

---

① 王轼刚主编：《长江航道史》，人民交通出版社 1993 年版，第 141—142 页。
② 王轼刚主编：《长江航道史》，人民交通出版社 1993 年版，第 142—143 页。

也派员随行考察商务，一行共计 7 人。测量队乘坐帆船溯江而上，从岳州一直深入夔州而止。① 对此，海军测量小组的斯文霍（R. Swinhoe）在其考察日志中就写道：

> 四川省的贸易量十分诱人，现在最大的兴趣就是验证轮船是否能够由川江水道上行至重庆。布莱基斯顿船长已表明海船能抵达宜昌，洋货也能够通过不同运输方式从湖北和湖南到达汉口，但却被位于夔州府的本地榷关所拒绝。上海英商总会希望我们能够发现：如果内河轮船能够通过川江急流，是否应该在宜昌和沙市之间做出选择，在何处建立一个领事机构。即通过克服夔州府的障碍，向我们开放四川的贸易。如果轮船最终能够到达重庆，将形成一个从长江下游跨越川江险滩的轮船转运港。②

然而，在考察过程中，由于受乘坐船只、天气状况和测绘时间的影响，此次英国海军小组对长江上游的测量结果却并不如意。鉴于测绘条件非常恶劣，道逊中尉与帕默尔尽量抓紧时机选择测绘地点，并绘制航道草图。此后，道逊中尉在其考察报告中也说："根据我对宜昌以上长江上游这段航道的经验，江水的深度是不难领会的。在一年中任何时候，深度很少在十寻以下。"③ 他进而推导：轮船逆流上驶必须克服船舶局部范围所受阻力的动力问题，但实际上困难很多。斯文霍（R. Swinhoe）在其考察日志中也记载："这里不必描述缓慢而痛苦的考察模式。船只在每次急流中遇到的困难，或者事实上这次航行的任何细节。我发现我们几乎完全重复了布莱基斯顿船长的经历……无论是在洪水期还是枯水期，宜昌到夔州这段航道的险滩都是危险的。不难想象，此种危险在夏天会

---

① 李鹏：《近代外国人对长江上游航道的地图测绘》，《中国历史地理论丛》2017 年第 2 辑。

② R. Swinhoe, "Special up the Yang-tsze-Kiang", *The Journal of Royal Society of London*, Vol. 40, 1870, pp. 268–285.

③ 聂宝璋编：《中国近代航运史资料（第一辑·上册）》，上海人民出版社 1983 年版，第 372 页。

第二章 现代性的引入：近代外国对长江上游航道的地图测绘

变得更严重。因此，我认为应该花费一整年的时间进行航道调查。"① 由于夔州以上川江航道异常艰辛，此次英国海军测量小组未能对长江上游进行全面测绘，测绘人员均认为川江一时尚无通航之可能，遂于当年 4 月 26 日返回宜昌，并建议选择宜昌为长江上游的通商口岸。② 对此，1869 年英国驻华领事《汉口商务报告》这样评价：

> 他们不可能花那么多时间对宜昌至夔县的一段川江进行彻底的勘测；而在该航道上行船是那样困难，在今后若干年内外国轮船不大可能使用那一段航道。此外宜昌下游那段航道则由于便于通航，目前对其进行勘测倒可能有极大的好处。考虑到这些原因，他们决定返回宜昌。③

尽管此次勘测结果并不乐观，其结论亦不支持川江行轮，但在 1872 年，英国海道测量局仍以此次施测材料为基础，首次以英国官方名义刊印长江上游航道图，图名为《岳州—夔州航行图》，图号为英国海图第 1116 号。④《岳州—夔州航行图》的英文全称为：The Upper Yang Tse Kiang-Yo Chau Fu to Kwei Chau Fu，一套共 5 幅，全图从湖南岳州绘起，至四川夔州而止。各图下方多有英文注记 3 则，分别题为：

1. by L. S. Dawson Sub-Lieut and F. I. Palmer Navy Sub-Lieut. 1869.
2. Heights are in feet above the level of the river. Magnetic variation nearly stationary.
3. Soundings in Fathoms. The soundings show the depth of water in a-

---

① R. Swinhoe, "Special up the Yang-tsze-Kiang", *The Journal of Royal Society of London*, Vol. 40, 1870, pp. 268 – 285.
② 王轼刚主编：《长江航道史》，人民交通出版社 1993 年版，第 143 页。
③ 聂宝璋编：《中国近代航运史资料（第一辑·上册）》，上海人民出版社 1983 年版，第 373 页。
④ R. Swinhoe, "Special up the Yang-tsze-Kiang", *The Journal of Royal Society of London*, Vol. 40, 1870, pp. 268 – 285.

pril, at which time the water is reported to be at its rises to about 60 feet above this level, when the current is reported by the natives to run 5 to 6 konts.

从上述英文注记可知,《岳州—夔州航行图》为海军中尉道逊与帕默尔于1869年共同绘制；图中高度以英尺计算，且以河流水位为基准，地磁变化则几乎固定；水道探测以英寻为单位，探测数据显示为4月水位；夏季河流水位可上升至60英尺（约18.29米）以上，此时水流速度可达到5到6节（约9.26—11.11千米/每小时）。此外，图中还注记基准比例尺（natural scale）1∶72700以及纬度尺（scale of latitude and distance）与经度尺（scale of longitude）的换算比率。

一般而言，标准的内河航道图中所载地物标注大致有如下几类：甲、明示高度的山峰、山巅或岛顶；乙、显著的岩石与岬角；丙、自水面所能见到的显著塔尖、烟突、庙宇、碉堡及大树等。① 由于三角测量的基础系以山顶、岬角等为测量原点，故在内河航道图中多将其位置记入，以作为可信赖的根据点。在这套《岳州—夔州航行图》中，对川江航道的刻画主要集中于第4、5分幅，其中最显著的就是对沿途观测点及地理标志物的标示，不仅对水道流速、水深详细标注，同时还将川江峡谷、险滩、山峰、岛屿、石崖、碛坝、村镇、森林、经纬度观测点等一并记入图中。②

例如，在第5幅宜昌至夔州段航道图中，分别标注：1. 峡谷地貌及其数据，主要有：宜昌峡（Ichang gorge）、高达300英尺的突出白崖（conspicuous wall of white cliff 3000 feet）、巫山峡（wooshan gorge）、风箱峡（fung-siang gorge）等；2. 航道险滩及其滩名，分别为：山斗坪滩（Shan-tau-pien rapid）、塔洞滩（Ta-tung rapid）、泄滩（yeh-tan rapid）等；3. 聚落类型及其他地物，大致为：小村庄（hamlet）、锥形山（cone）、帆船通

---

① 叶可松编：《水道图志用法指南》，商务印书馆1950年版，第13页。
② 李鹏：《近代外国人对长江上游航道的地图测绘》，《中国历史地理论丛》2017年第2辑。

第二章 现代性的引入：近代外国对长江上游航道的地图测绘

道（junk channel）、煤田（coal fields）、村庙（hamlet temple）、小塔（small pagoda）、村镇（village）、县界（boundary line）、宝塔（pagoda）、高大树丛（clump of tall trees）、低矮小塔（small pagoda not prominent）等。

与 1861 年《扬子江汉口至屏山段航道图》相比，1869 年英国海军测绘的《岳州—夔州航行图》尽管在施测范围上远不及前者，但在精度上则有很大提高。图中对于河道险滩水深与河岸高程数据的详细标示，足以看出英国海军此次长江上游航道测绘的精确性与专业性。此外，图中在对川江险滩及聚落地名的采择转译上，多采取汉语地名音译的方式，而甚少采用英语地名，基本上采取本地地名的命名方式。然而，由于时间仓促，此次英国海军小组未能对长江上游进行全面、系统的考察。① 鉴于川江航道测绘的艰难性，测绘小组根据此行的调查，向英国政府提出正式的报告，认为长江轮船只能到达宜昌，而宜昌以上的川江航行条件太险，短期内无法实现轮运。这份意见使得此后近 30 年的时间内，英国海军对长江上游航道图的编绘至夔州而止。②

不过，就在 1869 年英国海军小组勘测川江航道，终因行船太难半途而返之时，英国政府又指派驻汉口领事带人前往重庆，他们于同年 5 月 12 日到达重庆，千方百计搜集情报，并结合沿途情况对重庆市场及其发展前景进行了充分研究。随后，他们也向英国政府提交了报告。报告认为，英国海军测绘小组提出的仅仅开放宜昌的意见是不够的。因为宜昌不过是四川与长江中下游贸易的转运地，只起到把进川货物从轮船转到木船的作用，而宜昌本地并无贸易可言。因此在宜昌设领既无多少利益，目前也不急需。他们断言："（重庆）贸易相当著名……它地处长江上游的分叉口，位置十分有利"③，既能吸收大量的英国消费品和纺织品，又能输出英国急需的四川土产。因此，直接开放重庆为商埠，才是最佳的选择。应该看到，上述不同意见的症结，仍在于开拓长江上游市场与川

---

① R. Swinhoe, "Special up the Yang-tsze-Kiang", *The Journal of Royal Society of London*, Vol. 40, 1870, pp. 268 – 285.
② 王轼刚主编：《长江航道史》，人民交通出版社 1993 年版，第 143 页。
③ 聂宝璋编：《中国近代航运史资料（第一辑·上册）》，上海人民出版社 1983 年版，第 374 页。

江行轮可能性的矛盾。尽管英国海军测绘小组认为川江不宜行轮，然而中国内陆市场的广阔潜力，使得长江上游轮船通航依旧是当时英国政界与商界共同关注的焦点。①

三 川江行轮与英国政府对长江上游航道的勘测

进入19世纪70年代，西方列强已先后把中国周边国家占为殖民地，当时中国西南地区也成为英法分别从缅甸、越南、印度侵夺的目标。1885年中法战争后，法国在东南亚的势力逐步扩张，不仅取得了关税方面的优惠条件，还开辟云南蒙自和广西龙州为边界贸易的商埠。② 相较之下，英国一向视长江流域为其势力范围，他们试图开辟一条从长江水道进入四川、南趋云贵的道路，力图呼应其在缅甸和印度的势力。在此形势下，重庆开埠与川江通航的意义，已不局限于仅仅是中国西部市场开拓的问题了。③ 这不仅关乎西方列强在华势力范围的争夺，更与英法两国在远东地区的地缘战略联系起来。④

1869年底，上海英商总会在给英国外交部的备忘录里强调："除非汉口以上的长江航线开放通航，对华贸易就不能扩张。"⑤ 1870—1871年，苏伊士运河的通航与海底电缆的铺设，引起中西贸易方式的巨大变化，为外商参与对华贸易提供了更为便利的交通，更激发起西方人打开中国西部市场的极大欲望。1872年，上海英商总会又上书英国议会，要求英国政府向清政府施压，以便长江上游航线对外国轮船开放，最终实现"中国最富足勤勉的一省几乎可以直接与欧洲交通"⑥。由此可见，当时英国商界开拓长江上游内陆市场的迫切心情，而重庆开埠就成为英国

---

① 李鹏：《近代外国人对长江上游航道的地图测绘》，《中国历史地理论丛》2017年第2辑。
② [美]马士：《中华帝国对外关系史（第2卷）》，张汇文等译，商务印书馆1963年版，第457—458页。
③ 聂宝璋：《川江航权是怎样丧失的?》，《历史研究》1962年第5期。
④ 李鹏：《近代外国人对长江上游航道的地图测绘》，《中国历史地理论丛》2017年第2辑。
⑤ 聂宝璋：《川江航权是怎样丧失的?》，《历史研究》1962年第5期。
⑥ [英]伯尔考维茨：《中国通与英国外交部》，江载华、陈衍译，商务印书馆1959年版，第133页。

第二章 现代性的引入：近代外国对长江上游航道的地图测绘

实现其"中国西部战略"的关键所在。①

有鉴于此，英国在宜昌开埠后更为积极地对川江航道进行探测，并进一步对重庆商务进行调查。② 当时英国首任驻渝商务观察员贝德禄（B. C. Baber）就向汉口领事提出有关川江险滩的报告，并乐观地认为这些困难算不了什么。随后，英国驻重庆领事史盘斯（W. D. Spence）亲乘帆船往来宜渝之间，专门考察长江上游的航运情况。他在报告中坚信长江上游每年足有9个月的时间可以毫无阻碍地通行小轮，其余3个月也可以利用通常的方法帮助轮船过滩。他甚至认为："中国人用他们笨拙的帆船都能到达的地方，而我们以我们的科学和能力，却不能用轮船尾随而至，这能令人信服吗？"③

19世纪80年代中叶以后，英国谋求重庆开埠和川江通航的计划已经从侦查险滩、调查市场、设计轮船结构、外交挑衅、宣传鼓动等前期准备活动发展到置备轮船上行川江的具体行动。当时英国政府认为实施轮船上驶重庆，强迫重庆开埠的时机已经成熟，现在需要的是采取实际行动。④ 于是，时任英国驻华公使怂恿英国商人把轮船径直开到重庆去，鼓吹"对待中国人，提抽象的问题毫无用处，只管把船造好，然后开来提出要求，保管没有问题"⑤。英国政府的鼓励政策刺激了英国商人的野心，他们欢呼"英国国旗随着中国西部的这个伟大的曼彻斯特城（重庆）的制造品而四处飘扬的日子，已经不远了"⑥。

最早试图川江行轮的是英国商人约翰·立德（Archibald John Little），因其积极从事试航川江和重庆开埠的活动，故被西方人誉为是"西部中国的英国开路先锋"⑦。为开辟长江上游轮运航线，1883年立德亲乘帆船

---

① 聂宝璋：《川江航权是怎样丧失的?》，《历史研究》1962年第5期。
② 李鹏：《近代外国人对长江上游航道的地图测绘》，《中国历史地理论丛》2017年第2辑。
③ 聂宝璋：《川江航权是怎样丧失的?》，《历史研究》1962年第5期。
④ 聂宝璋：《川江航权是怎样丧失的?》，《历史研究》1962年第5期。
⑤ 《北华捷报》（North-China Herald）1891年3月13日。
⑥ 《北华捷报》（North-China Herald）1886年6月25日。
⑦ [英]约翰·立德：《〈经过扬子江三峡游记〉第三版序言》，中国民主建国会重庆委员会、重庆市工商业联合会编：《重庆工商史料选辑（第1辑）》，1962年，第3页。

清代民国长江上游航道图志研究

上溯川江，对长江上游航道险滩、急流位置、水文情况进行考察。值得注意的是，立德当时使用的地图正是1861年布莱基斯顿测绘的《扬子江汉口至屏山段航道图》，他本人也对该图中的若干地点进行了重新测量，以验证其准确性。① 不过，由于缺乏准确而又可靠的航道图，立德在考察川江的过程中颇感不便，他坦言：

> 在我们的海军勘测员按照扬子江下游同样的比例尺画出准确的航线图以前，（川江）确切的里程是不得而知的。布莱基斯顿的航线图就其本身来说值得钦佩，它是在最不利的条件下制作的，是对急流研究的了不起的里程碑；但是其比例尺太小，无法显示出河流真正的迂回曲折和突然的拐弯。②

尽管立德本人并未绘制长江上游航道图，但其"对峡江水道，往来有年，滩险急流，勘察殆遍"③。通过详细调查，他断言："关于在扬子江上游通航轮船的问题常常引起异议，凡是仔细察看过上述旅途的人都相信这绝非易事。与此同时，我坚决认为，只要具备了必要条件，没有不可克服的困难。……只要船上有足够的力量保持舵效船速，在河心航行就没有什么困难。"④ 基于上述认识，1887年，立德在英国订造"固陵"轮，并运抵上海装订。1888年年底，"固陵"轮在上海装配完毕，于次年开驶到宜昌。⑤ 然而，立德的行轮计划遭到川江沿岸木船船工的强烈反对，中英之间围绕"固陵"轮展开交涉，中方最终以13万元赎买"固陵"轮及宜昌码头，并转售于招商局改航宜汉航线。⑥

尽管立德的川江行轮计划一度受挫，但对长江上游航道进行系统的

---

① 李鹏：《晚清民国川江航道图编绘的历史考察》，《学术研究》2015年第2期。
② ［英］阿奇博尔德·约翰·立德：《扁舟过三峡》，黄立思译，云南人民出版社2016年版，第131页。
③ 邓少琴：《近代川江航运简史》，重庆地方史资料组，1982年，第2页。
④ ［英］阿奇博尔德·约翰·立德：《扁舟过三峡》，黄立思译，云南人民出版社2016年版，第146—147页。
⑤ 聂宝璋：《川江航权是怎样丧失的？》，《历史研究》1962年第5期。
⑥ 隗瀛涛、周勇：《重庆开埠史稿》，重庆地方史资料组，1982年，第15—19页。

第二章 现代性的引入：近代外国对长江上游航道的地图测绘

测量，依旧是英国在华人士关心的问题。1893 年，时任英国驻重庆领事法磊斯（E. H. Fraser）在《1892 年重庆领事保告》中就说："只要对川江航道作一番勘测，吃水浅的全马力轮船就可以在宜昌和重庆之间航行，除了会和下行木船碰撞外，很少有风险。"① 1895 年，中日《马关条约》规定："从湖北省宜昌溯长江至四川省重庆府可以通轮，附搭行客，装运货物"②，重庆行轮通商一事最终为条约所承认。在这种情况下，川江行轮之议又忽焉涌起。③ 为保障行轮安全，测绘长江上游航道的舆论随之涌动。时任英国驻重庆领事谭德乐（J. Noel Tratman）在《1895 年重庆领事报告》中就呼吁：

> 重庆仍在等待着轮船的到来，并已从中日条约中看到了一线希望，该条约允许轮船进入本埠。许多问题都要依此条款来解决，而十分有益的事业因这种不稳定性而受阻。在轮船运输开始之前，必须对港口作一实际的勘测，至少对宜昌重庆段作一简单的探测。这项工作急需马上开始，不应再有任何的时间耽搁。要对长江水位在不同季节里的重大变化做一全面的记录，需要一年甚至更多的时间。现在就应着手做好充分的准备，以保证轮船做好上驶准备时不再受耽搁。④

然而，时隔一年之后，川江行轮依旧没有进展，相关准备工作亦未展开，谭德乐对此颇感失望。他认为这是因为没有进行及时且必要的航道测绘，才导致商业轮船不敢冒险入川。这位英国驻重庆领事在《1896 年重庆领事报告》中抱怨：

> 尽管根据条约规定，重庆对外开放轮船航运，但这条航线上既

---

① 《1892 年重庆领事报告》，周勇、刘景修编译：《近代重庆经济与社会发展（1876—1949）》，四川大学出版社 1987 年版，第 167 页。
② 王铁崖编：《中外旧约章汇编（第一册）》，生活·读书·新知三联书店 1957 年版，第 616 页。
③ 邓少琴：《近代川江航运简史》，重庆地方史资料组，1982 年，第 53 页。
④ 《1895 年重庆领事报告》，周勇、刘景修编译：《近代重庆经济与社会发展（1876—1949）》，四川大学出版社 1987 年版，第 223 页。

没有轮船开来，又无任何改进的迹象。可能这不是商业公司犹豫不绝，不敢用贵重船舶在一条未经勘测的河流上冒险的问题。很遗憾，这是一个年复一年根本就没有人做任何必要勘测尝试的问题。即使这件工作应该由中国政府来进行，但如果商人们对此事有兴趣，他们就应该联合起来加力促进。①

与此同时，英国商界也加紧搜集有关长江上游的航道信息与商业情报。1896年11月，英国人伯恩（Borne）就乘木船调查了川江木船运输费用，认为长江上游纤夫工价太高、客货运价太贵，必须尽快开办轮运。1897年前后，英国人烈顿（G. M. L. Litton）深入川北考察，向英国政府提供报告，极力强调长江上游行轮的必须性，并怂恿英国政府向中国提出开放成都的要求。②就在川江行轮之议其嚣甚上之时，立德为避免"固陵"轮的覆辙，于1896年上书英国驻华公使窦纳乐爵士（Sir Claude Macdonald），并获其嘉奖与鼓励。在获得英国官方的支持后，立德专门在上海订造"利川"小火轮，此轮自重仅为7吨，为双轮平底柚木小轮，全长55英尺，时速9海里（见图2-1）。③

1898年1月15日，立德亲任"利川"号船长，由上海起碇而上，沿途行3周之后方抵达宜昌，并致书宜昌地方政府，定期为当年2月15日溯江而上。经过20余日的艰苦航行，"利川"轮于当年3月9日成功抵达重庆，"是为宜昌上游行轮之嚆矢"④。然而，由于马力太小，"利川"号在上行途中，不得不借助人力的支持，这与能够实现长江上游商业轮运相差甚远。换言之，在川江某些急流险滩，"利川"号的表现和"一只普通的本地帆船没有什么两样"⑤。因此，对于论证长江上游是否适合商运轮船航行的问题，"利川"号依然没有答案。当年的《宜昌口

---

① 《1896年重庆领事报告》，周勇、刘景修编译：《近代重庆经济与社会发展（1876—1949）》，四川大学出版社1987年版，第239页。
② 聂宝璋：《川江航权是怎样丧失的?》，《历史研究》1962年第5期。
③ 聂宝璋：《川江航权是怎样丧失的?》，《历史研究》1962年第5期。
④ 邓少琴：《近代川江航运简史》，重庆地方史资料组，1982年，第53—54页。
⑤ 《1882—1901年宜昌海关十年报告》，李明义译编，李晓舟校订：《近代宜昌海关〈十年报告〉译编（1882—1931）》，团结出版社2020年版，第84页。

第二章 现代性的引入：近代外国对长江上游航道的地图测绘

图 2-1 "利川"号照片

资料来源：Cornell Plant, *Glimpses of The Yantze Gorges*, Kelly & Walsh, 1921, p.47.

华洋贸易情形论略》亦指出：

> 本年利川公司商人立德有小轮船一只，自申至宜，于正月十六日抵埠。即二十四日，空船前赴重庆，于二月十七日抵渝，途中幸未遇大险。缘川江向无轮船行驶，该轮事属创始，在事者莫不防患未然。且机器马力甚微，故于上滩之时仍藉人力，与民船无异。川江之能否行驶轮船，究不能以此为定，因该船马力太小故耳。①

尽管如此，立德驾驶"利川"号成功试航川江，还是极大鼓舞了英国对开辟长江上游内陆市场的信心。立德本人也公开宣称："感谢日

---

① 《光绪二十四年宜昌口华洋贸易情形论略》，《中国旧海关史料》编辑委员会编：《中国旧海关史料（28）》，京华出版社2001年版，第128页。

107

下了决心，打败中国，又感谢英国政府改变政策，委派了一位能干的公使窦纳乐，因此，一只开航先锋的轮船，才有可能上驶重庆。"① 1898年2月9日，英国政府照会总理衙门，提出长江流域应划为英国势力范围，不得割让他国。此种举动不仅使立德认为长江上游行轮为囊中之物，也深深激励了他的商业野心。

此后不久，立德再次回到英国，为彻底开辟长江上游轮运航线而准备。② 他在英国商界极力鼓吹："中国有个如何富藏的四川省，有几样丰的可供采取的原料，有如何众多的人口及土地，可供销售他们的过剩的出产"，在巨大的市场利益诱惑下，"英国的绅士们当然是被他说服了，于是他们都争相认股，就建造船只"③。在解决资本来源的问题之后，立德成立了一家专门经营川江行轮的公司——扬子江航运公司（Yangtze Trading Co. Ltd）。他以该公司的名义出款8万元，在英国丹那船厂（Denny Bros.）订造专为行驶川江航道的浅水明轮，并取名为"肇通"号。此轮全长180英尺，宽30英尺，深10英尺，马力1000匹，吨位331.8吨，可装货150吨（见图2-2）。④

为尽快取得英国政府的官方支持，1898年，立德向英国政府提交了《关于长江上游滩险的备忘录》，正式提出了测绘长江上游航道的具体方案，并对测绘经费的来源提出具体建议，甚至表示愿意租借"利川"号作为专门的测量船。在这份备忘录中，立德认为：

> 中国海关的泰勒君（Mr. Tylor）与向海关灯塔部门借用的其他两位工程师，去年（1897—1898）冬季都在此地工作，以炸药炸开急滩冲激的礁石"大门"，同时以大批苦力海挖设计的滩口。四川及湖北两省总督已为此事拨款3000英镑。滩险已因此大为改善，构

---

① 约翰·立德：《〈经过扬子江三峡游记〉第三版序言》，中国民主建国会重庆委员会、重庆市工商业联合会编：《重庆工商史料选辑（第1辑）》，1962年，第5页。
② 吴兴策：《英商立德乐与川江首次轮船通航》，中国人民政治协商会议四川省委员会文史资料和学习委员会编：《四川文史资料选辑》（第49辑），出版年份不详，第177—178页。
③ 静石：《川江航行之行源及其近况》，《航业月刊》1933年第2卷第11期。
④ 邓少琴：《近代川江航运简史》，重庆地方史资料组，1982年，第59页。

第二章　现代性的引入：近代外国对长江上游航道的地图测绘

H. M. S. "KINSHA" FORMERLY S. S. "PIONEER", EN ROUTE FOR CHUNG KING AND MOORED UNDER THE LEE OF A SHELTERING POINT FOR THE NIGHT, UPPER YANGTSE

图 2-2　"肇通"号照片

资料来源：Michael Gillam, "The Making of Cornell Plant The Pilot", *Journal of the Hong Kong Branch of the Royal Asiatic Society*, Vol. 43, 2003.

造坚固的木船在枯水时也能通过滩险了；但是要做的事情还多着。

……初步测量——这是一件轻而易举的事情，所需要的只是一只小轮船供渡江之用，加上一两只中国座船，供英国测量员及其随从水兵居住，这只小轮船可以把木船拖到要去的地方。

租用这些船只供冬季三个月（即从 1 月 1 日至 3 月 31 日止）的使用，估计费用如下：

轮船包租费，包括煤火、水手（欧人 1 人，华人 12 人）及保险费每月 125 英镑。

包租长江上游中国座船 2 只，每只长 100 尺，水手在内，每月 75 英镑。

必要时雇用苦力拉上急滩的工资及伙食，雇用当地引水员 25 英镑。

雇用有经验的木船驾长一人及其助手，每月 10 英镑。

109

每月共需235英镑，三月共需705英镑。

海军军官及水兵的开支不在其内，随同考察的商船船队代表的开支当然也是由派遣他们的轮船公司负担的。

轮船——我的这只双螺旋桨轮船利川号现在上游从事港务工作，我非常愿意把它出租供测量之用。该轮系平底船，船头船尾成勺形，轻载吃水2.9尺，满载吃水5.5尺，横宽10尺，船头设有一舒适的欧式餐间并备有绞滩的全部设备。①

分析上述史料，可知立德提出的这份长江上游航道测绘方案，其意图是在试探英国政府的态度。换言之，立德希望英国政府能介入此事，通过政界与商界的共同努力，尽快推动长江上游行轮航线的开辟，故其方案中测绘费用由英国政府和商界共同分担。同时立德还希望英国海军在测绘活动中扮演组织者的角色，而商界则提供经费支撑。实际上，英国政府和海军对长江上游航道测绘的积极性远不及此。特别是"自从1898年利川号试航成功以后那一年多的时间里，英帝国主义的这项侵略活动已经由商人冒险家的行径发展为伦敦政府公然直接动手的行动。这些行动充满着火药气味，并且不再限于宜昌重庆段，而更伸展到重庆上游去"②。

1898年12月，伦敦中国协会在致英国外交部的信件中，也专门提到："虽然英国在华利益绝不限于长江地区，而与该地区有关之事皆具有特殊利益，人们非常重视长江上游的航运问题。"③此后，英国驻华公使窦纳乐特意向英国政府建议，必须尽快对长江上游航道进行测绘，为彻底实现川江行轮打下基础。1898年12月6日《英国议会文件》的附件中就收录了《关于测量长江上游的备忘录》，主要内容如下：

承外交部厚意，曾以北京英国公使关于轮船航行长江上游以及

---

① 聂宝璋、朱荫贵编：《中国近代航运史资料（第二辑·上册）》，中国社会科学出版社2002年版，第280—281页。

② 聂宝璋：《川江航权是怎样丧失的？》，《历史研究》1962年第5期。

③ 聂宝璋、朱荫贵编：《中国近代航运史资料（第二辑·上册）》，中国社会科学出版社2002年版，第50页。

第二章　现代性的引入：近代外国对长江上游航道的地图测绘

四川省会成都对外贸易的公文一件通知中国协会。……

窦纳乐爵士正确地强调力图以轮船开往长江上游的重要性。他相信，别人可以用较大的船只仿照立德最近完成的事业，并可利用内河的开放，在三峡以上的河道上行驶轮船。因为，他认为，既然这些河流上便于行驶小轮船，那么大船当然可能驶至重庆以上150英里的叙州。

其次，他认为详细调查并解决长江三峡航运问题，为头等重要事项："因为，在四川和外部世界之间的交通未改善以前，该省仍将是一个对外商业的潜力甚大而实际上范围却很狭小的地区"。如果证明宜昌以上长江行驶轮船有利，必将带来巨大的商业利益。因此，他要求英国政府，可否负担一部分测量费用，他继续说，"我所建议的是，应当邀请中国协会或上海英国商会缴纳补助金，参加此项工作。……进行工作的最好方法，自然是由奉命主办此项工作的人决定，但是，雇用一名内河轮运专家显然是很重要的"。

外交部曾表示愿意接受中国协会对这一点必须提出的任何建议。

窦纳乐的建议当然得到本委员会的衷心感激，"四川与外部世界轮船交通"的前景已经由立德事业的成功而大大地接近了；详细考察阻碍轮运的急滩极其危险的时机显然已经到来了。……

承立德以备忘录一份通知本委员会，该备忘录给我们一种印象，即一只强大马力的轮船是可以克服急流的，而危险也不是无可补救的。

英国政府的同情态度使得立即实现窦纳乐的建议成为可能。（窦纳乐）建议以下列人员组成一远征队：1.富有测量经验的英国海军司令官一人；2.水利工程师一人；3.有经验的中国木船驾长一人或数人；4.长江上游领江（引水员）一人；5.有经验的长江轮船船长两人或两人以上。

毫无意外，英国政府会愿意派遣海军军官及工程师各一名前往工作。

与长江运输业务有关的三大公司无疑将愿意各派船长代表一人参加工作。

可按合理条件包租小火轮一只，在此小火轮协助之下，测量工作即可在木船上进行。

　　必须筹措一笔基金以备置工具,支给领江及木船驾长的工资,租赁必须的船只以及支应远征队的其他开支。

　　所需费用不大,因此不会对国库开支提出不合理的要求。拨给5000英镑大概即可足供计划中这样一种测量的全部费用而有余。往后,为改良此一水道,当然还需要详尽的测量及巨大的开支,这些滩险的每一个特点,必须详为记述;洪水的变化和特性以及各种障碍均须在枯水时加以发现。所建议的眼前的计划,规模不是很大的。在所建议的航线上作一初步测量,可能将最坏的滩险的特点记录下来,并可对急需采取这一类爆炸或其他措施的费用作出大约的估计。①

　　从以上方案来看,窦纳乐与立德提出的计划大致相同,均认为要实现川江行轮,必须尽快进行长江上游航道测绘。他们均认为英国政府应派海军人员实施测量,英国在华商界亦需派员协助。两人意见不同的是,窦纳乐认为此项测绘工作实质上仅为初步测量,因此测绘费用并不会对国会预算造成某种压力,故建议英国政府承担测绘的主要费用。最终,英国政府决定支持立德与窦纳乐测绘长江上游航道的建议,并承诺派遣海军人员前往川江从事测绘活动,且测绘费用全部由英国政府承担。1899年2月8日,英国外交部在致英国海军大臣的信函中指出:"促进英国在这方面的商业利益的最好方法,在于证明以适当的船只通过这段河道是可能的。"② 同日,英国外交部发表声明:"我们承认对现在尚未通航的长江上游进行测量将获得巨大利益,政府主张为此事派一(海军)官员,并承担测量费用,以便查明能否采取进一步措施,使通航成为可能。"③

---

　　① 聂宝璋、朱荫贵编:《中国近代航运史资料(第二辑·上册)》,中国社会科学出版社2002年版,第50—52页。
　　② 聂宝璋、朱荫贵编:《中国近代航运史资料(第二辑·上册)》,中国社会科学出版社2002年版,第53页。
　　③ 聂宝璋、朱荫贵编:《中国近代航运史资料(第二辑·上册)》,中国社会科学出版社2002年版,第53页。

第二章 现代性的引入：近代外国对长江上游航道的地图测绘

为从事长江上游航道测绘，英国海军特意派遣两艘内河浅水炮船，一名"丘鹬"（Woodcock），一名"云雀"（Woodlark），专门从事长江上游航道的测绘工作，并指派英国海军少校沃森（Watson）具体负责此项任务。英国政府派遣海军测绘长江上游航道的举措，受到英国在华人士的积极欢迎。当时侨居长江上游地区的119名英美侨民通过上海英商总商会，联名向时任英国首相提交关于《中国西部与扬子江下游在交通方面烦琐的留难情况》的备忘录，希望英国政府尽快推进川江行轮的计划，以保护外国侨民在中国西部的利益，这大大加快了英国海军测绘长江上游航道的进程。这份备忘录的主要内容如下：

> 过去认为宜昌以上的滩险，轮船是无法航行的，但今年英国人立德驾驶轮船上溯滩险开到重庆已获得成功。他的经验证明轮船在长江上游是可以航行的，同时也证明宜昌以上河道还必要做详细的测量，轮船航行才能正常，才能获利。因此，我们特提请阁下考虑这一建议，为了外国侨民及中国西部对外贸易的利益，尽早地由海军专家来此进行测量。①

1899年3月9日，上海英商总商会副主席杜进（Dudgeon）在致英国政府的信函中亦写道："本会收到重庆外侨通过伦敦中国协会致阁下的备忘录的抄件，请求由海军专家采取步骤，测量扬子江上游的水道，以便促进重庆口岸正规的轮船交通。为了贸易的利益和四川省外侨生命财产更大的保障，相信大大改善重庆的航运，从而对商人巨大发展的贸易提供便利，并没有不可克服的困难，因此，本会衷心支持这一请求。"②

自1899年4月起，"丘鹬"号与"云雀"号两次上溯归州，"一路勘视长江水道，凡沙洲浅滩潮信涨缩，无不详细绘图，实为勘视长江以

---

① 聂宝璋、朱荫贵编：《中国近代航运史资料（第二辑·上册）》，中国社会科学出版社2002年版，第284页。

② 聂宝璋、朱荫贵编：《中国近代航运史资料（第二辑·上册）》，中国社会科学出版社2002年版，第53页。

来未有如此精审者也。惟水道深浅尚未尽行测量"①。1900年4月5日，两舰一起从宜昌探航而上，以探测长江上游水道。然至牛口滩时因漩流甚大，"云雀"舰尾误落旋流之中，遂将车叶绞毁，只得停泊修理再行（见图2-3）。同年5月7日，两舰抵达重庆，成为外国军舰侵航川江之嚆矢。② 当时报纸报道："重庆五月七日来信云，英兵舰武克及武雷两艘炮艇，于本日晨十点半钟行抵重庆，该两舰由宜昌起碇而来，在途行有一月之久。按宜昌至此只有五百英里，鼓轮行走共须七十六点半钟。其所以延搁之故，则因在途丈量河道及绘画地图所致。"③

图2-3　"云雀"号照片

资料来源：Cornell Plant, *Glimpses of The Yantze Gorges*, Kelly & Walsh, 1921, p.23.

就在英国海军"丘鹬"与"云雀"两舰上溯长江上游的时候，重庆

---

① 《中外日报》光绪二十五年三月十三日，1899年4月22日。
② 邓少琴：《近代川江航运简史》，重庆地方史资料组，1982年，第58页。
③ 《中外日报》光绪二十六年四月二十二日，1900年5月20日。

第二章 现代性的引入:近代外国对长江上游航道的地图测绘

爆发了声势浩大的"余栋臣起义",这场民众运动以"仇教"为口号,当时在渝的英美等国侨商顿呈"惶恐不安之象",① 纷纷要求本国政府提供武装保护,并呼吁在适当的时候予以"撤侨"。在这种情况下,"丘鹬"与"云雀"两舰尚未完成测绘任务,便匆忙被派往重庆参加撤侨工作。② 从某种程度上讲,由于1900年前后长江上游地区的严峻局势,无论是英国海军的长江上游航道测绘,还是立德等人提出的川江行轮计划,都没有达到预期的目标。特别是英国海军"丘鹬"与"云雀"两舰长江上游航道的测绘,仅仅绘制了部分航道草图,远不能满足长江上游行轮的需求。

此外,"肇通"轮在上行川江的过程中,虽然总体上航程顺利,但途中还是需两次人工绞滩,因此长江上游航道险滩仍是亟待跨越的障碍。至1900年冬季,崆岭滩又发生了德国"瑞生"轮的沉没事件,更使得外商认为"川江的轮船行驶是不可能的一件事情,于是预备造船行驶川河的人,也都因瑞生轮遭了难而中止了"③。川江航业界亦担心"在扬子江最困难的一段(即宜昌与万县之间)轮船营运的利润是断然否定的……现时统计所能列示的和轮船可能运载的贸易总值和商品性质,都不能对投机者提供特殊引诱,把资金投入这种冒险事业"④。

在这种情况下,英商立德也不免踌躇起来,最终放弃了开辟长江上游行轮航线的计划,转而从事矿业开发去了。⑤ 至1905年,英国海军又派出"威进"(Widgeon)号兵船前往长江上游考察,但成效不大。事实证明,"如此匆促的一次航行,虽然无法考查扬子江各方面的潜能,但该舰所克服的种种困难,足以证实为一般所公认的想法,即如果以不很高的代价进行(航道)工程,则宜昌以上以贸易为目的之轮船航运,前

---

① 邓少琴:《近代川江航运简史》,重庆地方史资料组,1982年,第60页。
② 聂宝璋:《川江航权是怎样丧失的?》,《历史研究》1962年第5期。
③ 静石:《川江航行之行源及其近况》,《航业月刊》1933年第2卷第11期。
④ 《1892—1901年重庆海关十年报告》,周勇、刘景修编译:《近代重庆经济与社会发展(1876—1949)》,四川大学出版社1987年版,第101页。
⑤ 聂宝璋:《川江航权是怎样丧失的?》,《历史研究》1962年第5期。

景殊为黯淡。一条定期班船全年所需的机器动力，对于吃水必需很浅的轮船的载货容量很有妨碍"①。从此以后，英国对于长江上游航道的测绘活动逐渐陷入停滞状态。

总体而言，近代英国对长江上游的航道测绘与航图制作，有如下特点：

第一，19世纪后半期英国对长江上游的航道测绘与航图制作，大致可分为前、后两期。前期主要是英国民间探险队和海军对长江上游的初步考察；后期则是在立德等人的促成下，英国海军与商界联合对长江上游航道的系统测绘。从绘制背景来看，英国商界扩展中国西部市场的强烈意图，与英国政府试图将缅甸、印度与中国长江流域联系成弧形势力范围的战略企图，共同促成了英国积极开辟长江上游轮运航线的实践活动，而这一切的基础在于搜集长江上游航道的地理情报。在此过程中英国政界、军方、商界等不同身份的人员，在19世纪后半期的长江上游航道测绘中扮演了不同的角色，但其根本目的都是服务于英国的国家利益，这点是毋庸置疑的。

第二，近代西方测绘与地图制作技术在长江上游航道图上的应用，从某种程度上讲是一次"现代性"事件。由于西方近代地图学的特征就是趋向数字化、标准化与定量化，这种"现代性"表现为以科学测绘为技术基础、以经纬度为空间控制标准、以地图投影及晕渲法为绘制技术的科学测绘机制，其本质是对地理空间的数字表达。英国是最早对长江上游进行科学测绘的西方国家，尽管受诸多条件的限制，其所绘制的长江上游航道图在准确性上多有欠缺。不管是1861年布莱基斯顿等人测绘的《扬子江汉口至屏山段航道图》，还是1869年英国海军对川江宜夔段的航道勘测与航图出版，都远远达不到服务长江上游行轮的目的。1900年英国海军"丘鹬"与"云雀"两舰曾试图系统测绘长江上游航道，但没有完成最终的任务。

第三，近代英国采用现代测绘技术绘制的长江上游航道图，受技术

---

① 《北华捷报》（North-China Herald）1907年10月25日，参见聂宝璋、朱荫贵编《中国近代航运史资料（第二辑·上册）》，中国社会科学出版社2002年版，第55页。

第二章　现代性的引入：近代外国对长江上游航道的地图测绘

手段、测绘环境及历史事件的影响，其对开辟长江上游行轮航线的作用十分有限。然而，英国虽未实现对长江上游航道的系统测绘，但却出版了最早的长江上游航道测绘地图，其刊刻时间甚至早于《峡江救生船志》与《峡江图考》。换言之，近代英国对长江上游的航道测绘与航图出版，尽管多数属于试探性质，但却是长江上游航运"现代性"的起点，也是近代川江行轮最早的地图支撑。

第二节　近代法国测绘长江上游航道的历史轨迹

一　近代法国人对中国西南地区的地理情报搜集

19世纪后半期，法国人逐步认识到长江上游地区在地缘政治上的重要性，特别是重庆作为中国西南门户在军事和经济上所具有的独特优势。[①]与此同时，自英国在19世纪50年代彻底占领缅甸，19世纪60年代初法国占领越南南部后，英法两国都试图从中南半岛深入中国西南地区，并由此展开了激烈争夺。[②]为对抗英国在中国西南地区以及中南半岛的势力扩张，法国对长江上游地区的战略意图主要基于以下两方面的考虑：一是通过打开进入中国西南边疆省份的通道来巩固其在东南亚的势力；二是阻止英国人将长江流域、缅甸和印度三地相连形成一个弧形的强大势力范围的企图。[③]

为寻找打开长江流域的突破口，搜集中国西南地区的地理情报，法国逐渐展开对滇黔川渝的地理调查。早在1866年，法国驻越南总督就组织了一个湄公河探路队，由法国海军少校杜达尔·德拉格雷（Doudart de Lagrée）任总办，安邺（F. M. J. Garnier）任帮办，一行共8人，于当年6月从湄公河溯流而上，至第二年4月进入云南，后经云南进入四川叙

[①] ［法］杜满希：《法国与四川：百年回眸》，成都时代出版社2007年版，第16页。
[②] 隗瀛涛主编：《四川近代史稿》，四川人民出版社1990年版，第95页。
[③] ［法］杜满希：《法国与四川：百年回眸》，成都时代出版社2007年版，"前言"第1页。

州、泸州、重庆后，由长江水路经上海返回越南。① 此次考察的目的，是要通过探访湄公河的源头，最终寻找连接法属印度支那与中国西南的水运交通路线，进而促进中法之间的商务往来。即"先溯干流，必及其源，次究沿途各方门户"②。其在考察章程中有云："向传湄江与扬子江并行，发源于西藏东北境……此次必须究明。探测之意，重在联络各方人情……实为开化地方，教以富强之术。"③ 但从考察结果看，法国人发现湄公河不适于航行，滇越交通孔道实为红江（富良江），因此将注意力逐渐移到北圻。④

这是目前所见法国人首次从中南半岛进入长江流域的地理考察活动，也是法国殖民者试图在中国西南地区进行势力扩张的体现。此次法国人对华地理考察记录，经安邺整理后于1873年在巴黎出版，其原书名《印度支那1866、1867和1869年的勘探旅行》，后由丁日昌命人译成中文，由泰华楼主人（李文田）钞校付排，书名改为《柬埔寨以北探路记》。⑤此书共15卷，大部分是关于中国西南地区山川、气候、土壤、矿产等地理记录。如书中卷10题为"自帅冈游探至叙州府测验日记表"，卷11题为"自帅冈至叙州一带搜矿纪要"，卷12题有"中国矿说""云南矿说""四川矿说"等。其法文原版还翻译了《滇南矿产图说》《天工开物》的部分章节。在此书中，法国人意识到要打通从法属印度支那至长江上游的通道，就必须放弃红河或湄公河的水运商道价值，而直接采用修建滇越铁路的方式控制中国西南地区。⑥ 为此，法国人宣称："吾滇越铁路直抵云南府时……彼时吾法人更可进步，并谋滇川铁路而自我修之。西南

---

① 杨梅：《近代西方人在云南的探查活动》，云南大学出版社2019年版，第46—51页；东南亚历史词典编辑委员会编：《东南亚历史词典》，上海辞书出版社1995年版，第456页。

② [法]晃西士力呢（安邺）：《柬埔寨以北探路记》，华文书局1986年影印版，第41—42页。

③ 邵循正：《中法越南关系始末》，河北教育出版社2000年版，第33页。

④ 郭廷以：《近代中国史纲》（第3版），格致出版社、上海人民出版社2012年版，第162页。

⑤ 李小缘编，云南省社会科学院文献研究室校补：《云南书目》，云南人民出版社1988年版，第381—382页。

⑥ 申旭：《〈柬埔寨以北探路记〉评介》，《中国西南对外关系史研究——以西南丝绸之路为中心》，云南美术出版社1994年版，第305—312页。

第二章 现代性的引入：近代外国对长江上游航道的地图测绘

方面有吾法人虎踞龙蟠之势，无他人插足之地也。"①

中法战争以后，法国政府深感有必要进一步考察长江上游的内陆市场，愈加主动谋求在中国西南地区扩张其商业利益，同时还与英国在长江流域的"势力范围"展开激烈争夺。1895年6月，中法签订《中法界约》，进一步确认法国在中国西南地区享有通商、开矿及筑路等广泛的利益。②当时法国报纸评价说："这种政策就是企图要把法国的三色旗自湄公河流域而上带入云南和四川，并且最后在英属缅甸和英国国家在华势力的堡垒扬子江流域之间打入一个法国的楔子。"③换言之，法国在中国西南地区的政策就是要以云南为跳板，进而窥伺四川为中心的长江上游地区。当时日本人一针见血地评价道："法人经营南方之志，……其真意不在于滇，实欲染指于西蜀也……法人经营中国之策，殆欲他日接长滇越铁路，以达成都。然后窥时审变以出扬子江。"④

在这种情况下，搜集更多关于长江上游地区的地理情报，获取最大化的商业利益，就成为法国政府对华政策首要关注的焦点。1895年，受法国政府的委托，法国里昂商会邀请巴黎、鲁昂等12个本国重要城市的商会，各自派出特别代表参加，组成一支由外交官、商人、专家、工程师等共12名正式成员的"里昂商会中国商务考察团"，于当年9月15日从马赛乘船开赴远东。作为一项"国家企业"考察活动，这个规模空前的法国"里昂商会中国商务考察团"似乎只是由民间商业组织而成的商务考察活动，然而实质上却受到法国政府特别是法国外交部的大力支持，是一个隐藏着民间商务考察名义的半官方情报调查组织，其背后无疑有着明确的政治考量和利益诉求。

从"里昂商会中国商务考察团"制订的考察目标来看，其中第1项就规定，此次商务考察活动是为了法国在华的利益，考察团在中国西南

---

① 佚名：《论法人开属地博览会事》，中国科学院历史所第三所编：《云南杂志选辑》，科学出版社1958年版，第414页。
② 隗瀛涛主编：《四川近代史稿》，四川人民出版社1990年版，第104页。
③ ［英］菲利浦·约瑟夫：《列强对华外交》，胡滨译，商务印书馆1959年版，第135页。
④ 《论滇越铁路（译日本十二月分外交时报）》，外交报馆编：《外交报汇编（第3册）》，商务印书馆1914年版，第470页。

地区的商务调查，仅限于法国公共利益和法属殖民地的扩张，不允许考察队成员自己及其雇主从事任何商业活动。考察团第 2 个目的，就是搜集长江上游地区四川、云南等省的经济与商业信息，即通过考察法属印度支那与中国西南地区建立商务联系的便利条件、出入通道以及交流因素等，以便将两者在商贸领域"焊接"在一起。第 3 个目的，是为考察香港与上海这两大商品销售中心的作用。第 4 个目的在于调查中国的交通运输及生产销售等问题。① 法国"里昂商会中国商务考察团"到达远东后，从法属印度支那出发，沿红河河谷进入云南，随后进入长江上游地区，进行了长达两年的全面经济调查。

考察结束后，考察团于 1897 年底向法国政府提交了近 1000 页的考察报告，全称为《里昂商会中国考察团商务报告》，于 1898 年在法国里昂出版。从考察经费的筹措、考察方案的制定以及考察活动的实施来看，"里昂商会中国商务考察团"搜集到关于长江上游地区的各类信息与重要情报，上至天文地理，下至民风民俗，更不必说重要的商业或经济信息，其内容之多、范围之广、搜寻之细，均堪称空前之作。② 正如该考察团团长布勒里（Brenier）所言，通过此次考察"我们（指法国人）将在扬子江上游的重庆建立根据地。……同时，我们仅从我们此行将看出：假如能有某些宽大的让与权，我们究竟能够希望把四川直接附入我们的政治或贸易势力范围到何种程度"③。

通过上述两次法国对中国西南地区特别是长江上游的考察活动，可以发现：1866 年湄公河探路队主要是为寻找法属印度支那与中国西南地区的交通方式，并最终提出舍水道而修铁路的建议。30 年后，"里昂商会中国考察团"的考察目的，则是调查中国西南地区（特别是长江上

---

① 耿昇：《法国里昂商会中国考察团于 1895—1897 年对云南的考察》，《北方民族大学学报》（哲学社会科学版）2009 年第 1 期；《法国里昂商会中国考察团对四川和贵州养蚕业和丝绸业的考察（1895—1897 年）》，《北方民族大学学报》（哲学社会科学版）2012 年第 3 期。

② 徐枫：《〈西南一隅〉译者的话》，参见法国里昂商会编著，[法] 里沃执笔，徐枫、张伟译注《晚清余晖下的西南一隅——法国里昂商会中国西南考察纪实（1895—1897）》，云南美术出版社 2008 年版，第 6—7 页。

③ [英] 菲利浦·约瑟夫：《列强对华外交》，胡滨译，商务印书馆 1959 年版，第 219 页。

第二章　现代性的引入：近代外国对长江上游航道的地图测绘

游）在法国远东总体利益与地缘扩张中的实际价值。① 不过，在考察路线的选择上，法国人两次进入长江上游的考察路径，都是从法属印度支那经湄公河、红河上溯至中国西南地区。

对比同一时期英国在长江上游航道的考察与行轮计划，法国试图扩张其在中国西南地区殖民利益的切入点，并不是在长江上游航运上投入太大精力，而是积极从事铁路建设，这种情况一直维持到 19 世纪末。法国人认为尽管川江航道是长江上游地区对外的主要交通路线，然而其全年只有几个月的通航期，不但运输成本高昂，而且还要承担蒙受损失的巨大风险。因此，与英国人积极开辟长江上游轮运航线的计划不同，法国人则积极准备修筑滇越铁路，以打通中国西南地区的陆上交通干线。对此，1903 年外务部就向清廷奏称：

> 川省物产丰盈，必达之汉口，销路始畅。惟其间山峡崎岖，滩流冲突，水陆转运，皆有节节阻滞之虞。非修铁路以利转输，恐商务难期畅旺。现在重庆业已通商，万县亦将开埠。外人经营商务，每以川江运道不便为由，必将设法开通，舍船舶而就火车之利。②

应该看到，尽管 19 世纪后半期法国在中国西南地区的铁路交通计划颇引人注意，但从实际状况看，在上述地区着手大规模铁路建设的时机尚不成熟。无论是地理条件还是技术支撑，法国人关于直通缅甸和重庆的铁路建设方案，都存在无法克服的困难，故其政治意义远大于商业利益。因此，对于法国人来讲，是积极从事长江上游行轮计划，还是修建沟通缅甸和重庆的铁路，确实是一个值得商榷的战略问题。正如时任英国驻重庆领事烈敦（Litton）所评价：

---

① 徐枫：《〈西南一隅〉译者的话》，参见法国里昂商会编著，[法]里沃执笔，徐枫、张伟译注《晚清余晖下的西南一隅——法国里昂商会中国西南考察纪实（1895—1897）》，云南美术出版社 2008 年版，第 6 页。

② 陈毅编：《轨政纪要》卷 3《章程第一下》，沈云龙主编：《近代中国史料丛刊》（第 54 辑），台北：文海出版社 1966—1973 年影印版，第 170 页。

从纯粹商业的角度上看，在中国西部着手搞大规模铁路计划的时机尚不成熟。无疑，把金沙江两岸的财富运过横断山，再穿过仰光的金殿运到印度洋，这个前景易于激起公司发起人的想象力，甚至能吸引更多的空想投资者。（但是）直通缅甸和重庆的铁路，在地理上看极为困难，从商业上看毫无价值。……从重庆到仰光的铁路运费是否会比由木船从重庆运到宜昌，再从宜昌用轮船运到上海和缅甸的费用低，则很难肯定。应该记住，正是上海和汉口的中国资金使得中国西部的贸易得以维持，长江是这种贸易古老而天然的渠道，这方面的资金不会流到仰光或越南边境的某些荒芜地区，即使能带来额外的利润，资金也不会流到那里。……第一件应该做的事是做一些尝试，通过开发长江这个天然通道来开发中国西部的自然资源。如果实验证明长江上的障碍不能去除，没有希望出现足够的轮船服务，这才是讨论汉口到重庆铁路计划的时候。①

二 1898年蔡尚质川江考察与《上江图》的编绘

如上所述，是建设直通缅甸和重庆的铁路，还是像英国一样积极从事长江上游行轮事业？对于19世纪末的法国来说，无疑是其远东战略调整的重要选择。当时首航长江上游的法国海军少校武尔士（Hourst，又译虎尔斯特）就扬言："法国必须在长江上游布置有效兵力，以使我们的外交人员说话能有底气。只需查看大清帝国这一区域的地图，就能得出这一结论。因为长江上游激流险滩众多，致使这条亚洲河流之王无法通航，或者至少在宜昌以上难以航行。"② 换言之，19世纪末，面对英国在长江流域势力的日益扩张，法国人也开始觊觎长江上游航运的战略价值。

正是在这样的历史背景下，为掌握长江上游航道情况，并为日后法国开辟川江行轮航线作准备，法国来华天主教传教士蔡尚质（R. P. S. Chevalier）于1897年11月至1898年3月雇乘木船，对长江上游宜昌

---

① 《1898年重庆领事报告》，周勇、刘景修编译：《近代重庆经济与社会发展（1876—1949）》，四川大学出版社1987年版，第281—282页。

② ［法］武尔士：《长江激流行——法国炮舰首航长江上游》，曹娅、赵文希译，重庆出版社2019年版，第3页。

第二章 现代性的引入：近代外国对长江上游航道的地图测绘

至屏山段航道进行了较为系统的测绘，并绘制比例尺为 1∶25000 的长江上游航道图共计 64 幅，于 1899 年汇编为《上江图》（L'Atlas du haut yang-tse），由上海徐家汇土山湾印书馆石印出版，这是目前所见最早由西方人测绘而成、较为完整的长江上游航道图志。

1958 年，邓衍林《中国边疆图籍录》一书就曾著录此图，并将其归入"海防资料（附江防）"，其中记载："《上江图》（湖北宜昌至四川屏山县）（法国）瑟发雷制，墨印本，一册（六十四幅可拼合），比例 1∶25000，板框 40.5×51.2 厘米。"① 上述所言作者"瑟发雷"即为蔡尚质，因译名不同，又译作薛华立、谢瓦利埃等。由于《上江图》具有较高的军事与地理情报价值，蔡尚质因此获得法国科学院、法国地理学会、法国殖民部和海军部的多次褒奖，并被授予"巴黎地理学奖和科学学术奖"。②

蔡尚质何许人也？现有资料表明：蔡尚质是法国天主教耶稣会司铎，1883 年来到上海，1899 年筹办佘山天文台，建成后任该台台长。他曾为该台安装 40 厘米双筒赤道仪，为当时亚洲最大的天文望远镜，由此开展太阳黑子、日珥、光斑等观测和照片拍摄。1910 年，哈雷彗星回归时进行了跟踪定位观测，并拍得彗核爆发的珍贵照片。1918 年，他又对天鹰座新星进行分光观测。1925 年第一次国际经度联测时，他负责的上海基点，被列为世界经度三大基点之一。蔡尚质还著有《赤道带照相星表》，曾获法国科学院奖金。③ 时人赞誉："佘台创建，参与者因多硕学之士，特以蔡氏留台最久，且致力极勤，故论者恒归功焉。"④ 在地图学方面，除绘制《上江图》外，蔡尚质还依据康乾年间实测地图，摹绘成一幅《皇朝直省舆地全图》。此图比例尺 1∶2200000，162×124 厘米，1887 年由上海徐家汇天主堂石印出版，是近代西方地图绘制技术传入中国的

---

① 邓衍林编：《中国边疆图籍录》，商务印书馆 1958 年版，第 328 页。
② 王钱国忠：《风云岁月：传教士与徐家汇天文台》，上海科学普及出版社 2012 年版，第 139 页；张伟、张晓依：《遥望土山湾：追寻逝去的文脉》，同济大学出版社 2012 年版，第 35 页。
③ 大连外国语学院编：《外国科技人物词典（天文学、地理学卷）》，江西科学技术出版社 1990 年版，第 467 页。
④ 高均：《佘山天文台前台长蔡尚质逝世》，《宇宙》1931 年第 1 卷第 1 期。

具体例证。① 可以说，蔡尚质不仅是中国近代天文学发展的奠基性人物，也是晚清西方来华传教士中杰出的地图学家之一。

为纪念其学术功绩，上海法租界于1902年将当时建成的一条新路改名为"薛华立路"（Route Stanislas Chevalier）。对此，1892—1901年的《上海海关十年报告》就评价："在过去的十年里，在佘山建立了一所新的天文台，由著名的长江上游地图绘制者蔡尚质担任台长，由于他在天文学和地理学上所作的有价值的贡献，法国科学院不久前向他授了奖。"② 应该看到，蔡尚质的地图学思想与制图理念，植根于西方启蒙运动以来注重科学和理性的学术土壤，特别是以经纬度测量和地图投影为基础的近代测绘学。在《皇朝直省地舆全图》中，蔡尚质就对中国传统地图的缺陷进行了尖锐批评：

> 萧何得秦之图籍，汉人乃有扩地、舆地诸杂图。然不设分率又不考正准望，或称外荒迂诞之言不合事实，观是则古时亦有地图，而不能度势审形，历历不爽也。后世制图者代不乏人，而经纬不明，未免失毫谬里，然则欲知大地精微，非通天文推算三隅量等学不可。③

蔡尚质这种追求精确化、标准化、科学化的地图绘制观念，在《上江图》中亦不乏体现。在《上江图》英文序言中，蔡尚质详细说明了他此次考察长江上游航道的详细过程，并对测绘机制与绘图过程做出解释。主要内容如下：

> 我们所绘制的长江上游航道图的基础，主要是基于在航行过程

---

① 李孝聪：《美国国会图书馆藏中文古地图叙录》，文物出版社2004年版，第31页。
② 徐雪筠等译编：《上海近代社会经济发展概况：1892—1931〈海关十年报告〉译编》，上海社会科学院出版社1985年版，第115页。
③ ［法］蔡尚质：《〈皇朝直省地舆全图〉》。此图系石印本，有缩尺，1887年初版后，又分别于1893年、1904年重版，后者内容基本相同，唯1904年版篇幅较大，并增加若干法文地名注记。参见北京图书馆善本特藏部舆图组编《舆图要录：北京图书馆藏6827种中外文古旧地图目录》，北京图书馆出版社1997年版，第44—45页。

第二章　现代性的引入：近代外国对长江上游航道的地图测绘

中一系列天文测绘的经纬度数据。这些经纬度数据观测地点的目录，可以在本书前言之后找到，连带还有相关观测数据的计算细节，以补充文本记录。

为说明我们的航道调查是如何连续的，相关的测绘工作已经进行过两次。其中，第一次测绘是在上水船的过程中，是以较低但却多变的航船速度，同时几乎总是贴近河岸进行的；第二次是在下水船的过程中，行船尽量保持在河流中水线，并以较快但却实际上是恒定的速度进行测绘。所记录的数据不可避免地受到观测过程中多重情况的影响，不论是某些险滩急流的推力，还是我们所雇佣的船夫的臂力，都容易使观测数据产生变异。当然，这些偶然性和意外的速度变化是容易推算和纠正的。

在上水船的过程中，我们已经绘制诸多大比例尺的航道草图，图中标明了河道的罗盘观测数据及河岸的具体情况。事实上，这些草图我们已经出版发行了。在下水船的时候，我们还将继续此前上水船的初步工作，并随时配备一块表和一个罗盘。我们需要执行以下三种操作：1. 要完成和修正此前河道草图中所标示的河床、河岸、山丘、岩石、沙滩等内容。2. 每隔4—5分钟，我们就会确定和记录所乘木船的位置，并以河道两岸此山或彼山、此处或彼处的突出岩石或某处石滩作为参照。3. 每隔4—5或者6分钟，我们就会频繁地确定面前这条河流的流向。

当我在船舱底部从事上述工作时，我的助手和仆人就会用铅锤测量并记录河流水深，这项工作几乎和我的工作是同时进行。并且每天我的手表都要和他们的进行校正。……在所经过的河流中线上，我们驾驶的木船每2分钟就固定一下位置。这使得我们只能在行进中，一旦看到河岸、山脉、岩石、沙滩，就要草绘成图。而至于其在地图上的确切位置，只能依据木船经过时的钟点数来确定。

对于上述内容，我还有两点要补充：1. 从老归州到宜昌这段航程中，由于部分控制站点的测绘在某些时候不能完全确定纬度数据，或是诸如新滩、崆岭滩和 *Tai-ping-kee*（此滩地名不详）等远离宜昌的地方，相比于天文测量所确定的纬度数据，图中上述地方在纬度差上可能会超过一分。在宜昌峡由南向北的南沱—石牌附近航段，我曾有意识地降低行船的速度，伴随行船速度而计算的航段长度可能因此而超长计算。2. 从叙州（宜宾）至屏山县，这段航道对我而言，采用任何天文观测几乎是不可能的，因此，本图集中最后 4 幅图的航程数据完全是基于罗盘勘测的。而且我知道，下水船在此段航程的速度明显快于叙州以下航段，后者纬度数据测算为每 120 米为纬度一分，我由此推算前者纬度数据为每 130 米为纬度一分，由此可以大致相同。①

自明末清初西方传教士传入新式测绘方法，将经纬度的测量应用于地图绘制，其技术要点就是由经纬度数据来确定地图上的点位与方位，再通过大地球面投影确定地图绘制的空间坐标系统，代替传统中国地图绘制中视大地为平面的观念。换言之，这一时期"中国地图学吸收了欧洲传入的测绘技术，发展成为一门欧洲人所说的科学。这样新的中国地图科学所涉及的一种观念，就是地球是球形的和应用决定地表上地点位置的坐标体系——这需要使用数学方法，将地球的球面投影到平面的地图上"②。因此，经纬度观测点数目越多，地图绘制的精度也就越高。具体而言，蔡尚质测绘《上江图》的特征如下：

其一，在测绘技术手段的应用上，蔡尚质在测绘《上江图》的过程中，主要采用天文观测法，在此基础上确定经纬度数据；同时，在无法进行天文观测的地方，蔡尚质则会采用罗盘观测的方式，进而推算某地的经纬度数据。在《上江图》序言之后，附有此次长江上游经纬度测量的全部数据，可以发现《上江图》的测量数据从宜昌起，至屏山而止，图中经纬度控制点多达 51 处，相比于英国人布莱基斯顿与英国海军测绘长江上游航道时所进行的经纬度测量点，其分布范围无疑更为广泛，测绘数据也更为精确。

---

① Stanislas Chevalier, *L'Atlas du Haut Yangtse*, shang hai: Tóu-Sè-Wè Press, 1899 – 1900, Preface, p. 1.

② ［美］余定国：《中国地图学史》，姜道章译，北京大学出版社 2006 年版，第 199 页。

第二章　现代性的引入：近代外国对长江上游航道的地图测绘

其二，在绘图程序与测绘流程上，蔡尚质测绘《上江图》可分为两个步骤：首先是在上水船的过程中，绘制河道草图；其次是在下水船时对上述河道草图进行修正。同时，还不时修正木船航行位置和河流流向和测定河流水深。当然，由此测绘过程中受不同因素的影响，其测绘数据不可避免地与实际情况产生偏差，蔡尚质显然注意到上述情形，因此，在测绘过程采用上水船绘制草图、下水船加以校正的绘图程序，来减少其数据误差。这种分"两步走"的严谨制图程序与科学化的数据校正模式，在近代西方人长江上游航道测绘中尚属首次。

由于测绘技术手段应用的差异性，以及某些地方无法采用精确的天文测量，图中部分经纬度数据只能依靠推测而得。特别是在宜宾至屏山段的航道测绘中，由于无法使用天文测量，蔡尚质只好采用罗盘测绘，因此《上江图》中后4幅图，在纬度测定数据上与其他图幅出现了某种程度上的偏差，作者对此也有很好的说明。尽管《上江图》的精确性受到显著影响，但蔡尚质科学的工作方式，无疑为此后编绘更为科学的长江上游航道图志打下基础。

其三，在图幅安排上，蔡尚质在《上江图》分幅图前特意加绘了一幅长江上游航道总图，题名为"上江自宜昌府至屏山县"。此图的比例尺为1∶500000，图名下方有英文注记一则，题为：

A map showing the connection of the sheets, *The red lines*, *across the river*, *mark the divisions between them*, *and the figures in red give their number.* ①

这幅长江上游航道总图最显著的特点，就是在红色航线上注明分幅地图的数字编码及其起讫地点，而图中红色数字编码就是《上江图》分幅地图的索引，起讫地点的标示则有利于读者清晰了解分幅地图在总图上的位置。这种以总图标示分幅地图数字编码的方式，无疑从宏观的角度与整体的视野，清晰表达了《上江图》的内容载量与图幅安排。

---

① Stanislas Chevalier, *L'Atlas du Haut Yangtse*, shang hai: Tóu-Sè-Wè Press, 1899 – 1900, Preface, p. 3.

其四，在内容标识上，《上江图》的总图后为 64 幅分图，各分图均以 1:25000 比例尺绘制成图，对长江上游宜昌至屏山县各航段之航道水深、险滩碛坝、砂石泥丸、峭壁岩崖、城乡聚落、寺庙高塔等均详细标示，具有较高的准确性。①

各分图具体名目如下：

1. 宜昌府至平善坝，2. 平善坝至无义滩，3. 无义滩至马屁股，4. 马屁股至黑岩子，5. 空舱滩至米仓峡，6. 米仓峡至流来观，7. 流来观至牛口沱，8. 牛口沱至东瀼口，9. 万户沱至火焰石，10. 杨家棚至杉木瀼，11. 青石洞至巫山县，12. 巫山县至独树子，13. 交滩至夔州府峡，14. 黛溪至夔州府，15. 夔州府至新码头，16. 濠竿滩至小鼓沱，17. 磁庄子至云阳县，18. 云阳县至小江，19. 九堆子至小舟溪，20. 大舟溪至万县，21. 万县至关刀碛，22. 关刀碛至瀼渡场，23. 瀼渡场至石灰峡，24. 石灰峡至石宝寨，25. 祥溪盘至黄华城，26. 黄华洲至唐童坝，27. 唐童坝至黄陵庙，28. 凤凰嘴至硫沙坡，29. 硫沙坡至丰都县，30. 鲫鱼滩至汤元石，31. 南沱场至新溪镇，32. 新溪镇至荔枝园，33. 龟门关至剪刀峡，34. 火风滩至黄鱼岭，35. 黄草峡至扇背沱，36. 蜂河上至横梁子，37. 木洞司至唐家沱，38. 鸡冠石至重庆府，39. 黄沙碛至毛溪河，40. 竹节滩至珞黄石，41. 珞黄石至綦江口，42. 綦江口至南家沱，43. 南家沱至金缸沱，44. 浅碛子至石门场，45. 梅渡口至洙溶溪，46. 洙溶溪至黄石龙滩，47. 庙角至史坝沱，48. 史坝沱至前坎石梁，49. 前坎石梁至牛脑一场，50. 牛脑一场至牛肠子石，51. 牛肠子石至龙溪渡，52. 龙溪渡至南田坝，53. 南田坝至纳溪县，54. 石龙岩至大渡口，55. 大渡口至二龙口，56. 白沙渡至大石盘，57. 大石盘至鱼符津，58. 鱼符津至黄沙河，59. 李璋镇至国公沱，60. 平元坝至叙州府，61. 三官楼至蛤蟆口，62. 蛤蟆口至黑岸，63. 大沟至大沙坝，64. 花言滩至屏山县。

---

① 熊树明主编：《长江上游航道史》，武汉出版社 1991 年版，第 81 页。

第二章 现代性的引入：近代外国对长江上游航道的地图测绘

其五，《上江图》各分图均以中、英、法三种文字注记，图例符号有如下几类：1. 沙与沙地（Sand or sandy ground），2. 石丸石弹（Shingle or small pebbles），3. 小石块（Stones），4. 低矮石壁（Low rocks），5. 高削石壁（High rocks），6. 峡（Cliffs），7. 村庄（Houses），8. 寺庙（Temples）。图中中文注记注明：1. 是图为长江水浅之像；2. 计水深浅均用"迈"，当以一加某数上，为不止某数。譬如加于二十、三十至上，犹言不止二十、三十迈当也。3. 是图每尺足当二万五千尺，阅者自行推算可也。不过，图中英、法文注记并非完全对应中文，如英文注记就与中文注记略有不同，题为：图中所示长江水深为最低水位时，其数据用米来标示，大致 3 米为 10 英尺左右。因此，图中所标示的水深线应远远超过最低水位数据。此外，各图注记还用英、法两种文字列出各航段所标示的地名，并以左岸与右岸排列分类，便于阅读者索引之用。

综上所述，无论是从测绘机制、成图手段，还是图幅安排、内容标示来看，《上江图》都堪称是一部经典的长江上游航道图志，这也是目前所见真正意义上通过测绘而成的首套西式长江上游航道全图，为日后川江行轮的兴起提供了初步的技术支撑与文本参考。比照晚清国人所绘《峡江救生船志》《峡江图考》等传统长江上游航道图志，《上江图》更富科学性与现代性。实际上，作为当时上海徐家汇土山湾印书馆"汉学论丛"系列作品之一，土山湾印书馆采用先进的套色石印技术印刷《上江图》，不仅印制精美、装帧考究，更引得各国海军争相购买。① 正是在《上江图》的影响下，法国海军多次沿长江上游航道进行测绘，积极采用现代测绘手段施测长江上游航道图。

值得一提的是，蔡尚质《上江图》还广泛传播至英日等国，并为蒲蓝田编绘《长江上游宜渝间航行指南》打下坚实的基础。国人在《上江图》的基础上，也逐渐采用现代测绘技术编绘航道图，以方便川江行轮。因此，清末民初长江上游航道图志编绘的"现代性"转型，实际上

---

① 张晓依：《土山湾印书馆西文资料考述》，复旦大学历史系、出版博物馆编：《历史上的中国出版与东亚文化交流》，上海百家出版社 2009 年版，第 321—337 页。

是以此书为嚆矢的，故其学术价值弥足珍贵。① 蔡尚质编绘《上江图》的影响，甚至成为近代中国本土测绘事业兴起的刺激因素。1930年蔡尚质辞世后，天文学家高均就曾撰文称："氏于30年前尝雇乘民船上溯，西入夔门，历测沿江各埠经纬度。数十年来，继起者尚不多见；以故遗著图籍，迄今尚为沿地学者珍若拱璧。"② 无独有偶，1931年蔡元培先生在《全国经度测量会议报告》序言中亦评价：

> 全国之经纬度测量，实始于清初，康熙庚寅、辛卯间，曾命台官分测各省及外藩之北极高度，东西偏度，量画舆图，经纬井然。嗣后二百年，杳无继轨。间有从事者，大抵出于西洋教士，如佘山天文台前台长蔡尚质，以长江上游轮船难通，尝于三十年前雇民船上溯，西入夔门，历测沿江各地经纬度，厥功至伟。而舆地之图，于我国各城镇经纬度数搜罗较丰者，亦出自外人之手。己则不竞，坐享其成，怠废之讥，何能幸免耶。经纬度测量为一切测量之基本。苟枝节测绘，徒知注意地形，而不有经纬度数以为之基，则两图合并，势必不相衔接。……是知经纬度数，纵横交织，为确定地点之最良之方法。③

三　近代法国海军与《长江上游航道图集》的测绘

如上节所述，《上江图》是采用西方测绘技术而成的第一套长江上游航道图志，具有较高的科学性，但在地图内容上仍有明显的不足。此图出版后，法国海军测绘人员很快发现："（上江图）航行图上没有多少细致的标识……而长江的河床时刻都在变化，只是跟测绘人员所绘制的大致相似。……江水沿着卵石不停息地奔流，江底远不是蔡尚质神父的地图上所标记的那样……看着蔡尚质神父的地图，觉得只有靠探测器显示的水深有多少法尺，才能明确知道实情。"④ 换言之，《上江图》缺乏

---

① 李鹏：《晚清民国川江航道图编绘的历史考察》，《学术研究》2015年第2期。
② 高均：《佘山天文台前台长蔡尚质逝世》，《宇宙》1931年第1卷第7期。
③ 蔡元培：《〈全国经度测量会议报告〉序》，国立中央研究院、参谋本部编：《全国经度测量会议报告》，1931年，国立中央研究院印行，第1页。
④ ［法］武尔士：《长江激流行——法国炮舰首航长江上游》，曹娅、赵文希译，重庆出版社2019年版，第13页。

第二章 现代性的引入：近代外国对长江上游航道的地图测绘

较为详明的滩险、礁石资料，其对川江行轮的实用价值仍属有限。① 因此，测绘更为详尽的长江上游航道图志，对法国人来说仍是亟待完成的任务。对此，武尔士（Émile Auguste Léom Hourst）就指出：

> 上海附近的徐家汇天文台台长蔡尚质神父曾绘制过一张（套）从宜昌到屏山县的地图。考虑到他当时的工作环境，我们不能不对这位耶稣会学者的业绩表示由衷的赞叹。但是我们只能说这幅（套）地图既非航行者所绘，也不是为了航行者所绘。有些地图的细节是否准确事实上对我们无关紧要，但相反，有些特别的标识却是必不可少的，我们未亲身体验时并不知道它们的必要性。蔡尚质神父的地图给我们提供了极大的帮助，但是仅靠这个我们还是无法安全航行。②

特别是1900年德国"瑞生"轮在崆岭滩触礁沉没之后，引起外界对川江行轮可行性的极大怀疑，当时航运界均认为有必要对长江上游航道进行重新测量。在这种情况下，为澄清相关疑问并抢占川江行轮的先机，1901—1902年，武尔士亲率法国海军测量队，乘坐法国炮舰"奥尔里"（Olry，又译"阿利纳"）号上溯川江，沿途绘制长江上游航道图。对此，当时《大公报》就报道："法人测量川江，……每日测绘十里之水程，凡两岸山原及水之拓

图2-4 位于重庆南岸的法国水师兵营旧址
说明：笔者摄于2013年。

---

① 熊树明主编：《长江上游航道史》，武汉出版社1991年版，第116—117页。
② ［法］武尔士：《长江激流行——法国炮舰首航长江上游》，曹娅、赵文希译，重庆出版社2019年版，第10、127页。

数,均详细测准。"① 为向执行测绘任务的法国军舰士兵和军官提供陆上营房及物资补给,法国驻印度支那总督杜梅尔捐款 10 万法郎,在重庆南岸修建"大法国水师兵营",至 1903 年竣工(见图 2-4)。

此后,重庆法国水师兵营成为法国海军绘制长江上游航道图的大本营,同时作为法国在长江上游地区的控制站与军事据点,担负起长江上游水上警察的任务。在《长江激流行》一书中,武尔士对此次长江上游航道测绘的具体过程这样写道:

> (1902年)1月20日,我派出泰里斯和马基,给了他们个任务,要他们绘制一份准确、严谨的,从重庆到叙府的长江上游水文地理图。麻烦的是我们现有的工具极为有限,气候特性和当地的特殊环境让这一行动有很大难度。通常情况下,是要建立一个很大的三角测量网,网络覆盖长江,再在三角锁网中建立第二层三角网,然后绘制地形测量情况和水文测量情况。但这对我们来说是不可能的事。工具么,我们只有航海用的小小的经纬仪罗盘。而且,天气一直阴雨绵绵,河谷里常常大雾弥漫,厚薄不均,汇集成堆。只有在很近的距离内才能辨识出标记。即使我们想方设法,在山丘顶上设立醒目标记,也通常是从江岸深入内陆几公里远,没法保证中国人不去乱碰它们。
>
> ……我最终决定采取如下步骤:我们的军官沿着江岸走,从一个地方到另一个地方设置测量标杆,观测范围呈三角形网状,覆盖沿江地带,并在经纬仪罗盘显示出其角度。我们回到法国后,从任意一个测绘好的基线网开始,先画出最终的图纸,确定好三角网;然后,再参考三角形顶角的位置,绘制出大小和方位。但是这会是一项漫长的工作。重要的是要留下一张地图,即使达不到严密准确,至少也要有个大致的情况,可以供"奥尔里"号在航行时使用,它常被派去到这些河段上航行。我命令两位水文地理技术人员一个地方一个地方地测量,用已知其高度的标杆,取 60°的角,确定这些

---

① 《大公报》(天津版)1902 年 6 月 18 日。

第二章 现代性的引入：近代外国对长江上游航道的地图测绘

三角形侧边的真实长度。①

分析上述史料，可知此次法国海军对长江上游航道的地图测绘，在技术上采用的是三角测量法，这在"天文仪器精度低的情况下，是一种相对精度高、测量简便、速度快的最佳测量法"②。在理想条件下，三角测量法要求布设一些列重合的三角形，并连接成网。特别是在狭长的地形条件下，要求布置不同分级与图形的三角锁，来提高航道测绘过程中平面控制的精度。③ 然而，受当时测绘环境与仪器设备的局限，武尔士等人只能采用折中的办法，即通过在河道沿岸布设标杆，通过测量三角形顶点的角度来构建一个虚拟的三角网，在取得测绘数据后再进行图上作业。应该看到，这与前述蔡尚质主要采用天文测量法进行测绘相比，后者在技术上有着诸多不同。从某种程度上讲，这有助于更为详细地搜集长江上游航道无论是断面还是平面的水文数据。

自法国海军少校武尔士率领考察队对长江上游航道进行系统测绘后，紧接着，法国海军又伙同英国海军人员，陆续对长江上游干、支流航道进行多次测量。1910—1913 年，法国海军少校底泊底党（Dupuy Dutemps）与海军上尉拉提克（Lartique）、福埃（Fay）又率测量队对宜渝段进行第 2 次测绘。1912 年，法国海军少尉斯锐（Sire）在武尔士（Hourst）测绘的基础上，对渝叙段进行第 2 次测绘。1913 年，法国海军少校底泊底党（Dupuy Dutemps）对渝叙段进行第 3 次测绘；同年，法国海军少校皮托斯（Pitous）对岷江叙嘉段进行首次测绘。1914 年，法国海军准尉欧宾（Aubin）对嘉陵江渝合段进行首次测绘。1920 年，法国海军少校若伯（Robbe）与海军少校马可（Marcourt）对岷江叙嘉段进行第 2 次测绘。同年，两人又对嘉陵江渝合段进行第 2 次测绘。1921 年，法国海军少校若伯

---

① ［法］武尔士：《长江激流行——法国炮舰首航长江上游》，曹娅、赵文希译，重庆出版社 2019 年版，第 113—114 页。

② 长江水利委员会综合勘测局编：《长江志（卷二·测绘）》，中国大百科全书出版社 2000 年版，第 48 页。

③ ［美］R. E. 戴维斯等：《测量理论与实践（上）》，郑州测绘学院测量学教研室译，测绘出版社 1989 年版，第 350—354 页。

(Robbe)对宜渝段进行第3次测量（参见表2-1）。①

1921年，法国海军水路部将上述法国海军测绘的长江上游航道图，汇编为《中国：长江上游航道图集》（Chine：Haut-Yang-Tsz），比例尺为1∶25000，共81分幅，每幅图均为47厘米×65厘米，图中均以中法两种文字注记，所绘范围除川江干流宜昌至叙州（宜宾）段航道外，还绘出支流岷江、沱江及嘉陵江下游的河道，堪称近代外国人编绘长江上游航道图志的集大成者。②

表2-1　　　　　近代法国海军长江上游航道测绘简况

图名编号	测量次数及年代	测绘人员及修改者
宜渝段38幅，编号201——238号。	第一次测量，1902年	法海军少校武尔士（Hourst）
	第二次测量，1910—1913年	法海军少校底泊底党（Dupuy Dutemps），法海军上尉拉提克（Lartique）及福埃（Fay）
	第三次测量，1921年	英海军少校若伯（Robbe）
渝叙段16幅，编号239——254号。	第一次测量，1902年	法海军少校武尔士（Hourst）
	第二次测量，1912年	法海军少尉斯锐（Srie）
	第三次测量，1913年	法海军少校底泊底党（Dupuy Dutemps）
	第四次修正，1924年	中国海关副巡江司若伯（Robbe）
叙嘉段8幅，编号255——262号。	第一次测量，1913年	法海军少校皮托斯（Pitous）
	第二次测量，1920年	法海军少校马可（Marcourt），法海军少校若伯（Robbe）
	第三次修正，1924年	法海军少尉坎普夫（Kempf），中国海关副巡江司若伯（Robbe）
渝合段5幅，编号263——267号。	第一次测量，1914年	法海军准尉欧宾（Aubin）
	第二次测量，1920年	法海军少校马可（Marcourt），法海军少校若伯（Robbe）

说明：本表据邓少琴《近代川江航运简史》（重庆地方史资料组，1982年）第65—66页表2"川江河道测量表"修改而成。

①　熊树明主编：《长江上游航道史》，武汉出版社1991年版，第117页。
②　北京图书馆善本特藏部舆图组编：《舆图要录：北京图书馆藏6827种中外文古旧地图目录》，北京图书馆出版社1997年版，第504页。

第二章　现代性的引入：近代外国对长江上游航道的地图测绘

正是在法国海军测绘长江上游航道的基础上，从1922年起，旧中国海关将上述法文版长江上游航道图转译为英文，改编为《长江上游航道图》陆续出版。1924年，时任中国海关副巡江司若伯（Robbe）又对上述航道图进行系统修正。经过海关整理后的英文本《长江上游航道图》共计67幅，其中，川江宜渝段航道图38幅，海图编号为201—238号；渝叙段航道图16幅，编号为239—254号；岷江叙嘉段航道图8幅，编号为255—262号；嘉陵江渝合段航道图5幅，编号为263—267号。另外，还附有川江獭洞、崆岭、青滩、泄滩等著名险滩图20幅，较为全面地反映了长江上游航道的基本情况，成为日后海关刊印《长江上游航道图》的标准地图底本。① 对此，邓少琴评价：

> 川江河道之测量实倡议于光绪二十二年，上海商会之派员查看重庆商务，议将全部测量以作行轮之准备。迄至光绪二十八年，法海军少佐虎尔斯特（即武尔士）率测量队始于上下段着手测量，是为探测川江河道之嚆矢。其后英法海军少佐之测量叙嘉与渝合两段，复经中国海关副巡江司及英法海军少佐之修正，而川江河道图始克完成。故今日之川江河道图，实自法兵舰海图部译绘而成也。②

从某种程度上讲，正是在武尔士等人的积极推动下，法国海军1902—1921年对长江上游航道的多次测绘，最终完成了系统的、科学的长江上游航道图集的绘制工作。同时，在中国海关人员的努力下，上述航道图又成为海关发售的《长江上游航道图》的标准，这也为川江行轮航线开辟和长江上游航政运作打下基础。正是在法国海军积极测绘长江上游航道的鼓舞下，法国商界开始积极染指川江行轮事业，这与1900年后英国人的消极态度形成了鲜明对比。

实际上，1902年英国政府强迫清政府签订《中英续议通商行船条约》，其中第5款就规定："中国本知宜昌至重庆一带水道宜加整顿，以便轮船行驶，又深知整顿之费浩大，且关系四川两湖地方百姓。所以彼此订立，

---

① 熊树明主编：《长江上游航道史》，武汉出版社1991年版，第117—118页。
② 邓少琴：《近代川江航运简史》，重庆地方史资料组，1982年，第65—66页。

未能整顿之前，应准轮船业主听候海关核准后，自行出资安设拖拉过滩便利之件。"① 在该条约附件《续议内港行轮章程》中还规定了英国轮船可在川江两岸租借栈房与码头。然而，此时的英国商界对川江轮运通航并无较强的积极性。受此影响，法国商人立即开始援约进行活动。② 当时法国人相信开辟长江上游行轮航线的关键，在于建造特定形制的轮船，如此川江航权即可归于法人之手。1908年，英法大资本家联合成立"长江英法辛迪加"（Synidicat Franco-Anglais du Yangtze），计划在长江上游设置绞滩站，特别设计川江小轮以实现长江上游四季行轮，并打算投入8万英镑的经费进行首次试航。③ 当时上海的《北华捷报》这样报道：

> 尽管罗拿谢子爵（Earl of Ronaldshay）和其他的人都认为长江上游不能航行轮船，但现在却即将进行试航来说明它的可能性，包括巴黎和伦敦几个最有钱有势的资本家的长江英法辛迪加就是抱着这个目的组织起来的。……该辛迪加准备建造特种上滩小轮。在每一急滩设一绞滩站做（绞拖上滩的）工作。一只特别设计马力很大的拖船，拖着一些驳船，由一只上滩小轮拖过每一急滩，便可以由宜昌直接驶向重庆了。同时，按照马凯条约（即1902年《中英续议通商行船条约》）条义上上滩小轮应为上下木船工作，而据称拟议的办法将使一年四季的航行无论急滩情形如何都能迅速安全，他们准备建立上下水每周各一次的航班。预计上水行十天，下水五天。全盘计划系由轮机专家审慎作出，他们都曾为此事勘查江道。该辛迪加打算最初先用一只小船试航，这一次试验所需费用计约英镑八万磅，将由该辛迪加承担。拖船和上滩小轮将由以建造鱼雷艇和浅底轮船闻名世界的亚绿厂（Yarrow Co）建造。④

---

① 王铁崖编：《中外旧约章汇编（第二册）》，生活·读书·新知三联书店1959年版，第102—103页。
② 邓少琴：《近代川江航运简史》，重庆地方史资料组，1982年，第93页。
③ 聂宝璋：《川江航权是怎样丧失的?》，《历史研究》1962年第5期。
④ 聂宝璋、朱荫贵编：《中国近代航运史资料（第二辑·上册）》，中国社会科学出版社2002年版，第83—84页。

第二章　现代性的引入：近代外国对长江上游航道的地图测绘

然而，这个由法国资本家倡议组成的英法合资长江上游轮船公司，其行轮方案亦受到当时四川、湖北地方政府与长江上游航业界的强力反对，使得其开辟川江行轮航线的计划一拖再拖，最终无法真正实现。总体来看，近代法国人对长江上游航道的地图测绘及其川江行轮探索，主要特征如下：

1. 法国是首次完整编绘现代长江上游航道图志的西方国家。从蔡尚质编绘《上江图》到法国海军对长江上游的航道测绘，法国人绘制的长江上游航道图无论是在科学性、系统性与准确性上，都远远超过去19世纪后半期英国人对长江上游航道的测绘，标志着现代长江上游航道图志编绘工作初步完成。

2. 近代法国人对长江上游航道的测绘，其目的无疑是服务于法国在中国西南地区的相关利益。其中，与英国在长江流域势力范围的空间争夺，是近代法国人从事长江上游航道测绘的直接动力。法国人试图采用铁路建设的方式打通印度支那与中国西南地区的交通，只有在英国人失去探索的热情时，法国各界才开始对长江上游航道测绘投入较大的精力。这种转向与其在中国西南地区铁路修筑计划的受挫有关，亦和英国方面打算退出川江行轮事业紧密相连。

3. 20世纪伊始，在川江航权竞争日益加剧的条件下，法国人在长江上游的航道测绘与行轮探索，其意义不仅在于直接促成长江上游航道图志编绘的现代性转型，更在于其唤醒了中国本土川江航业界的民族主义情绪。同时，亦刺激了近代其他帝国主义国家（特别是日本）争夺川江航权的野心。

第三节　近代日本编绘长江上游航道图志的历史考察

一　近代日本人测绘长江上游航道的缘起与背景

自明治维新以后，日本开始奉行"富国强兵"与"贸易立国"的国策，大力引入西方资本主义制度，极力开拓在海外的市场空间。对于中国西部内陆市场，日本人很早就注意到其战略价值。然而，明治初期日本对于中国西部的了解还是十分薄弱的，暂时也无力开拓中国内陆市场。尽管如此，日本人对长江上游依旧表现出强烈的关注，并积极开展对巴蜀地区的地理考察与情报搜集。①

早期日本人对长江上游地区的考察多属私人性质，如1876年竹添进一郎等人就横跨秦岭进入巴蜀，然后经长江三峡顺流而下，其所著《栈云峡雨日记》中对长江上游的社会民情、物产品类、民风民俗等情况都有较为详细的记载。然而，与英法等国在长江流域特别是川江内河航运中的特权相比，日本明显处于不利地位。②

中日甲午战争以后，这种情况发生了明显变化。1895年，日本强迫清政府签订《马关条约》，开辟重庆、沙市、苏州、杭州为通商口岸，"日本轮船得驶入下开各口，附搭行客，装运货物；从湖北省宜昌溯长江以至四川省重庆府。从上海驶进吴淞江及运河至苏州府、杭州府"③。这为日本在长江上游地区的势力扩张铺平了道路。④ 当时日本人这样说道："该水域航道全部开放之日，也即为我国（日本）市场之时。"⑤ 此后，日本开始迅速在长江流域扩张其势力范围，以抗衡西方列强在中国内陆市场的优势地位。

现有资料表明，最早在1896年1月，一个由日本农商务省官员、商业专科学校校长、轮船公司代表以及新闻记者、商人组成的商业考察团曾经访问重庆，期间对重庆金融利率、大帮信局、度量衡、运费、地价、工资、火柴制造以及对日本货物的一般需要等经济情报进行详细调查。⑥ 考察团特意调查了长江上游民船航运业的现状，以评估开辟川江轮运航

---

① 蓝勇：《近代日本对长江上游的踏察调查及影响》，《中国历史地理论丛》2005年第3辑。

② 王力：《政府情报与近代日本对华经济扩张》，中国人民大学出版社2013年版，第214页。

③ 王铁崖编：《中外旧约章汇编（第一册）》，生活·读书·新知三联书店1957年版，第616页。

④ 朱荫贵：《1895年后日本轮运势力在长江流域的扩张》，《中国近代轮船航运业研究》，中国社会科学出版社2008年版，第91—119页。

⑤ ［日］近卫笃麿：《近卫笃麿日记》卷8，日本鹿岛研究所出版会1900年版，第37页。转引自朱荫贵：《中国近代轮船航运业研究》，中国社会科学出版社2008年版，第94页。

⑥ 《1892—1901重庆海关十年报告》，周勇、刘景修编译：《近代重庆经济与社会发展（1876—1949）》，四川大学出版社1987年版，第137页。

第二章 现代性的引入：近代外国对长江上游航道的地图测绘

线的可能性，其报告明言：

> 该段航线目前只有中国民船从事经营，经过三峡，民船遭难风险很大，所以运费居高不下，如果在该段航线投入轻型浅底汽船，前景看好。比现行运费至少可以便宜一半，一年中可获得二百五十万至三百万两收入……一旦轮船开通，会促进上游各处煤炭及其他矿产的开发事业，同时轮船开通也会带动货物运输，并不会全部夺走中国民船的生意。①

根据王力的研究，此次日本商业考察团的报告传回本国后，立即引起日本政界的高度重视，并围绕长江上游航路的开辟问题展开了激烈辩论。1896年10月21日，日本递信大臣野村靖向外务大臣大隈重信发出"关于清国扬子江航路调查之件"的函件，委托日本驻华外交领事详细调查以下事项，分别涉及长江上游航运之船舶构造、航路、航行费用、营业费、收入、航运实况、保护金等7项内容。1897年1月5日，日本驻重庆领事加藤义三向日本外务部发回《扬子江航路调查之件的回复》《扬子江上游汽船通航要论》等5份报告。②

其中，第1份报告对川江航道情况进行详细说明。为了解长江上游航道情况，加藤将此次调查委托给英国商人立德。第2份报告为立德所撰写的调查报告的英文原版。第3份是立德英文报告的日文译本，题为《扬子江上游汽船通航要论》，其要点涉及船舶构造、停靠点与距离等诸多方面。③ 报告还详细搜集了长江上游民船航运所得、民船航行状况以及货物运费等方面的信息，特别是关于各轮船公司的运营状况。④ 通过

---

① ［日］有贺长文等编，加藤末郎撰：《清国出张复命书》，农商务省商工局1896年版，第75—83页。
② 王力：《政府情报与近代日本对华经济扩张》，中国人民大学出版社2013年版，第221页。
③ 《清国扬子江航路调查一件：扬子江上游汽船通航要论》，日本亚洲历史资料中心档案，档案号：B11092664100。
④ 王力：《政府情报与近代日本对华经济扩张》，中国人民大学出版社2013年版，第219—222页。

概算收入与支出情况，报告认为"（轮船公司）整年收支约产生一万两的差额，希望政府对扬子江上游航行采取奖励措施"①。

应该看到，这些情报为近代日本开辟中国西部市场提供了重要的决策参考，而在日本政府的支持下，日本轮船航运公司开始积极从事开辟长江上游行轮航线的活动。1899年5月至7月，日本大阪商船会社派该公司主事对长江上游航线展开调查，对该公司在长江内河航行的可行性进行全面评估，并提交了《汉口宜昌航路视察复命书》以及《清国长江运送业现状》的调查报告。② 大阪商船会社在该报告特别指出：（长江）上游四川地区和汉口宜昌航路间的运输衔接不畅。太古、怡和、招商局等轮船公司都在汉口设有渝行，并在长江沿岸各处设有联络点或支店，声气相通，主要是为各家轮船公司招揽进川和出川货运业务和办理这类货物在汉口中转的报关手续。而大阪商船会社缺乏渝行的配合，致使其出入四川货物之规模无法与其他公司竞争。③

为解决上述问题，大阪商船会社于1902年正式派员来渝，同时对川江航道进行勘察，并积极筹办渝中大阪公司。当时《中外日报》报道称："大阪轮船公司金岛君与江川君近日来渝，查看川河情形，拟办渝中大阪公司事宜。"④ 与此同时，日本政府为开辟长江上游内陆市场，援引《马关条约》条文积极谋求在重庆建立租界，以建立日本商民在长江上游地区的贸易基地。1896年2月，日本驻上海总领事珍田舍己就来到重庆，"意在取得地段作为日本租界"⑤。当时川东道张华奎奉命与珍田舍己商谈长江上游中日通商事宜。谈判中，关于川江行轮与民船触碰问题一度成为焦点。在论及长江上游行轮时，中方提问："川江峡曲，而

---

① 《清国扬子江航路调查一件：扬子江上游汽船通航要论》，日本亚洲历史资料中心档案，档案号：B11092664100。
② 王力：《情报与近代日本航运势力在中国的扩张——以长江航路为中心》，《安徽史学》2012年第6期。
③ 王力：《政府情报与近代日本对华经济扩张》，中国人民大学出版社2013年版，第229—230页。
④ 《中外日报》光绪二十八年三月初七日，1902年4月14日。
⑤ 《重庆海关十年报告（1892—1901）》，周勇、刘景修编译：《近代重庆经济与社会发展（1876—1949）》，四川大学出版社1987年版，第103页。

第二章　现代性的引入：近代外国对长江上游航道的地图测绘

滩长流急，重船下滩，惟中流一线路，民船上滩依岸行，故无碍；轮船上滩必中流行。若遇民船下滩，峡曲则不及见，滩长则不及退，滩急则不及避，触沉民船，溺中国人，当奈何？"日方回答："人与五十金。"中方又问："触沉轮船，溺外国人，当奈何？"日方竟无言以对。①

直到1901年9月24日，时任日本驻渝领事川崎桂与川东道宝棻签订《重庆日本商民专界约书》，谈判才宣告完结。②双方在约文中明确规定："重庆府城朝天门外南岸王家沱，设立日本专管租界，所有划分四至……，彼此派员照竖界石，面刻日本租界字样，并制精细地图，各执一份为凭。"③同时还规定："界内修码头后，凡在码头停泊，揽载界内货物船只，由日本领事官随时酌定章程，每次应捐若干，以充租界公费。"④此后，日本商民陆续前来承租土地，计有有邻公司、大阪洋行、又新丝厂、武林洋行、日本军舰集会所、日清公司等官商机构，日本一跃成为长江上游最重要的外部势力之一。⑤

如上所述，日本凭借《马关条约》以及相关专条的规定，不仅取得在川江行轮与开办轮船公司的特权，还实现了在重庆设立租界、扩充其在华势力的夙愿。然而，可以开办长江上游行轮航线和有能力实行之间还存在相当大的差距。前述日方对长江上游民船航运业的考察，主要是围绕商业情报的搜集而展开，其对长江上游航道信息的搜集尚未展开。因此，自20世纪伊始，日本人开始意识到航道测绘对开辟长江上游轮运航线的重要性，并逐步展开专门调查。⑥1905年3月9日《时报》就报道，当时日本人急欲自行展开长江上游航道测绘，借此超越英法在中国西南地区的优势，其中说道：

（1905年，川江）字林报得宜昌访函云，设遇中国瓜分时，料

---

① 王钟翰点校：《清史列传》卷77《张华奎传》，中华书局1987年版，第6405页。
② 隗瀛涛、周勇：《重庆开埠史稿》，重庆地方史资料组，1982年，第34页。
③ 民国《巴县志》卷16《交涉》。
④ 民国《巴县志》卷16《交涉》。
⑤ 隗瀛涛、周勇：《重庆开埠史稿》，重庆地方史资料组，1982年，第35页。
⑥ 李鹏：《近代外国人对长江上游航道的地图测绘》，《中国历史地理论丛》2017年第2辑。

日本必将在此处谋取一地。近日有一税关员语余云,迩来日人之向西游历者,实繁有徒。察其情形,暗中似受有托付,以视欧人之徒事浏览风景者不同。此等日人初称不谙英语,实则无不能之,且到处将扬子江险要用纸笔钩画甚为葱遽。近有一日员启程回国,临行时据称不久仍当来此,拟费二年心力,将上游一带情形,逐细测量,较以前西人所测者,更当详悉云。①

在上述报道中,时人已明确指出:面对西方列强在华势力扩张以及试图瓜分中国的狂潮,为谋取在华利益,日本间谍在中国西部大肆搜集相关情报,暗中测绘长江水域地图。甚至有情报人员试图以一人之力,穷两年之功,拟对长江上游航道进行详细测量,并力图超越西方人的测绘成果。然而,就目前的资料来看,这一时期并未有日本人对川江进行私人探测,但从中却可窥见近代日本对华情报搜集用力之勤,甚至成为举国上下的共识,深值国人警惕。②

二 日本海军水路部与《扬子江水路志》的编制

近代日本对长江上游航道进行测绘的实施者,主要是日本水路部。该部自1871年成立起,就被赋予为日本对外扩张开道的使命,"特别倾力编绘与作战用兵关系密切的兵要水路图志"③。根据《马关条约》的规定,日本军舰可以上溯长江,对中国内河进行调查与勘测。为加强日本在长江流域的军事存在,1905年,日本海军专门成立了"南清舰队",后于1908年改为"第三舰队",专门负责日本在长江内河及中国南方沿海的警备任务。为便于军舰在长江上游特别是川江航道的航行,日本海军参照法国军舰的样式,专门设计建造适合内河航行的舰船,并以此为

---

① 聂宝璋、朱荫贵编:《中国近代航运史资料(第二辑·上册)》,中国社会科学出版社2002年版,第285页。
② 许金生:《盗测中国——近代日本在华秘密测量史概述》,《抗日战争研究》2012年第1期。
③ [日]水路部创设80周年纪念事业后援会:《水路部八十年的历史》,1952年,第5—11页。

第二章 现代性的引入：近代外国对长江上游航道的地图测绘

长江上游航道测绘的专业船只。① 当时《中华新报》即报道：

> 四川省重庆起至湖北宜昌间之航路，危险异常，外人久思通行未果，惟法国海军用新式内河炮舰，吃水较浅，得在以上航路自由行走。日本现泊汉口之第三舰队伏见舰长少佐桂赖三氏，已将该处航路详细调查，将仿法国炮船式建造，以便往来其间，保护日商云。②

上述史料所说的第三舰队"伏见"号，就是日本海军专门订造的内河炮舰。正是在法国海军的影响下，日本才决意发展自己在长江流域的专业舰船。与"伏见"号同类型的还有"隅田"号，两舰均于1906年竣工下水，并被编入南清舰队（第三舰队）序列，随即在长江展开系统的测绘制图。特别是"伏见"号在舰长桂赖三的指挥下，上溯至重庆进行长江上游航道测绘，因此该舰被日本人称为是"帝国军舰四川溯江着先鞭者"。③ 1912年，日本海军组建"中清派遣队"，专司在中国长江水域的警备，该舰队"鸟羽"号在舰长堀田英夫的指挥下，再次上溯川江，详细调查了长江上游航道的水文情况、军舰操作方法以及川江沿线城镇兵要地理，并向日本海军部上呈了多达200多页的《上扬子江溯江报告》。④ "伏见"号更是一路探航至泸州，成为日本军舰抵达长江上游之最远者，"几乎完全考察了长江各段水文与两岸地理，构成了对中国内地的最为严重的侵犯"⑤。值得注意的是，被称为日本"长江航道三杰"之一的桂赖三，自1906年担任"伏见"号舰长以来，专门从事测绘长江上游航道的任务。此后升任日本第三舰队参谋，他于1913年绘制成《上扬子江—宜昌至重庆》，该航道图在日本海军内部获得很高的评

---

① 许金生：《近代日本对长江航道军事谍报活动概述》，《民国档案》2013年第1期。
② 《中华新报》宣统元年十月初七日，1909年11月19日。
③ 许金生：《近代日本对长江航道军事谍报活动概述》，《民国档案》2013年第1期。
④ ［日］第三舰队司令官名和又郎：《上扬子江溯江报告（鸟羽）》，日本亚洲历史资料中心档案，档案号：C08020280100。
⑤ 徐勇：《近代日本之扬子江扩张及其战争规划再研究》，《军事历史研究》2015年第1期。

价,被水路部印发给各部门沿用,一直到1925年止。①

与此同时,近代日本水路部还积极编译英法等国编绘的长江航道图,并以此弥补自身对长江航道测绘的技术限制。如在1900—1902年,日本水路部就着手翻译了英国海军于1859—1869年出版的长江航道图,冠名为《扬子江图》出版。此套日文本长江航道全图共计5幅,各图图廓不等,子目分别为:1. 上海至南京,2. 南京至东流,3. 东流至汉口,4. 汉口至岳州府,5. 岳州府至夔州府。各图分段绘出长江内河航道,并详细注明水深及险滩位置,并有中日英三种文字注记。② 上述《扬子江图》中关于岳州到夔州段的航道分图,就是前述1869年英国海军测绘小组施测出版的《岳州—夔州航行图》,图号为英国海图第1116号。1925年,日本水路部又获取了法国海军盗测长江上游宜渝段的航道图,改绘为《长江上游图》③,共计38幅,以代替日本海军长期使用的桂赖三所绘的日版《上扬子江—宜昌至重庆》航道图。可以说,日本这种"拿来主义"的态度,使得其能够最大限度地发挥出后发优势,既依赖本国海军从事川江航道信息的搜集,又能充分利用英法海军在长江上游的测绘成果,从而极大节约了本国的人力物力。④

除去翻译和测绘长江上游航道图,日本水路部还进一步编纂长江水路志,以补充长江上游航道图内容上的不足。就概念上讲,水路志又称为"航行指南",其内容为刊载水道地理状况的说明,以使航行者选择航路,避难就易。因此,水路志与航道图往往为唇齿相依的互补关系,航道图绘其实形,然必须以水路志详细描述状势,因为航道图再精良,也不可能把航道的百千事项悉绘于图上,因此加上水路志的详细记载,才能更为完备。⑤

---

① 许金生:《近代日本对长江航道军事谍报活动概述》,《民国档案》2013年第1期。
② 北京图书馆善本特藏部舆图组编:《舆图要录:北京图书馆藏6827种中外文古旧地图目录》,北京图书馆出版社1997年版,第67页。
③ 中国测绘史编辑委员会编:《中国测绘史(第1卷、第2卷)》,测绘出版社2002年版,第740页。
④ 李鹏:《近代外国人对长江上游航道的地图测绘》,《中国历史地理论丛》2017年第2辑。
⑤ 叶可松编:《水道图志用法指南》,商务印书馆1950年版,第1—35页。

第二章　现代性的引入：近代外国对长江上游航道的地图测绘

根据许金生的研究，早在1894年，日本水路部就在《瀛寰水路志》第4卷第8编的基础上，加上1891年英国出版的《中国海水路志》第3卷中有关英国测量船在华调查报告以及水路部《水路杂志》的相关内容，将长江部分单独分出出版，称为《中国海水路志》第4卷。此书主要介绍长江干流从河口到夔州段的水文情况与沿途气候、灯塔航标与浅滩急流等内容。1916年，日本水路部又根据海军舰船和民间力量所搜集的长江水文资料，参考西文长江航道测绘资料，编纂成《扬子江水路志》一书，分3卷陆续出版。其中第1卷为《上扬子江》，于1916年出版；第2卷为《鄱阳湖及中扬子江》，于1917年出版；第3卷为《下扬子江》，于1917年出版。书中对长江航道水深及宽度、江床落差、急流险滩、水流速度、水位增减、航行方法、气象条件、航船技术以及沿岸城镇港湾之具体状况均有详细描述。①

1923年，日本海军制定了从长江进入中国西部内陆的战略决策，在此情势下，长江内河航道的战略价值日益突出。② 为满足日本海军的战略需求，水路部于1924年决定改变长期依赖西方航道图志编纂的做法，确立了以本国测绘资料为主的编制方针。③ 水路部随即对1916—1917年初版《扬子江水路志》进行了较大修改，编成新版《扬子江水路志》，并于此后3年间陆续出版。全书亦分3卷，其中第1卷为《扬子江水路航泊总记》，于1925年出版；第2卷为《下扬子江及汉水》，于1926年出版；第3卷为《中扬子江及上扬子江》，于1927年出版。相较之下，新版在内容上更为全面，记载的事项也更为细致。④ 在《扬子江水路志》第3卷"序言"中，时任日本水路部长米村末喜如是说：

---

① 许金生：《近代日本对华军事谍报体系研究（1868—1937）》，复旦大学出版社2015年版，第382页。

② 徐勇：《近代日本之扬子江扩张及其战争规划再研究》，《军事历史研究》2015年第1期。

③ ［日］水路部创设80周年纪念事业后援会：《水路部八十年的历史》，1952年，第216页。转引自许金生《近代日本对长江航道军事谍报活动概述》，《民国档案》2013年第1期。

④ 许金生：《近代日本对华军事谍报体系研究（1868—1937）》，复旦大学出版社2015年版，第383页。

《扬子江水路志》最初被收录在《中国海水路志》第 4 卷中，大正 5 年（1916）12 月以后，我们将有关舰船的各个报告和 1914 年英文版《长江水路志》的材料整合起来，分成 3 卷。其中，第 1 卷是关于扬子江下游的内容，第 2 卷是关于鄱阳湖以及扬子江中游的记载，第 3 卷是关于扬子江上游的记载。本次是第 1 次改版，依然将其分为 3 卷，记述内容如下所示：

第 1 卷：扬子江水路航泊总记（大正 14 年 8 月刊行）；第 2 卷：扬子江下游以及汉水（大正 15 年 3 月刊行）；第 3 卷：扬子江中游及上游（昭和 2 年 1 月刊行）。第 1 卷是关于扬子江上中下流域可航行支流的湖沼水路航泊情况概要总记，主要为初航人员提供有关扬子江水路情况的知识储备。第 2 卷和第 3 卷主要记录其干流和各个支流运河、湖沼的可航水路相关事项，希望结合第 1 卷的记录，可以成为一定程度上的水路向导。然而，由于扬子江水道以及航路标识的不断变化，我们所记录的内容、采集的图志可能和实际情况有所出入，所以在进行实际的航行操作时，驾驶人员务必要小心谨慎。

本卷内容包括扬子江流域中游以及洞庭湖水域、扬子江上游宜昌至屏山县、支流的嘉陵江和岷江水路，还参考了历年来有关长江水路志的资料记载，截止大正 15 年（1926 年）12 月我国（指日本）海军的调查报告、中国海关航行布告以及刊行的其他有关扬子江水路的图书。参与本卷编纂工作的还有海军少佐堀勇五郎。本志的错误、疏漏以及其他的改补资料等事宜，请直接和水路部联系。

水路部长　米村末喜[①]

解读上述"序言"，可知 1924—1927 年日本水路部重新编纂的新版《扬子江水路志》有如下特点：1. 在编纂体例上，新版虽按照长江上、中、下游分区域编制，但却增加了长江河道水系的总体特征描述，这样便于从整体上了解长江流域干支流的水网结构、水文特征以及航道类型；

---

① ［日］水路部：《扬子江水路志》（第三卷·中扬子江及上扬子江），日本水路部刊印，1927 年，"序言"第 1 页。

第二章　现代性的引入：近代外国对长江上游航道的地图测绘

同时新版不再收入《中国海水路志》系列，而是选择独立成书，这样更符合内河水路志的特点。2. 从资料来源看，新版《扬子江水路志》在改编的过程中，主要参考了近代日本海军舰船对长江航道的水文调查报告，同时也注意搜集英法等国以及旧中国海关的测绘资料，在立足本土调查资料的基础上广参互证，力求有所突破。3. 从使用目的看，新版《扬子江水路志》主要为初航长江的航行人员，提供有关长江水道的各类知识，已突破此前明确的军事目的。4. 就实践过程而言，近代日本水路部非常重视长江水路志编制的时效性，明确提出了水路志在实际运用中可能遇到的局限性，这是难能可贵的进步。相比旧版，新版《扬子江水路志》有关长江上游航道的内容，主要集中于第3卷。在"凡例"中，编者对此部分的内容作出如下说明：

> 本志第1编至第6编对扬子江中游，第7编至第15编对扬子江上游进行了记载。下面对解读时需要注意的事项进行一一说明。第1编是关于扬子江的总记，第2编记录了汉口至岳州，第3编关于洞庭湖，第4编关于湘江和资江，第5编关于沅江以及运河，第6编记录岳州至宜昌，第7编是长江上游的总记，第8编是从宜昌到归州，第9编从归州到夔州，第10编从夔州至万县，第11编从万县到涪州，第12编从涪州至重庆，第13编是嘉陵江，第14编从重庆至屏山，第15编记录了关于岷江的情况。
>
> 海图是由我国（指日本）水路部发行的，但原图基本上是中国海关测量发行的，其中没有发行的地区则是根据我国海军的调查资料而来。方位是根据真实的方位和指南针显示方位的结合。领航人员根据显示的数字来判断方向，但在扬子江上游地区航行时基本上依靠罗盘来判断方向。江岸的左右岸是依据水源到江河口的方向来区分的，而水路的左右岸则是根据溯航船舶的左右船舷来确定的。
>
> 地名是在汉字的基础上又添加了罗马字读音和英语名称，其中的缀字是参考了地方用语的记录而得来的。经纬度由于海图发行的时间不同可能有较大的差异。但编者是尽量参考最新的、最准确的依据推测而来。水深以各地水标的零刻度线为基准，其中的最小值

用尺或者米作为单位，高度只取平均水面高度。露出江面的沙堆以及岩石等的高度以最低水面，也就是各地水标的零刻度线为基准进行测量。尺度的单位采用英式单位米，降雨量的单位为毫米。温度用摄氏度。具体的换算方法参考卷末附表。①

根据上述"凡例"，可以判断：1. 相较近代英法海军对长江上游的航道测绘，近代日本水路部不仅注重长江上游航道图的转译与测绘，同时还注意编纂长江上游水路志，使其与航道图互相联系，更注重多样化的水文情报搜集，颇勘实用。可以说，编纂系统的内河水路志，有效蒐集长江上游航道的多元信息，是日本水路部相比于英法海军的最显著特点，同时也为日本官方提供了长江上游地区的最新情报，以服务于日本在华势力的扩张。2. 新版《扬子江水路志》第3卷中，对长江上游水系地理空间范围的叙述，不仅涵盖了川江的主干航道，亦涉及嘉陵江、岷江等主要支流。其编纂特点在于干流与支流相互配合，总论与分编相得益彰。在文本利用方面，编者也明确说明了此部分的海图数据来源、方位判断标准，并对测绘技术细节有详细描述。3. 编者还非常注重书中航道测绘数据标准，特别是地名标注的标准化。同时，对上述信息的采择标准与方法来源都做出较为详细的描述，反映出近代日本水路部在编纂此书时的严谨做法与科学态度。②

以下是《扬子江水路志》第3卷中有关长江上游航道的详细目录：

第七编：扬子江上游总记

上扬子江、水路、峡江、水深、落差、流速、急湍（滩）、江水的增减（一般的、地方的）、水标、扬子江上游水标图、航路标识、航行规则、可航力、船舶的构造、江水的状况、汽船的航行、民船的航运、遇难民船、浪沉、红船、领航人、停留及锚泊地、泊

---

① ［日］水路部：《扬子江水路志》（第三卷·中扬子江及上扬子江），日本水路部刊印，1927年，第15页。

② ［日］水路部：《扬子江水路志》（第三卷·中扬子江及上扬子江），日本水路部刊印，1927年，第3—5页。

第二章　现代性的引入：近代外国对长江上游航道的地图测绘

地表、航泊注意事项、航行日程、水路视察、土著居民、气候、雾霭、卫生、粮食、物产、通货、通信、铁道。

第八编：宜昌至归州

宜昌峡、西坝、南津关、黄猫峡、峡门口、三游洞、平善坝、石牌、航法及泊地、灯影峡、天主山、南沱、航法及泊地、鸭子河、无义滩、黄陵庙、山斗坪、白洞子、獭洞滩、太平溪、地名和注意事项、航法及泊地、太平溪至牛肝马肺峡、柳林碛、崆岭滩、庙河、牛肝马肺峡、航法及泊地、新滩（青滩）、航法及泊地、米仓峡（兵书宝剑侠）、香溪、石门、老归州、归州、航法及泊地。

第九编：归州至夔州

归州至泄滩、独树子、泄滩、航行注意事项、航法及泊地、泄滩至牛口滩、上石门、大八斗滩、牛口滩、航法及泊地、牛口滩至巴东、塔湾、巴东县、航法及泊地、巴东至官渡口、青竹标、母猪滩、航法及泊地、巫山峡、流势及漩涡、火焰石、楠木园、傅岭碛、万流、铁棺峡、培石、青石洞、跳石滩、航法及泊地、巫山县、巫山至交滩、下马滩、拖肚子、航法及泊地、交滩至黑石滩、保子滩、错开峡、油榨碛、虎须子、黛溪、铁滩、黑石滩、航法及泊地、风箱峡、白帝城、滟滪石、臭盐碛、鱼复浦、夔州（夔府）、水标、航法及泊地。

第十编：夔州至万县

夔州至三块石、八母子、关刀峡、高竿滩、安坪、黄石矶、航法及泊地、三块石至东洋子、龙洞、二道溪、磁庄子、石板滩、吉林沱、庙基子、东洋子、航法及泊地、东洋子至云阳、宝塔子、云阳县、航法及泊地、云阳至小江、二良滩、小帐、兴隆滩、下岩寺、盘沱、小江、航法及泊地、小江至万县、巴阳峡、小舟溪、红沙碛、万县、城街、港湾、锚地、水标、交通、开港、贸易、船舶、教会、航法及泊地。

第十一编：万县至涪州

万县至五林碛、狐滩、扬合溪场、瀼渡溪场、五林碛、航法及泊地、五林碛至忠州、西家沱、石宝寨、烟邱子、官溪场、（黄花城）皇华城、大磨滩、圆溪场、茱园沱、航法及泊地、忠州、商业、交通、锚地、忠州至黄林庙、乌鸭镇、唐童坝、新场、鱼洞子、三官浩、羊肚溪、航法及泊地、黄林庙至丰都、虎须子、篮竹坝、铁门坎、高家镇、芭拆梁、凤尾坝、龙船石、丰都、航法及泊地、丰都至涪州、蚕背梁、佛面滩、观音滩、灶门、立石城、汤元石、南沱、交滩、珍溪场、平绥坝、白浅滩、新场、黄葛嘴、群猪滩、航法及泊地、涪州、港湾、商业、锚地、涪江水运。

第十二编：涪州至重庆

涪州至宁石荔枝园、龙门关、李渡、剪刀峡、牛屎碛、航法及泊地、宁石至长寿、金川碛、石家沱、大堆子、深沱、黄草峡、张爷滩、龙舌梁、长寿、沿革、锚地、商业、航法及泊地、长寿至木洞、灶门子、柴盘子水道、王家滩、强盗庙、养蚕堆、扇背沱、石门溪、洛碛、洛碛水路、大洪江、金鸡三背、羊角背、箭滩、木洞、航法及泊地、木洞至重庆、中坝、葫芦滩、明月沱、雷拍石、鱼嘴沱、门堆子、广元堆、大兴场、铜锣峡、唐家沱、寸滩、大佛寺、梁沱、角沱、江北县、航法及泊地、重庆、地位、沿革、开港、城市、人口、居留地、领事馆、官署、贸易、卫生、医院、气候、交通、陆路、水运、铁路、船舶、重庆港、港界、江岸、水标、江流、锚地、炭坑、工业。①

从国际惯例看，水路志（航路志）记载的顺序及条目都是有严格规定的。如英国出版的航路志，就是以自南向北、自东向西的方法为先后次序。在内容顺序上，则依次为总序与沿岸记事两大板块。其中，总序是关于某航道内地理交通、贸易气象以及航路参考事项的总体报告。沿岸记事则是关于航道水源、幅长、水深、流向、潮汐影响以及可航终点等内容的介绍，同时还要记载江流水量之增减、险滩礁石之深度及底质、

---

① ［日］水路部：《扬子江水路志》（第三卷·中扬子江及上扬子江），日本水路部刊印，1927年，第5—8页。

第二章 现代性的引入：近代外国对长江上游航道的地图测绘

行船之驻泊地点及港湾规则以及沿岸灯塔之设置、浮椿及其他航路标示等等。特别是对于助航设施的标示上，水路志相比于航道图，可以清晰记载灯塔灯杆等助航设施的形状位置，船舶泊碰地点及避险方法等关于操舟的具体技术参考与航道行驶信息。①

《扬子江水路志》第3卷记载的内容顺序及条目，不仅包括长江上游航道的险滩礁石、水深底质的详细数据，还增加了船舶驻泊地点、航行规则、港埠章程、航标设置、气象条件、驾驶技巧等方面的详尽内容。此外，编者还非常注重上述信息的时效性，以期反映长江上游航政建设与航道变迁的最新情况。对此，许金生就评价："新航路志的内容极其细致。以长江上游为例，对比一下1917年版和1927年版可知，后者增加了水标、水表图、航路标识、航行规则、系留和锚泊、泊地表等重要航行信息。对于一些湖泊，甚至连可能影响航行的鱼栅位置也作了仔细介绍。以上航路志每次重新编印后，水路部都及时发给日舰，为其来华活动提供最新的航行资料。而日舰则对新航路志的相关内容加以核实和修补，为今后的修订做准备，使之更趋全面准确。"②

实际上，《扬子江水路志》第3卷的内容中，编者除着力搜集长江上游航道地理等多方面情报外，对于沿岸城镇历史沿革、经济发展、物产名胜、官署领事等非航道信息也搜罗殆尽，堪称是一部关于长江上游地区的地志全书。从某种程度上讲，《扬子江水路志》对于长江上游航道及沿岸地区的地理书写，无论是其内容的全面性，还是资料来源的详细性，都远远超过了同时代中国人所编纂的长江上游航道图志，这是深深值得我们反思的。同时，由于日本文化与中国传统文化的亲缘性，使得近代日本人在吸收西方航道图编绘优点的同时，亦不自觉地沿用了传统中国地志书写的基本框架。即在采用西方航道图编制技术标准的背后，往往隐含源自中国地志书写的传统元素。

---

① 叶可松编：《水道图志用法指南》，商务印书馆1950年版，第36—38页。
② 许金生：《近代日本对华军事谍报体系研究（1868—1937）》，复旦大学出版社2015年版，第383页。

三 "扬子江战略"与《扬子江案内全》的编绘

如上所述，近代日本水路部编绘长江上游航道图志的直接目的，是服务于日本海军的"扬子江战略"，① 主要是供在华日本第三舰队的作战使用。② 早在1887年，日本参谋本部就炮制出据长江占领武汉的长江作战方案。经过数十年的准备，第三舰队在长江水域积累了丰富的行动经验。特别是在全面侵华战争期间，日本海军进一步完善了以长江为支柱，控制中国腹地的内河战争规划。③ 1932年，淞沪抗战后不久，日本第三舰队司令部就命令该舰队参谋冲野亦男少佐，根据1926年日本海军对长江沿线调查与研究的稿本资料，同时搜集公开出版的英法中等各类长江海图资料，重新编绘了一套适合日本海军在华作战使用的长江航道兵要地志，名为《扬子江案内全》，当年即刊印出版。④

在日语中，"案内"就是"指南""向导"的意思。因此，这本长江兵要图志或航道指南的出版，完全是为了配合日本帝国主义发动全面侵华战争，便于第三舰队指挥作战而使用的兵要参考或情报资料。伴随日本海军对华侵略的作战需要，第三舰队又将此书于1935年、1940年两次再版，并分配给所属部队使用。在此书序言中，冲野亦男明确指出《扬子江案内全》是为"舰队全体成员了解中国状况及扬子江流域的状况而适时编制刊行的参考资料"⑤。

这部新版的长江航道兵要图志，版面27厘米×39厘米，在内容上

---

① 徐勇：《近代日本之扬子江扩张及其战争规划再研究》，《军事历史研究》2015年第1期。

② 在近代日本海军序列中，第三舰队是专门为应对不同作战需要，特别是对华作战需要而建立的特设舰队。上海"一·二八"事变后，日本加大了侵华力度，日本海军重新合并在华舰队，组建了新一代的第三舰队，成为日本对华海军作战的主体力量。参见［日］外山三郎《日本海军史》，龚建国、方希和译，殷宪群、许运校，解放军出版社1988年版，第107页。

③ 徐勇：《近代日本之扬子江扩张及其战争规划再研究》，《军事历史研究》2015年第1期。

④ 中国测绘史编辑委员会编：《中国测绘史》（第1卷、第2卷），测绘出版社2002年版，第746页。

⑤ ［日］海军第三舰队冲野亦南编著：《扬子江案内全》，日本海军第三舰队司令部印行，1932年，"序言"第1页。

第二章　现代性的引入：近代外国对长江上游航道的地图测绘

可分为3部分。其中，第1部分为长江航道沿线照片资料，计16页；第2部分为长江各航段航道分图，并附有沿江各大城市市街图，计50页，这是本书的主体内容；第3部分为附录部分。卷末说明"本案内由第三舰队参谋海军少佐冲野亦男编纂的三部合订：1. 下扬子江案内（昭和6年8月改订增补）；2. 中·上扬子江案内（昭和7年5月改订增补）；3. 长江勤务参考用图表（昭和6年8月对策答案）"①。

《扬子江案内全》中有关长江航道的地图刻画，从上海吴淞口开始一直到重庆朝天门而止，共计66幅图。其中，第1图为"扬子江全图"，第66图为"建设现状图解"。其余分下扬子江、中扬子江、上扬子江3部分。"上扬子江"部分为长江上游宜渝段航道分图，共计7幅。分别为：第42图"宜昌—归州"，第43图"洩滩—巫山县—交滩"，第44图"风箱峡—云阳县"，第45图"兴隆滩—万县—五林碛"，第46图"石宝寨—高家镇"，第47图"丰都观—涪州—磨盘滩"，第48图"石家沱—重庆"。各分图所绘长江岸线为常水位时界线，以深蓝色线划，水域用淡蓝色表示，并详细标出了长江上游航道沿线之礁石、急流、浅滩、暗沙、主航道线、最小水深和各种助航设备。

此外，《扬子江案内全》"上扬子江"航道图中还附有万县、重庆两市街道图，突出表现了码头、船坞、仓库及日人领馆、企业、学校、医院等各类建筑物、设施等，并附注了日侨人数和开埠时间，为日军作战或开展其他军事行动提供了详尽的活动指南。除详细标出川江航道险滩位置及特征之外，编者往往搜罗长江上游沿线地区政区沿革、风景名胜、古典诗词记注于各图空白处。②

如在《扬子江案内全》第48图中，即长江上游"石家沱—重庆"航道图中，就描述重庆"巴渝故城，1876年《烟台条约续增专条》开埠，渝城十二景：涂山耸翠、金碧流香、龙门浩月、字水宵灯、浮图夜雨、黄葛晚渡、海棠烟雨、歌乐灵音、桶井峡猿、红岩滴翠、缙岭

---

① 印永清、胡小菁主编：《海外上海研究书目（1845—2005）》，上海辞书出版社2009年版，第407页。

② 蓝勇主编：《重庆古旧地图研究（上）》，西南师范大学出版社2013年版，第267页。

云霞、云篆风清"①。在第 42 图"宜昌—归州"航道图中，更是收录了李白《由西陵上三峡》《渡荆门送别》《荆门浮舟望蜀江》以及苏轼《三游洞》的名句，对沿岸风景名胜如昭君故里、屈公祠等均花费笔墨介绍，而图上中国军队江防炮台只标有一处"白色圆顶阁隐蔽白炮"②。

应该看到，在兵要地志中如此穿插风景名胜介绍及诗词歌赋等非军事内容，这种附庸风雅的行为多少令人匪夷所思。③ 不过，对照中国传统长江上游航道图志，可以发现《峡江救生船志》《峡江图考》等书中，亦大量收录川江沿线之诗词歌赋，这种审美化的航道图志编纂方式，与前述《扬子江水路志》中收录大量非航道信息，可谓如出一辙。可以肯定的是，此类审美性水域景观名胜的遗存，本身就是中国传统航道图志编绘的重要特征。当然，从某种程度上讲，这无疑有损于兵要地志服务作战的实用性。④ 对此，冈村宁次就提出批评：

> 由国内出发时，参谋本部移交的作战资料中，有兵要地志班整理保管的作战地区的军事地志，现在看来，其内容不够充分。驻在中国的年轻情报武官的日常活动重点，大部分是探索中国军阀的动向及其相互间的关系，往往忽视用兵时所需的地势调查工作。结果在第一次（1932 年）、第二次（1937 年）上海附近作战中暴露出这方面的问题，而经历了一番苦战。⑤

---

① ［日］海军第三舰队冲野亦南编著：《扬子江案内全》，日本海军第三舰队司令部印行，1932 年，第 56 页。

② ［日］海军第三舰队冲野亦南编著：《扬子江案内全》，日本海军第三舰队司令部印行，1932 年，第 50 页。

③ 沈克尼：《侵华日军江河兵要地志概说》，《世界军事》2011 年第 13 期。

④ 沈克尼在其最新出版的《侵华日军兵要地志揭秘》一书中，对近代日本江河兵要地志的编纂有较为详细的研究。他在该书中认为《扬子江案内全》注记大量有关长江沿线景观与歌咏诗词，显然是附庸风雅的行为，有损于战争实用之目的。应该说，这一观点颇有启发意义，但也忽略了传统中国航道图志文献书写与日本江河兵要地志编制的传承关系。参见氏著《侵华日军兵要地志揭秘——100 年来日本对中国的战场调查》，生活·读书·新知三联书店 2021 年版，第 299—305 页。

⑤ ［日］冈村宁次著，稻叶正夫编：《冈村宁次回忆录》，天津市政协编译委员会译，中华书局 1981 年版，第 355—366 页。

第二章　现代性的引入：近代外国对长江上游航道的地图测绘

在看过美国人同时期所编绘的兵要地志后，冈村宁次对"美军平时调查的周密和重要文献整理、保管的精细，感到惊讶"，他感慨道："我们（指日本）对文献的整理、保管及便于查找的办法不够重视。庞大的文件堆积如山，缺乏整理、修订、索引，形如一堆废纸，回顾过去，值得我们反思。"① 尽管如此，相比于英法等老牌资本主义国家，近代日本作为后起之秀，其对长江上游地区的航道测绘与航图生产，虽起步较晚，却取得相当大的成绩，其特征如下：

1. 近代日本在长江上游的势力扩展中，多利用其后发优势。为最大限度地降低成本和获取情报，日本一直注重转译和参考西方国家对长江上游的航道测绘成果。特别是对法国海军测绘的长江上游航道图，日本海军水路部几乎是原样抄录。2. 相比于英法等国多注重测绘长江上游航道图，近代日本水路部在此基础上积极编绘水路志，以补充单纯地图绘制信息载量不足的缺陷。3. 近代日本编译与测绘长江上游航道图志的意图，早期多是服务于其商业利益，后期更注重服务日本海军对华作战的军事需要。4. 近代日本军国主义的扩张规划以及日本海军的"扬子江战略"，是推动日本水路部编绘长江上游航道图志的直接动力，其背后所隐藏的侵略野心是深值我们警惕的。

本章小结

正如英国社会学家安东尼·吉登斯认为：在前现代社会（传统社会），空间（space）和地方（place）总是一致的，但现代性引入之后，"空间"日益从"地方"分离出来，"地方"逐渐变得捉摸不定。不用参照"地方"便可以定义"空间"，不同"空间"单元可以自己定义。他还以现代西方世界地图生产为例，阐明这种"空间"取代"地方"的现代性后果，指出："先进的全球航海图导致了世界地图的产生，在世界地图中，透视法在解释地理位置和形势方面所起的作用微不足道，航海

---

① ［日］冈村宁次著，稻叶正夫编：《冈村宁次回忆录》，天津市政协编译委员会译，中华书局1981年版，第366页。

图使得空间独立于任何特定的地点和地区。"①

  实际上，近现代科学地图学的兴起，与地理大发现后西方列强的殖民扩张密切相关。其实质就是"空间"重新定义"地方"的过程。在本章中，笔者聚焦于近代外国（特别是英法等国）在中国西部（长江上游地区）的势力扩张过程，进而分析西方测绘技术与制图知识引入长江上游航道图志的编绘实践。通过考察近代外国人测绘长江上游航道的具体方式，最终发现：作为空间控制的知识生产手段，西方国家（包括日本）在川江航运现代性的变迁过程中，往往通过对长江上游航道的地图测绘与地理考察，从而达到对中国西部内陆地区的情报搜集与知识储备，并使得这种信息可以在空间网络中快速复制，进而服务于其商业利益、地缘战略乃至军事扩张。

  综上所述，近代以来西方制图技术在长江上游航道测绘中的运用，就是通过编绘科学的长江上游航道图志，进而重构川江内河航运的知识基础。近代英法日诸国对川江行轮事业的探索，从某种程度上亦是西方"现代性"引入的表征。不过，从近代中国知识与制度转型的角度看，外国人对长江上游的航道测绘与航图编绘，对传统长江上游航道图志的影响仍属有限，只有近代海关机构陆续开设以后，标准化的长江上游航道图志才最终得以确立。

---

① ［英］安东尼·吉登斯：《现代性的后果》，田禾译，译林出版社2011年版，第17页。

第 三 章

现代性的展开：近代海关与长江上游航道图志的标准化

海关是一个国家监督管理进出境的人员、货物、物品和运输工具，并执行关税法规及其他进出口管理法令、规章的行政管理机关。它本来是国家权力的体现，应该由主权国家自主设立。然而，在近代中国，由于西方列强对华贸易的半殖民性，特别是洋员管理海关的制度，使得海关机构逐渐演变为"列强驻华使馆之附属物"。其中，鉴于英国在对华贸易中的优势地位，近代中国海关机构中英国人长期占据总税务司等重要职位，以至于旧中国海关被英国政界一度视为"英国外交的必要附属品"以及"中英关系的基石"[①]。

从19世纪中叶至20世纪上半期，伴随通商口岸开放与自开商埠设置的时空过程，近代中国海关在通商口岸和商埠城市逐步发展起来，并呈现出从沿海到沿江，从边缘到腹地的空间发展特征。[②] 1858年中英《天津条约》签订以后，在长江沿岸各口通商贸易快速发展的促进下，近代中国海关开始在长江流域通商口岸设关征税。1862年1月1日，海关总税务司赫德即任命狄妥玛（Thomas. Dick）为江汉关税务司。[③] 同年12月5日，赫德又发出海关总税务司署的第2号通令，正式签发《长江

---

① 陈诗启：《中国近代海关史》，人民出版社2002年版，第33—42页。
② 吴松弟：《港口—腹地与中国现代化的空间进程》，《河北学刊》2004年第3期；吴松弟、杨敬敏：《近代中国开埠通商的时空考察》，《史林》2013年第3期。
③ 孙修福编译：《中国近代海关高级职员年表》，中国海关出版社2004年版，第192页。

通商统共章程》，近代海关机构得以率先在长江中下游地区的上海、镇江、九江和汉口等通商口岸设关征税。①

相比于长江中下游地区，长江上游地区因其地理环境的封闭性，长期以来对外贸易必须依赖转口进行，故有学者称之为是"封闭的世界"②。然而，伴随近代西方国家在中国西部内陆市场的积极开拓，特别是受川江对外贸易发展与通商口岸城市设立的影响，长江上游地区社会经济日趋开放。有鉴于此，近代中国海关开始在川江沿线口岸城市设置分关，以促进长江上游地区对外贸易的发展，进而规范川江航运的时空秩序。当然，近代海关在长江上游地区设置的过程中，其人员配置与人事制度、内部组织与关务运作等方面，都表现出旧中国海关特有的"国际性"与"异质性"。对此，邓少琴就指出：

> 外人掌握海关税务，其主旨在侵夺我国主权，掠夺内地资源利润。税务司本身任务，为处理关务正确敏捷，以谋关税之增收……。海关职员虽为中国政府之官吏，而其任命之权，中国政府委诸总税务司，而总税务司于外人关员固自行任用，其于华人关员，除帮办供事外，其余人员，委诸各地税务司录用，以为常例。……惟重庆关税务司过去均为外人，往往厚于外人，反增国人航业航政之障碍，如勒令"瑞华"轮船之停班，而使之于破产，渝叙内河航权之丧失，而种后来川人排斥外轮之运货，未尝非当时税务司之所作所为有以造成之也。③

总体而言，伴随近代中国海关机构的陆续建立，长江上游地区逐步建构起一套制度化的航道管理机制，进而重构了川江内河航运的时空秩序。从现代性的视角看，晚清以来英、法、日诸国在长江上游地区的势力扩张中，只能通过测绘川江航道来完成情报搜集与知识积累，未能真

---

① 江天风主编：《长江航运史（近代部分）》，人民交通出版社1992年版，第62页。
② 王笛：《跨出封闭的世界：长江上游区域社会研究（1644—1911）》，中华书局2001年版，"序言"第1—2页。
③ 邓少琴：《近代川江航运简史》，重庆地方史资料组，1982年，第9—10页。

第三章　现代性的展开：近代海关与长江上游航道图志的标准化

正对川江行轮提供相应的地图支撑和技术准备。相比之下，近代中国海关机构依靠长江上游巡江司对川江航道的有效管理，从而实现了长江上游内河航政的有序运作。在此基础上，近代中国海关通过刊布标准化的长江上游航道图以及航行布告，及时向川江航运界提供最新的航行信息，成为近代长江上游航道知识生产的权威机构。

第一节　近代海关在长江上游设置的历史过程

一　宜昌海关的设立

在近代长江上游地区海关机构的设置的历史过程中，最早设立的是宜昌海关。1876年，中英《烟台条约》规定"湖北宜昌、安徽芜湖、浙江温州、广东北海四处添开通商口岸，作为领事官驻扎处所"①。1877年，湖广总督翁同爵委派孙家谷为首任宜昌海关监督，负责会同英方驻华领事京华陀（Walter Edward King）筹办宜昌开关事宜。②同年2月16日，宜昌关署正式成立。2月22日，海关总税务司赫德正式调任原天津海关税务司狄妥玛为首任宜昌海关税务司。③ 1877年4月1日，宜昌海关正式开关办公。④ 其关址设于宜昌府城南门外滨江之地，距宜昌县治约一里地许。⑤

宜昌海关成立后，设有税务司与副税务司各一人。税务司之职责为统辖宜昌海关关务并管理辖下各课室关员。在机构设置上，宜昌海关分

---

① 王铁崖编：《中外旧约章汇编（第一册）》，生活·读书·新知三联书店1957年版，第349页。
② 故宫博物院明清档案部、福建师范大学历史系合编：《清季中外使领年表》，中华书局1985年版，第98—106页。
③ 中国社会科学院近代史研究所编译室：《近代来华外国人名辞典》，中国社会科学出版社1981年版，第112页；刘武坤辑：《旧中国海关总税务司、税务司名录（上）》，《民国档案》1986年第3期。
④ 李光伏：《宜昌海关的设立》，孙维玉主编：《宜昌海关史略（1876—1949）》，内部刊印，1995年，第5—20页。
⑤ 李静思：《宜昌海关的沿革》，孙维玉主编：《宜昌海关史略（1876—1949）》，内部刊印，1995年，第21—33页。

为内设与外设两大部分。其中，内设机构下设总务、秘书、会计、江务、验估、港务等课室。外设机构为宜昌海关在外围设置的各个关卡。就人事制度而言，宜昌海关分为内班、外班两种。其中，内班包括税务司、副税务司、帮办、税务员、供事、文案、司书、录事等；外班则包括巡江监察、缉私、验船、验货、钤子手、巡役、水手、听差等若干杂役。①宜昌海关成立伊始，主要职能为查验轮船、木船进出口货物，征收进出口关税、转口税。1877—1902年，为加强税务监察，又设分卡于平善坝、董市大正关、宜都大查关等处，主要负责稽查华洋商人进出口、转口货物中是否存在违规夹私事项。1937—1940年，为加强鄂西南恩施地区征税事宜，宜昌海关又陆续分设巴东分关和宜都分关；为控制鄂西北神农架、郧阳等地区税务，又在当阳设置分卡；同时，为加强对云贵川地区来宜货物的税务稽查，又在宜昌城区设置青草乡及西坝分卡。②

除负责征税和缉私等基本任务外，宜昌海关还附有丈量船舶、管理航标、港口检疫、引水管理、航道疏浚、天气监测、办理邮政等多项职能。因应海关多项职能的需要，宜昌海关还备有查河哨船6只，平善坝卡配有炮船4只、哨船1只。此外，根据《马关条约》的规定，宜昌海关还负责城陵矶至平善坝长江航道的日常维护与管理。1913年，宜昌海关进一步颁布《宜昌关理船章程》，就船舶停泊界限、军火船进出港、传染病检疫等做出详细规定。例如，关于宜昌港船舶停泊界限就规定：上自宜昌城南门起至对岸安庙溪口止，下自宜昌铁路码头下端之界起至对岸潭家河止，凡装矿物油、暴烈物料及需要防疫检查之船只，均应于章程所规定之下界外停泊；凡船只进口均需海关指泊员指定下桩地点。③然而，宜昌开关后并未彻底解决西方人所关注的长江上游行轮以及开拓中国内陆市场等诸多问题。对此，时人就指出：

---

① 宜昌市税务局税志办公室编：《宜昌海关简志（1877—1949）》，内部刊印，1988年，第8—11页。
② 宜昌市税务局税志办公室编：《宜昌海关简志（1877—1949）》，内部刊印，1988年，第11—13页。
③ 乔铎主编：《宜昌港史》，武汉出版社1990年版，第30—31页。

第三章　现代性的展开：近代海关与长江上游航道图志的标准化

宜昌一埠，当我国腹地之奥隅，为楚蜀交通之咽喉，乃长江轮运之终点。当时热情通商之人，推测将来繁荣，当取汉口市场而代之。然以位居群山之中，地瘠民贫，除川江一水可通而外，无其他水旱之交往，仅一过道码头，商务不茂。……故开关之初，四、五月间，曾有两轮自汉开宜，空船往返，无货受载，亦使然也。宜埠虽开，无补市场，于是中外人士，更瞩目于四川天府物产之富饶，派员视察，认为非开辟川江，商务无由繁荣，而重庆一埠，遂为外人觊觎之焦点，必使之开辟而后已。①

二　重庆海关的设置

早在《烟台条约续增专条》签订前，海关总税务司赫德就已经开始筹划重庆开关事宜。1890 年 7 月 22 日，赫德正式任命好博逊（H. E. Hobson）担任重庆海关税务司，负责筹建重庆海关。② 当时重庆海关仿照宜昌海关成例，设立重庆海关监督，同时改川东道为海关道，首任海关监督为川东道台张华奎，负责监督收税事宜并主持海关行政事务。与宜昌海关相似，重庆海关是在英国人一手操纵下设立的，并长期（1891—1926）由外国人担任税务司，"监督一职，徒拥虚名"，海关"第一负责之人，则为税务司"③。因此，从表面上看，海关监督是海关行政长官，税务司只是海关雇员，在行政序列上应接受海关监督领导，但由于海关雇员多用洋人，海关行政权实际上操于外人之手，海关监督对外籍海关雇员的监督制约作用并不有效。

1890 年 11 月 4 日，首任重庆海关税务司好博逊抵达重庆，随即与海关监督张华奎会商并勘测关址④。关址最初选在南岸王家沱，因无现成房屋可租，暂在狮子湾停泊。⑤ 后几经交涉，终于选定朝天门附近

---

① 邓少琴：《近代川江航运简史》，重庆地方史资料组，1982 年，第 1—2 页。
② 《总税务司通札（第 1 辑）》，中国第二历史档案馆藏"海关总署档案"，档案号：679—13549。
③ 邓少琴：《近代川江航运简史》，重庆地方史资料组，1982 年，第 7—9 页。
④ 《重庆关呈总税务司文》，重庆市档案馆藏"近代重庆海关档案"，档案号：035112438。
⑤ 王文圣：《晚清重庆海关的历史考察》，安徽大学出版社 2012 年版，第 21 页。

"糖帮公所"为关址，于1891年3月1日"租寓开关"。① 重庆海关建立后，随着业务的不断发展，其自身规模也在不断扩大。1893年，重庆海关在重庆城下游唐家沱设立一个分卡，检查上下过往船货。并于重庆城外设卡子房一所。建关初期，报关、纳税均在朝天门糖帮公所内，而点验货物则在隔江之南的狮子山，商人往返诸多不便。② 以致当时重庆海关署理税务司花荪（W. C. H. Watson）公开批评：

> 1893年末，在重庆下游约10英里的唐家沱设立了一个海关站，驻洋员一名检查上下过往的洋商租用民船。由于重庆宜昌间的航行情况，船只的舱口不能封闭，到达时通常用驳船将货物由民船运到停泊的海关囤船上，向未办到每只船彻底检查。海关设在城内，检查站却必须设在大江对岸——很大的不便，尤其在夏季，彼此通讯一次须费半日的功夫。然而，不可能补救一切缺憾，因为大江的涨落难测，经常使这个商埠的情况不合于卸载和装载的方便。③

1905年，重庆海关在太平门顺城街改建楼房，作为点验货物场所，气象一新。当时《广益丛报》报道："其楼房之高耸，地面之适宜，不啻为商场辟一异境，且上下货到渝必经洋关检验者，当无过渡停泊时多触浪之虞矣。"④ 1907年，重庆海关再次扩建太平门验货场，南岸狮子山下则设海关囤船（见图3-1）。⑤ 其管辖的空间范围，上起南岸黄葛渡土地庙和北岸城墙西端，下至南岸窍角沱铁厂和北岸安溪石桥，全长三英里；嘉陵江从江口上溯一英里为止。⑥ 据统计，自1891年英国人好博逊担任重庆税务司以来，仅至1912年就历21任税务司，均由外国人充任，且多为英国人（参见表3-1）。此外，近代重庆海关税务司还有两项特

---

① 民国《巴县志》卷16《交涉》。
② 王文圣：《晚清重庆海关的历史考察》，安徽大学出版社2012年版，第25页。
③ 《1892—1901年重庆海关十年报告》，周勇、刘景修编译：《近代重庆经济与社会发展（1876—1949）》，四川大学出版社1987年版，第141页。
④ 《广益丛报》1904年第3号"经济"。
⑤ 王文圣：《晚清重庆海关的历史考察》，安徽大学出版社2012年版，第25页。
⑥ 民国《巴县志》卷16《交涉》。

第三章 现代性的展开:近代海关与长江上游航道图志的标准化

别职能,一是代办部分国家在渝的领事业务;二是充当地方通商与外交事件顾问。①

图 3-1 民国时期重庆海关验货趸船

资料来源:傅谦君摄赠《四川重庆关·重庆海关验货趸船(照片)》,《关声》1933 年第 3 卷第 1 期。

表 3-1   1891—1912 年重庆海关历任税务司表

序号	姓名(外文)	中译名	等级	国籍	到任时间	离任时间	薪俸(两)
1	H. E. Hobson	好博逊	税务司	英	1890.11	1893.6	500
2	E. Mckean	吉德	税务司	英	未就任		500
3	F. Hirth	夏德	税务司	英	1893.6	1895.5	400
4	F. E. Woodruff	吴德禄	税务司	英	1895.5	1896.5	500
5	F. Schjoth	佘德	税务司	英	1896.5	1898.1	400
6	A. W. Cross	克乐思	三等帮办	英	1898.1	1898.2	125
7	F. Schjoth	佘德	税务司	英	1898.2	1899.3	400—800
8	J. L. E. Palm	班谟	税务司	英	1899.3	1899.11	800

---

① 邓少琴:《近代川江航运简史》,重庆地方史资料组,1982 年,第 10 页。

续表

序号	姓名（外文）	中译名	等级	国籍	到任时间	离任时间	薪俸（两）
9	K. T. F. F. Tshter-manm	德克曼	四等帮办	德	1899.11	1900.1	150
10	T. D. Moorhead	穆厚敦	头等帮办	英	1900.1	1900.6	450—500
11	Tongshao Wen	董绍文	四等税务员	英	1900.7	1900.8	50
12	T. D. Moorhead	穆厚敦	头等帮办	英	1900.8	1900.9	500
13	W. Honcock	韩威礼	署理税务司	英	1900.9	1901.10	600
14	W. C. H. Watson	花荪	署理税务司	英	1901.10	1903.7	450
15	P. P. M. Kremer	克雷摩	头等帮办	英	1903.7	1903.10	300
16	W. C. H. Watson	花荪	头等帮办	英	1903.10	1904.12	475
17	W. T. Lay	李华达	税务司	英	1904.12	1907.9	1000
18	C. E. Tanant	谭安	署理税务司	法	1907.9	1908.6	600—700
19	C. A. Mcallum	麦嘉林	头等帮办	英	1908.6	1908.12	450
20	G. F. H. Acheson	阿其荪	署理税务司	英	1908.12	1910.11	550
21	E. von. Strauch	斯泰老	署理税务司	英	1910.11	1912.12	600—700

资料来源：《重庆关历任税务司名录》，四川省地方志编等委员会编：《四川省志·海关志》，四川科学技术出版社1998年版，第228—230页。

在行政方面，近代重庆海关由税务司总管其事，行政体系分总务、秘书、会计、统计、检查、验查六科，以办理日常事务。其中，前四科为内班，后两科为外班。内班主要负责海关内部事务，处理关税、船钞之赋课以及统计、报告、会计等事，是重庆海关的机要部门。外班地位仅次于内班，主要负责检查船舶货物，是海关人员与过关船货直接打交道的部门，凡到港船舶，外班总巡必须亲自登船查验货物，防止走私。[①]总体而言，近代重庆海关是一个带有半殖民色彩的"国际官厅"，以上制下，以洋制华，以内制外。[②] 不过，伴随长江上游进出口贸易的快速发展，重庆关税收入也明显增加。1892年，重庆关税收入为20.09万海

[①] 邓少琴：《近代川江航运简史》，重庆地方史资料组，1982年，第8页。
[②] 《1892—1901年重庆海关十年报告》，周勇、刘景修译编：《近代重庆经济与社会发展（1876—1949）》，四川大学出版社1987年版，第123页。

第三章　现代性的展开：近代海关与长江上游航道图志的标准化

关两，1901 年迅速增至 51.49 万海关两，至 1908 年重庆海关的全部税收更是达到 64.06 万海关两。① 对此，时人评价："这是最好的纪录。令人高兴的是，这一结果是由于子口税收以外项目税的增多。因此，本口贸易似乎将有全面的发展。"②

三　万县分关的开办

重庆海关开关伊始，英国人就注意到万县在川江对外贸易中的战略地位。例如，首任重庆关税务司好博逊就认为除重庆外，川东的重要商业城市首属万县。万县除本地有相当大的商业可以自豪外，县城还控制川江水道和通到四川西部的各重要陆路。③ 1902 年，《中英续议通商行船条约》签订，万县被辟为商埠，但设关之议悬而未决。1917 年，北洋政府外交部电函重庆海关，建议"仿嘉兴分关成例，照内地办理一切事宜。为便利商贾起见，准予纳税起卸，并可设立报关行办理手续"④。同年 3 月 16 日，重庆海关万县分关在万县城东正式开设，定关址于万县城内水井湾，并于盘龙石设囤船一只，以便点验货物。⑤ 关于近代万县分关的船只停泊地点，已有学者明确指出：

（万县分关船只停泊地点）由上游三块石以至下游钟鼓楼，长约二英里，江面枯水宽约五百码。上流有盘龙石，江流至此，为石所阻，以趋河心。其下为水井湾，江水平静，为旗船停泊之所，海关囤船在焉。再下为苎溪河口，再下为下沱，以至于钟鼓楼前，均为良好舶舟所在。又再下为鲟鱼沱，则出海关规定界外矣。南岸与水井湾相对者，为陈家坝，河水平静，适合停泊轮船，自川江行轮以来，凡商轮兵舰皆停泊于此。由此北下为蛾眉碛，约长一英里而

---

① 王文圣：《晚清重庆海关的历史考察》，安徽大学出版社 2012 年版，第 85 页。
② 《1908 年重庆海关年度报告》，周勇、刘景修编译：《近代重庆经济与社会发展（1876—1949）》，四川大学出版社 1987 年版，第 304 页。
③ 隗瀛涛、周勇：《重庆开埠史稿》，重庆地方史资料组，1982 年，第 44 页。
④ 陈德全：《设立万县海关的经过》，《万县地区方志通讯》1988 年第 2 期。
⑤ 四川省地方志编纂委员会编：《四川省志·海关志》，四川科学技术出版社 1998 年版，第 19 页。

弱，直至徐沱，亦可停泊。①

此前，万县货物报关必须上溯重庆或下运宜昌，万县开关之后进出口贸易可以直接报运，故其对长江上游内河航运与对外贸易促进极大。②1917年，时任重庆关税务司巴尔（W. R. M. D. Parr）就认为："万县完全具有条约口岸的性质，商人在这里享受的特权和在重庆的完全一样。由于万县大体上位于宜渝之正中，地理位置极为重要，为川东膏腴之总汇，今后一定会有很大发展。"③从某种程度讲，近代重庆海关万县分关的开办，标志着清末民初长江上游地区海关机构体系的最终确立。当然，作为近代长江上游海关机构的主体，重庆海关无疑发挥着中心作用。作为近代重庆海关的辅助机构，万县分关与宜昌海关相互配合，共同促使川江航运和贸易结构发生重大变化。至1942年10月，万县分关方才脱离重庆海关管辖，正式升格为万县关，"所有鄂省西南及四川忠县以东之各卡，统归由该关管理"④。

四 海关与近代川江航运贸易结构的变化

伴随长江上游地区海关机构的陆续成立，近代川江航运的贸易结构逐渐发生重大变化，日益形成了以挂旗船为主的进出口贸易新格局。特别是重庆海关设立后，"外侨日集，国际间始有直接贸易……商货出入，输会必于重庆"⑤，为规范报关流程，重庆海关专门制订《重庆新关试办章程（十条）》与《重庆新关船只来往宜昌重庆通商试办章程（二十条）》。前者对洋商雇用华船或自备船只，对重庆港停泊地、起下货时间、船旗、进出港手续、沿江通行、洋货进入内地以及重庆关办公时间作出了具体规定。后者则由船只、货物、征税、停泊四个章程组成，分

---

① 邓少琴：《近代川江航运简史》，重庆地方史资料组，1982年，第109页。
② 邓少琴：《近代川江航运简史》，重庆地方史资料组，1982年，第108页。
③ 《1917年重庆海关年度报告》，周勇、刘景修编译：《近代重庆经济与社会发展（1876—1949）》，四川大学出版社1987年版，第416页。
④ （国民政府）财政部关务署编：《十年来之关税》，中央信托局1943年印行，第26页。
⑤ 民国《巴县志》卷13《商业》。

第三章 现代性的展开：近代海关与长江上游航道图志的标准化

别对英商雇用华船、英商自备华式之船、上下江货物运输、征税、船只停泊等作出具体规定。① 依照上述规定，货物通关须照一定手续呈报完税，受重庆海关查验后方可起卸通过。

1891年4月，长江上游开始有木船向重庆海关报关运货。同年5月18日，英国太古洋行挂旗船载运白蜡、黄丝，首次报关出口，成为重庆开埠后重庆关验放的第一艘出口挂旗船；6月2日，英商立德洋行雇用挂旗船从宜载运洋油、海带，首次报关进口，这是重庆关验放的第一艘进口挂旗船②。当时英商虽取得长江上游自备木船进行贸易的权利，然而川江险滩林立，驾驶需特殊专才，稍一不慎，倾覆随之，故均雇用重庆本地木船。又因开行之初，需先向海关呈领，并将关旗悬挂船上，故谓之"挂旗船"，以区别照例完税的厘金船。更因挂旗船多为各洋行所雇，为区别各行号，船上还需悬挂行旗（见图3-2）。③

按照规约，"所有洋商租用的客运船只——全部租用的或部分租用的——都须向海关报关，海关据以发给所需到宜昌沿途得免局卡留难其船只和货物的凭证。船只应在唐家沱和平善坝海关站受检验；经过中国厘卡时，如有必要，应呈验海关凭证"④。实际上，在当时长江上游水域的长途贩运中，挂旗船多不停关卡，一路便捷；更因各地依条约保护外商，一旦出事，船家可凭旗筒向当地官府或团甲投诉。因此，相比厘金船，挂旗船多有特权。1892—1911年的20年间，依靠长江上游通商口岸海关机构的有效运作，进出川江的洋商挂旗船日渐增多，外国商品从此可直接运到重庆，而无须再从汉口、宜昌领取子口税单，进一步带动长江上游对外贸易的迅速发展，每年平均增长速度高达12.9%，对外贸易总值增长了11.32倍。⑤ 1892年至1901年的10年间，重庆海关挂旗

---

① 隗瀛涛、周勇：《重庆开埠史稿》，重庆地方史资料组，1982年，第38—39页。
② 四川省地方志编纂委员会编：《四川省志·商检志》，四川科学技术出版社1996年版，第306页。
③ 邓少琴：《近代川江航运简史》，重庆地方史资料组，1982年，第76—79页。
④ 《1892—1901年重庆海关十年报告》，周勇、刘景修编译：《近代重庆经济与社会发展（1876—1949）》，四川大学出版社1987年版，第141—143页。
⑤ 王永年：《论辛亥革命前四川对外贸易的发展》，《四川大学学报》（哲学社会科学版）1986年第2期。

图 3-2　1911 年悬挂美国国旗的川江挂旗船

资料来源：[美] 路得·那爱德摄影，王玉龙撰述：《消失的天府：美国教师路德·那爱德摄影作品集（1910—1913）》，广西师范大学出版社 2009 年版，第 131 页。

船外贸总值由 924.5 万海关两增至 2426.9 万海关两，平均年增长率为 11.3%，1901 年为 1892 年的 2.6 倍。其中 1899 年贸易额最高，达到 2579.2 万海关两。1902 年至 1911 年这 10 年间，外贸总值亦有所增长，但不是很稳定。其中，1909 年为贸易最高年份，达到 3246.6 万海关两，是 1902 年的 1.315 倍，其余年份增长速度多在 10%—20% 之间徘徊。①

在外贸格局上，自长江上游通商口岸开关以后，入关洋货快速增长，出口土货亦与日俱增，而进出口贸易的增长，反映出长江上游对外市场的扩大。与开关前商品贸易结构相比，开关后商品贸易结构发生了明显

---

① 王笛：《跨出封闭的世界：长江上游区域社会研究 1644—1911》，中华书局 2001 年版，第 286—291 页。

第三章　现代性的展开：近代海关与长江上游航道图志的标准化

变化。① 在此基础上，川江沿线逐步形成了重庆为中心的外向型商贸结构，进而改变着长江上游传统的消费结构。原先局限于商埠流通的洋货也因此得以大量涌入内地，过去土货单层次消费逐步改变为土洋货双层次消费。而消费结构的变化，又从根本上改变了长江上游封闭的市场体系。受此影响，重庆以其优越的地理位置，依托开放的市场环境，其腹地范围从四川一省拓展到滇、黔、陕、藏等地，初步形成一个因外部市场需求而发展起来的"特产型"长江上游市场体系，以及以重庆—汉口—上海三大通商口岸为中心的长江流域经济圈。②

综上所述，伴随近代长江上游地区海关机构（特别是重庆海关）的陆续设置，直接促进了川江挂旗船贸易的发展；川江挂旗船贸易的发展又使得长江上游对外贸易发生巨大变化，形成带有若干现代性特征的"特产型"市场体系；内河川江水运与市场体系的发展，又促使长江上游各埠海关加强对川江航道秩序的管理，进而为长江上游航道图志标准的确立提供制度保障。

第二节　长江上游巡江司与川江航道秩序的重构

一　海关与长江上游巡江司的设置

明末以来，长江上游逐渐增设救生船，对遇难舟船进行及时施救，在发挥水上救生的同时，还起到助航警示的作用。③ 然而，在传统川江航道的建设中，或凿石刻字，或树立铁桅，或凿石为塔，只能通过设置简易助航设施来保障行船的安全，长江上游地区始终没有成立专门化、

---

① 陆远权：《通商贸易与区域社会变迁——重庆开埠二十年发展研究》，西南师范大学出版社2004年版，第20—21页。

② 已有学者对近代长江流域经济圈的形成过程展开研究，参见戴鞍钢《港口·城市·腹地——上海与长江流域经济关系的历史考察（1843—1913）》，复旦大学出版社1998年版。

③ 参见蓝勇《清代长江上游救生红船制初探》，《中国社会经济史研究》1995年第4期；《清代长江上游救生红船制续考》，《中国社会经济史研究》2005年第3期；《清代长江红船救生的地位和效果研究》，《中国社会经济史研究》2012年第3期；《清代长江救生红船的公益性与官办体系的衰败》，《学术研究》2013年第2期。

统一化的航道管理机构。① 至 1909 年 10 月 29 日，中国本土官商合办川江轮船公司所属"蜀通"轮安全驶抵重庆，成为近代长江上游行驶的首艘商业客运轮船。② 1913 年，川江轮船公司又订造"蜀亨"轮，两轮并行，获利甚厚，由此长江上游内河轮运日趋兴盛，快速进入轮船时代。而在清末民初内河航运现代转型的情形下，如何加强长江上游航道建设，遂成为川江航运界亟待解决的问题。

为尽快建立专门的长江上游航道管理机构，1914 年 11 月 29 日，海关副巡工司米禄司（Mills. S. Y）由宜昌上驶重庆，在蒲蓝田船长（Cornell Plant）③的陪同下，对长江上游宜渝段航道进行系统考察。在考察过程中，米禄司通过蒲蓝田的帮助，获得大量有关川江险滩和长江上游行轮航线极具价值的情报。④ 同时，两人还对川江助航设施建设与长江上游建立航道管理机构等问题进行了详细研究。考察结束后，米禄司于当年 12 月 2 日向海关巡工司提交了《扬子江宜渝段考察报告》，对川江航道管理提出了系统建议。在报告中，米禄司认为长江上游轮运航线业已建立，但川江航道条件太差，因此必须设置助航设施，同时制定行轮章程，才能建立专门化的航道管理机构。⑤ 米禄司还举荐蒲蓝田为海关服务，称他熟悉川江航道，具有长江上游行轮的丰富经验，这为海关设立长江上游巡江司提供了依据。⑥

1915 年 3 月 13 日，海关总税务司安格联正式批准设立长江上游巡江司，在致重庆与宜昌海关的第 796—55639 号通令中，决议聘请蒲蓝田担任长江上游巡江司的首任巡江工司。⑦ 随后，重庆海关与蒲蓝田签署合同，任期 5 年，月薪 400 关平两。从此，长江上游开始有从事航道

---

① 王轼刚主编：《长江航道史》，人民交通出版社 1993 年版，第 106 页。
② 邓少琴：《川江航运简史》，重庆地方史资料组，1982 年，第 96 页。
③ 有的译者将其翻译为"薄蓝田""普兰特""蒲兰田"，本书统一译为"蒲蓝田"。
④ 熊树明主编：《长江上游航道史》，武汉出版社 1991 年版，第 89 页。
⑤ 王轼刚主编：《长江航道史》，人民交通出版社 1993 年版，第 163 页。
⑥ 《米禄司致海关巡工司文》，1914 年 12 月 26 日。此处关于米禄司《扬子江宜渝段考察报告》的内容要点，参见王轼刚主编《长江航道史》，人民交通出版社 1993 年版，第 163—164 页；熊树明主编《长江上游航道史》，武汉出版社 1991 年版，第 89 页。
⑦ 《1915 年 3 月 22 日海关总署秘书长给宜昌海关关于蒲蓝田船长任宜昌—重庆间巡江工司的报告》，宜昌市档案馆藏"近代宜昌海关档案"，档案号：英海档 031-036。

第三章　现代性的展开：近代海关与长江上游航道图志的标准化

管理与建设的专门机构。在行政隶属上，长江上游巡江司直属海关海务巡工司管理，并接受重庆和宜昌海关的横向领导，主要负责长江上游宜渝段航道的助航工作。具体职责包括：管理长江上游危险河段的船只，设置和管理助航设施，对航道进行整治和测量，制定航行章程，发布《航行布告》等。① 对此，邓少琴就谈道：

> 海关之设巡江司，仅长江上游、中游、下游及黑龙江四处各一员而已。川江之有巡江司，则原（源）于"蜀通"商轮行轮以后，该轮每年仅行轮八月，亦无须官厅之管理也。迄至民国三年川路、瑞庆次第成立轮船公司，轮船加入航行者，亦有三、四只之多。十一月海关副巡工司米禄司入峡考察川江之水道形势及行船情形，认川江必须筹备者，莫如把船章程及设立号站、标杆、浮桩、水表及轰炸各处暗礁及河岸凸出乱石诸事。次年春，以熟习川江水道之蒲蓝田奉为长江上游巡江工司，四月拟具《川江行轮免碰章程》，上之总务司。②

鉴于当时川江缺乏轮船领江人才，蒲蓝田又以长江上游巡江司的名义，于1917年在重庆和新滩分别设立引水教练学校与训练基地，从木船舵工中选择优秀者"教以驾驶轮机之法，以宏植引水之才"③。这些人先经系统的理论培训，然后到轮船上实习，再经巡江工司考试合格后持证上岗，由此培养出第一批长江上游的本土轮船领江人才。④ 他们以"丰富之经验与敏捷之手术，出入于惊涛骇浪之中，履险如夷"⑤。凡有关川江航道管理的各项事宜，诸如助航设施建设与引水人才培养，都是当时长江上游巡江工司的职责所在。⑥

---

① 王轼刚主编：《长江航道史》，人民交通出版社1993年版，第164页。
② 邓少琴：《近代川江航运简史》，重庆地方史资料组，1982年，第102页。
③ 邓少琴：《近代川江航运简史》，重庆地方史资料组，1982年，第105页。
④ 李明义：《洋人旧事：讲述百年前发生在宜昌的故事》，三峡电子音像出版社2016年版，第256页。
⑤ 邓少琴：《近代川江航运简史》，重庆地方史资料组，1982年，第105页。
⑥ 熊树明主编：《长江上游航道史》，武汉出版社1991年版，第92页。

二　蒲蓝田与川江行轮航线的开辟

为何首任长江上游巡江工司的人选，海关总税务司会选择由英国人蒲蓝田船长担任？实际上，对近代长江上游轮船航运史而言，蒲蓝田绝对是"无可以代替之人"①。时人称赞他是"川江的哥伦布"②，认为他在长江上游航运中引入轮船营运，"打开了通往自然资源富饶四川的要道，由此获益的中外人民都要永远感谢这位先驱者所作出的努力"③。而蒲蓝田之所以能够取得这样高的评价，与其早年人生经历与日后个人选择有很大关系。

根据现有资料，1866年，蒲蓝田出生在英格兰萨福克郡乡下的一个海员家庭。他的父亲老普兰特曾是一名船长，一生主要从事英国与印度之间的远洋轮船运输。受父亲影响，蒲蓝田在14岁的时候就开始水手生涯。1886—1887年，他只身来到美索不达米亚，加入林奇两河流域轮船运输公司（Lynch's Euphrates and Tigris Steam Navigation Company）。1891年，蒲蓝田被任命为该公司"苏萨"（Shushan）轮的船长。同年4月29日，他驾驶"苏萨"号来到两河流域的阿瓦士，准备开拓卡伦河的航线。④ 然而，卡伦河河床弯曲，礁石密布，且无航道图参考。面对这样的困难，蒲蓝田"在缝隙中艰难地选择寻找航道，这样才很艰难地通过了大约5英里长的迷宫般的河道"⑤。

蒲蓝田在两河流域的这段探险经历，对其职业生涯有着重要的意义，由此激发了他对内河航行的独特兴趣。对于险滩恶水，蒲蓝田"非特不望而却步，反被其吸引，乐之而不疲"⑥，他本人也由此跻身英国第一流

---

① 张澍霖：《川江轮船业的几个开山祖师》，《新世界》1936年第103—104合期。
② 重庆中国银行编：《从宜昌到重庆》，中国银行、国光印书局1934年印，第3页。
③ 李明义：《洋人旧事：讲述百年前发生在宜昌的故事》，三峡电子音像出版社2016年版，第283页。
④ Michael Gillam, "The Making of Cornell Plant The Pilot", *Journal of the Hong Kong Branch of the Royal Asiatic Society*, Vol. 43, 2003, pp. 185–200.
⑤ 《蒲蓝田手稿》，第17页。转引自李明义《洋人旧事：讲述百年前发生在宜昌的故事》，三峡电子音像出版社2016年版，第212页。
⑥ 张澍霖：《川江轮船业的几个开山祖师》，《新世界》1936年第103—104合期。

第三章 现代性的展开：近代海关与长江上游航道图志的标准化

的内河航运专家之列（见图3-3）。例如，在开辟两河流域卡伦河行轮航线的过程中，他发明了维修破损船体的有效方法；在没有航道图的情形下，他又坚持实地调查卡伦河的险滩情形，坚持记录航行日志，总结驾引经验，以确定可以通航的河段；在与当地水手和地方官员的接触中，他又发展出一套彼此沟通的技巧和方法。① 诸如此类，都成为蒲蓝田船长日后从事长江上游行轮事业的宝贵经验。

1897年，蒲蓝田在伦敦东方俱乐部见到了约翰·立德。② 彼时，立德已经驾驶"利川"号到川江试航③，但因船小马力过弱，沿途均需绞滩，经过10多天的艰难航行，最后才到达重庆。④ 受此鼓舞，立德一面返回英国积极筹款，极力鼓吹开辟川江行轮通航的重要价值；一面在英国丹那船厂订造"肇通"轮，同时成立扬子江贸易公司（Yangtze Trading Co. Ltd，又译"溥安公司"）。⑤

图3-3 蒲蓝田船长照片

资料来源：Fitkin Gretchen Mae, *The Great River: The Story of a Voyage on the Yangtze kiang*, Kelly & Walsh, p.114.

当立德把自己驾驶"利川"轮的经历，以及他日后的行轮计划告诉蒲蓝田后，蒲蓝田很快被川江天险所深深吸引。显然，与长江这条大河相比，两河流域的险滩礁石就显得微不足道了。⑥ 他当即"受英商立德

---

① Michael Gillam, "The Making of Cornell Plant the Pilot", *Journal of the Hong Kong Branch of the Royal Asiatic Society*, Vol. 43, 2003, pp. 185-200.
② A. C. Bromfield and Rosemary Lee, "The life and times of captain Samuel Cornell Plant", *Journal of the Hong Kong Branch of the Royal Asiatic Society*, Vol. 41, 2001, pp. 407-416.
③ 盛先良：《川江航行之起源及其经过》，《新世界》1933年第25期。
④ 袁子修：《川江航业史观》，《新世界》1936年第86期。
⑤ 聂宝璋：《川江航权是怎样丧失的？》，《历史研究》1962年第5期。
⑥ 李明义：《洋人旧事：讲述百年前发生在宜昌的故事》，三峡电子音像出版社2016年版，第218页。

乐君之聘,来华充任扬子贸易公司肇通轮船船主。立君固有志提倡长江上游航业者,其任君充任是职,盖以君稔习美素布达迷亚(今译'美索不达米亚')地方之幼付腊底河(今译'幼发拉底河')情形。而长江上游之形势,适与此河略相仿佛耳"①。

长江上游险滩是否能够真正克服?是否能开辟正常的行轮航线?适合川江通航的轮船结构应该是怎样的?带着这样的疑问,蒲蓝田于1898年来华后积极为驾驶"肇通"轮做准备。然而,长江上游航道险滩的危险远远超出预料,他只能煞费苦心地测量川江水文状况。为此,蒲蓝田特意选择采用分段测量法,对川江"来水流量、水流方向、水流速度、水位落差、里程位置、水位深浅、激流险滩、礁岩障碍、行轮航线等水文特征、地理特征和轮船航道进行了非常严谨的勘察测量和详细的记录,现场绘制出具体的轮船航行路线图"②。

在此期间,他还"筑大木船一只,贸易于宜渝之间,颇为顺利,并研究滩凶险水之所在"③。经过两年多的准备,蒲蓝田终于驾驶"肇通"轮,于1900年6月20日抵达重庆,仅仅用9天的时间,实际航行73小时,即完成宜昌上溯重庆400英里的航程。④ 由此不仅证明川江洪水季节可以行轮,"肇通"号也成为入川的第一条商轮,"为长江上游开一航行汽船之新纪元矣"⑤。然而,"肇通"号的船身太宽,在川江河道的某些狭隘处不便运转。因此,当时长江上游航运界的一般意见还是认为:"扬子江上游的轮船运输不可能获利,因为能驶过险滩的轮船必须吃水甚浅,而机件甚重,难于装货。"⑥

1900年12月27日,德国新造的"瑞生"号在崆岭滩触礁沉没。这

---

① 佚名:《蒲蓝田君在华之事略》,中国海关事务处1923年印,第1页。
② 李明义:《洋人旧事:讲述百年前发生在宜昌的故事》,三峡电子音像出版社2016年版,第222页。
③ 张澍霖:《川江轮船业的几个开山祖师》,《新世界》1936年第103—104合期。
④ 王绍荃主编:《四川内河航运史(古、近代部分)》,四川人民出版社1989年版,第140页。
⑤ 佚名:《蒲蓝田君在华之事略》,中国海关事务处1923年印,第1页。
⑥ 《1902—1911年重庆海关十年报告》,周勇、刘景修编译:《近代重庆经济与社会发展(1876—1949)》,四川大学出版社1987年版,第149页。

第三章　现代性的展开：近代海关与长江上游航道图志的标准化

艘轮船长210英尺，无论船体结构与航行速度，都大大超过"利川"和"肇通"，它的不幸也成为近代川江轮船航运史上第一次的沉重打击。① 这也导致社会上一般人"都以为川江行驶轮船是危险的事体，于是预备造船行驶川河的人，也都就因此而中止了"②。在如此严峻的情形下，如何才能继续从事开辟长江上游行轮航线的事业？恰好在1902年，前述法国海军少校武尔士驾驶兵舰，拟对长江上游航道进行测绘。而蒲蓝田此时已卸任"肇通"轮的船长，武尔士立即聘请他担任法国炮舰"奥尔里"号的领江。在《长江激流行》一书中，武尔士写道：

> 蒲蓝田是在江河上闯滩航行的行家。他曾长期在险滩重重的幼发拉底河上指挥战舰。尤为重要的是，他对长江了如指掌……要不是有幸找到了蒲蓝田，我们就得一点一点、一段一段地研究我们要冒险经过的艰难地段。结果会是怎样？需要多少时间？我不敢说。我们的尝试能成功吗？我也不能确认。……我认为蒲蓝田是我见过最好的海员。③

正是在法国炮舰担任领江的数年间，蒲蓝田得以有机会对长江上游航道进行更为绵密的考察，"冀得决定一种合宜船式，以资航行是河之用"④。在同法国海军的合同期满后，蒲蓝田又倡议于法国驻华公使，"谓川江宜造特式之船，以作通峡之用，使三峡航权独居其奇"⑤。正是在他的建议下，法国人相信川江行轮的关键在于建造特定形制的轮船，如此长江上游航权可归于法人之手。受此鼓舞，法国资本家随即联合英商成立"长江英法辛迪加"，计划在长江上游航道设置绞滩站，以特造

---

① 汪敬虞：《三峡第一艘轮船沉没的历史启示》，《近代中国》（第9辑），上海社会科学院出版社1999年版，第1—24页。
② 盛先良：《川江航行之起源及其经过》，《新世界》1933年第25期。
③ ［法］武尔士：《长江激流行——法国炮舰首航长江上游》，曹娅、赵文希译，重庆出版社2019年版，第10—11页。
④ 佚名：《蒲蓝田君在华之事略》，中国海关事务处1923年印，第1页。
⑤ 邓少琴：《近代川江航运简史》，重庆地方史资料组，1982年，第93页。

的内河轮船实现川江行轮通航。①

然而，这个由蒲蓝田倡议组建的法英合资长江轮船公司，其行轮方案很快受到四川当局的强力反对。时任四川总督赵尔丰深恐川江航权有失，一面阻止法国人的行轮计划，一面密令劝业道周善培"赴渝聚合绅商组织公司，以望轮船之实现"②。周善培抵达重庆以后，一路勘测川江航道。根据考察结果，四川决定成立本土的川江轮船公司。③ 1907年1月17日，赵尔丰上清廷《奏为设立川江轮船有限公司事折》，建议"惟有自行设立轮船公司，庶几通船便捷，杜绝觊觎"④。清政府很快批准此奏。翌年3月16日，"官商合办川江轮船有限公司"（以下简称："川江轮船公司"）在重庆正式成立。

为购置适合长江上游航道的轮船，川江轮船公司高薪聘请蒲蓝田为技术顾问，在英国购置"蜀通"轮，于1909年夏在上海装配完竣。⑤ 又以蒲蓝田"往来川江十有余年，一切江滩情形，甚为熟悉……特以重价聘作川轮公司船主"⑥。在蒲蓝田的驾引下，"蜀通"轮于当年10月19日上午自宜昌出发，10月29日抵达重庆，实际行轮65小时，"是为华人自营华轮入川之第一次也"⑦。该轮通航后，总是货物满载、乘客拥挤，川江轮船公司也因此获得丰厚的利润回报。时人高度评价："任何对这条复杂河流的艰险略有所知的人，可能都会赞赏该轮的航行技术。"⑧

蒲蓝田开辟川江行轮航线的成功，极大鼓舞了中外航业人士对长江上游轮船航运的信心，由此开启了川江轮船定期往来的新时代，"囊疑轮船不能行川江，暨川江不能用轮船者，莫不顿改其前说，而欣欣然乐

---

① 聂宝璋：《川江航权是怎样丧失的？》，《历史研究》1962年第5期。
② 邓少琴：《近代川江航运简史》，重庆地方史资料组，1982年，第93页。
③ 隗瀛涛主编：《四川近代史稿》，四川人民出版社1990年版，第426页。
④ 《护理四川总督赵尔丰奏为设立川江轮船有限公司事折》，中国第一历史档案馆藏"朱批奏折"，档案号：0401010971066。
⑤ 邓少琴：《近代川江航运简史》，重庆地方史资料组，1982年，第94页。
⑥ 《奏办川江行轮有限公司致武汉宜昌官绅士商船帮通启》，《商务官报》1909年第34期。
⑦ 邓少琴：《近代川江航运简史》，重庆地方史资料组，1982年，第95页。
⑧ 《1912年重庆海关年度报告》，周勇、刘景修编译：《近代重庆经济与社会发展（1876—1949）》，四川大学出版社1987年版，第378页。

第三章 现代性的展开：近代海关与长江上游航道图志的标准化

道之"①。当时川江航运界"因赖蜀通轮探险之成功，此神秘险恶之河乃得利用，航业与贸易均赖以发达，此甚属庆幸之事也"②。对此，《1910年重庆海关年度报告》就坦言："事实已证明，川江轮船运输可以获得财政上的成功。川江轮船公司能够取得成功而其他公司不能的原因是，前者雇用了蒲蓝田船长，此人曾经花了10年时间研究宜昌以上川江航道上的急流和各种复杂情况。"③ 孟纯在《宜昌到重庆》一书中亦认为："昔日以川江礁多水浅，均认通轮为不可能事。是以轮船之在今日能畅行于川江，实可认为近世航业史之一段传奇。"④ 换言之，清末民初长江上游轮船通商航线的成功开辟，最主要的原因在于蒲蓝田船长持之不懈的努力和推动。正是这位川江行轮事业的先驱者，使得长江上游轮船通航成为可能，"川江航运乃被目为黄金航线"⑤，由此惊心动魄的川江险滩终于得以克服，故在时人看来堪称奇迹。⑥

三 蒲蓝田与川江助航设施的建设

长江上游航道险滩林立，弯曲狭窄，一直未有正式的助航设施。传统木船驾驶人员只能依靠个人经验和沿岸地貌进行导航，这对轮船航行甚为不利，双方一旦相遇极易发生碰撞。⑦ 自清末川江轮船公司成功开办以后，川路、瑞庆、利川等本土轮船公司相继而起，"大川""庆余""巨川"等轮纷纷加入川江航线，长江上游航运快速步入轮船时代。然而，这些中小型的轮船公司往往缺乏内河航行的必要经验，所属轮船也缺乏在川江航道行驶的基本条件，"失吉之事，随之而有，轻则折损机

---

① 《宣统二年宜昌口华洋贸易论略》，《通商各关华洋贸易总册》（下卷），海关总署造册处，1910年，第45页。
② 严励精：《川江航业述略》，《动力月刊》1934年第2卷第11期。
③ 《1910年重庆海关年度报告》，周勇、刘景修编译：《近代重庆经济与社会发展（1876—1949）》，四川大学出版社1987年版，第322页。
④ 重庆中国银行编：《宜昌到重庆》，中国银行、国光印书局1934年印，第3页。
⑤ 龚学遂：《中国战时交通史》，商务印书馆1947年版，第203页。
⑥ 李鹏：《蒲蓝田与清末民初川江航运的现代转型》，《国家航海》2022年第2辑（总第29辑）。
⑦ 王绍荃主编：《四川内河航运史（古、近代部分）》，四川人民出版社1989年版，第215页。

械，进厂修理而停业；重则全船沉没，公司随之而瓦解"①。有鉴于此，蒲蓝田受聘为首任长江上游巡江工司后，其首要工作就选择设立标准化的川江航道助航设施。

首先，在前期实地调查的基础上，蒲蓝田在川江主要险滩设置航行标志，以标示航道危险，保障行轮安全。根据长江上游巡江司第1号《航行布告》，他最先在"佛面滩石梁嘴上新设警船桩一架，依石梁直线距江左岸六十丈。系指明石梁嘴已经淹过，即将警船桩设立；石梁嘴露出水面，即行撤去"②。这是川江上设立的第一座岸上航行标志。此后，他又在暗礁密布的腰站河与崆岭滩等处，分别设置竹竿浮旗警船标13座，这是川江设立的首批水上标志。建成后的川江航道航行标志，分为水上标志（浮标）、岸上标志（岸标）与水位标志（航行水尺）三类，多根据水位高低作为去留标准，随时裁撤或增添。③

其次，标杆信号也是长江上游助航设施建设的主要内容，所谓"标杆之设置，为轮船与轮船或轮船与木船之免碰而设"④。1915年8月17日，蒲蓝田在狐滩设置标杆信号，这是川江有史以来第一座信号站。凡有上下水船只行至，即有信号员悬挂不同种类的标杆信号，以便"为轮船过往狭窄槽口时引航，避免两船因会让而发生碰撞之险"⑤。同时，又在"相近高家镇之兰竹坝坝尾之沙堡……下水右岸虎须子地方设立警示标杆一枝，于沙堡存在时悬挂警球一个，俟至沙堡荡没，方将警球撤去"⑥。此后，又陆续在庙河、青滩、兴隆滩、泄滩、牛口滩、火焰石、青石洞、宝子滩、东洋子等处添置标杆信号。

建成后的长江上游航道标杆高二丈许，上端穿横木，左右两端可悬信号。信号样式以黑色三角形与圆形的不同排列，分为7种：下水轮船将到而悬挂者；上水轮船将到而悬挂者；上水、下水轮船将到而悬挂者；

---

① 邓少琴：《近代川江航运简史》，重庆地方史资料组，1982年，第118—119页。
② 《长江上游巡江司第1号航行布告》，重庆长江航道局档案室藏抄本，1915年8月17日。
③ 熊树明主编：《长江上游航道史》，武汉出版社1991年版，第102—103页。
④ 邓少琴：《近代川江航运简史》，重庆地方史资料组，1982年，第102页。
⑤ 熊树明主编：《长江上游航道史》，武汉出版社1991年版，第94页。
⑥ 《长江上游巡江司第2号航行布告》，重庆长江航道局档案室藏抄本，1915年8月17日。

第三章　现代性的展开：近代海关与长江上游航道图志的标准化

两下水轮船将到而悬挂者；两上水轮船将到而悬挂者；民船正在漕内行驶，通知轮船而悬挂者；上水轮船已过下端信号而悬挂者（见图3-4）。以上述信号标志为基准，各标杆信号台守望人员遵照章程悬挂，警示来往船只，避免相互触碰。如一时悬挂不及，则鸣炮示警。按照规定，各

ON THE ICHANG—CHUNGKING SECTION.　　　　　31

AIDS TO NAVIGATION.

Signal Stations.—Signal stations have been established at various points along the river, where at certain seasons there exists considerable danger of collision between steamer and junk. Each station operates during the period of danger only.

The signals hoisted are as follows:—

When an up-bound steamer is approaching, a red and white cone is hoisted, point up.

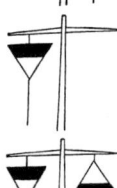

When a down-bound steamer is approaching, a red and white cone is hoisted, point down.

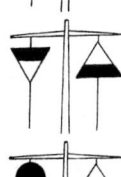

When an up-bound steamer and a down-bound steamer are approaching, a red and white cone is hoisted at each yard-arm.

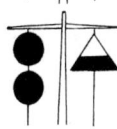

When junks are nearing, or passing through, a rapid or narrow channel, two red balls are hoisted in addition to the cone indicating the steamer's approach.

Pole Beacons and Flag Marks.—Reefs and rocks which lie in or near the fairway are, so far as is possible, marked by pole beacons or by flagged floats. These marks are put down only on such levels as render them useful aids to navigation. At times they are carried away by passing junks or by a sudden rise in the river level and cannot be replaced for some time.

Notices to Mariners.—Copies of Notices to Mariners relating to the signal stations and other aids to navigation may be obtained from the Harbour Master's Office at Chungking or Ichang.

A report book kept at K'uei-chou-fu (夔州府) is brought on board steamers each trip for the master to enter up any report he has to make with reference to signals or other matter he may consider useful for the information of the River Inspector.

River Gauges.—The Customs gauge at Ichang registers up to 50 feet above its local zero level, which was established in 1877, and is 1 foot 6 inches above the lowest level that has obtained since, which was in the year 1915.

The Customs gauge at Chungking registers up to 108 feet above its local zero level, which was established in 1890, and is 1 foot 8 inches above the lowest level of 1915.

图3-4　川江标杆信号说明

资料来源：Cornell Plant, *Handbook for the Guidance of Shipmasters on the Ichang-Chungking Section of Yangtze River*, Kelly & Walsh, 1920, p. 31.

标杆信号台的轮船行驶数据，守望员每周需向长江上游巡江工司汇报一次，以资考查。①

为使川江航道助航设施尽快投入实际运作，重庆海关特意致函长江上游各处，晓示道："今因海关设立标杆，以免轮船碰撞民船，现刻夔峡内外标杆，已经开办，每处有信炮，如有轮船往来，均以信炮为凭，贵部勿要惊恐，并烦传知各部知照。"② 当然，以川江航道之险，"要期望轮船航行毫无危险，是办不到的。但至少某些危险可以利用助航设施来排除"③。根据当时海关统计，蒲蓝田在任长江上游巡江工司期间，先后"兴办了28处信号站，7只标志船，33处竹竿指向标，17处帚形指向标和3处木杆指向标……沿江设置的水标尺已达12处，也已证明对于往来船只裨益甚大"④。班思德在《中国沿海灯塔志》中也记载：

> 民国四年，派蒲蓝田君为扬子江上游巡江事务长，与专责成，而便设置。翌年凡长江上游峡江进口、水道曲折，以及山谷险峻之处，均设有信号台，以为警示民船及曳船趋避汽船之用。计至民国六年该项信号台设立之数，已达二十七处之多。而险滩危岩之上，所插旗帜亦有四十六面。此外凡属江中险峻地点，则为绘制精细地图，俾资参考。复又创立引水研究所，造就民船引水人材，以为引导汽船之用。盖以长江上游水势奔腾，峡谷林立，水位升降，飘忽无定，而航路又复变迁靡常，因而普通航行标识如浮筒标桩，几至失其效用，故不得不藉引水人，以资指导也。计至民十蒲蓝田君逝世之时，扬子江上游已设有信号台二十八处，旗杆五十三架，标船七艘，而该年沿江各处设置之水表，亦达十二具。翌年，复增置十九具。由是以观，航行标识之设置，日形完善。⑤

---

① 邓少琴：《近代川江航运简史》，重庆地方史资料组，1982年，第103—104页。
② 王绍荃主编：《四川内河航运史（古、近代部分）》，四川人民出版社1989年版，第217页。
③ 《1922—1931年重庆海关十年报告》，周勇、刘景修编译：《近代重庆经济与社会发展（1876—1949）》，四川大学出版社1987年版，第367页。
④ 《1912—1921年重庆海关十年报告》，周勇、刘景修编译：《近代重庆经济与社会发展（1876—1949）》，四川大学出版社1987年版，第341—342页。
⑤ ［英］班思德：《中国沿海灯塔志》，李廷元译，海关总税务司署统计科1933年印，第42—43页。

第三章 现代性的展开：近代海关与长江上游航道图志的标准化

由此可见，作为近代川江航道秩序重构的基础，首任长江上游巡江工司蒲蓝田初步建成了标准化的助航体系。① 尤其是在川江水文环境复杂多变的情形下，他能取得这样的成绩，实为不易。1920 年，重庆海关署理税务司詹斯敦（C. F. Johnston）就评价：宜昌至重庆沿江所设信号标杆，"对民船和轮船的航行都有很大的价值。今后该地段还要继续设立信号标杆，各信号站之间的电话联系正在筹备之中，位于漕口或漕口附近危及航线的大批石梁和礁石处都已分段插上标旗。但由于水位不断涨落，漕口经常变化，很难找到诸如设置浮标指示航道等一劳永逸的办法。然而，有了目前的助航设施，只要船式适宜，船员和领港员选用得当，川江上每年至少可行轮八个月，虽然仍会有各种危险，但可因此而大大减少"②。换言之，尽管蒲蓝田设置的长江上游助航标志较为简陋，效果也非一步到位，但这种采用标准化航标进行助航设施建设的方法，有助于川江行轮通商的发展，在长江上游航道史上亦属首次，颇具开创之功。③

四 蒲蓝田与川江航行规则的修订

近代川江行轮航线开辟以后，木船航行的危险程度陡增。因为木船在行驶过程中，一旦被轮船所激起的浪涛袭击，极易发生沉船事故。特别是在"急流转角滩头等处遇之，更为危险丛生，稍一不慎，动遭覆没"④。前述四川自办"蜀通"轮运时，川鄂两省就因轮船与木船防碰问题产生分歧。经过会商，双方才制订了《川鄂会订川江行轮免碰民船章程十条》《川鄂两省会订川江行轮赔偿章程八条》。但是，上述章程公布之始即成具文，不仅未得到各国驻华外交团的承认，甚至遭到华商轮船公司的群体反对。⑤ 1915 年 2 月 18 日，海关总税务司在致税务处的信函

---

① 中华人民共和国海事局编：《中国航标史》，内部刊行，2000 年，第 99 页。
② 《1919 年重庆海关年度报告》，周勇、刘景修编译：《近代重庆经济与社会发展（1876—1949）》，四川大学出版社 1987 年版，第 431—432 页。
③ 李鹏：《近代长江上游巡江工司与川江内河航政建设》，《长江文明》2018 年第 2 期。
④ 邓少琴：《近代川江航运简史》，重庆地方史资料组，1982 年，第 123 页。
⑤ 李鹏：《近代长江上游巡江工司与川江内河航政建设》，《长江文明》2018 年第 2 期。

中，认为其未能遵办的理由如下：

> 详审其不合情势、未得承认遵办之理由约有三端：一系章内未经声明，如不遵守此章，应由某机关取缔。一系如欲遵守该章，第一要务应在各险滩设立标杆信号处。惟章内声明此项处所，应由轮船局自行设立管理。而轮船局迄未设立，自属无从遵办。一系章内曾有数条声明，如遇有互相碰撞等事订定赔偿办法。因备赔偿起见，复订定各轮船局应于（重庆关道库、宜昌关道库）分储巨款，但此章既未由外交团承认，如有洋商设立轮船局，自不能强令照存，而华商轮船局亦不欲将其有用之成本置于不能自由之地。①

由此可见，上述川鄂两省会订的川江航行章程，未能获得外交使团承认，故不能对外国船只生效。其中的某些条款，对中国本土川江航运业亦不适用。因此，要修订新的《川江行船免碰章程》，不仅需要提前设立川江航道助航设施与主管机构，更要获得各国驻华外交使团与华商轮船公司的支持。为规范川江航运秩序，海关总税务司署发出第2842号总税务司通令，指示蒲蓝田尽快修订《川江行船免碰章程》。应海关总税务司的要求，作为首任长江上游巡江工司，蒲蓝田在积极建设长江上游航道助航设施的同时，必须重新修订《川江行船免碰章程》，以调节和裁判行船纠纷，维护川江内河航运的有序发展。

应该看到，建设长江上游助航设施与修订《川江行船免碰章程》实为一体两面，如果说构建长江上游助航设施是川江行轮的技术保障，修订《川江行船免碰章程》就是长江上游航道管理的制度依据。然而，与长江上游航道助航设施建设的快速推进相比，《川江行船免碰章程》的修订则十分谨慎，其过程亦为曲折。根据现有资料，蒲蓝田在1915年4月拟具草稿后，经过北洋政府与各国驻华公使的多次修改，才于1918年

---

① "详为往来宜渝航路现已分别缓急开始经营事案"。海关总署《旧中国海关总税务司署通令选编》编译委员会编：《旧中国海关总税务司署通令选编》（第二卷），中国海关出版社2003年版，第240—241页。

第三章　现代性的展开：近代海关与长江上游航道图志的标准化

正式公布。其中文版内容如下：

《川江行船免碰章程》

下列章程专为川江轮船及民船彼此免去行驶之危险，所有各条开列如下：

关于标杆信号处各条

第一条：标杆信号处已设在川江危险地上下段，即本章第十条所谓现已通告者，如新滩、火焰石、石宝子滩、东洋子、新龙滩、折尾子、抬盘子，以上各处如遇有标杆悬挂下水轮船将到之信号，上水轮船不得于此时间经过其标杆。其寻常险滩所设标杆信号之地点，如庙河、泄滩、巴东、青石洞、巫石、铁滩、夔州府、狐滩，以后如有加增或移动标杆信号之处，由巡江工司随时宣告设立。

第二条：川江危险地上下段标杆信号处所悬挂之信号式样，分别如下：▼，甲，此为下水轮船将到而悬挂者；▲，乙，此为上水轮船将到而悬挂者；⬤，丙，此为上水轮船已过下段信号处而悬挂者；⁂，丁，此为民船在漕口内行驶，通知轮船而悬挂者。

关于民船各条

第三条：下水民船当轮船将到信号悬挂之时，立刻寻觅就近可靠之处避让，须候信号收落时开行。

第四条：民船如在危险地或将近危险地并该地未设信号处望见轮船行驶及闻其声响，即觅就近可靠之处避让，须俟轮船过后再驶。设使民船势难即觅就近可靠之处避让，必须照第五条办理。

第五条：凡下水民船遇轮船在后赶上时，或遇轮船上驶时，一时不能即觅就近可靠之处，须尽让宽阔地位与轮船驶过，并将靠轮船一边之桡即速收拢至随带之小船，须挨近本船一边行驶。

第六条：民船不准在轮船头前横驶争过，以免碰撞之虞。

第七条：川江各滩内有数处凡下水轮船过滩致生上水民船在滩拉纤之危险，可由巡江工司出示：如在此等处遇有轮船下水，严禁民船上驶，俟该轮过滩后方准拉纤开行。

关于轮船各条

第八条：轮船除以下所定专条外，须遵照《万国航海避碰章程》行驶。

第九条：下水轮船遇见上水轮船，其驶往漕口方面，应立刻用放汽号之法，知会上水轮船。其放汽号之法列下：放短汽号一声，系表明本船驶往漕口右边；放短汽号两声，系表明本船驶向漕口左边。上水轮船应于下水轮船放汽号后，随即如法放汽号回答遵照行驶。

第十条：在江面狭窄、水流湍急、形势危险、轮船齐驶之各处，现在业经通告，如遇各该处标杆悬挂下水轮船将到之信号，上水轮船不得于此时间经过标杆。

第十一条：上水轮船如将到危险地并未设立信号处，遇见下水轮船或闻其声响，应即缓驶或在险处下面暂停，俟下水轮船驶过再行开轮。其在等候下水轮船时，放长汽号三声，以表明来船速来、本船在此等候来船驶过之意。

第十二条：凡轮船于两轮不能并驾之处，不得争先驾驶致生危险。

第十三条：凡轮船于水道曲折之处，他船不能见及，应放最长汽号一声，以示警戒，并缓缓绕过。

第十四条：第五、第六两条既令民船避让轮船，轮船亦应避让民船。如民船有未遵第五、第六两条致生碰撞情事，而该轮船未按照《万国航海碰避章程》第二十三条及该章程内其他关于此等情形之规定办理，轮船亦不能卸责。

第十五条：轮船望见民船行驶在前，必须缓轮驶过，以免波浪翻腾妨害民船。

第十六条：轮船如遇民船失事之时，必须极力救济。

关于违章各条

第十七条：凡民船与轮船有违章等事，巡江工司将违章情形详报宜昌、重庆两关税务司，转咨该管官员惩办其关于生命财产应行赔偿各节，即按普通法律办理。

第十八条：凡轮船及民船如有故意违章等事者，科以罚款。轮

第三章　现代性的展开：近代海关与长江上游航道图志的标准化

船罚银最多至五百两，民船罚银最多至一百两。

第十九条：凡船只有被告违章等事者，宜昌、重庆两关税务司先着船只出具罚款保结，其罚款不得过最高定数，俟案结后将保结退还。

第二十条：轮船各种放汽号之法汇列于后：放短汽号一声系表明本船向漕口右边行驶；放短汽号二声系表明本船向漕口左边行驶；放短汽号三声系表明本船倒轮快退；放长汽号三声系表明本船在此等候来船驶过；放最长汽号一声系表明本船正在开驶，以令他船留心。①

如前所述，为提请各国驻华外交使团承认，1917年4月19日，海关总税务司将蒲蓝田《川江行船免碰章程》初稿（中英文各两份），一份提交北洋政府外交部，一份移交外国驻华使团，请其承认。② 此后，经过外国驻华使团的磋商，就《川江行船免碰章程》提出了初步修改意见，他们认为：第十七条内，"地方官"三字应改为"该管官员"。第二十条后，应加入（此项章程系属临时适用，待有更改之必要时，即行更改）之条。第三条所指"就近可靠之处"，即应解为"就近相宜可用停船之处"。此外，第十二条所谓"两轮不能并驾之处"，即系指明川江滩险以及第一条内所列明川江危险地上下段中间之处。第十七、十九两条内，欲向外人或外商所有及所雇船只施行此项章程时，则按约只应转由该国领事办理。③ 值得注意的是，外交使团所拟定的修改意见中，最后一条对外国船只的实施范围包括外商所有及所雇船只。然而，为防止外人擅权，中方严正提出将案内"及所雇"三字删除，以标清权限。

---

① 《川江行船免碰章程》，重庆市档案馆藏"近代重庆海关档案"，档案号：0351000100983000 0165。
② "详为送呈《川江行船免碰章程》并特备具节略附请转行外交团允认施行事案·奉宇字第八七号"。海关总署《旧中国海关总税务司署通令选编》编译委员会编：《旧中国海关总税务司署通令选编》（第二卷），中国海关出版社2003年版，第242页。
③ "详为送呈《川江行船免碰章程》并特备具节略附请转行外交团允认施行事案·奉宇字第八七号"。海关总署《旧中国海关总税务司署通令选编》编译委员会编：《旧中国海关总税务司署通令选编》（第二卷），中国海关出版社2003年版，第243—244页。

1918年8月13日，《川江行船免碰章程》在获得外交使团的承认后，得以成功施行。最终颁布的文本中明确指出，此章程专为川江轮船及民船彼此免去行驶之危险而修订。主体内容分为4章，共计20条。其中，第1章为"关于标杆信号处各条"，具体规定了川江标杆信号的分布地点与信号样式。第2章为"关于民船各条"，详细规定民船在遇见轮船时，如何依照标杆信号做出相应的规避措施。第3章为"关于轮船各条"，明确指出川江行轮须遵照《万国航海避碰章程》行驶，详细规定上水轮船与下水轮船、轮船与木船相遇条件下，如何依照标杆信号进行具体的操作。最后为"关于违章各条"，主要区分了长江上游不同类型碰撞事故的责任归属以及赔偿方法。①

就历史意义而言，《川江行船免碰章程》首次以条约体系规章制度的形式，正式赋予近代海关长江上游巡江司全权处理川江航行纠纷，实施内河航道管理的诸多权力。作为长江上游正式施行的内河航道管理专门规章，该章程在具体内容的制订上，适应了川江航道狭窄多滩的特征，详细规定了轮船与木船行驶的避让规则，有效解决了困扰多年的川江行船秩序的管理问题。② 当时海关报告就评价："川江航运业的发展已迫切需要制订章程，为川江轮船和民船的相互安全提供保障。《川江行船免碰章程》已于年底颁布，从而极好地实现了这个目标。"③ 此后，《川江船免碰章程》迭经完善，又陆续增加轮船速率之限制以及轮船行驶日期的规定。1930年，川江航务管理处还将上述章程译成白话歌诀，分发川江沿岸船帮，广受航业界好评。④

五　蒲蓝田与川江轮船结构的设计

如前所述，清末民初本土川江轮船公司成功开办以后，长江上游的

---

① 《川江行船免碰章程》，重庆市档案馆藏"近代重庆海关档案"，档案号：03510001009830000165。
② 李鹏：《近代长江上游巡江工司与川江内河航政建设》，《长江文明》2018年第2期。
③ 《1918年重庆海关年度报告》，周勇、刘景修编译：《近代重庆经济与社会发展（1876—1949）》，四川大学出版社1987年版，第424页。
④ 《川江行船免碰章程之增订》，《新闻报》1922年7月17日；《航务处晓谕〈川江行船免碰章程〉译成白话歌诀分发川江各岸》，《星槎周刊》1930年第23期。

第三章　现代性的展开：近代海关与长江上游航道图志的标准化

川路、瑞庆、利川等轮船公司相继而起。然而，这些仓促成立的中小轮船公司缺乏川江航行的必要经验，仅1910—1919年间，长江上游就发生了14起海损事故，当时海关部门就告诫："有必要再次提请那些对造船有兴趣的人注意，必须认真研究造船的多种要求，这些要求早已公布于众。如果船式、长短都完全适合于已规定的贸易用途，并且严格按照规定去建造，那么川江上发生重大事故的次数要少得多。"①

已有研究表明，受长江上游峡谷宽度和江槽曲率的影响，民国时期川江轮船的长度不能超过215英尺。同时，由于浅滩暗礁的限制，轮船吃水又不得超过8英尺。因需上驰滩坡、对抗急流，轮船所需马力至少应是长江下游的2倍以上。②然而，最早上驶川江的"利川"号仅是平底小轮，马力严重不足。此后的"肇通"号虽然采用浅水明轮船式，载重、船型与马力也有很大提升，但依旧无法适应川江独特的水文环境。有鉴于此，蒲蓝田"不顾早先企图克服长江上游险滩的各种艰难和屡经失败，坚持乐观信心，熟察长江这段复杂情况，努力不懈地设计载重大、吃水浅、足以发挥商业效果的轮船"③。经过多年探索，蒲蓝田最终找到了答案，即：浅水拖驳+双车暗轮，才是最适合长江上游宜渝段航道的轮船结构。他明确指出："考最适于宜渝间之船式，使其能在每年中通航八、九个月之久者，至是乃知须采用浅水双车暗轮式。"④

正是在蒲蓝田的设计与督造下，川江轮船公司先后在英国船厂订造"蜀通"与"蜀亨"轮，其船型就采用浅水拖驳+双车暗轮式，这是川江轮船航行中确保安全的关键技术支撑（见图3-5）。从某种程度上讲，近代川江本土轮船公司行轮事故频发的主要原因，就在于轮船结构设计的不合理。对此，时人就指出："现有轮船公司获利丰厚，对其他轮船主和轮船公司无疑具有很大的诱惑力，但如果不用特制的平底船，而是

---

① 《1919年重庆海关年度报告》，周勇、刘景修编译：《近代重庆经济与社会发展（1876—1949）》，四川大学出版社1987年版，第431页。
② 郑励俭：《川江地形与水路交通》，《地理学报》1939年第6卷。
③ 《1912—1921年重庆海关十年报告》，周勇、刘景修编译：《近代重庆经济与社会发展（1876—1949）》，四川大学出版社1987年版，第335页。
④ ［英］蒲蓝田：《川江航行指南》，修平译，《星槎周刊》1930年第24期。

使用那些不稳或不宜在川江航行的轮船,则是置旅客和货物于危险而不顾,这是极其不幸的。其所造成的后果必将妨碍川江航运业的发展,并给人们川江难以行轮的错误印象。"①

图 3-5　"蜀通"轮上行川江险滩

资料来源:Cornell Plant, *Glimpses of The Yantze Gorges*, Kelly & Walsh, 1921, p. 21.

1917 年,蒲蓝田在长江上游巡江司发布的《航行布告》中,最终向中外航业界公布了他探索多年的川江轮船结构设计方案,大体原则就是"底欲其平,舵欲其双,身不宜长,楼不宜高,此为巡江司蒲氏经数年测滩与把舵之力,而作为上游轮(船)建造之程式。自是造轮乃有准则"②。对此,1917 年的《重庆海关年度报告》这样评价:

    川江上沉船和其他事故的发生完全是因为船只结构不合理,马力不足,船员缺少经验,有些则是因为船上人手不够。巡江工司蒲蓝田船长在川江上航行多年,有着非凡的经验,他的话具有权威性。

---

① 《1915 年重庆海关年度报告》,周勇、刘景修编译:《近代重庆经济与社会发展(1876—1949)》,四川大学出版社 1987 年版,第 399—400 页。

② 邓少琴:《近代川江航运简史》,重庆地方史资料组,1982 年,第 120—121 页。

第三章　现代性的展开：近代海关与长江上游航道图志的标准化

他曾经说过："如果轮船结构合适，驾驶人选得当，并且航行谨慎，那么毫无疑问，全年至少可成功地航行八个月。"事实已证明，目前最成功的船式是"鸭绿"式，该式轮船吃水较浅，双轮为钢制，且配有卷高轮轴。……这些规定反映了蒲蓝田18年实际航行和对川江深入研究的成熟考虑。那些准备建造轮船以为川江之用的船运企业完全可以参考上述公告中的资料。①

在《航行布告》中，蒲蓝田详细列举了川江轮船结构的具体参数，特别是在尺度、速度、船式、锅炉、舵机、船壳、甲板等方面的设计要求。同时，他还指出川江轮船的船壳应采用吃水最浅的平底式，船头自底部收为锐角，上部则应开阔呈勺状，船尾收口应缓而匀整，这样才能保持操作便利。轮船引擎则应采用双暗轮式，船壳必须全部以柔钢建造。② 这种专门为长江上游急流险滩航行而打造的一整套蒸汽动力与船型设计解决方案，不仅源自蒲蓝田船长个人的经验和胆识，这也是他多年探索川江行轮技术的辛苦总结。③ 因此"打算造船的人亟应征求现任巡江工司的意见，按照他的建议行事，因为他具有长期航行川江的经验，可以为船式作出最好的判断。现行川江各轮极少符合规定的标准，轮船公司也过分听信设计者之言，这些设计者对川江航行情况的知识纯属书面性质，缺乏实际经验……每次所出的毛病，只要注意听从巡江工司的建议都是可以避免的"④。

此外，作为长江上游航道管理的专门机构，近代海关长江上游巡江工司还负责川江航道驾引人员的培训考核任务，港口船舶的报关验证工作。至于川江航道各种工程亦需巡江工司的同意后方可施工。⑤ 在此过

---

① 《1917年重庆海关年度报告》，周勇、刘景修编译：《近代重庆经济与社会发展（1876—1949）》，四川大学出版社1987年版，第414页。
② ［英］蒲蓝田：《川江轮船构造设置方案》，佚名译，《星槎周刊》1930年第18期。
③ 《1902—1911年宜昌海关十年报告》，李明义编，李晓舟校订：《近代宜昌海关〈十年报告〉译编（1882—1931）》，团结出版社2020年版，第184页。
④ 《1919年重庆海关年度报告》，周勇、刘景修编译：《近代重庆经济与社会发展（1876—1949）》，四川大学出版社1987年版，第431页。
⑤ 熊树明主编：《长江上游航道史》，武汉出版社1991年版，第102—110页。

程中，蒲蓝田无疑是促进长江上游行轮通商与内河航运发展的关键人物。1921年，蒲蓝田在返回英国的途中，因染疾不幸病逝于香港。为纪念他对长江上游轮船航运所做出的不朽贡献，由中外航业人士共同出资，于1922年12月在秭归新滩寺大岭上，建成一座碑高15.24米的花岗岩方尖石塔纪念碑。在纪念碑碑身朝西的一面，上方用隶书竖刻"蒲蓝田君纪念碑"，下方镌刻碑文如下：

> 蒲蓝田君，英国福蓝临冈镇人，中国海关任以巡江工司之职。清光绪二十六年，长江上游第一次航行汽船司驾驶者即君焉。君生于清同治五年六月二十八日，民国十年初春航海返国，一月十九日卒于途次。君之旧友及有志振兴长江上游航业诸人，感君情愫，思君勤劳，醵金刻石，以志不忘！中华民国十一年十二月吉日立。①

蒲蓝田逝世后，"长江上游巡江工司"一职陆续由英国人皮拖谦（Pitcaim. W. G）、法国人何伯玛（Robbe. M）、瑞典人史顿华（Sternvall. O. S）等担任。② 1929年，"长江上游巡江司"奉准更名，改为"长江上游巡江事务处"。原"长江上游巡江工司"一职亦改为"长江上游巡江事务长"，陆续由英国人爱佛司（Everest. R. G）、丹麦人胡兰生（S. C. M. Frandsen）、英国人孟壁（L. St. j. Munby）担任。③ 1943年1月11日，美、英两国关于取消在华治外法权及相关问题的条约正式签订以后，"长江上游巡江事务长"一职才改由中国人顾久宽担任。抗战胜利后，又由赖成鎏升任，直至重庆解放。④

---

① 李鹏：《蒲蓝田与清末民初川江航运的现代转型》，《国家航海》2022年第2辑（总第29辑）。
② 孙修福编译：《中国近代海关高级职员年表》，中国海关出版社2004年版，第158—160页。
③ 孙修福编译：《中国近代海关高级职员年表》，中国海关出版社2004年版，第224—226页。
④ 四川省地方志编纂委员会编：《四川省志·海关志》，四川科学技术出版社1998年版，第164页。

第三章　现代性的展开：近代海关与长江上游航道图志的标准化

第三节　近代长江上游航道图志标准的确立

一　长江上游巡江司《航行布告》的发布

《航行布告》又称为《航船布告》，与《港务报告》《水位公告》一样，都是近代中国海关海务部门向中外航业界发布航道信息的主要载体。就近代长江航道《航行布告》而言，起初是由沿江各关发布的。1906年，海关船钞部设立巡江事务处，专司长江航道的管理工作，刊发《航行布告》也是其中的职责之一。① 当时的海关总税务司要求巡江事务长需将部分航道信息资料以《航行布告》的形式公之于众，并规定由巡江事务长亲自草拟内容。②

就形式而言，近代海关巡江事务处所发布的长江航道《航行布告》，开头的格式多为"根据巡江事务长的报告，现将有关事项通告如下……"在文字上，多采用中英文对照的方式。内容包括 3 个方面：1. 长江航道标志的异动；2. 长江航道水文情况；3. 长江水域航行指南与规章。在当时长江航标密度较稀、助航能力有限的情况下，《航行布告》的不定期发布，有助于长江航道助航工作的展开。同时，对于航道信息的及时传播以及长江行船安全也十分重要。③

1915 年，蒲蓝田就任长江上游巡江工司后，开始独立发布有关长江上游航道的《航行布告》。同年 8 月 17 日，他发布第 1 号《航行布告》，对其职责说明如下：（奉）总税务司饬行川江各险滩之上下游，设立标志、信号处、浮桩、灯桩并量水表等事，以助航行之便利。或系例设，或宜改移，或有增添，或须裁撤、营造。既有变更，务即随时彰昭，晓示各处。"④ 此后，他"加意管理，俾利航行"⑤，很快担负起长江上游

---

① 陈诗启：《中国近代海关海务部门的设立与海务工作的设施》，《近代史研究》1986 年第 6 期。
② 王轼刚主编：《长江航道史》，人民交通出版社 1993 年版，第 193 页。
③ 王轼刚主编：《长江航道史》，人民交通出版社 1993 年版，第 194 页。
④ 《长江上游巡江司航行布告（第 1 号）》，重庆长江航道局档案室藏抄本，1915 年 8 月 17 日。
⑤ 佚名：《蒲蓝田君在华之事略》，中国海关事务处 1923 年印，第 2 页。

清代民国长江上游航道图志研究

航道管理与建设的任务。

此后，为及时发布川江航行的助航信息，长江上游巡江司（长江上游巡江事务处）均会以《航行布告》的方式，随时向川江航运界公开有关长江上游航道的最新资料。举凡长江上游航道相关事宜，如河道之施工炸礁、助航设施与航标信号之改动、航道规章制度的修改，均在布告之列。据统计，从1915年8月17日起，至1949年9月22日止，长江上游巡江司（长江上游巡江事务处）共发布各类《航行布告》230个。除部分为英文之外，为方便中国轮船驾引人员的阅读和使用，其余布告均以中英两种语言发布。[①] 2014年，笔者在重庆市档案馆查找资料时，曾找到1946年《长江上游巡江事务处航行布告（第222号）》，其中就对民国后期长江上游《航行布告》的变更做出说明，从中可以一窥长江上游巡江事务处发布《航行布告》的部分明细，内容如下：

> 查本处航行布告，因情形变迁时有废止，迭经布告在案。兹恐不明，合行将各有效航行布告之号数、颁行日期及其摘要开列于后，布告周知，仰即知照为要，此布。计开：
>
> 1. 第182号（民国二十九年六月十五日），关于各标杆站信号之说明。
>
> 2. 第183号（民国二十九年六月二十日），关于宜昌、万县、重庆间之沿江水位标志设立之意义。
>
> 3. 第184号（民国二十九年六月二十五日），关于各项水上标志之说明。
>
> 4. 第185号（民国二十九年六月三十日），关于各种岸上航行标志形式之重订。
>
> 5. 第186号（民国二十九年七月五日），关于长江上游各埠水位报告及其揭示方法。
>
> 6. 第188号（民国二十九年七月七日），关于沿江水位标志之设置地点、名称及高度。

[①] 熊树明主编：《长江上游航道史》，武汉出版社1991年版，第93页。

第三章　现代性的展开：近代海关与长江上游航道图志的标准化

7. 第189号（民国二十九年七月二十日），关于宜昌重庆段内各种航标之设立情形及设置地点。

8. 第195号（民国三十年十二月二十六日），关于重庆宜宾段内各标杆站之设置地点。

9. 第197号（民国三十一年三月五日），关于宜昌重庆段内之航标其中名称之改变。

10. 第198号（民国三十一年八月四日），关于宜昌重庆段内各标杆站之设置地点。

11. 第199号（民国三十一年九月八日），关于长江上游各项河道图籍之名称及发售。

12. 第200号（民国三十一年十一月二十一日），关于重庆宜宾段内各种航标之增减及现有设置之名称地点。

13. 第201号（民国三十二年三月十二日），关于宜昌重庆段内所撤销之航标。

14. 第202号（民国三十二年十月五日），关于重庆宜宾段内航标之增减及现有设置之名称、地点及其修改情形。

15. 第203号（民国 三十二年十月六日），关于新增水道图之发售。

16. 第205号（民国三十二年十二月十七日），关于嘉陵江磁器口水道内所设之航标名称、地点及其说明。

17. 第206号（民国三十三年二月七日），关于在金沙江宜宾东彝镇间设立之标杆站名称及地点。

18. 第207号（民国三十三年五月六日），关于重庆宜宾段内所应行修改之航标名称及地点。

19. 第208号（民国三十三年七月二十一日），关于重庆宜宾间宜宾嘉定间及宜宾蛮夷司间水位标志之设置地点、名称及高度。

20. 第209号（民国三十三年七月二十一日），关于金沙江宜宾至蛮夷司间设立航标之名称地点及说明。

21. 第210号（民国三十三年九月二十一日），关于长江上游新增及重制水道图之名称及发售。

193

22. 第212号（民国三十三年十二月二十八日），关于宜昌重庆段内各地所设航标之增减或修改情形。

23. 第213号（民国三十四年三月五日），关于嘉陵江重庆合川间设立之标杆站名称及其地点。

24. 第214号（民国三十四年五月一日），关于修正之长江上游航行章程。

25. 第215号（民国三十四年八月二十三日），关于重庆宜宾段内各地所设航标之增减或修改情形。

26. 第216号（民国三十四年八月十四日），关于新制及重制之水道图名称及发售。

27. 第217号（民国三十四年八月十四日），关于在金沙江宜宾东彝镇间所撤销之标杆站名称及地点。

28. 第218号（民国三十四年十二月二十八日），关于嘉陵江重庆至合川间添置之标杆站名称及地点。

29. 第219号（民国三十五年四月十八日），关于重庆港猪儿石水道复测之新图发售。

30. 第220号（民国三十五年五月二日），关于灶门子及象鼻子水道复测后航标之修改及新图发售。

31. 第221号（民国三十五年六月十八日），关于重庆宜宾段内小南海及筲箕背水道复测后航标修改及新图发售。①

从上述《航行布告》的明细来看，近代海关长江上游《航行布告》发布的主要事项有：1. 长江上游航道标识的设置及其移动，以提醒航行者之注意；2. 航行章程的修改以及废除，以确保航行秩序之安全；3. 航道图的制作及其存废，以提供最新的航道参考资料。伴随长江上游《航行布告》的不定期发布，近代海关对川江的航道管理与航政建设也走向精细化与系统化。如果联系前述长江上游巡江司对川江航道助航设施的

---

① 《关于开列有效航行布告之号数、颁布日期及其摘要的布告》，重庆市档案馆藏"近代重庆海关档案"，档案号：03510001002750000009。

第三章　现代性的展开：近代海关与长江上游航道图志的标准化

建设，以及《川江行船避碰章程》的制订，可以看出这种精密化与标准化的制度安排，已经促使长江上游航道空间的功能与内涵发生了本质的改变。换言之，近代长江上游巡江司（长江上游巡江事务处）通过一系列内河航标的设置、航行章程的制订以及《航行布告》的发布，使得川江航道管理与航政建设呈现出"档案化"的特征，即通过日常化、严密化的数据统计方式，进而对长江上游航道进行动态跟踪，这就改变了过去川江航政管理的传统模式，逐步建构起现代性的长江上游航政建设新格局。

当前社会学的研究也表明：现代社会变迁的明显标志就是日常接触的区域化现象的发生。现代时空体系不断地被分化、封闭和重组，时空分割越来越精细化，从而促成了社会制度的再生产。[①] 从这一意义上讲，近代长江上游《航行布告》的不间断发布，就是通过对长江上游航行秩序的制度化建构，来达到对川江航道时空体系的分割重组。这一专门化、精细化的时空控制体系，恰恰体现出近代海关对长江上游航道的分化管控，进而促成川江轮船航运与区域社会空间的再生产。同时，作为近代长江上游航道管理的主体机构，长江上游巡江司（长江上游巡江事务处）不仅改变了近代长江上游内河航运的时空秩序，亦重构了川江航政建设的制度基础，更成为航道图编制、发售与刊布的体制依托。

二　标准《长江上游航道图》的编制与刊印

近代海关从何时开始编制与发售长江航道图？回答这一问题，必须回顾近代海关对长江航道测量与海图刊布的历史。近年来，姚永超对此进行了长期关注，并取得了一系列成果。根据他的研究，1887年，长江航道测绘事务由海务巡工司接手。从这一年开始，沿江口岸巡工司开始对长江航道进行探测。[②] 不过，在20世纪20年代以前，由于江务部门力

[①] ［英］安东尼·吉登斯：《民族国家与暴力》，胡宗泽等译，生活·读书·新知三联书店1998年版，第205页。

[②] 姚永超：《中国旧海关海图的时空特征研究》，《历史地理》2014年第2辑（总第30辑）；《中国近代海关的航海知识生产及其谱系研究》，《国家航海》2016年第3辑（总第16辑）；《近代海关与英式海图的东渐与转译研究》《国家航海》2019年第2辑（总第23辑）等。

量有限，长江航道大部分的测量工作都是由海务处承担，而且测量的重点在于长江进口处以及长江下游航道。① 此后，长江航道的测绘与海图编制工作，部分由海关巡江事务处负责，"凡属江中险峻地点，则为绘制精细地图，俾意参考"②。

参照《海务报告》的统计与说明，1913 年，上海商务印书馆下属的照相制版部"应社会之需要，购办英国潘罗司大照相架，当时为世界第二大照相机，专供印刷全张地图之用"③。鉴于商务印书馆雄厚的技术，近代海关于 1915 年与该馆达成协议，由其协助出版海图。仅在 1915—1922 年间，海关海务部门就先后编制、出版了 23（套）幅海图。其中，属于长江航道图的有：1.《长江南北水道入口图》，2.《长江：吴淞至对面沙图》，3.《长江：对面沙至小阴沙图》，4.《长江小阴沙至连成洲图》，5.《长江上游重庆港图》，6.《汉口港图》，7.《长江岳州、磨盘石和仙峰礁图》，8.《长江大沙北航道和焦山水道段图》，9.《长江南京和浦口港段图》，10.《长江上游万县港图》。④

与此同时，近代海关巡江事务处也积极向中外航业界提供和发售各类长江航道图。在 1911—1920 年间，江务部门向社会提供长江航道图约 400 份。自 1920 年以后，江务部门加快了长江航道图的出图速度与售图数量，1920—1930 年间就出售各类长江航道图 533667 份，平均每年出售 5300 余份。⑤ 班思德在《中国沿海灯塔志》一书中亦记载：

> 按巡江事务局之工作，不仅限于管理灯船浮桩各项标识已也，而近十年来对于巡查职务、测量事宜，亦均循序进行。民十以至十九，十载之间经由该局测量之水道，不下五千四百海里，而其

---

① 王轼刚主编：《长江航道史》，人民交通出版社 1993 年版，第 198—199 页。
② [英] 班思德：《中国沿海灯塔志》，李廷元译，海关总税务司署统计科 1933 年印，第 42 页。
③ 庄俞：《三十五年来之商务印书馆》，高崧等编选：《商务印书馆九十五年·我和商务印书馆：1897—1992》，商务印书馆 1992 年版，第 752 页。
④ 姚永超：《近代海关与英式海图的东渐与转译研究》《国家航海》2019 年第 2 辑（总第 23 辑）。
⑤ 王轼刚主编：《长江航道史》，人民交通出版社 1993 年版，第 198—199 页。

第三章 现代性的展开：近代海关与长江上游航道图志的标准化

绘制之蓝色水道图业经售出者，约达三万余幅。仅民国十九年内，该局关于扬子江航路及标识变迁情形，刊发之航船布告及江局通知，即达五百余号。发给航路商人等，竟有二十七万六千二百份之多。①

尽管上述统计数据与前者有所出入，但依旧能说明近代海关江务部门编制与发行长江航道图数量之大，种类之多。不过，《海务报告》中提及的长江航道图，多是长江中下游及江口附近的航道测图，长江上游航道图并不多。原因在于，当时海关海务部门一时还没有力量系统测绘长江上游航道。有鉴于此，为适应长江上游轮船航运的快速发展，近代海关利用法国海军所测资料，先后于1923—1927年间，改绘、发行了长江上游宜昌至重庆段、重庆至宜宾段以及岷江宜宾至乐山段、嘉陵江重庆至合川段航道图，共计67幅，总名为《长江上游航道图》。② 由此，近代海关不仅取得了发售长江上游航道图的权利，同时也成为编制标准长江上游航道图的主体。当时《重庆海关十年报告》这样评价：

> 中国海关印行的宜昌重庆段、重庆叙府段、叙府嘉定段和重庆合州段的航线图（根据法国海军部水文司的航线图复制），已经证明参考价值甚大，至于河床深浅、滩水力量、救生器具等图表也证明具有重大价值。③

何以近代海关改绘发行的《长江上游航道图》会有如此高的评价？以1923年海关出版的《长江上游航道图（宜渝段）》为例。此套航道图集共计38幅，各分图均注明："中国海关海图，奉海关巡江事务处发行"字样。在资料来源方面，此套复制版的《长江上游航道图》，系采

---

① ［英］班思德：《中国沿海灯塔志》，李廷元译，海关总税务司署统计科1933年印，第40—41页。
② 王轼刚主编：《长江航道史》，人民交通出版社1993年版，第198—199页。
③ 《1922—1931年重庆海关十年报告》，周勇、刘景修编译：《近代重庆经济与社会发展（1876—1949）》，四川大学出版社1987年版，第367页。

用1902年法国海军测绘成果改编而成，复于1921年进行补充与校正。图中所标示的河床水深均以低水位时为标准；所绘河道中8英尺深的水位轮廓以一条虚线标示；所示干燥河岸与岩石上的高度数据则以河道最低水位为基准，并以英尺为单位标示；各分图中河道远离宜昌的大概距离，则以断续线与近似数据标示。

相较法文原版，近代海关改绘发行的《长江上游航道图》，在内容标识上均以标准化符号分别标示各类航道地物信息，包括险滩碛坝、崖壁石梁、沿岸聚落、河川水文、助航标志、泊碰处所乃至寺庙桥梁等诸多方面。图中重点标识水深数据、航行障碍、航行路线、沿江地物，常见如英法海军驻地、海关设施、10—110英尺水位标志，等等。此外，图中各航段以宜昌为起点，均以数字形式连续编号，以标示左右两岸之起讫点。共计标示348处，首次以数字化的方式替代标示长江上游航道的岸线走向。编图者还用英文注明各航段轮船的航行规则与驾驶指南，特别增加了轮船泊碰地点与航行线路，颇为实用。因此，近代海关出版的《长江上游航道图》，在航道信息标识的详细性与丰富性上，大大超过前述诸版航道图，故成为近代长江上游行轮的标准海图。

再以《长江上游航道图（宜渝段）》第38图为例，此图按照长江河道由东至西的顺序，依次进行数字编码（编号范围为337—348）。在内容上，图中详细标示出重庆附近航道的水位深度、不同水位的泊碰地点，以及该航段内的各类助航设施，特别是新式航标的具体分布与符号特征。如在龙门浩附近就标注灯塔符号，并记注"中水位时灯塔标志"；在黑石滩与大兴场附近标出川江标杆符号，并注记"航标"。就图中的地名标记而言，涉及航道险滩、石梁、碛坝、峡谷、村镇、城市等诸多类型。而且对于川江航道的中文地名，编制者均采用英文翻译，并注记其水文地理特征。如广元坝记注"高水位小岛"；广元滩记注"高水位河滩，不可航行"等，较之法文原版，多有创新之处。对此，1922—1931年的《宜昌海关十年报告》就评价：

> 根据法国海军水文部海图集转载制作的中国海关《长江上游航道图（宜渝段）》于1923年出版，其非常宝贵的参考价值在实践中

第三章 现代性的展开：近代海关与长江上游航道图志的标准化

得到证实。河流水位图、急流强度图、安全运行水位图等都已出版，对在该河段航行的船舶而言具有重要价值。①

总体而言，由近代中国海关改绘出版的《长江上游航道图》，在内容上有如下特征：第一，该图集在图式符号、数学基础、分幅编号都加以统一，各分图以数字编码的方式对长江上游航道进行空间划分，这种方式有助于航道图编绘的标准化、规范化与科学化。第二，该图集详细标示出近代海关所设置的航道助航设施，特别是川江标杆的设置地点，展示出民初以来长江上游航道秩序的空间转型。第三，图中各类地物信息的选择与标注，不仅涉及航道内部险滩碛坝、水位高低等地理信息，还囊括了沿岸外国海军在华驻地、海关设施以及两岸寺庙桥梁的分布信息，颇为全面地记录了近代长江上游沿线地区的地理形势。第四，各图注记均提醒轮船在长江上游行驶的注意事项和泊碇地点，使得此图集在使用时更具实用性和参考价值。

需要说明的是，此套由近代中国海关改绘出版的《长江上游航道图》，尽管成为长江上游行轮的标准海图，但还是存在明显的局限。例如，这套图集在资料来源上并非海关海务或江务部门实测而成，而是根据近代法国海军对长江上游航道测绘数据进行转译与复制，这容易造成航道图在实际使用中的信息滞后。同时，这套近代中国海关出版的《长江上游航道图》，明显带有英式海图的特征。② 特别是图中以英文为主的地名注记方式，容易造成中外航业人士在地图使用上的不均等现象。此外，近代海关也没有设计出"自己独立的海图徽标，各幅海图的投影、比例尺、深度和高程等单位并不完全统一"③。

此外，近代中国海关通过仿制法国海军的《长江上游航道图集》，虽然成功占据了长江上游地区航道图发售的主体地位，但由于航道图的

---

① 《1922—1931年宜昌海关十年报告》，李明义译编，李晓舟校订：《近代宜昌海关〈十年报告〉译编（1882—1931）》，团结出版社2020年版，第242—243页。
② 汪家君：《近代历史海图研究》，测绘出版社1992年版，第41—62页。
③ 姚永超：《近代海关与英式海图的东渐与转译研究》《国家航海》2019年第2辑（总第23辑）。

制作十分复杂,故其售价甚高,一般人很少能有幸目睹其真貌。甚至在海关内部,对长江航道图的保管也有极为严格的制度规范,一旦发生丢窃事件,就会启动问责程序。1937年,重庆海关长江上游巡江事务处办公室丢失了价值267美元的全套长江航道图,当时的海关总署专门向海关内部各机构通报此事,并责令丢失此套航道图的重庆海关洋员门比缴纳全部赔偿金,并电令各关以此为戒。①

三 海关发售《长江上游航道图》的权威性

近代中国海关还不时对长江上游航道进行重新测绘,通过制度化的新版海图发布程序,以保证其所发售《长江上游航道图》的权威性与适应性。一般而言,近代海关《长江上游航道图》的废止与重新发售,都会由长江上游巡江司(长江上游巡江事务处)以《航行布告》的方式公开发布。以下是1946年长江上游巡江事务处第219号《航行布告》,其中就对川江宜渝段新图的发售说明如下:

> 查重庆港猪儿石水道,业经本处复测完竣,业已翻制新水道图(宜渝段第三四九·五号至三五一·五号之五号)一种,即日起在本处发售,合行公布周知,此布。注意:1. 该水道图系缩小者,若须与原测量同样之比例尺者,亦可向本处申请购得。2. 该图仅在本处现款出售,且购买者以确系航商及有关机关为限。
>
> 代理巡江事务处长
> 赖成鎏②

从上述《航行布告》来看,近代中国海关对《长江上游航道图》的

---

① 《1937年11月16日海关总署代理助理秘书给宜昌海关转发总署给重庆海关关于重庆巡江事务办公室丢失价值267美元之长江航道图一事的公文》,宜昌市档案馆藏"近代宜昌海关档案",档案号:英海档031—130号;《1938年5月21日海关总署代理助理秘书给宜昌海关转发总署给重庆海关关于丢失航道图责任者门比退还赔偿差额的公文》,宜昌市档案馆藏"近代宜昌海关档案",档案号:英海档033—68号。
② 《长江上游巡江事务处航行布告(第219号)》,重庆市档案馆藏"近代重庆海关档案",档案号:0351000100275。

第三章 现代性的展开：近代海关与长江上游航道图志的标准化

新图刊布，有着严格的测绘程序与发布标准，而长江上游巡江司（长江上游巡江事务处）则是代表海关部门发售《长江上游航道图》的权威机构。同时，对于航道图发售的范围和市场主体，也有着较为严格的限制。除去《航行布告》对新测航道图发售情况的公布外，长江上游巡江司（长江上游巡江事务处）还以通告形式向长江上游航运界公布最新航道图的测售情况。例如，1942年2月24日，长江上游巡江事务处就印行了关于《长江上游马头碛水道（灶门子水道下段）》航道测绘、航标设置与航图发售的通告，内容如下：

> 马头碛水道（灶门子下段），距离宜昌上游三〇九·一至三〇九·七海里。查在右列一带地方有浅碛数处形成，在水位零度时，该处可航水道之深度减至七尺。现该水道之测量工作业已完竣，所有岸上及水上标志亦经设立，兹将该处水道草图附列于后，如欲详悉附图及其他有关资料，可向龙门浩本事务处索闻。马头碛及灶门子二处之水道图，将于短期内印行，仰各航商人等一体知照，此告。
>
> 长江上游巡江事务长
> 胡兰生①

从性质上看，这幅《长江上游马头碛水道图（灶门子水道下段）》属于近代海关所发售《长江上游航道图》的细节补充。在图绘内容上，《长江上游马头碛水道图》除去绘出马头碛附近险滩碛坝、水位深度等航道信息外，还标出马头碛下段助航设施的设置情况。图中还以中英文注记的形式，说明此图测制的背景信息，诸如"地点：约距宜昌上游三〇九·一至三〇九·七海里，海关水道图第三一〇至三一一号之五号附张。深度：深度记载系用英尺，由萧家石盘水位零度算起。测

---

① 《关于声明长江上游马头碛水道距离宜昌上游海里的通告》，重庆市档案馆藏"近代重庆海关档案"，档案号：03510001004500000036。

量日期：民国三十一年二月。六英尺水深界线。比例尺：一英寸等于三百英尺"①。由此可见，长江上游巡江司（长江上游巡江事务处）正是通过对最新航道信息的汇总与发布，以及标准化的测绘与修改程序，进而推动近代海关对长江上游航道知识的再生产。②

需要补充的是，近代中国海关公开发售的《长江上游航道图》，无论是转译自法国海军测绘的航道图，还是新测修改的险滩图，都是面向近代长江上游航运业的商业行为。因此，要满足市场需求，必然需要航道图种类的多样化，而《长江上游航道图》的种类到底有多少？具体图目如何？实际售价多少？这些信息亦需要及时向外界发布。2014年，笔者在重庆市档案馆查阅档案时，就找到第190号长江上游巡江事务处《航行布告》，从中可以看出1942年海关发售《长江上游航道图》的种类、目录以及价格。具体内容如下：

> 为布告事，查海关海政局发行之各种河道图书籍及水道图等，现由海关长江上游巡江事务处出售，兹将该等图籍名称价目开列于后，除呈奉宜昌、重庆关税务司核准外，特此布告，仰各航商人等一体周知，此布。
>
> 计开：1. 蒲蓝田手册，一九三三年第二版，价五元。2. 重庆港口图，第三四七·五至三五一·五号之一号，价四元。3. 叙府至嘉定河道图（册页本），第二五五至二六二号，价二十元。4. 各滩水势情形详细图表，价一元五角。5. 宜昌水位之涨落及其平均水量表，价一元。6. 崆岭滩右岸及左岸水道图，第三三号之一号，价一元。7. 黄脑碛水道图，第一六九至一七〇号之一号，价一元。8. 羊肚溪水道图，第二三五至二三七号之一号，价一元。9. 蓝竹坝水道图，第二四三至二四五号之一号，价一元。10. 流沙坡水道图，第二五一至二五二号之一号，价一元。11. 磨盘石水道图，第二五三

---

① 《关于声明长江上游马头碛水道距离宜昌上游海里的通告》，重庆市档案馆藏"近代重庆海关档案"，档案号：03510001004500000036。

② 姚永超：《中国近代海关的航海知识生产及其谱系研究》，《国家航海》2016年第3辑（总第16辑）。

第三章 现代性的展开：近代海关与长江上游航道图志的标准化

至二五五号之一号，价一元。12. 丰都水道图，第二五六至二五七号之一号，价一元。13. 柴盘子及王家滩水道图，第三一〇至三一一号之一号，价一元。14. 风和尚水道图，第三一三至三一五号之一号，价一元。15. 洛碛水道图，第三二〇至三二一之一号，价一元。16. 猪儿石水道图，第三四九至三五一·五号之二号，价一元。17. 白石门碇泊处图，第四四三号之一号，价一元。18. 丁溪嘴碇泊处图，第二四六·〇号之一号，价一元。19. 黄葛嘴碇泊处图，第二八一·四号之一号，价一元。20. 沙湾碇泊处图，第三一二号之一号，价一元。21. 麻雀堆碇泊处图（第二张），第三三五·三号之一号，价一元。22. 龙门浩上段碇泊处图，第三五〇·五号之一号，价一元。23. 万县港口图，第二十三号，价二元。24. 重庆至叙府河道图（册页本），第二三九至二五四号，价三十五元。25. 重庆至合州河道图（册页本），第二六三至二六七号，价十二元。26. 各轮船平均航行时期表，价一元。27. 重庆水位之涨落及其平均水量表，价一元。28. 水盘碛水道图，第四三至四四号之一号，价一元。29. 滥泥湾水道图，第二一一至二一二号之一号，价一元。30. 搭连碛水道图，第二四一至二四三号之一号，价一元。31. 丁溪嘴水道图，第二四五至二四六号之一号，价一元。32. 蒋渡湾水道图，第二五二至二五三号之一号，价一元。33. 鹞子碛水道图，第二五五至二五六号之一号，价一元。34. 秤杆碛水道图，第二九一至二九三号之一号，价一元。35. 灶门子水道图（柴盘子及王家滩水道图附张），第三一〇至三一一号之四号，价一元。36. 下洛碛水道图，第三一八至三一九号之一号，价一元。37. 大兴场水道图，第三三八至三四〇号之一号，价一元。38. 柳林碛碇泊处图，第三二·二号之一号，价一元。39. 羊肚溪碇泊处图，第二三七·五号之一号，价一元。40. 汤元石碇泊处图，第二六六·三号之一号，价一元。41. 赛丰都碇泊处图，第二九〇·〇号之一号，价一元。42. 麻雀堆碇泊处图（第一张），第三三五·一号之一号，价一元。43. 龙门浩下段碇泊处图，第三五〇·〇号之一号，价一元。

注意：1. 前由海关发售之宜昌至重庆河道图（册页本），现由海军部海道测量局发售。2. 如有需用大号水道图者，可向巡江事务处申请购买。3. 上列各图仅在巡江事务处现款出售，且购买者以确系航商及有关机关为限。

巡江事务长　胡兰生①

根据上述第190号《航行布告》，长江上游巡江事务处作为近代中国海关《长江上游航道图》的正规发售机构，其航道图志的种类包括：航行手册、滩形水势图、河道图（册页本）、险滩图、水位图、泊碇图、港口图等等，且均有详细数字编号，不仅形式多样、类型丰富，而且版本各异、功能多元。特别是在售价上，不同类型的长江上游航道图多依照制图成本与装帧模式而定，如册页本通常较贵，单幅图则较为便宜。同时，近代中国海关发售《长江上游航道图》的市场范围，严格限制在中外航商及相关航业机构，具有极强的专业性，这与传统中国航道图志的传播范围多局限于地方官府与知识阶层，形成了鲜明对比。

此外，在上述《航行布告》附属的3条注意细则中，还可发现新成立的海军部海道测量局开始收回海关对《长江上游航道图》的发售权。从全国范围来看，1929年，中华民国海军部因水道测量事关国家机密，呈文国民政府行政院，要求将"所有海关及浚江港务各局拟制水道海岸并潮汐信号等图表，送交海道测量局，呈部审定后发局刊行"②，此议获南京国民政府的批准。以往的研究据此认为"自1930年起，海关出售海图权亦被取消"③。然而，从上述《航行布告》来看，海道测量局仅仅收回部分航道图的发售权，仍有数量庞大的其他类型航道图由长江上游巡江事务处发售。

综上所述，正是经过多年的积累，近代中国海关通过转译、测绘、

---

① 《重庆关长江上游巡江事务长航行布告＊（第一九〇号）关于告知各种河道图、书籍及水道图等名称、售价的布告》，重庆市档案馆藏"近代重庆海关档案"，档案号：0182000 200077000003。

② 《国民政府交通部训令·第2345号（1929年7月26日）》，《扬子江水道整理委员会月刊》1929年第1卷第4期。

③ 王轼刚主编：《长江航道史》，人民交通出版社1993年版，第201页。

第三章　现代性的展开：近代海关与长江上游航道图志的标准化

修改与发售各类《长江上游航道图》，不仅编制了大量珍贵的长江上游航道图志资料，还进一步确立航道图发售的标准与范围，直接影响了近代川江航道与轮船航运知识的再生产。换言之，近代中国海关正是通过制度化的《航行布告》发布系统，成功建构起长江上游巡江司（长江上游巡江事务处）发售《长江上游航道图》的权威性与主体性，进而促进长江上游航道图志的现代性变迁。①

四　蒲蓝田与《长江上游宜渝间航行指南》

近代中国海关还通过内部出版物的方式，印制、出版由海关洋员撰著的长江上游航道图志。相比单一航道图的发售，由海关洋员所撰写的航道图志更体现了长江上游航道知识体系化与专业化的特点。换言之，近代中国海关对《长江上游航道图》的复制、刊布及发售，是基于体制化的集体行为，浸染的是官方意志，故其在属性上仍含有参考手册的案牍痕迹；而由旧海关洋员个人撰写的长江上游航道图志，则从著述性质上发生了根本性的变革，在知识形态上代表了近代长江上游航道图志编绘中专业著述的形式。就两者区别看，前者为公，后者为私；前者单为地图，后者多为专著。②

由近代中国海关洋员撰写、并由海关造册处出版发行的长江上游航道图志文献，多归入旧海关出版物的"特种系列"，有如下几种：

一是由重庆海关首任税务司好博逊（H. E. Hobson）主撰的《宜昌到

---

①　李鹏：《近代外国人对长江上游航道的地图测绘》，《中国历史地理论丛》2017年第2辑。

②　目前，历史地理学界对旧海关出版物的研究日益加深，参见吴松弟、方书生《一座尚未充分利用的近代史资料宝库——中国旧海关系列出版物评述》，《史学月刊》2005年第3期；吴松弟《中国旧海关出版物评述——以美国哈佛燕京图书馆收藏为中心》，《史学月刊》2011年第12期；《中国旧海关出版物的书名、内容和流变考证——统计丛书之日报、月报和季报》，《上海海关学院学报》2012年第2期；詹庆华《全球化视野：中国海关洋员与中西文化交流（1854—1950）》，中国海关出版社2008年版。值得注意的是，由吴松弟教授主编的《美国哈佛大学图书馆藏未刊中国旧海关史料》丛书共计283册，已由广西师范大学出版社陆续出版，对哈佛所藏旧海关内部出版物进行了大规模的系统整理，史料价值甚高，其中就包括近代长江上游航道图志的内容。参见方书生《〈哈佛大学图书馆藏未刊中国旧海关史料〉丛书出版》，《史林》2014年第5期；吴松弟、方书生主撰《中国旧海关内部出版物使用手册》，广西师范大学出版社2021年版。

重庆·1890年》(*Ichang to Chungking, 1890*)一书，收入旧海关出版物"特种系列"第17号，于1892年由海关造册处出版；二是由继任重庆海关税务司吴德禄（F. E. woodruff）撰写的《重庆纪略》(*Chungking: Business Quarter and Mooring Grounds*)一书，收入旧海关出版物"特种系列"第20号，于1896年由海关造册处出版；三是由蒲蓝田撰写的《长江上游宜渝间航行指南》(*Handbook for the Guidance of Shipmasters on the Ichang-Chungking section of the Yangtze River*)一书，收入旧海关出版物"特种系列"第34号，于1920年由海关造册处出版。此外，旧海关出版物还包括若干近代长江上游木船航运业调查报告，收入旧海关出版物的"杂项系列"。其中就有时任海关副巡江事务长夏士德（G. R. G. Worcester）撰写的《长江上游民船图说》(*Junks and Sampans of the Upper Yangtze*)与《四川的运盐船》(*Notes on the Crooked-bow and Crooked-stern Junks of Szechwan*)，两书分别纳入旧海关出版物"杂项系列"第51、52号，前者于1940年出版，后者于1941年发行。①

从文本内容上看，好博逊《宜昌到重庆·1890年》一书所记，主要是他出任重庆海关税务司时乘坐木船行经川江的考察纪略，书中对川江航道沿途险滩地名有所记载，并附有一幅川江宜渝段水道图与木船船工名称调查表。吴德禄《重庆纪略》一书主要记叙"清光绪二十一年重庆之商业区域及碇泊处情形"②，并配有若干简易的重庆港口泊碇图。而夏士德所著两书则是对长江上游木船形制及其制造技术的调查报告，并配有多幅川江木船船体图。可以说，由旧海关洋员所撰写的长江上游道图志，不仅是对清末民初川江内河航运情况的宝贵图像资料，更弥补了中国传统航道图志相关图像记载的缺失，为我们深入了解近代西方人对长江上游木船航运与航道状况的认识水平提供了文本支撑。

然而，上述涉及长江上游内河航运的旧海关出版物，或仅关注于川

---

① 张存武：《中国海关出版品简介（1859—1949）》，《"中央研究院"近代史研究所集刊》第9辑，1980年，第505—534页；吴松弟、方书生主撰：《中国旧海关内部出版物使用手册》，广西师范大学出版社2021年版，第156—161、182—183页。

② 佚名：《海关出版图书目录》，海关总税务司署统计科1936年印，第13页。

第三章　现代性的展开：近代海关与长江上游航道图志的标准化

江木船形制的调查，或对长江上游航道的记载较为简略，实际上对近代轮船航运业的价值不大。① 换言之，它们多数"并非航行者所绘，也不是为了航行者所绘"②。就服务于川江行轮实践而言，最实用的当属蒲蓝田《长江上游宜渝间航行指南》。此书1920年由海关造册处刊行第1版，③ 1932年由爱佛司（R. G. Everest）增订后再版，收入海关"总署丛刊"第2册。④ 此书尽管用英文撰写，但是出版后即获得中外航业界的广泛赞誉，以致"川江引水者奉为金科玉律"⑤，足见其影响之深。关于这部英文版长江上游航道图志编撰的缘起，1916年12月22日，蒲蓝田在《长江上游宜渝间航行指南》序言中这样写道：

> 本书写作的目的在于为航行于川江宜渝段的轮船船长提供导航急救知识。希望对于此项内容的研究，能有效帮助川江轮船船长快速学习行轮技巧，进而完全摆脱对华人领港人员的依赖。自川江开始行轮以来，（我）日益急切地感觉到：这种对华人领港人员的依赖情况，不仅对长江上游轮船船长的名声是持久的威胁，而且对于轮船船主的最大利益以及轮船上的生命财产安全来讲，亦是如此。（本书）尽可能以相对简要的方式叙述，在内容上仅呈现对轮船船长有价值的实用信息。⑥

如前所述，蒲蓝田驾驶"蜀通"轮开辟长江上游行轮航线之后，川江轮船公司大量获利，本地华商陆续组织起多个轮船公司，并把许多小轮都投入川江航线。然而，这些新成立的轮船公司"缺乏川江航

---

① 李鹏：《晚清民国川江航道图编绘的历史考察》，《学术研究》2015年第2期。
② ［法］武尔士：《长江激流行——法国炮舰首航长江上游》，曹娅、赵文希译，重庆出版社2019年版，第10页。
③ 佚名：《海关出版图书目录》，海关总税务司署统计科1936年印，第16页。
④ 吴松弟、方书生主撰：《中国旧海关内部出版物使用手册》，广西师范大学出版社2021年版，第161页。
⑤ 傅焕光：《三峡记》，《旅行杂志》1939年第13卷第2期。
⑥ S. C. Plant, *Handbook for The Guidance of Shipmasters on The Ichang-Chungking Section of The Yangtze River*, Kelly and Walsh, 1920, Prefatory Note, p.1.

行的必要经验，更有甚者，这些轮船缺乏川江航行的一些基本条件，其职员的素质更差，对航行毫无把握。开航不久，即有两轮沉没，而轮船受损事故更时有所闻"①。有鉴于此，蒲蓝田出任长江上游巡江工司后，即着手编著《长江上游宜渝间航行指南》，旨在提供具体实用的行船指南，快速提升川江轮船船长在长江上游行轮的专业水平。在此基础上，通过书中川江行轮技术的传播，最终完成长江上游航道图志的标准化建构。对此，时任重庆海关税务司巴尔（W. R. M. D. Parr）如是说：

> 蒲蓝田还进一步强调所有川江各轮的船主都必须掌握川江水域的基本知识，熟悉当地的中国方言。他断言，如果船主们不具备上述知识，那么，船主、轮船及船上的一切实际上都掌握在华人领港员手中，即使是最好的领港员，一遇危急情形，也常常会不知所措，此时船主必须挺身而出才能避免灾难。因此凡是打算在川江经营的轮船公司都预先选好船主和领港员，并让他们在川江现有的轮船上至少实习一年。船主必须学习川江知识，领港员要学习驾驶方法。经验丰富的民船领港员不乏其人，可以满足各种临时需要。但即使是最好的领港员，除非他通晓轮船上的各种不同的基本知识，否则一上轮船也会茫然不知所措。并且即使是在最有利的情况下，船主也必须绝对保持警惕，以确保航行安全。船主应具有丰富的川江航行知识，以制止华人领港员任何不必要的冒险企图，因为经验证明这种情况有可能发生。②

由此可见，蒲蓝田编绘《长江上游宜渝间航行指南》的主要意图，就是为了轮船船长（特别是外籍船长）能够规避川江航行风险，摆脱对本地领港人员的技术依赖。因此，指南一书的主体内容，多系蒲蓝田根据自身积累的长江上游航道资料与行轮经验整理而成，不仅详述川江宜渝段航道水程及险滩情况，还编绘多幅险滩图以备参考。在内容安排上，

---

① 《1917年重庆海关年度报告》，周勇、刘景修编译：《近代重庆经济与社会发展（1876—1949）》，四川大学出版社1987年版，第414页。
② 《1917年重庆海关年度报告》，周勇、刘景修编译：《近代重庆经济与社会发展（1876—1949）》，四川大学出版社1987年版，第414—415页。

第三章　现代性的展开：近代海关与长江上游航道图志的标准化

指南一书按照总论与分论相互结合的方式，先就长江上游航道特征以及行轮的技术标准，分门别类进行总体叙述，然后再就宜渝段险滩特征与过滩方法予以专门叙述。

具体而言，在《长江上游宜渝间航行指南》一书中，蒲蓝田首先对长江上游航道与行轮技巧进行总论，分别为：1. 概说（General Remarks），2. 轮船之航行（Steamer Navigation），3. 江面之涨落（Rise and Fall），4. 江面之斜倾与水流之速度（Gradient and Velocity），5. 河床淤泥（Silt），6. 川江特有之现象（Phenomena Peculiar to the River），7. 峡区之雾（Local Fogs），8. 涨水（Freshets），9. 木船运输（The Junk Traffic），10. 崖峡（The Gorges），11. 险滩（The Rapids），12. 轮船泊碇地方及靠船方法（Methods of Making Fast at Mooring Places & Mooring-places for Steamers），13. 临时修补船壳及轮船急救法（Emporary Repairs to Hull & Aids to Navigation）。

"总论"后是全书的核心内容，题为："宜渝航道险滩志略与驾驶需知"（Itinerary and Navigation Notes：Ichang-Chungking），蒲蓝田按照长江上游主要险滩次序与上行航程，从东至西分别详细叙述川江各航段险滩的地理特征及过滩方法。根据书中所记川江宜渝段水途滩次，依次为宜昌峡、腰站河、崆岭滩、牛肝马肺峡、青滩与新滩、兵书宝剑峡、归州段、老虎石至泄滩、泄滩、泄滩至石门、石门至牛口、牛口滩、牛口至官渡口、巫峡、巫峡至黛溪、风箱峡、夔州府、夔州府至安坪、安坪至云阳、云阳至兴隆滩、兴隆滩、兴隆滩至巴阳峡、巴阳峡、巴阳峡至万县、万县、万县至狐滩、狐滩、狐滩至五林碛、五林碛至忠州、忠州至丰都县、丰都至涪州、涪州至长寿、长寿至重庆。最后，为此书附件部分，分别为：1.《川江行船免碰章程》（Upper Yangtze Navigation Regulations），2.《长江上游轮船形制与结构的相关建议》（Recommendations Concerning The Construction and Fitting of Upper Yangtze River Steamers）。[①]

在清代民国长江上游航道图志编绘史上，蒲蓝田首次系统总结了长

---

① S. C. Plant, *Handbook for The Guidance of Shipmasters on The Ichang-Chungking Section of The Yangtze River*, Kelly and Walsh, 1920, Prefatory Note, pp. 2–3.

江上游宜渝段航道的自然地理特征以及行轮技术标准,《长江上游宜渝间航行指南》也是目前所见第一部可供行轮实际使用的长江上游航道图志。书中不仅对川江航道气象、水文、崖峡、险滩等自然地理特征进行科学总结,还对长江上游轮船泊船地点、泊碇方法、索具设置、过滩技术进行了标准化测定,堪称一部完整的行轮技术导航资料。此外,蒲蓝田还以其多年的经验,在《长江上游宜渝间航行指南》中对川江行轮的人才选择作出自己的判断。如在《轮船之航行》一节中,作者就对长江上游轮船船长的选择标准作出不同以往的解释:

> 常人以为凡能航行川江者,其人脑筋必非常灵敏巧捷,其实不然,盖最需要者首重谨慎,其次则为恬静镇定,至若上游一带之投机分子,既无学识,又乏经验,苟授以驾驶之权,其危险诚不堪问也。①

为有效提高长江上游行轮技术的科学性,蒲蓝田在《长江上游宜渝间航行指南》一书中还配备了大量的航道图表,不仅涉及川江航道整体剖面、水位升降情况、船壳修补与泊碇方法等技术制图,还包括险滩图、泊碇图、峡路图等不同类别的航道地图。尤其重要的是,书中配置的各险滩分图,详细标绘出长江上游各主要险滩的航道特征、水文条件与助航设施,并配以川江行轮上下水的具体航线与驾驶方法,精准可靠,大有裨益。② 因此,《长江上游宜渝间航行指南》不仅是目前所见有关长江上游行轮导航的首部航道图志,也是深入了解近代川江航道险滩特征与轮船过滩技术的宝贵史料。

《长江上游宜渝间航行指南》插入的各类地图与图表,共计 34 幅。其中总图一幅置于卷首,即《长江宜渝段水道总图》(Yangtze River: Ichang to Chungking),图中采用蓝色填充川江航道,以晕滃法绘出周边地势,用英文依次标示沿途城镇与险滩名称,并用不同颜色符号标注助

---

① [英]蒲蓝田:《川江航行指南》,徐修平译,《星槎周刊》1930 年第 24 期。
② 李鹏:《近代外国人对长江上游航道的地图测绘》,《中国历史地理论丛》2017 年第 2 辑。

第三章　现代性的展开：近代海关与长江上游航道图志的标准化

航设施的具体位置以及不同水位救生船的分布变化，较为全面地反映了近代长江上游宜渝段轮运航线的总体情形。① 总图后为各分图，主要有两类。其中，第一类为川江航道过滩泊碰方法图以及各类水位图、水程表等辅助图表，计12幅。分别为：

1.《1911年川江宜昌、夔州府、万县、重庆各处水位升降图》（Rise and Fall of Water at Ichang kuei-chou-fu Wanhsien and Chungking during 1911），2.《川江宜渝段航道纵断面图》（Longitudinal Section of Yangtze from Chungking to Ichang），3.《川江险滩整体配置图》（General Configuration of a Yangtze Rapid），4.《轮船上行过滩方法图》（Methods of Asscending a Yangtze Rapid），5.《轮船牵引过滩方法图》（Method of Hauling Over a Yangtze Rapid），6.《轮船下行过滩方法图》（Method of Descending a Yangtze Rapid），7.《轮船快速退滩方法图》（Method of Backing Out of a Yangtze Rapid），8.《轮船索具安装草图》（Sketches showing the Rigging of a Fend-off Spar），9.《轮船快速泊碰方法图》（Methods of Making fast at Mooring-places），10.《沙滩河岸索具固定方法图》（Methods of Securing End of Wire Rope on a sand or shingle bank），11.《船壳维修方法图》（Methods of Repairing Hull），12.《川江宜渝段水程表》（Distance Table：Ichang-Chungking）。

第二类是不同水位条件下长江上游险滩航道图，共计21幅。分别为：

1.《风箱峡高水位险滩图》（The Wind-box Gorge at high level），2.《獭洞滩低水位险滩图》（Ta-tung-tan Rapid at low-level），3.《崆岭峡低水位峡路图》（Kung-ling Narrows at low-level），4.《新滩（青滩）低水位险滩图》（Ching-tan or Hsin-tan Rapids at low-level），5.《黄浅滩低水位险滩图》（Huang-chien Shingle Flats at low-level），6.《泄滩（叶滩）低水位险滩图》[Hsieh-tan（yeh-tan）Rapid at low-level]，7.《牛口滩低水位险滩图》（Niu-kou-tan Rapid at low-level），8.《火焰石高水位险滩图》（Huo-yen-shih Rapid at High-level），9.《宝子滩中水位险滩图》

---

① 李鹏：《晚清民国川江航道图编绘的历史考察》，《学术研究》2015年第2期。

(Pao-tzu-tan Rapid at mid-level)，10.《庙矶子低水位险滩图》（Miao-chi-tzu Rapid at low-level），11.《东洋子低水位险滩图》（Tung-yang-tzu Rapid at low-level），12.《兴隆滩低水位险滩图》（Hsin-lung-tan Rapid at low-level），13.《巴阳峡中水位局部峡路图》（Part of Pa-yang-hsia Narrows at mid-level），14.《湖滩（涪滩）中水位险滩图》[Hu-tan (Fu-tan) Rapid at mid-level]，15.《折桅子低水位峡路图》（Che-wei-tzu Narrows at low-level），16.《鱼洞子低水位峡路图》（Yu-tung-tzu Narrows at low-level），17.《虎须子与蓝竹坝交叉处低水位险滩图》（Hu-hsu-tzu Race and Lan-chu-pa Crossing at low-level），18.《蚕背梁低水位峡路图》（Tsan-pei-liang Narrows at low-level），19.《佛面滩与观音滩中水位险滩图》（Fo-mien-tan and Kuan-yin-tan Rapids at mid-level），20.《王家滩与抬盘子低水位峡路图》（Wang-chia-tan and Tai-pan-tzu Narrows at low-level），21.《洛碛场低水位险滩图》（Lo-chi Flats at low-level）。① 上述各险滩图中对行轮航线的标示，大大弥补了前述蔡尚质《上江图》等其他长江上游航道图志无详细险滩资料与具体行轮路线的缺憾，其价值弥足珍贵。

正是因为编制精密，资料翔实，图文并茂，不仅科学性高，而且操作性强，便于学习参考，《长江上游宜渝间航行指南》书成后，即被时人视为川江行轮参考的巨帙。当时《北华捷报》就评价："蒲蓝田船长撰写的《长江上游宜渝间航行指南》……是一项最具实用价值的成果。"② 1934年，孟纯在《宜昌到重庆》一书中亦赞誉："（此书）对于川江滩险，表列图解，叙述极为详确，航业界奉为川江船主之圣经。"③ 上述对《扬子江宜渝段航行指南》的高度评价，绝非溢美之词。借助近代中国海关机构的体制化运作，《长江上游宜渝间航行指南》连同《川江行船免碰章程》等附件，一道分发于长江上游各轮船、港口，使得此后川江行轮有章可循，驾领有规可遵，航运日趋有序，迅速成为近代海

---

① S. C. Plant, *Handbook for The Guildance of Shipmasters on The Ichang-Chungking Section of The Yangtze River*, Kelly and Walsh, 1920, Prefatory Note, p. 4.

② "Guide to Yangtze Gorges, Capt. Plant's Great work for Shipmasters", *The North China Herald*, July 10, 1920.

③ 重庆中国银行编：《宜昌到重庆》，中国银行、国光印书局1934年印，第1页。

第三章　现代性的展开：近代海关与长江上游航道图志的标准化

关官方认可的川江轮船航行技术标准，被奉为是"每一个希望晋升为川江轮船船长和领江的必读之书"①。对此，1912—1921年的《宜昌海关十年报告》这样评价：

> 蒲蓝田船长的研究以及多次驾驶蜀通轮和蜀亨轮的实践，使我们对这段极其困难的航道上驾驶轮船的适航要求和限制条件有了更深入的了解。海关副巡工司于1914年对航道、通航的可能性以及通航需求进行了考察，此行促使海关总税务司在1915年任命蒲蓝田船长为长江上游巡江工司。在接下来的六年时间里，蒲蓝田船长对川江做了进一步的调查研究，建立了信号站，设置了标记船和灯塔，制订了指导长江上游航行的新版规章制度，并给出了该航段定制船舶所需要达到的最低技术标准。他还培训木船驾长在轮船上服役，并为领航员以及合法的商业航运提供专家咨询和一切可能的帮助。蒲蓝田撰写的《长江宜昌至重庆段船长导航手册》（即《长江上游宜渝间航行指南》）一书总结了他在该航段每一英里航程中所获得的经验，并将这些独特的经验留给了现在和未来的航行家们。②

实际上，作为近代西方人编绘长江上游航道图志的集大成之作，《长江上游宜渝间航行指南》出版后，即被中外航业界多次转译改绘，极大促进了川江轮船航运业的快速发展。1923年，杨宝珊在编绘《最新川江图说集成》时，就改绘了《长江上游宜渝间航行指南》中的《长江宜渝段水道总图》；1930—1931年，川江航务管理处徐修平着手翻译了此书的部分章节，并冠以《川江航行指南》之名，连载于《星槎周刊》第24—50期；1936年，时为日本东亚同文书院教授的马场锹太郎，在编纂《支那水运论》一书时，亦直接改绘了《长江上游宜渝间航行指南》中的《长江宜渝段水道总图》《泄滩低水位险滩图》等，作者除在图中增加若干日本地名

---

① 隗瀛涛主编：《近代重庆城市史》，四川大学出版社1991年版，第336页。
② 《1912—1921年宜昌海关十年报告》，李明义译，李晓舟校订：《近代宜昌海关〈十年报告〉译编（1882—1931）》，团结出版社2020年版，第213页。

与中文标注外，实质内容几无差别。1937 年，盛先良在编著《川江水道与航行》时，书中内容多半转译《长江上游宜渝间航行指南》，他坦言：

> 是书之取材，泰半译诸英人卜（蒲）蓝田君遗著《川江航行指南》（即《长江上游宜渝间航行指南》）一书。卜（蒲）氏受德籍（应为英籍）商人立德氏之聘，来华考察川江水道，利用科学方法，整理水道，颇著功绩。继任法国兵舰川江领水与我国海关所属长江上游巡江司职务。其于川江水道情况与航行必需知识了如指掌，故其所著，已为今日川（江）航行之唯一巨帙，今本书多取材于此，是应向卜（蒲）君致敬意者。①

综上所述，在近代川江行轮实践中，《长江上游宜渝间航行指南》具有不容忽视的实用性与权威性。正是在长江上游航运现代转型的过程中，蒲蓝田作为首任长江上游巡江工司，通过编绘《长江上游宜渝间航行指南》这一专业性、技术性极强的长江上游航道图志，从而将长江上游行轮的经验知识合理化为近代海关对川江航道管理的标准文本。② 1936 年，近代海关造册处又编印了一册《川江泊碇手册》（*Anchorages in General Use on The Upper Yangtze：Addenda to the Handbook for the Guidance of Shipmasters on the Ichang-Chungking Section of the Yangtze river*），③ 进一步修正《长江上游宜渝间航行指南》第 17—27 页"川江轮船泊碇"的相关内容，并增补了大量长江上游轮船泊碇地点的全新数据，以适应民国时期川江行轮发展的现实需求。④

---

① 盛先良编著：《川江水道与航行》，中国航海学社 1937 年版，第 3 页。
② 李鹏：《蒲蓝田与清末民初川江航运的现代转型》，《国家航海》2022 年第 2 辑（总第 29 辑）。
③ The Maritime Customs, Anchorages in General use on the upper Yangtze：Addenda to the Handbook for the Guidance of Shipmasters on the Ichang-Chungking Section of the Yangtze River, Statistical Department on the Inspectorare General of Customs, 1936.
④ 《1936 年海关总署执行助理秘书给宜昌海关转发总署给统计秘书关于要求其将长江上游用于船只停泊地点表作为增加内容编入〈长江上游宜渝间航行指南〉的公文》，宜昌市档案馆藏"近代宜昌海关档案"，档案号：英海档 31—008 号。

第三章　现代性的展开：近代海关与长江上游航道图志的标准化

值得一提的是，蒲蓝田还撰写了一部介绍长江上游观光旅行的英文指南——*Glimpses of the Yangtze Gorges*，今译为《峡江一瞥》或《长江三峡大观》，于1921年由上海别发印书馆出版。在这部指南中，蒲蓝田用轻松流畅的笔墨，叙述了乘坐木船从宜昌到重庆的精彩旅程，同时介绍了长江三峡两岸的风土人情与沿途景观。当时别发印书馆的出版商唐纳利（Ivon A. Donnely）在导读中就评价："这本书写得如此生动，以至于我觉得任何读到这本书的人，都期望有机会参加这样的一次旅行……随着更多的轮船开通穿越三峡的航线，这个精彩的旅程距离普通旅游大众已经近在咫尺了。"①

总之，借助近代中国海关的体制化运作，以及长江上游巡江司对川江轮船船主与领江人员的技术规训，蒲蓝田《长江上游宜渝间航行指南》一书很快成为海关官方认可的川江行轮技术标准，进而获得长江上游航道知识生产的权威性与科学性。从某种程度上讲，蒲蓝田编绘《长江上游宜渝间航行指南》的"权威性"与"科学性"，不仅仅是把传统川江木船航运知识排除在外，而是通过设置川江行轮的技术标准和航图使用的知识壁垒，来达致长江上游行轮人才培养的职业化与专业化，最终将轮船从业人员纳入近代海关的监督和管理。从这一角度讲，这也代表着近代长江上游航道图志编绘"科学主义"的勃兴与工具理性的合法化。而这种对标准化的技术崇拜与工具化的科学信仰，恰恰是近代中国海关对川江航道空间秩序重构的必然结果。

本章小结

近代中国海关通过制度化的《航行布告》发布体系，不仅为长江上游航运现代转型提供了技术支持，更为川江行轮的兴起奠定了稳固的制度保障。作为近代长江上游航道管理的主体机构，长江上游巡江司（长

---

① Ivon A. Donnely, Introduction, *Glimpses of the Yangtze Gorges*, Kelly and walsh, 1921, p. 2. 中文版参见张铭、李娟娟译《峡江一瞥（上）》，西南大学历史地理研究所编：《中国人文田野》（第7辑），巴蜀书社2016年版，第191页。

江上游巡江事务处）不仅改变了长江上游航运的时空秩序，亦重构了川江航政建设的制度基础。在此基础上，近代中国海关造册处还通过海关内部出版物的方式，印制出版不同类型的长江上游航道图志。特别是蒲蓝田作为首任长江上游巡江工司，通过编绘《长江上游宜渝间航行指南》这一技术性、专业性极强的长江上游航道图志，真正确立了新式长江上游航道图志编绘的科学标准。

同时，近代中国海关还通过编制、出版标准化的《长江上游航道图》，在航道信息编码、助航设施标注、行轮过滩技术等诸多方面，将长江上游航道放置于标准化的图像文本中加以分析，这是前述长江上游航道图志所不具备的。从某种程度上讲，近代中国海关作为中国政府正式承认的官方海图出版机构，通过对标准《长江上游航道图》的印制与发售，进而赋予长江上游航道地理信息的权威性特征，使之成为可靠性、专业化的地理知识，并被广泛接受与传播。因此，相比于近代法国海军绘制的《长江上游航道图集》，近代中国海关所发售的《长江上游航道图》在中国境内有着不容质疑的权威性与合法性；相比于中国传统长江上游航道图志，又具有不可替代的科学性与实用性。

综合而言，近代中国海关对长江上游航道图志编绘标准的确立，不仅是对经验性的中国传统行船技术传承的否定，更意味着以西方科学制图标准为参照的长江上游航道图志的现代性建构。近代中国海关通过组织化的航政运作和标准化的航道地图生产，成功建立起以西方行轮技术标准为参照的话语霸权；通过设置航图使用的操作规范和知识壁垒，来达致川江行轮的职业化与专业化，进而将长江上游轮船从业人员纳入海关的监督与管理。因此，通过对航道图的标准化与专业化的科学表述，近代中国海关最终完成对川江航道空间的权力垄断，进而赋予长江上游航道图志"普遍性知识"的"科学宰制"特征。①

---

① 受近代中国科学主义勃兴的影响，清末民初长江上游航道图志编绘的现代性，在本质上就是科学化、标准化制图的确立过程。在这里，科学化的航道图成为川江内河行轮的一种合法性知识，甚至成为一种叙事程序、职业伦理和规训制度。参见汪晖《科技作为世界构造的合法性知识》，《死火重温》，人民文学出版社2000年版，第190—265页。

第 四 章

现代性的回响：清末民国长江上游航道图志的本土建构

从近代中国知识与制度转型的视角看，晚清以来长江上游航道图志编绘现代性的引入和展开，不仅表现为西方测绘技术与绘图方法的在华传播，更昭示川江内河航道与航政管理的空间重构。特别是近代中国海关对长江上游航道图志编绘标准的确立，从而在"科学"层面创构出标准化、专业化、精细化的航道平面空间。因此，按照西方近代启蒙思想家的话语预设，中国地方官绅所绘制的传统长江上游航道图志，代表的是不精确、主观化、非科学的"地方性知识"，而采用西方科学制图技术编制的现代长江上游航道图志，则是科学化、客观化与标准化的"普遍性知识"。对此，李约瑟就指出：

> 在本世纪（即20世纪）初期，制图学家对于把地表的曲率表现在纸面上的方法已经应用得如此熟练，而且用天文学方法测定出来的经纬度已经如此精确，以致没有一个制图学家能够不对中国传统的网格绘图法抱非常轻视的态度。①

实际上，伴随20世纪初中国本土"现代性"的构建，由清政府积极倡导的新政改革在各地逐步展开，长江上游地区亦发生了巨大变革。这种变革表现在经济领域，就是在重商主义的推动下，新式工厂、股份公司、

---

① ［英］李约瑟：《中国科学技术史（第5卷·地学卷·第一分册）》，《中国科学技术史》翻译小组译，科学出版社1976年版，第247页。

商会以及各种职业协会广泛成立,日益形成官商之间的"绅商"阶层;①在社会政治领域,伴随民族国家政权建设在基层社会的强力渗透,国家与社会之间的关系发生了结构性的转换。在此基础上,由地方精英所形塑的自治组织和社会团体发挥出巨大的社会整合作用,这使得"公共领域"日渐发展。②同时,在地方政府的积极鼓励下,以绅商阶层为核心的地方精英群体开始广泛参与地方新政事务,积极促成了清末以收回利权为中心的"经济民族主义"运动。③

正是受近代中国"经济民族主义"的影响和刺激,长江上游内河航运业也开始了艰难的现代转型,由地方绅商组织的本土轮船公司纷纷成立。与此同时,在清末以来川江行轮通商快速发展的过程中,由于轮船运输对航运线路、航路水深、航行测度等都有不同需求,必然要求航道图志在编绘内容、绘制技术上做出变革,进而建构川江行轮的本土知识谱系,以适应长江上游内河航运发展的现实需求。换言之,在清末民初本土轮船公司兴起的背景下,长江上游航业界迫切要求轮船从业人员学习西方行轮技术,进而编绘本土化的长江上游航道图志。然而,问题也随之而来,面对西方行轮知识与制图技术的话语霸权,清末以降长江上游的地方精英如何接受西方科学的航道图志?植根于地方文化语境的制图传统,在面对西方科学化的制图技术时,又如何进行变通?在"民族主义"和"科学主义"的话语激荡中,地方精英又如何构建长江上游航道图志的本土谱系?这都是本章需要回答的问题。④

---

① 马敏:《官商之间:社会剧变中的近代绅商》,天津人民出版社1995年版,第88—105页。
② 王笛:《晚清长江上游地区公共领域的发展》,《历史研究》1996年第1期。
③ 王笛:《清末"新政"与挽回利权》,《四川大学学报》(哲学社会科学版)1984年第2期;王先明:《从绅士阶层到"绅商"集团——论收回利权运动的主导力量》,《社会科学战线》1995年第1期;[美]高家龙:《中国的大企业——烟草工业中的中外竞争(1890—1930)》,樊书华,程麟苏译,商务印书馆2001年版,第188—190页;[美]葛凯:《制造中国:消费文化与民族国家的创建》,黄振萍译,北京大学出版社2007年版,第165页。
④ 近年来,黄东兰教授就近代中国知识转型的问题旨趣提出自己的看法,认为在对约定俗成、业已为人们习以为常的近代知识进行重新审视时,需要思考:1. 近代知识是以何种方式被叙述和呈现的? 2. 传统知识在面对近代知识时,做出了何种自我变通? 3. 当一种制度、概念、生活方式或改头换面、或原封不动地被接受之后,随着时间的推移,其中一些便成为人们思想观念里或是社会生活中的新的传统,这些新传统是如何形成的?从问题意识的角度看,上述所列近代知识形塑方式的考察视角,对本章关于国人编绘本土谱系长江上游航道图志的历史考察,具有极高的参考价值。参见黄东兰主编《新史学(第4卷·再生产的近代知识)》,中华书局2010年版,"引言",第2—3页。

第四章 现代性的回响：清末民国长江上游航道图志的本土建构

第一节 川江轮船公司的成立与《最新川江图说集成》的编绘

一 清末民初长江上游航权的中外争夺

作为清末新政的重要组成部分，由四川省政府倡导、巴蜀地方绅商共同创办的"官商合办川江轮船有限公司"，是长江上游地区第一家本土运营的商业轮运公司。

如前章所述，自德国"瑞生"轮在崆岭滩触礁沉没以后，"一时舆论所趋，佥视川江水上交通，难期发展"①，给处于萌芽状态的长江上游轮运航业以重大打击，此后数年间都无人敢于尝试。当时"一般共同的意见，都认为扬子江上游的轮船运输不可能获利"②。危难之时，蒲蓝田船长历经数年悉心研究，最终设计出适合长江上游行轮的轮船结构。因此，他向法国驻华公使倡议："川江宜造特式之轮，以作通峡之用，使三峡航权，独居其奇。"③ 正是在蒲蓝田的鼓动下，1906年，法国工程师"不时来川江一带上下探测……特向外务部呈请，指定由宜昌至重庆开办往来拖轮"④，积极推动法国与英国联合组织轮船公司，由法国人主营长江上游轮船运输业务。

然而，蒲蓝田的建议以及法国对川江航权的觊觎，很快引起四川地方当局的注意与担忧。对此，时任四川护理总督赵尔丰"知非自设轮船公司，不足以救斯弊而杜觊觎，特委周观察善培前往重庆一带查勘水道"⑤。周善培抵达重庆以后，借乘英国兵舰上下行驶，勘测川江航道。根据周氏的考察结果，四川决定自行成立本土川江轮船公司。⑥ 1907年1月17日，赵尔丰向清廷上《奏为设立川江轮船有限公司事》一折，请

---

① 邓少琴：《近代川江航运简史》，重庆地方史资料组，1982年，第66页。
② 《1902—1911重庆海关十年报告》，周勇、刘景修编译：《近代重庆经济与社会发展(1876—1949)》，四川大学出版社1987年版，第149页。
③ 邓少琴：《近代川江航运简史》，重庆地方史资料组，1982年，第93页。
④ 《奏办川江行轮有限公司致武汉宜昌官绅士商船帮通启》，《商务官报》1909年第34期。
⑤ 《各省航路汇志》，《东方杂志》1908年第6期。
⑥ 隗瀛涛主编：《四川近代史稿》，四川人民出版社1990年版，第426页。

求清廷正式批准四川设立"官商合办川江轮船有限公司"。在这份奏折中，赵尔丰详细论述川江本土轮船公司成立的必要整体性与可行性，并就公司体制、组织章程、股金筹集等做出整体规划，内容如下：

> 窃维商旅所便，全在水陆之交通抵塞无形，尤贵基础之自立。川省民庶殷繁，物产饶富，行人过客悉以大江为惯途。而江路奇险天成，节节皆滩，时时致损，自宜达渝，其患弥甚，一遇洪水，帆樯俱停，冒险遄征，大半失事。坐是货币既多滞积，百事因以搁延，其关系全局者殊非浅鲜，欲救斯弊，实利行轮。各国商人亦深知此路航业余羡可图，十余年来未能恝置。近日，法公司拟办宜渝拖船，经该公司工程司苏梅斯拟定办法，送交税关参酌，复于本年正月由法公使照请外务部咨查到川，是其锐志力营，已可概见。
>
> ……惟有自行设立轮船公司，庶几通船便捷，杜绝觊觎。当经集合群俊，详加研究，并檄委农工商部议员、四川商务总局总办候补周善培前往重庆一带查勘水道确切情形。该道勘竣回省缕析禀陈，极言大江行轮有利无害。盖从前凡言行轮不便者，率以滩多易损易阻为词。该道此次至渝博访周咨，旁征曲证，始悉轮船与民船向异。民船动必循岸，故无处非滩。轮船鼓浪中流，故滩都可避。惟平水之叶滩、枯水之新滩，以其横江为陂限之形，须用绞盘挽以铁绳而后可上，然亦并不费时费力。此次英之威进兵舰，当盛涨未退之时，由宜而渝四日遂达，尤该道所亲见者，若能将江心礁石择要炸平，益可豁除障碍，虽险阻不足虑也。至其速率，则无论威进马力之大，超绝可惊，即以英兵舰乌那证之，其船乃十余年前之旧船，而乘涨往还计里三百，逆行仅十小时，顺行仅四小时。该道曾借坐此舰，经历非诬，较之民船何啻倍蓰，此速率之有可信也。
>
> ……拟设立公司名曰：官商合办川江轮船有限公司，共集股银二十万两。官任其四，商任其六，官股由藩司极力筹挪，商股归蜀商如额凑足。先向外洋著名船厂订购浅水小轮三只，船身马力务取合宜。船到之日，首航宜渝，次及嘉叙，上下货件，由各帮具结装载，民船听其自便，如愿装轮船，须先尽公司承运，不得有违。二

第四章 现代性的回响:清末民国长江上游航道图志的本土建构

十五年以内,如有官商续办,准其附股添船,不准另立公司以致倾夺两败,如此则虽外界之竞争未能明定限制,而华商之生业仍可不被损侵。所有公司一切事物,由众商公举总理一人,协理五人和衷商办,总以不背部定商律及内港行轮章程为主。

……公司虽有四成官股,实赖商力擎持,应于订章时特别规定,认为纯全商事性质,非有关系外交及牵涉地方事件,公家一概不为干预,并不得抽提股本,亦不得以有官本在内,中道改归官办,藉清权限而惬商情。将来规模大备,为川汉铁路之车辅,遏欧西商战之横流,生命资财所全不少。[1]

经过多方讨论,清廷随即批准此奏。1908年3月16日,"官商合办川江轮船有限公司"在重庆正式成立。在中外航权竞争加剧的情势下,四川官绅成立川江本土轮船公司的目的,实为杜绝西方资本对长江上游轮船航运业的觊觎。这不仅是晚清"重商主义"与"商战"思潮在地方传播的体现,更是长江上游本土航业界抵制西人侵航、挽回利权的必然产物,其背后隐藏的是近代中国的"经济民族主义"诉求,故其宗旨为"挽回航路利权"[2]。正如时人所言:"因虑外人既难终却,曷若鼓舞蜀中绅商自行创办。能行,则我占先着,主权自有;难行,则从此谢客,断其希望。"[3] 需要指出的是,"官商合办川江轮船有限公司"的成立,尽管出自四川地方当局的倡议之下,但该公司主要的资本来源则是以绅商为主体的地方精英,这也代表着"新兴社会力量的兴起,表现了进步的趋势"[4],反映出近代长江上游地区对外贸易得到了空前的发展,必然要求在商业组织形态上有质的改变。

应该看到,川江轮船公司成立之初,就在公司体制上采用"官商合股、商股为主"的组织形式。有学者因此认为"这是仿照从前洋务企业

---

[1] 《光绪三十年十二月初四日护理四川总督赵尔丰奏为设立川江轮船有限公司事折》,中国第一历史档案馆藏"朱批奏折":档案号:0401010971066。
[2] 《川江轮船公司组织情形》,《申报》1909年11月10日。
[3] 《奏办川江行轮有限公司致武汉宜昌官绅士商船帮通启》,《商务官报》1909年第34期。
[4] 隗瀛涛主编:《四川近代史稿》,四川人民出版社1990年版,第428页。

的故智"①，批评川江轮船公司"官督商办"的体制有着浓厚的官方色彩。然若联系实际情况，可知在营商环境有待完善、民族资本尚不发达之时，面对较大的投资风险，地方绅商自然不肯"浪投巨资，轻试险业"②，因此，由政府发出倡议并提供商业担保与政策扶持，有助于克服地方绅商的投资疑虑，这是值得肯定的。

在川江轮船公司筹办的过程中，时任四川劝业道周善培起到了举足轻重的作用，成为沟通官商各界兴办长江上游行轮事业的桥梁。③ 正是他对川江航道的查勘结果，打消了四川地方当局对投资风险的担忧，最终促成清廷对兴办川江轮船公司的认可。同时，周善培又在重庆商会演说数次，认真加以劝导，"晓以外人兵轮日添，货轮再来，为地方深谋远虑，不可不隐寓筹防，利害攸关，大义所在，势难容已，若商力不足，公家愿以官款助成"④。可以说，正是周善培唇焦舌敝的苦心宣传，巴蜀本地绅商方才不再推诿并积极认股。对此，邓少琴就赞誉：

> 川江轮船公司之创办，故种因于外人欲强迫通航，侵我航权。其时重庆绅商之能起而集资办理，以抵抗外人，实善培有以激劝之也。公司成立之初，定股额为二十万两，官任其四，俾与川汉铁路辅车相依……并许以不因有官本而收回官办，以清权限，又许以廿五年之独利不准另立公司，以致争夺而受妨害。其时官府之热心提倡亦可谓曲尽其能事也。⑤

由此可见，清末四川"官商合办川江轮船有限公司"得以成功举办，一方面是巴蜀本地绅商受"经济民族主义"思潮的刺激；另一方面，则是四川地方政府鼎力支持与官商合作的共同结果。川江轮船公司成立后，为规范公司经营体系，即制订《奏设川江轮船有限公司章

---

① 樊百川：《中国轮船航运业的兴起》，中国社会科学出版社2007年版，第302页。
② 《奏办川江行轮有限公司致武汉宜昌官绅士商船帮通启》，《商务官报》1909年第34期。
③ 戴海斌：《历史与记忆：辛亥年的周善培》，《读书》2022年第6期。
④ 《奏办川江行轮有限公司致武汉宜昌官绅士商船帮通启》，《商务官报》1909年第34期。
⑤ 邓少琴：《近代川江航运简史》，重庆地方史资料组，1982年，第94页。

第四章 现代性的回响：清末民国长江上游航道图志的本土建构

程》，对公司开办宗旨、经营业务、管理细则、股权分配等作出详细规定。例如，在"集股"一则，就规定"共集股银二十万两，分为五千股，每股四十两，先交一半，官任二千股，商任三千股……若非中国人，不得附股"①。这种以国籍限制股权集资的方式，深刻反映出当时长江上游地区民族主义思潮的传播与经济主权意识的觉醒。

至1908年，川江轮船公司总计"收入成都官股银四万两，又重庆绅商来股银四万五千四百余两，又川东各属绅商来股银二万四千七百余两，共收股银十一万两"②。根据"官督商办"之原则，商股推举赵资生、李良谏、曾鼎勋、王泽4人，官股举重庆知府纽传善、巴县令廷继、重庆火柴统销委员张令杰3人为公司董事，组成川江轮船公司董事会。③又推举重庆商会曹漱珊为公司总理，赵资生等为协理，负责公司的具体运作与日常管理。④然而，公司成立之初即因"川江股款多不应手"⑤，一时之间穷于支付，在重庆商会与川东绅商的支持下才渡过难关。1909年，川江轮船公司还向武汉、宜昌绅商船帮发出通启，希望湖北绅商能共同筹款入股，两省合办一大型川江轮船公司，"继起招商轮局，俾后先辉映，遍展龙旗，使外人无隙可入，无利可图"⑥。惜无回音。

为购置新式轮船，川江轮船公司高薪聘请蒲蓝田为造船顾问，以股银92000两在英国订造"蜀通"轮，于1909年夏由上海机器局装配完竣（见图4-1）。此后，又以蒲蓝田有丰富的川江行轮经验，出重金聘请他担任"蜀通"轮的船长。⑦正是在蒲蓝田的驾引下，"蜀通"于1909年10月19日由宜昌上驶，当月29日抵达重庆，实际行轮65小时，

---

① 《川督咨本部川江轮船公司呈报各项事宜文（宣统二年三月二十三日）》，《交通官报》1910年第15期。
② 《川江轮船公司报告》，《广益丛报》1909年第209期。
③ 《四川通省劝业道委派川轮公司官股董事札》，四川省档案馆编：《四川保路运动档案选编》，四川人民出版社1981年版，第91页。
④ 邓少琴：《近代川江航运简史》，重庆地方史资料组，1982年，第95页。
⑤ 邓少琴：《近代川江航运简史》，重庆地方史资料组，1982年，第95页。
⑥ 《奏办川江行轮有限公司致武汉宜昌官绅士商船帮通启》，《商务官报》1909年第34册，"附录"。
⑦ 《奏办川江行轮有限公司致武汉宜昌官绅士商船帮通启》，《商务官报》1909年第34册，"附录"。

"是为华人自营华轮入川之第一次也"①。翌年2月起,"蜀通"轮开行宜渝航线,每月往来二次,开川江轮船定期往来的新纪元。自开行以后,数年间安全无事,川江轮船公司盈利日增。以致"由宜来渝之华人,上年(1909)七百十七人,今年(1910)直增至二千十三人,皆因蜀通轮船行驶快速,时间可省十余日,故搭附之客无不踊跃"②。

图 4-1 蜀通轮照片

资料来源:Cornell Plant, *Glimpses of the Yantze Gorges*, Kelly & Walsh, 1921, p.49.

据统计,"蜀通"轮除在冬季枯水季停航外,1910年共计开行十次,1911年每月平均开行二次,总是货物满载、乘客拥挤,开启了长江上游商业轮运的新时代。由于"蜀通"轮每月仅上下川江二次,轮小不能多载,无法满足公司业务的拓展需求。③ 1914年,川江轮船公司仍聘请蒲蓝田在英国订造"蜀亨"轮,造价18万两白银。此船在马力、船速、吨位、船式上均优于"蜀通"轮。新购的蜀亨轮长190英尺,宽31英尺,载重560吨,马力2000匹,每小时可行14海里,

---

① 邓少琴:《近代川江航运简史》,重庆地方史资料组,1982年,第95页。
② 《宣统二年重庆口华洋贸易论略》,《通商各关华洋贸易总册》(下卷),1910年,第42页。
③ 《1902—1911年重庆海关十年报告》,周勇、刘景修编译:《近代重庆经济与社会发展(1876—1949)》,四川大学出版社1987年版,第149页。

第四章 现代性的回响：清末民国长江上游航道图志的本土建构

"船行凶滩无须绞行，装饰美丽，为川江第一合式之船"①。在蒲蓝田的驾驶下，"蜀通"与"蜀亨"两轮行驶川江，一直未有失事，"上下货物得以畅行，行旅亦称便利，公司始获厚利"②。民初以降，川江轮船有限公司又添置"新蜀通""蜀和"两轮，先后共有4艘轮船航行宜渝航线。

作为长江上游第一家本土轮船公司，川江轮船公司的成功运作，堪称"川江华商航业之嚆矢"③。受川江轮船公司"行驶平安，甚为获利"的刺激，1913年，川汉铁路公司另谋自立川路轮船公司，由刘声元主其事，从路款中划拨50万两，作为轮船购置费用。该公司在上海订造浅水轮船两只，一为"利川"，一为"大川"，皆为800马力，"专供峡江航路之用"④。两船于当年10月22日开行到渝，并次第开行川江航线。不久，该公司又投入"巨川""济川"两轮。此后，川江本土轮船航运公司经营者风起，发展速度异常惊人。

至民国初年，四川革命党人还筹办了华川轮船公司，但不久分为瑞庆、利川、庆安三轮船公司。其中，瑞庆轮船公司以开发川南内河交通为目的，航线下起宜昌，上至嘉定，并在上海订造"庆余"轮，于1915年投入运营。利川、庆安公司亦各置小轮一艘，分别名为"利骏""庆安"，于1915年前后试行川江航线。1917年，联华轮船公司亦宣告成立，并置轮"联华"号，每月往返川江宜渝段二次。继"联华"之后，又有岷江公司成立，先后购置"鸿福""鸿江"两轮开行川江航线。⑤

当时海关统计表明，重庆港轮船运输能力从1913年的5096吨，至1914年陡然提升到25447吨，前后相差达5倍之多。至1921年，重庆港参加长江上游货运业务的轮船已经多达20只，总吨位达到133090吨。⑥由

---

① 邓少琴：《近代川江航运简史》，重庆地方史资料组，1982年，第96页。
② 邓少琴：《近代川江航运简史》，重庆地方史资料组，1982年，第96页。
③ 袁子修：《川江航业史观》，《新世界》1936年第86期。
④ （国民政府）交通、铁道部交通史编纂委员会编：《交通史航政编（第一册）》，（国民政府）交通、铁道部交通史编纂委员会，1931年，第469页。
⑤ 邓少琴：《近代川江航运简史》，重庆地方史资料组，1982年，第97—98、111—112页。
⑥ 《1912—1921年重庆海关十年报告》，周勇、刘景修编译：《近代重庆经济与社会发展（1876—1949）》，四川大学出版社1987年版，第337页。

清代民国长江上游航道图志研究

此可说,这一时期长江上游轮船航运业无论是船只吨位,还是数量规模均有"猛进之趋势",堪称"华商轮独占之黄金时代"①。在1912—1921年的《重庆海关十年报告》中,时任重庆海关署理税务司古禄编(J. Klubien)这样评价:

> 大队商轮在洪水季节(阴历4月至11月)经常往来于扬子江上游的宜昌、重庆之间,使四川省敞开商业的汽船航行,是目前这10年间的突出特点。对一般旅行者来说,重庆已不再像从前年间只有依赖民船作为唯一的交通工具才能达到的遥远城市了。搭上一支为扬子江上游货运特制的加强汽力的轮船,由上海到重庆的行程现今约8天就能安适而且容易地完成,宜昌到重庆的距离也只3天到4天。这个重大功绩的取得主要归功于已故的海关巡江工司(即蒲蓝田船长),他不顾早先企图克服长江上游险滩的各种艰难和屡经失败,坚持乐观信心,熟察长江这段复杂情况,努力不懈地设计载重大、吃水浅、足以发挥商业效果的轮船。这件事在1914年5月全功告成……依照蒲兰田船长设计制造的"蜀亨"轮船到达江边,随即开始了宜昌、重庆之间经常运营。这只船在随后年间一切符合期望。它的蒸汽力强大到足以使它上溯各个险滩不需外力相助,并且在财务上它给它的主人们带来巨大成绩。然而,乃是经过几年之后,扬子江上游轮船吨位的增长出现飞速的发展,这才证实一种适宜的轮船构造确被发明了。
>
> ……在这10年之初,四川轮船有限公司(华商)是设在重庆的唯一航业公司,这个公司的小轮船蜀通号是往来宜昌、重庆间的唯一轮船。1914年是扬子江上游蒸汽航行史的一个重要年度,四只新轮船,包括上述的蜀亨轮船在内加入行驶。经船长蒲蓝田的创议,这些轮船都是以华人的资本为华商公司制造的,因为早已看出外国航行公司在纵非绝望而显难获利的时期对这种企业是毫无兴趣的。然而,就全局而言,这些新的大胆尝试证明十分使

---

① 屈平:《川江航运之过去及其现状》,《商学丛刊》1936年第2期。

第四章 现代性的回响：清末民国长江上游航道图志的本土建构

人兴奋，而且深切指出，只要有适当的船舰和熟练的领航人，扬子江上游蒸汽航行的困难是完全能够克服的。……蜀通号的成功，特别是更大的蜀亨号，是足够证明一年中至少八个月可以有利经营蒸汽航行。①

从现代性的视角看，清末民初川江本土轮船航运业的快速发展，实际上促成了长江上游内河航运与区域社会变迁的"时空压缩"（Time-Space Compression）。即轮船作为新式交通方式在川江航运中的崛起，使得长江上游的资金、技术、人员、物资交流日益纳入全球市场网络之中。② 换言之，近代长江上游本土轮船运输业的兴起，就是国人采用轮船克服川江航道自然障碍，进而加快了长江上游内河航运的时空进程。在此情形下，外商资本开始积极加入川江轮船运输业。1917年，美国美孚油行专门购置适合川江的油轮与拖轮，计有"美平""美峡""美川""美滩"以及"美泸"等5艘；英国亚细亚油行亦购置浅水油轮"安澜"号，加入川江轮运。③ 他们声称："这是第一批属于洋商所有的在这一带经常贸易的轮船。"④ 1920年，英商隆茂洋行建造"隆茂"商轮，其吨位远在"蜀通"之上，并开行川江航线，是为外商侵入川江之先声。⑤ 受此鼓舞，"英商之太古、怡和与白理洋行，美商之大来洋行与兴捷江

---

① 《1912—1921年重庆海关十年报告》，周勇、刘景修编译：《近代重庆经济与社会发展（1876—1949）》，四川大学出版社1987年版，第335—336页。

② 有关"时空压缩"（Time-Space Compression）的概念，最早由美国社会学家麦肯齐于1933年提出，他用这个概念表述因现代通信技术和交通方式的进步，所引起的人际交往方面的时空变迁。此后，美国当代著名地理学家戴维·哈维发展了这一概念，意指西方资本主义的现代性和后现代性促成时空关系的变迁，一方面，跨越空间的时间花费急剧缩短，另一方面，空间收缩成了一个"地球村"。戴维·哈维使用这一概念表明了现代人对时空的体验，即通过时间加速和空间扁平化导致时间和距离消失的体验。参见［美］戴维·哈维著，阎嘉译《后现代的状况》（商务印书馆2003年版）一书。

③ 张瑾：《试论民生公司在川江航运中外商业竞争中的资源优势》，《社会科学研究》1999年第4期。

④ 《1912—1921年重庆海关十年报告》，周勇、刘景修编译：《近代重庆经济与社会发展（1876—1949）》，四川大学出版社1987年版，第336页。

⑤ 张瑾：《试论民生公司在川江航运中外商业竞争中的资源优势》，《社会科学研究》1999年第4期。

公司，日商之天华洋行与日清公司，法商之聚福洋行，均各造大轮与浅水轮加入川江航路，并上侵至重庆叙府，由是宜渝一带之轮船进出口吨位，由民国八年之五万吨，而至民国十五年之四十万吨。七年中竟突增八倍，可谓为川江航运进步之极盛时代，亦中外竞争之时代也"①。

这些外商投资的长江上游航运公司资金雄厚，均企图独霸川江航线，于是中外航权之竞争愈演愈烈，争相压低水脚，招揽生意。由于川江本土轮船公司多为小本经营，无法与实力雄厚的外资轮船公司相抗衡，以致"弄到中国公司难以维持，常在风雨飘摇之中"②。至1925年，"外轮增至二十七艘，川江航路木船殆已绝迹，遂皆为外商汽船之活动区域"③，本土轮船公司"更无法与外人竞争"④。总体上看，清末民初川江本土轮船公司的旋兴旋衰，固然与一战后西方航业公司摆脱欧战，挟其雄厚资本给民族航业以沉重打击。但细究之下，却可以发现根本原因则是从木船在向轮船时代的制度转型中，长江上游航运业无论是在行轮技术还是驾引人才的储备上，都明显受制于西方航行技术与航业专家之手。因此，在没有核心技术与专业人才的保障下，一旦仓促上马或出现紧急情况，技术准备不足或缺乏专业人才的短板就会暴露无遗。

实际上，官商合办的川江轮船公司之所以能获得厚利，其根本原因是得以聘请英籍蒲蓝田船长，若非蒲氏尽心驾驶，"蜀通"与"蜀亨"是否能够畅行川江还在两可之间。因此，本土驾驶人才的缺乏，以致轮船失吉屡有发生。仅在1910—1919年间，长江上游轮船海损事故共发生14起，其中属于本土轮船公司的就有11起。例如，川路轮船公司的"利川""巨川"，瑞庆公司的"瑞余"，就因驾驶者技术不精，船式不合格，在川江行驶时不慎全船沉没，两公司也由此一蹶不振，陷入破产之境。⑤ 对此，时人就指出："被厚利希望所吸引的当地华商们，组成了

---

① 屈平：《川江航运之过去及其现状》，《商学丛刊》1936年第2期。
② 静石：《川江航行之行源及其近况》，《航业月刊》1934年第11期。
③ 郑励俭：《四川新地志》，正中书局1946年版，第280页。
④ 郭寿生：《各国航业政策实况与收回航权问题》，华通书局1930年版，第113页。
⑤ 邓少琴：《近代川江航运简史》，重庆地方史资料组，1982年，第119页。

第四章　现代性的回响：清末民国长江上游航道图志的本土建构

几家本地轮船公司。不幸这些企业公司中有的不免缺乏经验。兼之，他们的船只构造有许多重要处不尽适当，并且人员不尽得力。所以，凡事多图侥幸，其难免的结果是几只船遇难沉没，另外几只受伤难行。"[①] 总之，川江本土轮船公司对行轮技术的外向依赖，以及驾驶人才的严重匮乏，船只形制的不合规定，最终导致其在中外航权竞争中渐处下风。

二　《最新川江图说集成》编绘的缘起

晚清以来，当中国知识阶层开始主动学习西方制图技术与测绘知识的时候，中国传统地图的绘制主体——也就是本土知识精英，在全面参与到西方标准化、科学化的地图绘制实践之前，往往会从自身传统知识背景出发，去理解和消融外来地图绘制体系。就近代长江上游航道图志的新旧交替来看，这种以传统知识资源来解读西方地图学的做法亦屡见不鲜。清末民初从事川江航运的地方精英出于建构本土行轮知识的目的，往往依据自身对西方行轮技术与地图绘制的理解，在编绘航道图志时总是习惯借助传统知识资源来解决问题。

早在四川地方官绅筹办"官商合办川江轮船有限公司"之时，清政府邮传部就在批复中明确要求："该公司禀定章程内凡经本部所签事项，仍希转饬从速补报以凭核对。并请迅饬绘具川江各险滩详细图说，一并送部，俾资查考。"[②] 从上述史料看，邮传部只是提出川江轮船公司应该绘具川江险滩图说，但并未给出具体的指导意见。应该看到，这一相对笼统的绘图要求，当是清代奏折制度中"绘图贴说"传统的延续。然而，受清末地方局势的影响，川江轮船公司还未成功绘制出川江险滩图，辛亥革命就爆发了，此事也就不了了之。不过，在当时川江轮船通航兴起的条件下，中西之间地图知识的碰撞与行轮技术的交流，必然对长江上游航道图志本土谱系的建构产生回响。

目前所见，最早代表中西地图绘制知识新旧杂糅特征的长江上游航

[①] 《1912—1921年重庆海关十年报告》，周勇、刘景修编译：《近代重庆经济与社会发展（1876—1949）》，四川大学出版社1987年版，第336页。

[②] 《公牍：邮传部咨川江轮船公司应准立案并请饬绘具险滩图说文》，《四川官报》1910年第11期。

道图志，是由重庆地方精英杨宝珊编纂的《最新川江图说集成》。此套图志版面规格为21厘米×25厘米，未注比例，分上、下两卷，封面竖题"最新川江图说集成"，右侧为英文书名 Guide to Upper Yangtze River-Ichang-Chungking Section。英文书名之下标识本书的附后内容，分别为：《重庆万县分关章程》《川江行船免碰章程》以及《轮船悬灯说明书图》。此套长江上游航道图志书成之后，即由巴县中西铅石印局印制，于1923年由重庆中西书局公开出版（见图4-2）。①

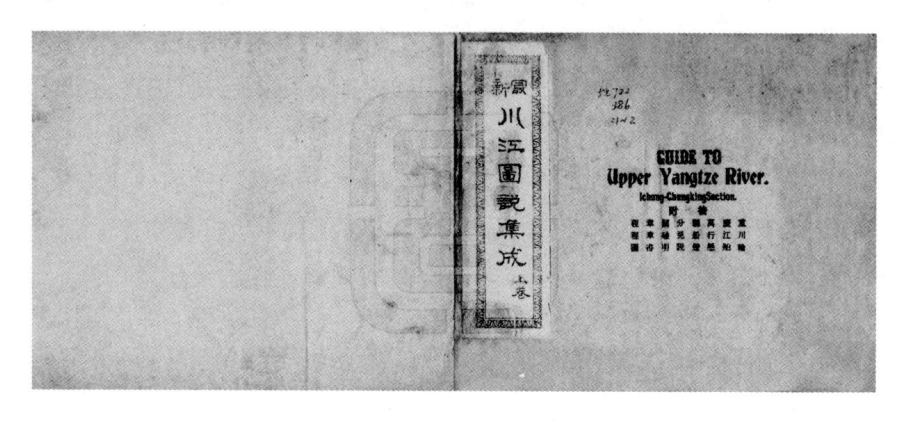

图4-2　《最新川江图说集成》书影

资料来源：中国国家图书馆·中国国家数字图书馆"中华古籍资源库·数字方志"。http://read.nlc.cn/OutOpenBook/OpenObjectBook?aid=403&bid=16448.0.

从全书内容上看，《最新川江图说集成》虽以清代传统长江上游航道图志的知识体系为基础，沿用国璋所绘《峡江图考》一书的主体内容，但又增加若干新式川江航道资料与行轮技术知识，可谓"旧瓶装新酒"，成为传统长江上游航道图志知识资源再利用的典范之作。② 因此，有学者认为："《最新川江图说集成》是三峡航道图的集大成者，体现了

---

① 北京图书馆善本特藏部舆图组编：《舆图要录：北京图书馆6827种中外文古旧地图目录》，北京图书馆出版社1997年版，第462页。

② 李鹏：《晚清民国川江航道图绘编的历史考察》，《学术研究》2015年第2期；《清末民国川江航道图编绘的现代性》，《西南大学学报》（社会科学版）2017年第5期；《旧瓶装新酒：近代川江本土轮船公司的成立与〈最新川江图说集成〉的编绘》，《三峡大学学报》（人文社会科学版）2018年第6期。

第四章 现代性的回响：清末民国长江上游航道图志的本土建构

用传统方法编绘三峡航道图的最高水平"①，颇能说明其在长江上游航道图志编绘史上的独特地位。

那么，杨宝珊为何要编绘一部看似传统的《最新川江图说集成》？其绘图目的何为？作者对此并未明言，只能从他的生平经历来进行合理推测。根据史料记载，杨宝珊系重庆江北县人，此人通晓英文，曾任英国驻渝领事馆文案，系江北江合矿物公司经理杨朝杰（俊卿）之兄。②正是在他的引荐下，周善培在筹办川江轮船有限公司之时，才得以乘坐英国兵舰"以验川江之滩险"。在此过程中，杨氏兄弟还被引为翻译，陪同周善培一道乘船，"由重庆鸣笛而下至丰都，乘涨往返，计程三百里，逆行七小时"。正是通过此次川江航道考察，周善培"益了然于川江险滩与行船无伤，盖民船动必遵岸，故无处非滩，轮船鼓浪中流，故滩都可避"③。此后，周善培极力促成川江轮船公司的成立，而杨氏兄弟也出力甚多。由此来看，杨宝珊编纂《最新川江图说集成》的缘起，与其襄助周善培筹办川江轮船公司的经历有着紧密的关系。

在《最新川江图说集成》"叙言"中，高宗舜这样写道：

蜀江天险，急流澎湃，节节皆滩，不仅瞿唐滟滪震烁千古，前之人每语及扬子流源，白发舟子犹多瞠目咋舌，乃不谓数十年间，竟鼓轮无阻，汽遂乌乌，较之金牛凿险殆又过之。虽地灵时启，亦人谋之臧。盖岷江发源，蜿蜒数千里始达夷陵，非洞悉水经，鲜不履险。余在蜀东幕府垂三十载，此中原委皆所目击。先是宜昌镇兼水师贺缙绅有《行川必要》之刻，夔州知府汪镜湖开凿峡中纤道曾具图说，究非完善。巴县国子达大令奉委赴宜，磋商重庆开埠及行轮免碰章程，暇时取上两书斟酌损益，著为《峡江图考》，绘图指陈，登载綦详，旅人利赖。

前清光绪十七年，英商立德乐创行小轮，名曰利川，器械马力

---

① 蓝勇：《近代三峡航道图编纂始末》，《近代史研究》1994年第5期。
② 江北县县志编纂委员会编纂，重庆市渝北区地方志办公室整理：《江北县志稿（溯源—1949）下册》，内部印行，2015年，第351—355页。
③ 邓少琴：《近代川江航运简史》，重庆地方史资料组，1982年，第93—94页。

构造本极苦窳,不堪行驶,无如前清政府讳言行轮,托由招商局收买,即今行宜汉之固陵是也。二十五年,立德乐复造肇通明轮一艘,仍不合用,售去改名金沙兵船。德商鉴于前失,特制瑞生一轮,机器坚固,马力充足,期在必行,乃以不明滩浅,仅至崆岭,全船沉碎,船主殉焉。厥后华洋商佥视川江为畏途,谓断无行轮之举。英人普(蒲)蓝田,时为法兵舰领江,邃于航业机器学,复热习川江水性,与杨君宝珊昆仲友善,谓川江非不可行轮,特学识未至,铸造未精耳。果得人而理,虽险若夷。乃由宝珊介弟俊卿与李、赵、曹诸君发起,商诸政府,故川江公司因而成立,从此辘轳轮声与字水激湍相应,厥功伟矣。

　　普(蒲)君既学有根底,富于经验,综其历年心得,成《大江河》一书,后改名《扬子江》(即《长江上游宜渝间航行指南》),中西船主皆视鸿宝。然系英文,不能尽人皆知,兹宝珊取前后数书,录而校勘,复加参订,付诸石印,名曰《川江图说集成》,美备完善,不特木船轮船获益非鲜,即往来行旅批阅如同指掌。将来政府实行修濬长江上游,亦大有凭藉矣。窃以世界文明首赖交通,巴蜀天府断无久居闭塞之理。惟捷足者先握其枢柄,川江无华轮以为之创,则航权必落外人之手。苏夷士河(今译为"苏伊士运河")之已事可为殷鉴,今虽航业竞争,而蚕丛鱼腹间,仍以华公司首屈一指,则宝珊昆仲经始之力,讵可没耶?①

　　分析上述叙言,可知杨宝珊编绘《最新川江图说集成》的资料来源主要有两种:一种是传统长江上游航道图志的集大成者,也就是前述晚清巴县知县国璋编绘的《峡江图考》;另一种则是现代长江上游航道图志的典范之作,即海关首任长江上游巡江工司蒲蓝田撰写的《长江上游宜渝间航行指南》。从编绘目的来看,《峡江图考》主要服务于川江木船导航与行旅往来,而《长江上游宜渝间航行指南》则是为了保障长江上

---

① 高宗舜:《〈最新川江图说集成〉序》,杨宝珊:《最新川江图说集成》上卷,重庆中西书局1923年石印本,第1—2页。

第四章　现代性的回响：清末民国长江上游航道图志的本土建构

游航线的行轮安全。然而，令人费解的是，杨宝珊为何在已经获取蒲蓝田《长江上游宜渝间航行指南》的情况下，还要坚持采用植根中国本土制图技术的传统长江上游航道图志？换言之，作为一名学通中西的地方航业精英，特别是在通晓英文的情况下，杨宝珊为何不径直翻译《长江上游宜渝段航行指南》，而仍旧编绘传统的长江上游航道图志？

需要指出的是，清末民初川江本土轮船公司的船舶驾引人才，多从"驾驶木船之熟练者选拔而出"。这些人"自幼即在川河中行船，对于河中地理水流等一切情形均熟记脑中，故航行时可无地图等之需要"[1]。尽管他们在木船航行经验上有独到之处，但木船与轮船相比，无论是驾驶技术还是航道知识上都有本质区别。特别是主体记载航道行轮情况、航行规则以及避碰常识的新式长江上游航道图志，木船船工可谓一无所知。同时，川江传统木船驾驶者在知识积累上全凭经验，在技术传播上亦多秘不肯传，更不知自行记录和系统整理。因此，以木船行驶之法嫁接于轮船行轮知识之上，难免削足适履。

正是基于上述情形，蒲蓝田受聘为首任长江上游巡江工司。在此过程中，他通过长江上游助航设施的建设，川江行船规则的制订以及专业航道图志的编制，进而达到规范川江航运秩序，培植专业驾驶人才，传播科学行轮知识的目的。然而，蒲蓝田编著的《长江上游宜渝间航行指南》纯粹以英文撰写，这对本土轮船驾引者来说，不仅需要克服语言上的限制，还要领会川江行轮技术的要求，无疑是一个巨大的挑战。对此，当时就有学者指出：

> 盖自英人蒲蓝田后，对川江驾驶作科学之研究与探讨者无一人，故迄至今日此自然之河仍在神秘状态中，吾人能使此神秘之河成为科学之河，实为社会最有意义之贡献也。[2]

有鉴于此，为促进川江本土轮船公司的安全发展，建构本土谱系的

---

[1]　严励精：《川江航业述略》，《动力月刊》1934年第2卷第11期。
[2]　严励精：《川江航业述略》，《动力月刊》1934年第2卷第11期。

长江上游行轮知识体系，编绘新版长江上游航道图志很快提上日程。特别是在中外航权竞争加剧的条件下，面对西方行轮知识和技术传播的话语霸权，川江轮船公司迫切需要建构本土化的航道知识，编绘适应川江行轮的现代航道图志，进而打破对外籍专家行轮知识的技术性依赖，就成为川江轮船公司渡过难关、争夺川江航权的关键性因素。从上述序言来看，杨宝珊正是感到"捷足者先握其权柄，川江无华轮之创，则航权必落外人之手"[①]，为建构长江上游航道图志的本土知识体系，遂取国璋《峡江图考》一书，参照蒲蓝田《长江上游宜渝间航行指南》汇而校勘，重新名之为《最新川江图说集成》。[②]

三 传统航道图志知识资源的再利用

作为川江航业界的地方精英，杨宝珊将传统航道图志与新式航道图志相互糅合，从而将现代性的川江行轮知识融入本土传统之中，成为当时长江上游轮船航运从业者了解西方行轮技术的知识桥梁。当然，杨宝珊也意识到蒲蓝田《长江上游宜渝间航行指南》有着极高的实用价值，但由于语言上的限制，特别是鉴于川江本土轮船驾驶人员知识层次普遍不高，骤然采用西式航道图志，无法取到事半功倍的效果。因此，杨宝珊决定以传统航道图志为基础，再添加现代川江行轮技术的过渡路径，来适应清末民初长江上游本土轮船公司早期发展阶段的技术需求。这种中西不同航道知识与制图体系杂糅的混杂性特征，在《最新川江图说集成》的内容叙述中多有体现。

例如，《最新川江图说集成》开篇即为新增的《川江标杆救生船图》。图幅右侧空白处用中文说明所绘的川江航道范围，注明为"扬子江——由宜昌至重庆"，下方译以英文：YANGTZE RIVER—ICHANG TO CHUNGKING。再下虽标注比例尺，但并未说明具体单位如何。图下方则为编者自识：

---

① 高宗舜：《〈最新川江图说集成〉叙》，杨宝珊：《最新川江图说集成》，重庆中西书局1923年石印本，第3页。
② 邓少琴：《近代川江航运简史》，重庆地方史资料组，1982年，第107页。

第四章 现代性的回响：清末民国长江上游航道图志的本土建构

> 此宜渝航线图，用海军测量法制成，共三百五十迈尔（海里名称）。每迈尔约合中国三里余，共一千二百里上下，蒲氏《扬子江》准此推算，今航行家皆宗之。至若《行川必要》定为一千八百里，《峡江图考》定为一千七百五十里，愚按后二说系照前清驿程计算，大约以城镇市为归宿。水有大小，跨溪越涧，自有远近不同，且木船沿岸曲行，不若轮船之直趋中流，阅者谅之。宝珊氏志。①

具体而言，这幅《川江标杆救生船图》采用西方绘图技术，以粗细不同的短线（晕瀚法）表示川江航道的地形特征，同时还以标准化的地图符号标示川江沿岸标杆信号、救生船、海关水准的分布情况，总体上再现了清末民初川江航道的空间特征及其现代变迁。图例分为三类：一为标杆标识，二为救生船标识，三为海关水准。其中，"标杆标识"沿用蒲蓝田修订《川江行船免碰章程》中有关轮船上下水时标杆的信号分类，分别为：上水轮船将到、下水轮船将到、上下轮船俱来、前途木船甚多或正在滩上或在漕口窄出等五类。"救生船标识"则采用分类有序的符号系统，标识不同水位条件下救生船的分布状况，计有常有救生船、大水始有救生船、大中水有救生船、小水有救生船、中小水有救生船、时有时无等六类。此外，还附有电局、警告标记、城等三种地物符号。在"海关水准"符号中，则附以海关所设置平水、水势上升、水势速涨、水势下落、水势速退等五类水文标志。

《川江标杆救生船图》在资料来源上，杨宝珊明显参考了蒲蓝田《长江上游宜渝间航行指南》中的《长江宜渝段水道总图》，因此在内容上对前者多有沿袭。然而，图中所附的"编者自识"却可窥见作者试图"汇通中西"不同制图体系的意图：一方面，对于西方测绘知识有关川江航道水程计算方法的科学性，杨宝珊表现出一种有限度的赞同；另一方面，作者又对《行川必要》《峡江图考》等传统航道里程计算方式给出合理性解释，创造性地将中西不同的水程标准有机结合起来，认为是轮船与木船行驶路线的分异所致。由此可说，《川江标杆救生船图》不

---

① 杨宝珊：《最新川江图说集成》上卷，重庆中西书局1923年石印本，第3页。

仅是民初国人较早采用西方制图技术转译的川江航道总图,也是近代长江上游航道地理知识新旧流变的具体例证。①

在《川江标杆救生船图》之后,杨宝珊还转译了蒲蓝田《长江上游宜渝间航行指南》对轮船泊碇方法的图说内容,分别为拴堆、抛锚、钉桩、有漩水回流处停泊式、轮船在急流高岸停泊式、暂泊滩头预备上驶、打桅子式一、打桅子式二、伸缩牵藤式等图,共计9幅,详细标示了轮船在不同情势下泊碇的具体方法,为本土轮船公司从业者学习轮船泊碇知识提供了较多便利。② 由此可以判断:作为当时最具权威性的现代长江上游航道图志,蒲蓝田《长江上游宜渝间航行指南》为杨宝珊编绘《最新川江图说集成》提供了最重要的西学知识来源。同时,这也反映出:伴随旧中国海关对川江航道秩序的空间重构,本土航业精英开始注意到新式航道图志对长江上游航运现代性的影响。

如上所述,川江本土轮船公司只有承认近代西方人对川江行轮的技术优势,才能参与到中外航权的竞争之中。这种基于"科学主义"的技术渗透,难免让长江上游地方精英产生不适之感,这就能解释为何杨宝珊会选择《峡江图考》作为《最新川江图说集成》的本土知识来源。换言之,现代长江上游航道图志的制图体系,在传入之初并未被本土航业精英完全接受。在《最新川江图说集成》各分图部分,杨宝珊在沿袭《峡江图考》的基础上,只是修改部分图幅的内容,以适应长江上游航运现代性的实际情况。更确切地讲,杨宝珊是以传统"地方性知识"资源来对抗西方"普遍性知识"的话语霸权,即通过有限度地修改"地方性知识",来达致中西不同制图知识的融合。

例如,在《宜昌附近航道图》中,杨宝珊在沿袭《峡江图考》山水形象绘法的基础上,另行采用标准化的地图符号系统,详细展示宜昌城内外各衙署、领事馆、趸船、洋行及堆栈的具体分布情况。在宜昌城外航道西岸,还添加了美孚油栈、转运局、招商新栈、川江公司亨通航业

---

① 李鹏:《旧瓶装新酒:近代川江本土轮船公司的成立与〈最新川江图说集成〉的编绘》,《三峡大学学报》(人文社会科学版)2018年第6期。
② 杨宝珊:《最新川江图说集成》上卷,重庆中西书局1923年石印本,第4页。

第四章　现代性的回响：清末民国长江上游航道图志的本土建构

部、美仁公司、隆茂洋行、怡和洋行、怡和堆栈、太古公司、大阪公司、亚细亚公司等中外商业机构的具体位置，展示出近代宜昌开埠后中外商业竞争的空间图景。而在宜昌城外川江码头，与前述《峡江图考》仅标出"肇通"轮不同，杨宝珊特别添加了华商轮船公司所属蜀亨、蜀通、福源、天华、吉庆、隆茂等轮船泊碇的具体情形，从中可以看出其维护川江航权的民族主义情愫。① 与之相似，在《重庆附近航道图》中，杨宝珊亦添加了外国驻渝领事馆、趸船、洋行、公司堆栈的具体分布情况，着意标绘了外国兵舰在长江上游的泊碇位置。②

在《最新川江图说集成》结尾部分，杨宝珊特意附上近代中国海关颁布的《川江行船免碰章程》《万县分关试办章程》以及北洋政府交通部第 1089 号训令之《轮船悬灯说明书图》。③ 联系前章所述，可知近代中国海关通过内河航标设置、航行章程的制订以及航行布告的发布，进而对长江上游内河航运进行动态跟踪，这就改变了过去川江航道管理的传统模式，逐步建构起现代性的长江上游航运秩序。由此可以推断：杨宝珊之所以添加上述章程，亦是试图赋予《最新川江图说集成》以"普遍性知识"的科学特征。从某种程度上讲，这种对现代性的川江航运空间秩序的承认，不仅是对传统长江上游航道秩序的解构，更展现出本土轮船公司在面对近代海关制度设计与空间管控时的张力。

四　"旧瓶装新酒"与《最新川江图说集成》的文本价值

作为清末民初以来第一部由本土地方精英编纂的长江上游航道图志，《最新川江图说集成》首次尝试以传统航道图志编绘的知识体系，去"嫁接"西方现代航道图志的相关内容，这种"旧瓶装新酒"的文本叙述模式，实际上反映了本土传统与西学知识之间难得的会通与融合。与传统长江上游航道图志相比，《最新川江图说集成》增加了若干现代西方航道图志与川江行轮的规章制度，在某种程度上满足了清末民初本土

---

① 杨宝珊：《最新川江图说集成》上卷，重庆中西书局 1923 年石印本，第 8 页。
② 杨宝珊：《最新川江图说集成》上卷，重庆中西书局 1923 年石印本，第 27 页。
③ 杨宝珊：《最新川江图说集成》下卷，重庆中西书局 1923 年石印本，第 30—37 页。

轮船航运业的知识需求。再与现代西方航道图志相比,《最新川江图说集成》又以传统长江上游航道图志为基础,采用中文转译新式行轮知识与航道规章,有助于川江本土轮船从业人员跨域语言障碍,以最直接和最快速的方式,在较短的时间内熟悉和掌握川江航道行轮知识体系。因此,以是否科学来评价《最新川江图说集成》的文本价值,明显有失公允。例如,邓少琴就曾评价:

> 川江之有河道图说肇始于光绪九年,宜昌水师总兵罗笏臣缙绅之《峡江救生船志》附以图考及《行江必要》,俨然川江之图经也。然其为图也,仅由东湖以迄于巴东。夔府知府汪晓潭镜湖更制由巫以至夔之峡路,而皆仅成其片段。宜渝之间成为全图者,则推光绪十五年巴县令国璋所纂之《川江图说》为之首也。图凡九十七幅,由宜至万则用材于罗、汪之旧图;由万至渝则为璋所新增。并列宜渝间水程以备参考。迄于民国十二年,江北杨宝珊复就国璋所为者,附以《川江行轮免碰章程》《轮船悬灯图说》《万县分关章程》《川江标杆救生船图》,并于宜昌、重庆两处,附注轮船码头及堆栈处所,而名之曰《川江图说集成》。惜二者绘事未得其法,而以写山水之皴法出之,与实际殊谬,未可以供行轮之参考也。①

应该看到,上述邓氏以西方制图标准评价《最新川江图说集成》的"科学主义"倾向,实际上忽略了晚清民国长江上游航道图志编绘转型的复杂性,因为任何一种新技术或新知识的诞生,都是在传统格局中分化出来的。② 可以说,清末民初长江上游航道图志本土知识体系的建构,本身就是中国传统航道图编绘与西方现代航道图志互动下的产物。而且西方制图技术在长江上游航图制作中的传播,绝非简单地是一个"他者"的移植和输入,必须在本土知识语境中进行重新形塑,方能消弭中西不同地图知识体系的紧张与冲突。

---

① 邓少琴:《近代川江航运简史》,重庆地方史资料组,1982 年,第 107 页。
② 李鹏:《晚清民国川江航道图编绘的历史考察》,《学术研究》2015 年第 2 期。

第四章　现代性的回响：清末民国长江上游航道图志的本土建构

综上所述，杨宝珊在编绘《最新川江图说集成》的过程中，采用了传统内容嫁接西学体系的编纂方式，对西方制图知识在长江上游地区的传播起到了促进作用。正是通过"旧瓶装新酒"式的传统知识资源的再利用，《最新川江图说集成》成为晚清以来长江上游航道图志沟通中西制图技术的过渡文本。从某种程度上讲，杨宝珊编绘《最新川江图说集成》的意义，就在于作者试图以"地方性知识"的传统资源来对抗"普遍性知识"的话语霸权，使之成为与西方相颉颃以挽回航权的知识工具，这种"民族主义"的地图政治倾向，则是此前传统航道图志所没有的，这也是民国初年川江地方精英构建本土制图谱系的直接动力。

第二节　长江上游航道整治与《峡江滩险志》的编绘

一　刘声元与"修浚宜渝滩险事务处"的设立

明清以来，对川江航道进行疏凿一直是长江上游航运发展的大事。清代中叶，湖北绅商李本忠鉴于川江险滩林立有碍航运，倾其所有整治长江三峡险滩，成为长江上游航道整治史上的一件壮举。① 从1805年至1840年，李本忠历时36年，整治川江大小48处险滩，耗银178500余两。在李本忠81岁高龄时，他将"历年打凿原案始末"的资料加以整理，辑成《平滩纪略》与《蜀江指掌》两书，详细记述了其整治川江险滩的全部经历，系统总结了长江上游宜渝段航道的水文特征与地理特点，堪称传统时代长江上游航道整治技术总结的集大成之作。② 然而，受传统技术水平与经济条件的限制，上述整治工作只能起到局部缓解的作用，长江上游主航道的通航条件并无太大改观。③

---

① ［日］森永恭代：《关于长江三峡的航道整治事业——李本忠和〈平滩纪略〉》，钞晓鸿主编：《海外中国水利史研究：日本学者论集》，人民出版社2014年版，第265—283页。
② （清）李本忠：《蜀江指掌》，中国国家图书馆编：《中华山水志丛刊·水志卷（24）》，线装书局2004年版，第281页。
③ 朱茂林主编：《川江航道整治史》，中国文史出版社1993年版，第6—24页。

清末民初，由于川江航道滩险水恶，"巨石横江，波涛汹涌，每水涨时，泡漩无定"①，加上缺乏合格的驾驶人才，行驶于长江上游宜渝间的华商轮船时常发生海损事件。特别是在每年冬季，由于江水枯落，诸如崆岭滩、新滩、兴隆滩等主要险滩对行轮危害极大，川江航道的异常危险成为制约本土轮船航运业发展的突出问题。在这种情况下，对长江上游航道险滩进行有组织、有计划的整治与疏凿，遂成为清末民初川江航业界的一项共识。早在1914年，川路轮船公司经理刘声元（见图4-3）就倡议川江三大本土轮船公司实行分段航运，同时签订"划除滩险，增进航行利益"的协议。并拟聘请专家测量川江水道，重点整治新滩、泄滩、兴隆滩、崆岭滩等著名险滩。②

图4-3 刘声元照片

资料来源：《川路轮船公司总办：刘声元（照片）》，《中华全国总商会联合会会报》1915年第2卷第9期。

1915年3月27日，川路轮船公司"利川"轮在泄滩不慎触礁，"船底洞穿二十余处，……至四月十日春洪大发，而利川竟漂沉下游深水"③，成为长江上游本土轮船公司发生沉没事故的第一艘轮船。川路轮船公司因"利川"号沉没事件，损失极为惨重。当时刘声元"在京闻警，遄视无及，知川江滩险，非凿平无以利轮船之安航也，遂倡为凿滩

---

① 光绪《归州志》卷1《险隘》。
② 熊树明主编：《长江上游航道史》，武汉出版社1991年版，第110—111页；朱茂林主编：《川江航道整治史》，中国文史出版社1993年版，第44—45页。
③ 邓少琴：《近代川江航运简史》，重庆地方史资料组，1982年，第119页。

第四章　现代性的回响：清末民国长江上游航道图志的本土建构

之议而征之重庆商界巨子"①，带头向重庆商界倡议集资疏凿长江上游险滩，引起川江本土航业人士的普遍关注。同年5月，刘声元呈文北洋政府陆军部，言及"川江一千八百余里之航路，……事关军事，既非国家不能统筹，而所需款项亦非公司所能担任"②，正式提请陆军部将长江上游航道整治作为军政工程收归官办。对此，北洋政府虽表示同意，但旋因北京政局变更而未果。③

此后，刘声元又以"川鄂滩工名目"送呈北洋政府内务部立案，随即在重庆设立"川鄂滩工筹办处"，拟定川江航道整治计划，并制订了工程所需经费筹集办法等实施细则。④ 其中，估修新滩、泄滩、兴隆滩、涪滩，整治经费预计14万元，其他次要滩险所需经费预计6万元。该处拟请四川按察使借拨6万元，其余由川江航业商会借拨，所有借款本息拟由船载货物酌量加费摊还。⑤ 就在刘声元积极奔走筹措工程经费之时，近代中国海关却开始对川江航业界提出的航道整治计划进行阻挠，并对刘声元筹集工程款项之事提出异议，认为"整顿宜渝水道按照条约应由海关酌度审核"，还声称航道整治款项必须由海关代征，"方不致生窒碍"⑥。应该看到，海关对刘声元整修川江航道险滩的公开阻挠，表面上是指责本地绅商不遵约文、私自筹资，实质则是为与川江本土航业界争夺长江上游航运的主导权。对此，刘声元心知肚明，然受时局限制，最终只能就川江航道整治的权利分配与海关达成妥协方案。

1915年12月，经北洋政府内务部与交通部批准，"以川东道令、（海）关监督、海关税务司、巡江司、商会、民船会及声元为委员"共同组织成立"修浚长江上游水道公会"⑦。对此，当年《重庆海关年度报告》这样记载：

---

① 邓少琴：《近代川江航运简史》，重庆地方史资料组，1982年，第106页。
② （国民政府）交通、铁道部交通史编纂委员会编：《交通史航政编（第一册）》，（国民政府）交通、铁道部交通史编纂委员会，1931年，第1964—1965页。
③ 王轼刚主编：《长江航道史》，人民交通出版社1993年版，第209页。
④ 朱茂林主编：《川江航道整治史》，中国文史出版社1993年版，第46页。
⑤ （国民政府）交通、铁道部交通史编纂委员会编：《交通史航政编（第四册）》，（国民政府）交通、铁道部交通史编纂委员会，1931年，第1965页。
⑥ （国民政府）交通、铁道部交通史编纂委员会编：《交通史航政编（第四册）》，（国民政府）交通、铁道部交通史编纂委员会，1931年，第1965页。
⑦ 邓少琴：《近代川江航运简史》，重庆地方史资料组，1982年，第105—106页。

12月21日，修浚长江上游水道公会成立。该公会由下列人员组成：川东道道尹；重庆关监督；刘声元先生；重庆关税务司；重庆关巡江工司以及商会华人会员和民船行会会员各一名。这样的公会所进行的川江修浚行动将会使本省人民受益非浅，并能促进贸易的发展。①

令人吊诡的是，这个由中外官商联合组成的长江上游航道整治组织，虽然名义上负责航道整治工程的整体运作，但是工程经费的筹集则由海关办理。这样，"修浚长江上游水道公会"虽有航道整治管理之权，却无工程实施之资本，海关得以通过财政手段控制川江航道整治之权。此举"取刘声元之建议而不授其权，使刘声元虚有其位而不能谋其政"②，使得川江本土航业精英丧失了川江险滩整治的话语主导权。因此，近代长江上游航道整治史上第一次滩工之争，以本土航业人士的受挫而告终。而"修浚长江上游水道公会"成立后，尽管也曾筹得部分资金，但"由于政治动乱，该公会无力对川江采取治理行动"③，随之停办。

1916年，北洋政府发生重大变故，"袁氏殂殁，黎元洪继任总统，段祺瑞任内阁总理，声称要维新内政，整顿交通"④。趁此机会，刘声元再次向北洋政府陆军部递交《请以军事交通名义修浚川鄂滩险理由书》，建议陆军部以军事交通名义接管川江航道整治工程。⑤ 在这份建言书中，刘声元条分缕析，对中央政府接办长江上游整治工程的必要性做出详细说明。具体如下：

一为外交上之关系。查长江航权外人经营已久，《马凯条约》即其明证。今宜渝税务司更联合总税务司欲从开凿滩险着手，以达收揽航权之目的。盖此项工费照去年内务部案，系由商船水脚加价

---

① 《1915年重庆海关年度报告》，周勇、刘景修编译：《近代重庆经济与社会发展（1876—1949）》，四川大学出版社1987年版，第401页。
② 朱茂林主编：《川江航道整治史》，中国文史出版社1993年版，第46页。
③ 《1916年重庆海关年度报告》，周勇、刘景修编译：《近代重庆经济与社会发展（1876—1949）》，四川大学出版社1987年版，第408页。
④ 邓少琴：《近代川江航运简史》，重庆地方史资料组，1982年，第106页。
⑤ 王轼刚主编：《长江航道史》，人民交通出版社1993年版，第210页。

第四章　现代性的回响：清末民国长江上游航道图志的本土建构

项下筹出的款二十万元，与税务有直接关系，故总税务司即以税务处名义，借镜要求内务部合办"修浚长江上游水道公会"。开办伊始，更欲把持财政因而操纵工权，此时已喧宾夺主不遗余力，则后来之野心更可想见。幸因战事停止收款，作工均未开办，尚有补救机会。窃内务部、税务处对于此项工程，既经疏虞于前计，惟由大部以军事交通名义更正于后。一面饬知水道公会，一面筹拨的款急起直追，克期竣事，则主权自我，外来之隐患自消灭于无形也。

二为军事上之关系。查川鄂滩险防害商民，虽年有损失，然尚不及防害军事之大。盖军队活动以交通为主，去年中央用兵西南，就战略言之，其因交通不便生出之迟滞，因迟滞而生出之损失，其价值何只数千百万？万一外患迫切，有移兵西南之举，而交通困难如此，临渴掘井，后将何及？曲突徙薪，为费有限。同一金钱，用之临时，则沧海一粟；用之事前，则为未雨之绸缪。是在权其缓急而为之预防。①

从上述史料来看，刘声元的此番建言明显借助民族主义的话语，指陈中央政府接办长江上游航道工程的功用，首先在于收回近代中国海关洋员所把持的内河航道管理权，即避免因旧海关税务司的"国际官厅"性质，将长江航权旁落外人之手。再者，一旦出现外敌入侵，疏浚后的长江上游航道，可以保证中央政府快速用兵西南，维护国家主权统一与西南地区边疆安全。这种泛政治化的论述，实质上是试图将地方工程建设的合理性纳入近代中国国家建设的总体框架之中。在此过程中，刘声元还提出建立长江上游航道整治机构以及整治工程实施的具体意见，其要点如下：1. 添设扬子江疏导使一员，暂以川鄂水利分局堤工局固有经费开支。使署即择于该省各水利堤工局适中之处，统辖川江航道整治工程。2. 由中央酌拨工兵二营，作为补助兵力赴工地施工。②

---

① （国民政府）交通、铁道部交通史编纂委员会编：《交通史航政编（第四册）》，（国民政府）交通、铁道部交通史编纂委员会，1931年，第1966—1967页。
② （国民政府）交通、铁道部交通史编纂委员会编：《交通史航政编（第四册）》，（国民政府）交通、铁道部交通史编纂委员会，1931年，第1966页。

应该看到，刘声元将长江上游航道整治工程的意义，赋予维护国家主权利益的话语表述，很好迎合了北洋政府意欲加强中央权威的需要。由此，他的航道整治计划首先得到陆军部的采纳。1916年10月，陆军部致函国务院，称刘声元整治长江上游航道的计划利军事而保主权，"与外人合办，则航权外落，贻患实深。……川江滩险尽为扫除，平时既可通商而裕民，一旦有事运输便捷，于军事实多裨益"①。正式提请国务会议议决此事。经国务会议审议后，决定依陆军部之议照办，同时规定工程经费"由交通部暂先垫拨10万元，由财政部于民国六年底以前拨还，其余届期由财政部续拨"②。同年11月，经财政部与交通部、陆军部往返咨商，议定工程预算总额为20万元，并由陆军部分别列入1916年与1917年的预算。嗣后，陆军部正式成立"修浚宜渝滩险事务处"，并委任刘声元为处长，随即拟具《陆军部军事交通简章》《修浚川鄂险滩办法概要》，长江上游航道的整治工作随即展开。

"修浚宜渝滩险事务处"成立后，首先着手勘测长江上游宜渝段航道，计有43处险滩列入整治计划，全部险滩整治工程分二期举行。其中，"川境之涪滩、兴隆滩及鄂境之泄滩、新滩为最险处"③，列为此期工程整治的重点。除去上述4滩外，次要滩险中之东洋子、庙基子、牛口、齐公石、红石子、黄泥滩等8处，亦列入第一期工程计划整治对象。整治工程以长江上游行轮安全的最低要求为标准，规定枯水滩碍航部分开挖深度为最低水位下8英尺，洪水滩视航线酌定整治范围。第一期工程拟分两年完成，动工时间均为枯水季节。第一年完成上述4处最险滩的整治，第二年完成其他次要险滩的整治。竣工之后，再以二年枯水季进行清理整修，以备酌量修改。

其中，第一期航道整治工程于1916年10月开工，然因当年水位较

---

① （国民政府）交通、铁道部交通史编纂委员会编：《交通史航政编（第四册）》，（国民政府）交通、铁道部交通史编纂委员会，1931年，第1967页。
② （国民政府）交通、铁道部交通史编纂委员会编：《交通史航政编（第四册）》，（国民政府）交通、铁道部交通史编纂委员会，1931年，第1967—1968页。
③ （国民政府）交通、铁道部交通史编纂委员会编：《交通史航政编（第四册）》，（国民政府）交通、铁道部交通史编纂委员会，1931年，第1971页。

第四章 现代性的回响：清末民国长江上游航道图志的本土建构

高，工程未能按照原计划进行。在川军的协助下，"修浚宜渝滩险事务处"除对涪滩、新滩、泄滩、兴隆滩4处最险滩进行整治外，还先后修凿东洋子、庙基子、滟滪堆至青龙嘴等10处次险之滩。① 至1917年9月，第一期工程竣工后，"总计开工大小十四滩，陆上去石二万零二百五十余方，水中去石二千二百余方，所需经费实支银元六万八千二百七十五元"②。不过，由于爆破技术落后，加上组织不善，也造成了一些不可挽回的损失，引起当时海关部门对其做法的强烈不满。1918年，重庆海关税务司巴尔（W. R. M. D. Parr）就对刘声元与"修浚宜渝滩险事务处"的工程措施提出严厉批评：

> 改进川江航道的规划已有所进展，但迄今为止仍未收到任何实效。本来枯水季节完全可以采取行动，部分或全部地炸掉那些妨碍航行的险滩礁石，使川江上的轮船和民船在任何季节里都能更加完全地行驶。但这样重要的工作只能寄希望于水利工程专家来完成。这种危险的工程是如此的重要，决不能交给侥幸和没有经验的人去干。然而不幸的是，这种事偏偏发生了。陆军部已拨款给川路轮船公司经理刘声元先生，授权他炸除一些险滩。刘先生在一些华人学生（这些年轻的工程学生都在铁路工作过）的帮助下，于本年2月初的枯水季节里采取了爆破措施，所用的爆破方法和爆破工具均极原始。由于刘先生和他的助手都不懂水利工程的基本知识，都缺乏这方面的经验，因此这些爆破措施没有产生任何实际效用。而且如果不是由于水位上涨终止了炸掉金子梁暗礁的企图，兴隆滩民船航道就会遭受不可估计的损失，甚至会被彻底炸毁。③

虽然海关对"修浚宜渝滩险事务处"颇有微词，但是刘声元等人早

---

① 朱茂林主编：《川江航道整治史》，中国文史出版社1993年版，第47—48页。
② （国民政府）交通、铁道部交通史编纂委员会编：《交通史航政编（第四册）》，（国民政府）交通、铁道部交通史编纂委员会，1931年，第1972页。
③ 《1917年重庆海关年度报告》，周勇、刘景修编译：《近代重庆经济与社会发展（1876—1949）》，四川大学出版社1987年版，第415页。

先制定的第二期航道整治计划还是打算如期实施。由于资金缺乏，加上材料紧缺，第二期工程的展开遇到了相当多的困难。当时工程"复测又添小滩二十余处，约加全工五分之一"①，预计全部经费需154200元，缺口达39700元。为节省经费，刘声元只得请求陆军部就近调拨军队协助。然而，就在此时长江上游地区军阀战事又起，驻军在万县开设兵工厂，将事务处凿滩所储存的五金、钢铁、炸药等物资移作军用，长江上游险滩修凿计划遂废，"修浚宜渝滩险事务处"也随之解体。②尽管"修浚宜渝滩险事务处"成立仅有两年，但作为首次由中国政府自主办理的川江航道整治机构，刘声元等人独立修凿长江上游险滩的业绩，在川江航道整治史上的地位自不待言。

需要指出的是，清末民初长江上游地方绅商大多认为，由洋员控制的近代中国海关所浸染的半殖民性，难免代表外方利益，由此不同部门之争很容易被化约为主权之争。有鉴于此，刘声元等本土川江航业界的代表人物，才积极借助近代中国民族主义与国家建构的宏大叙述，进而将地方工程的意义纳入维护国家主权的话语体系之中。因此，"修浚宜渝滩险事务处"维护航权的话语实践，一开始就浸染了民族主义的意识之争，成为近代中国民族国家建设的重要组成部分，从而为日后长江上游航道整治机构的改组奠定了基础。

总之，近代长江上游航业界"维护航权"的话语建构，就是本土航业精英在国家意识和地方关怀的二重奏中，不断加入自己的声音，充分利用国家话语来表达他们心中的地方利益，从而在中央与地方之间建立起有效联系。③相比于传统长江上游航道整治的地方性、慈善性，"修浚宜渝滩险事务处"以国家力量设置地方航道整治机构，在技术、资金、人力等诸多方面远远超越地方经济技术条件的约束，成为民初以来民族

---

① （国民政府）交通、铁道部交通史编纂委员会编：《交通史航政编（第四册）》，（国民政府）交通、铁道部交通史编纂委员会，1931年，第1972页。
② 王轼刚主编：《长江航道史》，人民交通出版社1993年版，第210页；朱茂林主编：《川江航道整治史》，中国文史出版社1993年版，第48—49页。
③ 笔者此处论述，系受程美宝《地域文化与国家认同：晚清以来广东文化观的形成》（生活·读书·新知三联书店2006年版）一书的启发。

第四章　现代性的回响：清末民国长江上游航道图志的本土建构

主义与国家建构在地方层面的体现，其背后不仅是工程技术应用上的科学性与现代性，更是对政权合法性及中央权威的认可与服从。① 这种在国家体制内寻求问题解决途径的做法，无疑为民初以来长江上游航道图志本土谱系的建构，提供了制度支撑与资金保障。

二　《峡江滩险志》的编纂缘起与成书过程

"修浚宜渝滩险事务处"成立伊始，刘声元即组织人员对长江上游宜渝段航道进行考察，"往返三千余里，大小百数十滩，缩地无方。测量则屡经爬涉，撼山不易；疏凿则备历艰辛，移兵助工，习劳省费"②。不过，此次考察只是工程测量，"修浚宜渝滩险事务处"尚未有编制一部长江上游航道图志的意愿。至1917年5月，在第一期工程基本竣工后，为更好地规划第二期整治工程，刘声元体会到"工程规划，首重测量。测量所得，端详纪述……有图庶以定工之所从施，有志乃以纪图之所不逮，两相需也"③。有鉴于此，"修浚宜渝滩险事务处"特选"专门测绘人员，上下宜渝，穷探曲折，绘峡江全图计六十三幅，滩险分图计四十幅"④，这也是民初国人对长江上游航道的首次系统测绘。

在上述测绘基础上，刘声元"复延聘名流，搜求前籍，周咨博访，惟恐不至，历征故事"⑤，由江津蒲宇宁总负责，分段则由赵书瑜、刘祝岳、刘月根、王子元等人改绘，再经巴县史锡永、刘树声以及云阳彭聚星等修撰，于云阳桓侯庙、万县狮子山分设编辑处，自1917年4月开始，历时14个月脱稿，最终编纂成《峡江滩险志》一书。⑥ 全书收入"峡江语释一

---

① 在近代中国国家建构的大背景下，地方精英往往主动要求在民族国家话语体系内寻求问题的解决方案。在此过程中，地方社会逐步被纳入到一体化与集权化的国家体系之内。换言之，在地方社会与国家政权的调适与对话中，民族国家逐步完成其在地方的建构。参见肖坤冰《茶叶的流动——闽北山区的物质、空间与历史叙事（1644—1949）》，北京大学出版社2013年版，第198—201页。
② 刘树声：《〈峡江滩险志〉叙》，修浚宜渝滩险事务处编：《峡江滩险志》卷上，北京裕源公司1922年铅印本，第4页。
③ 修浚宜渝滩险事务处编：《峡江滩险志》卷上，北京裕源公司1922年铅印本，扉页。
④ 修浚宜渝滩险事务处编：《峡江滩险志》卷上，北京裕源公司1922年铅印本，扉页。
⑤ 修浚宜渝滩险事务处编：《峡江滩险志》卷上，北京裕源公司1922年铅印本，扉页。
⑥ 李鹏：《晚清民国川江航道图编绘的历史考察》，《学术研究》2015年第2期。

百三十五则，滩险志六十篇，前图后志共三卷"①。整套图志结构明晰，"既图其要害之显著以程功，亦志其高低之全局为利导"②，不仅是中国本土专家独立完成的现代长江上游航道图志，也是完整记述近代川江航道整治的历史地理文献，故其价值较高，多为珍贵。③ 在编纂过程中，《峡江滩险志》历经战乱惊扰，成书多为不易。对此，史锡永坦言：

> 去年（1917）四月，设编辑处于云阳桓侯庙，与彭君云伯从事。风鹤警来，一月而罢。今年（1918）四月，假我县狮子山贺君叙甫新宅，既宜避坠亦复避喧。适刘君乙青自峨眉归，又邀与同事。《峡江总图》测绘者，蒲君宇宁也。其未绘分图之滩，亦略具焉。分图则就赵君叔瑜、刘君祝岳、刘君月根、王君子元分测所绘，缩而小之。先后凡四阅月而毕。④

1920年，刘声元将成书后的《峡江滩险志》上呈北洋政府陆军部，请求资助出版，却遭时任陆军总长靳云鹏答复："该处长（指刘声元）热心滩务，测勘周详，博采旁征，蔚成宏著，殊堪嘉慰。惟此项滩志，本部用途甚少，实无印刷之必要。该处长尽可酌行筹资办理，以惠周航。"⑤ 由于军阀混战，"修浚宜渝滩险事务处"的治滩计划随之终止，川路轮船公司亦因巨额亏空而宣告破产。志书遭拒、滩工不成、公司破产，一连串的变故令刘声元自觉无颜面对川中父老。无奈之下，他愤然到京，多方张罗，自筹资金，于1922年始将《峡江滩险志》交北京裕源公司与和济印书局合印成册。为表白心志，刘声元在扉页亲笔题词："图志既成，滩已不竟；江水滔滔，长留遗憾；茫茫禹迹，明德远矣；后有作者，此为嚆矢。"（见图4-4）此书刊印后，刘声元遁入空门，《峡江滩险

---

① 修浚宜渝滩险事务处编：《峡江滩险志》卷上，北京裕源公司1922年铅印本，扉页。
② 修浚宜渝滩险事务处编：《峡江滩险志》卷上，北京裕源公司1922年铅印本，扉页。
③ 朱茂林主编：《川江航道整治史》，中国文史出版社1993年版，第48页。
④ 史锡永：《〈峡江滩险志〉叙》，修浚宜渝滩险事务处编：《峡江滩险志》卷上，北京裕源公司1922年铅印本，第1页。
⑤ 修浚宜渝滩险事务处编：《峡江滩险志》卷上，北京裕源公司1922年铅印本，扉页。

第四章　现代性的回响：清末民国长江上游航道图志的本土建构

志》遂成绝响！①

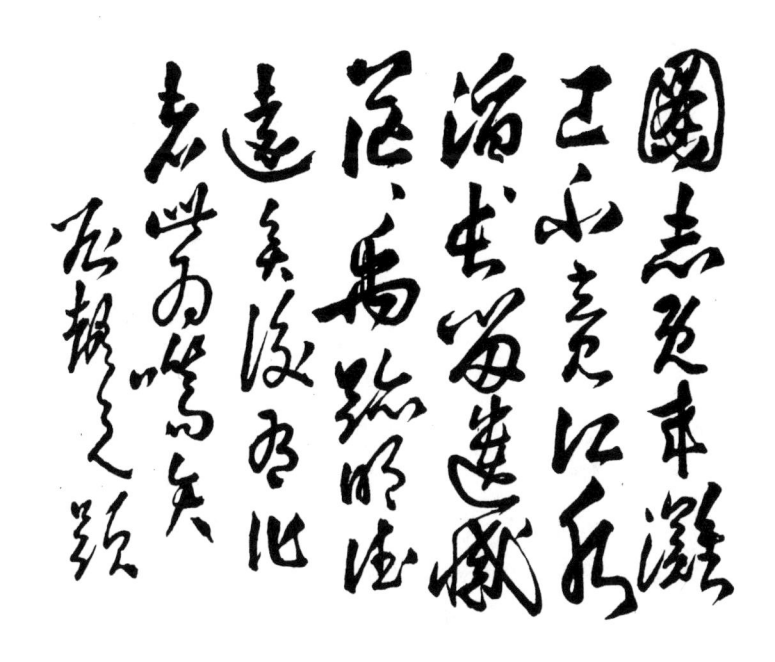

图 4-4　《峡江滩险志》扉页刘声元亲笔题词

资料来源：中国国家图书馆·中国国家数字图书馆"中华古籍资源库·数字方志。"http://read.nlc.cn/OutOpenBook/OpenObjectBook？aid=403&bid=21369.0.

三　《峡江滩险志》的文本内容与地图编绘

就文本内容而言，《峡江滩险志》篇首即为"凡例"，共计 18 则，分别对全书编纂缘起、内容主旨、编辑体例做出如下说明：

1. 本志因修浚峡江滩险，逐滩考究，为施工之地，义主详明。
2. 峡江习用语，抑或见之前籍，仿《史记正义》谥法解释之。
3. 各志体例，前图后志，本志仍之。
4. 峡江平面全图曲折方向、两岸形势、沿江地名就幅分列，合

---

① 陶眉岑：《万州名儒刘声元与他的〈峡江滩险志〉》，《万州文史资料》第 3 辑，2001 年，第 84—87 页。

之则为全幅。滩之大小，莫不毕载。纵断面全图则专注浅深。

5. 全图距离依枯水水经测量，陆行道里与水经道里曲直不同，兹以人称道里、实测道里与英里并列。

6. 就滩险最著者测量，绘分图四十幅，胪列全图之后。

7. 仿宋元以来《河渠志》，各滩以此述叙，其无分图者，索之全图之中，可得概略。

8. 《川行必要》《救生船志》诸籍于各滩皆自下而上，本志仍之。

9. 滩地管辖距离远近，依人称道里纪之。

10. 峡江洪水与枯水相较，相差至十二丈不等，各县志分大水、中水、小水，于水度似宽，兹以九级分之。

11. 滩形生于巨石巨碛，距离位次必求明确，图于石碛上有布纹者，即应修浚之地。

12. 水势本为滩原，来去趋向最为扼要。

13. 各滩有《水经注》与历史事迹，必备述之，其详于各县志或纪行而附录者不覆载。

14. 上下船按照水度有一定水道，不致叹于汪洋。

15. 省志府州县志为志地之书，所志水度险度与救生船若干，均附录之。

16. 名人纪行著作，于各滩情形均有所得，抑或名辞之异同，择要附录之。

17. 纪滩诗文有关于滩势者，仿咸淳临安、姑苏、武功及西湖各志例，双行附录。

18. 注中夹注，本《元和郡县志》例，诗文既用双行，其原有注语或加有按语不便覆用双行，空一格或另提，以别正文。①

从上述"凡例"看，《峡江滩险志》编纂的主要目的，虽是"修浚宜渝滩险事务处"为川江航道整治工程提供图志资料，但更在表彰时人

---

① 修浚宜渝滩险事务处编：《峡江滩险志》卷上，北京裕源公司1922年铅印本，第7页。

第四章　现代性的回响：清末民国长江上游航道图志的本土建构

对长江上游内河航运所做出的不朽功绩。换言之，编制一部科学精美的、本土谱系的长江上游航道图志，是为昭示后人川江航业发展之不易，即将实用性内容与荣誉性写作融为一体。对此，参与编纂工作的刘树声就坦言："夫水无定准，滩不一名，水之涨落时殊，滩之险夷随异，毫厘之失，身命攸关。转移之间，成毁立判。舟子每临流而犹豫，行人辄望洋而咨嗟。于此而无志焉，其何以示来者？"①

有鉴于此，《峡江滩险志》编纂人员采用现代测绘手段和绘图技术，首次依靠本土专家编绘出一部新版长江上游航道图志，从而为"修浚宜渝滩险事务处"的治滩工作提供了资料保障。特别是在航道图的设计上，既照顾到航道全图，又兼及各险滩分图，总分结合，相互对照。不过，在对航道险滩的解读上，编者则主要采自传统图籍。在体例上，《峡江滩险志》接续历代正史水利志书的编制传统，前图后志、各滩分叙，穿插传统诗文与民间歌咏，继承了宋元地志编纂的艺文观念，彰显了地方精英的审美需求。② 对此，刘树声就坦言：

> 于是分滩记险，测地绘图，编次略仿《河渠》《沟洫》诸书，体例取则《姑苏》《西湖》各志。水经曲折，织析无遗；方位距离，考征必确。举凡古今之沿革，俚俗之讴谣，以及骚人游宦之笔记诗钞，三老长年之口讲指画，靡不参观互证，博采穷搜，披图朗若列眉，开卷了然在目，洵迷津之宝筏，而江行之指南也。③

《峡江滩险志》"凡例"后为《峡江语释》135则，其体例仿照《史记正义·谥法解》，对传统长江上游木船航行的俚语俗称进行疏解。这部分所涉内容包括川江航道地形、水文、风向、风力、船具以及操舟规范、执事称呼等航运习俗的各个方面，其称谓大都"因形命名，彼此相

---

① 刘树声：《〈峡江滩险志〉叙》，修浚宜渝滩险事务处编：《峡江滩险志》卷上，北京裕源公司1922年铅印本，第4页。
② 潘晟：《图经源流再讨论》，《中国地方志》2010年第1期。
③ 刘树声：《〈峡江滩险志〉叙》，修浚宜渝滩险事务处编：《峡江滩险志》卷上，北京裕源公司1922年铅印本，第4页。

沿，由来旧矣。其间通行音义或与古合，而雅俗兼施，多出之三老、长年之口"①。应该说，这些约定俗成的地方性知识，堪称"航行之要，实视于此"②，在知识来源、叙述形式、概念用语、资料引用等方面，不仅反映出以往川江木船船工的真实状态与生活世界，也是过去长江上游内河航行的宝贵经验，为我们深入了解长江上游木船航运的"地方感"提供了丰富资料。

例如，关于长江上游航道微地貌的称谓，《峡江语释》详细胪列："江岸曲而内圆曰湾，触沙石分流贴岸而歧出曰浩（亦曰漕、又曰港，阔长而曰汊河），浩以外江流曰大外，沙石横亘而长曰梁，巨石横阔曰盘，沙石横出如三角形曰嘴，两岸石壁对立曰峡，出峡入峡之地曰峡口，石壁立而内削曰倒岩嵌，石壁中空曰洞，碎石光润积而横阔曰碛坝……"③堪称传统长江上游航道命名规律的资料汇编。再如，对传统川江水文特征的命名，《峡江语释》解释："水度上上曰洪水（亦曰满架水），水度下下曰枯水，春水初涨曰桃花水，夏水添涨大于春水曰麦黄水，水度中中曰南漕水……"④ 其分类之详细、命名之形象，足以补充我们对长江上游传统水文地理的认知。此外，《峡江语释》还记载了传统木船航运的操舟设备与行业术语，如记"船头之缆以次前进防船外张曰野缆，船腰之缆曰横缆，船尾之缆曰尾缆，滩下泊船系缆于船首曰箍头，上滩用缆展开船头勒上水路不致外抢曰笡缆"⑤；直接继承了《峡江救生船志》记叙川江木船航运设备与技术称谓的做法，但在文本阐释、行业术语、内容体例以及知识总量上均超过前者，堪称清末以来长江上游内河航运"地方性知识"的进一步总结。

---

① 修浚宜渝滩险事务处编：《峡江滩险志》卷上，北京裕源公司1922年铅印本，"峡江语释"第1页。
② 修浚宜渝滩险事务处编：《峡江滩险志》卷上，北京裕源公司1922年铅印本，"峡江语释"第1页。
③ 修浚宜渝滩险事务处编：《峡江滩险志》卷上，北京裕源公司1922年铅印本，"峡江语释"第1页。
④ 修浚宜渝滩险事务处编：《峡江滩险志》卷上，北京裕源公司1922年铅印本，"峡江语释"第1页。
⑤ 修浚宜渝滩险事务处编：《峡江滩险志》卷上，北京裕源公司1922年铅印本，"峡江语释"第3页。

第四章　现代性的回响：清末民国长江上游航道图志的本土建构

《峡江语释》之后为《峡江滩险志》的主体内容，分上、下两卷。其中，上卷为长江上游宜渝段航道图，分上、下两节。"首列峡江总图凡六十三幅，次各滩分图四十幅，仿谢氏肇淛《北河纪》、张氏国维《吴中水利书》例也。"①此部分共计有 103 幅航道图，均采用新式测绘技术与制图方法编绘而成，是清末以来首次由本土测绘专家测绘而成的长江上游航道平面图，并全部采用标准地图符号标示航道内容，所绘范围"由宜昌而至巴县，大小诸滩险毕具，上下分测，曲转连幅，计水程一千八百二十五里"。在绘制过程中，"试张之数丈之壁，测以直径鸟道，殆半之也"②，经编纂人员多次草绘、修改、润色方最终定稿，故其科学性较高，在精度上堪比近代西方人所绘的长江上游航道图志。

上卷上节为"峡江总图"，由平面全图与纵横面全图组成，图卷之首为《宜渝河道平面全图之图例》（见图 4-5），全部采用统一分类的地图符号，分别标示航道枯水线、支河及溪流、山沟、山形线、略测线、石盘、石梁、暗礁、崖峡、碛坝、沙泥、乱石、城垣、庙宇、街市、场镇、桥梁、河流方向、华里、英里、关卡、指北针等22种图例。平面全图采用 1∶36700 比例尺绘制，从宜昌平善坝绘起，至重庆唐家沱而止，共计 63 幅。各图均采用现代测绘技术以及西方绘图方法，详细标绘川江航道险滩碛坝、石盘暗礁、关卡城垣等分布情况，接连展开就是一幅完整的川江宜渝航道平面全图。纵横面图则按纵以 1 英寸作 200 英尺、横以 1 英寸作 3.44 英里比例绘制，全图标示川江航道河床之平面曲线以及枯、洪水位线，并标明沿岸滩险等级以及不同水位航道险易状况。③

上卷下节为"峡江滩险分图"，共计 40 幅，比例尺为 1∶2000，全部采用西方现代地图符号，系统标示长江上游各险滩之明礁、暗礁、沙、碛坝、乱石、壁岩、山脉线、水沟、泡水、漩水、急流、庙宇、房屋、城垣、洪水线、枯水线、干沟、河边、缓流水经、次流水经、急流水经、

---

① 史锡永：《〈峡江滩险志〉叙》，修浚宜渝滩险事务处编：《峡江滩险志》卷上，北京裕源公司 1922 年铅印本，第 1 页。
② 修浚宜渝滩险事务处编：《峡江滩险志》卷上，北京裕源公司 1922 年铅印本，"峡江全图目"第 1 页。
③ 陶眉岑：《〈峡江滩险志〉简介》，《万县文史资料》第 2 辑，1987 年，第 22—24 页。

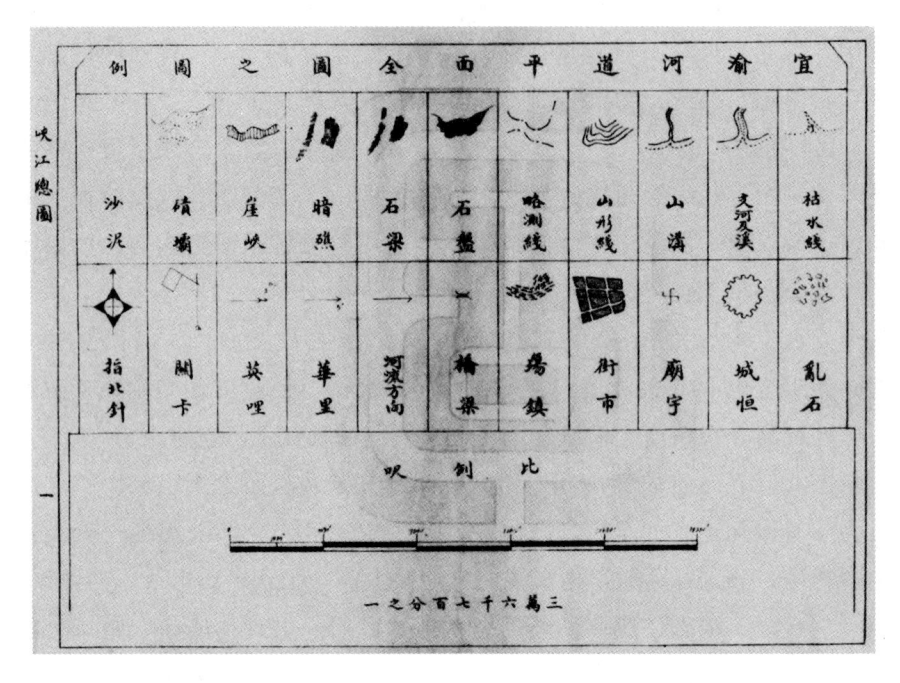

图 4-5　《峡江滩险志》宜渝河道平面全图之图例

资料来源：中国国家图书馆・中国国家数字图书馆"中华古籍资源库・数字方志。"http://read.nlc.cn/OutOpenBook/OpenObjectBook? aid = 403&bid = 21369.0.

小木船航线、大木船航线、施工部位等具体位置及其空间分布情况。图后附《宜昌重庆间水程一览表》，分按人称华里、实测华里、实测英里对照排列，注明峡江航道沿线 64 处险滩、码头的实际水程数，全面反映了长江上游宜渝段航道的地理形势。①

《峡江滩险志》下卷为"宜渝险滩志略"，共计 60 篇。编者绘出大多数重要险滩的分图，图文互证，以资参考。此部分所涉险滩计有：红石子滩（有分图）、獭洞及白洞子（有分图）、齐公石（有分图）、小崆岭（有分图）、崆岭（有分图）、新滩（有分图）、下石门（有分图）、乌石及虎皮梁滚子角（有分图）、洩滩（有分图）、上石门（有分图）、八斗（有分图）、牛口（有分图）、青竹标（有分图）、火焰石（有分

---

① 李鹏：《晚清民国川江航道图编绘的历史考察》，《学术研究》2015 年第 2 期。

第四章 现代性的回响：清末民国长江上游航道图志的本土建构

图)、库套子（无分图）、下作牛（有分图）、刀背石（有分图）、龚家坊及跳石（有分图）、下马滩（有分图）、宝子滩（有分图）、猫须子（有分图）、黑石夹（有分图）、石板夹（有分图）、青龙嘴及滟滪堆（有分图）、老马滩（无分图）、高桅子（有分图）、二道溪（有分图）、磁庄子（无分图）、小庙基滩（无分图）、庙基滩（有分图）、东阳滩（有分图）、鸡扒子滩（无分图）、兴隆滩（有分图）、徐那洞滩（无分图）、猴子石滩（无分图）、使君滩（无分图）、席佛面（无分图）、涪滩（有分图）、磨刀滩（无分图）、双鱼子（无分图）、漕溪盘（无分图）、簸箕子及折桅子（有分图）、白马滩（无分图）、虎须子（无分图）、蚕背梁（有分图）、观音滩及大佛面（有分图）、白纤滩（有分图）、和尚石（有分图）、磨盘石（有分图）、黄牛马绊（有分图）、黄幺岭（无分图）、台盘子（无分图）、养蚕堆（无分图）、钱滩子（有分图）、白鹤梁（有分图）、马岭子（有分图）、黑石背（有分图）、铜锣峡（无分图）等60处，基本上做到一滩一志，所谓"恶滩林立，千奇万状，非测绘莫得其体，非详审莫穷其变。"[①]

总体而言，"宜渝险滩志略"在内容上旁征博引，对长江上游航道形势详加说明。首先，在知识来源上，编者不仅注意对传世历史文献的整理与采择，更多方进行实地调查与现场测绘，搜集了大量有关川江航运的口述资料与民间知识。对此，史锡永坦言："长年三老，虽日长往来于樯风篷雨，非当其适有所不知，知或有所不尽，盖调察之曲尽难矣。爰集资料，先事搜求。峡江上下道里之远近，河幅之广狭，石之大小位置，滩之要也，以测量得之；沧桑屡变，盛衰异时，大浪洪涛，亦分常暂，停泊何时？趋避何方？滩之变也，以询之土著之人，救生船之水手得之；其敷陈形状，则征之各府县志《艺文》。"[②]

其次，在书写体例上，"宜渝险滩志略"对川江险滩的地理书写沿袭中国传统水利志书的体例，所谓"逐滩分疏，兼及沿革，详纪形势，

[①] 史锡永：《〈峡江滩险志〉叙》，修浚宜渝滩险事务处编：《峡江滩险志》卷上，北京裕源公司1922年铅印本，第1页。

[②] 史锡永：《〈峡江滩险志〉叙》，修浚宜渝滩险事务处编：《峡江滩险志》卷上，北京裕源公司1922年铅印本，第1页。

清代民国长江上游航道图志研究

导引行止，兼陈氏仪《直隶河渠志》、傅氏洪泽《行水金鉴》例也"①。在文本内容上，各滩分志详细记载川江险滩的滩名来源、滩形特征、滩险等级、滩工修治、行船技巧等内容，并注明某滩有无全图、有无分图者，索之全图之中可得概略等语，相较《峡江救生船志》《峡江图考》等书，不仅在体例上更为完备，在征引上更为广博，在叙述上更为准确。② 以红石子滩为例，"宜渝险滩志略"记载：

> 红石子，宜昌县上游八十里，水度以中上为最险。罗甸溪口，石崖分张两翼，左翼较高。红石子倚右翼突巨大石盘，石质红白相间，长约七十余丈，横塞溪口，拦截水经。其下三石鼎立，较高曰救命石，其巅可容三人。再下游里许，乱石积为如意堆。如意一名无义，南岸上游石盘长七十余丈，宽三十余丈，与红石子斜对曰渣包。其东钝角石嘴，正对红石子。再东钝角山嘴曰狗头滩，直抵江心，又与红石子回应。江面益狭，水势由黄陵庙直逼南岸，作曲弧形。渣包当其冲，乃逼而向北，直冲红石子，急流奔赴，逸不能止。左翼石崖关拦于救命石之下，转为回流，复冒左翼石崖，翻腾而下，经如意堆大波杂流，为水经阻碍，下水船逼近渣包而下，恰如分际急截水经，钓向南趋，避红石子之险，稍一失事，触石立碎。在红石子已经破裂之船，至如意堆加工沉没，又往往不坏于红石子，而坏于如意堆。救生船停泊救命石，回流沱内，覆舟人物或于此得拯，故名。上水船行南岸渣包内浩，内浩不通，须停泊以待水之消涨。清嘉庆、道光间，汉阳李本忠捐重资凿去渣包以上之火炮珠，并凿渣包，去石三十余丈，滩势较杀，而滩险尤为下游最。《宜昌府志》：红石子滩，在峡江北岸罗甸溪口，距东湖县八十里，最险。③

---

① 史锡永：《〈峡江滩险志〉叙》，修浚宜渝滩险事务处编：《峡江滩险志》卷上，北京裕源公司 1922 年铅印本，第 1 页。

② 薛新力：《巴渝古籍要籍叙录》，中州古籍出版社 2008 年版，第 222—225 页。

③ 修浚宜渝滩险事务处编：《峡江滩险志》卷下，北京裕源公司 1922 年铅印本，"宜渝险滩志略"第 1 页。

第四章 现代性的回响：清末民国长江上游航道图志的本土建构

综上所述，传统方志对长江上游航道险滩的记载，更多是"各省通志、郡县志录纪山川地方水道，属全志之一门。川鄂两省滩险又附水道之后，详者第其险，略者存其名而已"①。而《峡江救生船志》《峡江图考》等传统长江上游航道图志，虽比方志文献有所进步，但也只是"历举滩名，形势粗疏，纪述单简"②。相较之下，《峡江滩险志》中"宜渝险滩志略"对川江险滩的记载，在全面性、详细性上都大大超过前述两类文献。即使相比近代外国人编纂的现代航道图志，《峡江滩险志》对川江险滩成因所做的专业阐释，在科学性与准确性上亦不遑多让，更便于长江上游本土航业人士的认知与使用。

四 长江上游航道图志本土谱系的初步建构

如前所述，《峡江滩险志》前图后志，测地制图，分滩记险，图文并茂。虽在地图绘制上采用西方测绘技术和制图理念，但在内容选择、知识来源、编写体例等各方面，无不根植于传统中国地志文献的编纂理念。因此，在《峡江滩险志》的编纂过程中，传统航道图志编绘的知识体系并没有因西方测绘技术与制图知识的传入而发生内在危机。这种"传统"志书体例与"现代"地图测绘技术的无缝对接与古今交融，堪称"修浚宜渝滩险事务处"编纂《峡江滩险志》的最主要的特征，反映了近代西方测绘技术与制图知识在中国"本土化"过程中的折中路径。③ 对此，邓少琴赞誉道：

> 以国人实际测绘而列为图经者有之，则当自《峡江滩险志》始，虽测量仅为一度不会比海关川江河床图三次改正之精确，然实际之测绘，取材之丰富，编制之精密，盖亦有足多者焉。《峡江滩险图志》为滩险事务所测量，分段测绘为赵淑瑜、刘祝岳、刘月松、王子元诸人，而总其事者则江津蒲宇宁旅坤也。图始测于（民国）

---

① 修浚宜渝滩险事务处编：《峡江滩险志》卷上，北京裕源公司1922年铅印本，第1页。
② 修浚宜渝滩险事务处编：《峡江滩险志》卷上，北京裕源公司1922年铅印本，第1页。
③ 李鹏、常静：《民初长江上游航道整治与〈峡江滩险志〉的编绘》，行龙主编：《社会史研究》（第11辑），社会科学文献出版社2021年版，第197—216页。

六年四月,为宜渝水道纵横断面,全图一总六十三,分图四十,辑之为志者,则万县史子年锡永、刘乙青树声、云阳彭雪伯聚星,先设编辑处于云阳之桓侯庙,时有风鹤之警,一月而罢。(民国)七年四月再纂于万县之狮子山,阅四月而成。全书凡三卷、图二、志一,并仿《行舟必要》之例而成《峡江语》一百廿九则,冠之卷首,书成,上之陆军部,以(民国)十一年出版于北京,惜声元遁迹,川路公司破产,图虽印制而尚未传播,知者甚鲜云。①

由此可见,作为国人编绘的首部现代长江上游航道图志,《峡江滩险志》不仅充分借鉴西方测绘技术与科学制图知识的优势,亦保留中国传统航道图志编绘的精华。虽于旧籍多有参考,但在体例上更为完善,内容上更为本土化,在某些方面比近代西方人测绘的航道图志更具实用价值,因此成为清末民国国人建构长江上游航道图志本土谱系的一次成功尝试。相比于杨宝珊《最新川江图说集成》以一人之力对传统航道图志知识资源的再利用,《峡江滩险志》依托于"修浚宜渝滩险事务处"这一专门机构,通过集体化的组织、制度化的运作、科学化的测绘,无论是在地图测绘的精确性,还是在航道描述的可靠性上,都开国人编绘新式长江上游航道图志之先河。同时,《峡江滩险志》的编者借鉴中国传统地志书写的体例规范,适应了川江地方航业人士的阅读观感与知识背景,亦体现出传统长江上游航道图志的历史风貌与本土特质。

总体而言,清末民初中国人编绘的新式长江上游航道图志,在编绘方式上往往新旧杂陈,明显带有转型期的特征,堪称是"现代性"的回响。这种情况的出现,源于西方测绘技术与绘图知识的传入有一个较长的磨合过程,因为中国传统地图基本上是非数据的山水写意体系,没有比例尺、位置、距离、高程的概念②,这与西方以经纬度控制的航道图有着截然不同的技术规范,而这种技术转型绝非一日之功,背后往往涉

---

① 邓少琴:《近代川江航运简史》,重庆地方史资料组,1982年,第107—108页。
② 廖克、喻沧:《中国近现代地图学史》,山东教育出版社2008年版,第123—124页。

第四章　现代性的回响：清末民国长江上游航道图志的本土建构

及文化理念、教育方式、社会结构等方面的深层变革。① 这种"传统"与"现代性"的相互交融，无论《峡江滩险志》还是《最新川江图说集成》都是如此，只是前者在绘图技术上更为成功，这也为20世纪30—40年代编绘本土谱系的长江上游航道图志奠定了基础。②

第三节　抗战时期长江上游的水道测绘与航图制作

一　20世纪30—40年代川江航政的重叠管理

20世纪30—40年代，近代中国的国家建设进入一个新的时期。特别是伴随中央权威和政权合法性的构建，长江上游地区进一步融入全国总体建设的进程中。全面抗战爆发后，南京国民政府迁都重庆，在"抗战建国"的总纲领下，③ 以重庆为首的西南大后方一度成为"我们今后复兴的基础"④，俨然是当时全国政治、经济与文化的重心所在。国民政府《中央日报》甚至发表评论称：

> 西南是国家复兴的根据地，西南又是建国途中文化资源的发源地。西南各省今日对国家的重要，不容再有讨论的余地……建设西南，不仅为西南各省地方性的发展，这一次西南的建设，应当看做抗战过程中建国的大计划，现在谈建国，国家基础在哪里？就在西南各省。西南各省这一单位，经过建设后，必使具备立国的各种条件，然后我们的抗战方能再持久下去。只须西南这个单位能加速度

---

① 李鹏：《晚清民国川江航道图编绘的历史考察》，《学术研究》2015年第2期。
② 李鹏、常静：《民初长江上游航道整治与〈峡江滩险志〉的编绘》，行龙主编：《社会史研究》（第11辑），社会科学文献出版社2021年版，第197—216页。
③ 就20世纪30年代日本侵华与中国民族国家建构之关系，参见［美］柯博文《走向"最后关头"——中国民族国家建构中的日本因素（1931——1937）》，马俊义译，（社会科学文献出版社2004年版）一书。抗战时期国民政府"抗战建国"纲领之形成与演变，参见暨爱民《民族国家的建构：20世纪上半期民族主义思潮研究》，社会科学文献出版社2013年版，第247—248页。
④ 崧：《抗战根据地的西南》，《申报》1939年11月12日。

的造成立国的基础，现在沿路沿江河各战场据点一时的得失，都是无关宏旨。①

与此同时，作为战时大后方最为重要的出口孔道，长江上游内河航道的建设日益重要。从某种程度上讲，当时川江"运输尤为繁重"的战略意义，不仅体现为它是西南诸省乃至整个大后方对外交通的关键所在，更是战时全国民生物资与战略资源转运的生命线。②正如时人所言："川江者，我西南，尤其是四川之唯一生命线，因重山叠障之故，不比他省尚有别道可资交通也。且也，川江乃长江上游，长江乃至全国最大最良之一河流。整理川江航业，以促进长江航业；整理长江航业，以促进内河沿海之航业；整理内河沿海之航业，以促成全国整个之航业。此事而行，川江实有高屋建瓴之势。"③

受此影响，20世纪30—40年代的川江航政建设，又呈现出怎样的特点呢？现有研究表明，这一时期川江航政的主要特征，就是中央与地方政府双管齐下、海关与航政机构彼此争权的重叠架构。具体表现为代表四川地方政府的川江航务管理处，以及代表中央政府的交通部航政局，均负责川江航政的管理与建设，又都试图收回近代中国海关兼理航政的管理权。因此，在这一时期川江航政在实际运作中，往往出现政出多头、矛盾重重、组织不力的现象。

如前所述，清末以来海关逐渐形成了兼理内河航政的体制，其中川江航政由长江上游巡江司（长江上游巡江事务处）具体负责。因此，直至20世纪20—30年代，无论是中央政府还是地方政府，都没有建立起代表中国本土利益的、统一的长江上游航政专管机关。④对此，时人就感慨："吾国水道交通之历史，由帆船而嬗为轮船，甫数十载。设局经营，既诿诸商人出入，管理又不归本国。航业而已，何政之有？……自邮传部设立以来，迄于民国之交通部……而航政虚有其名，管理权之旁

---

① 佚名：《建设西南之初步》，《中央日报》（重庆）1938年9月23日。
② 王洸：《抗战期间之川江航政》，《中国航业》（川江航运专号），1942年，第1页。
③ 璧成：《整理川江上下游航业规划说明书纲要》，《新世界》1933年第23期。
④ 王洸：《海关之兼管航政问题（续）》，《交通公报》1927年第1609期。

第四章　现代性的回响：清末民国长江上游航道图志的本土建构

落如故，此亦可怪之现象矣！"① 有鉴于此，建立独立于海关系统的本土川江航政机构，就成为中央政府和地方政府的共同诉求。

实际上，20世纪20年代四川省政府设置川江航务管理处管理川江航业，远在中央政府开办川江航政之前，"其性质等于一省之水上治安机关"②。当时四川军阀刘湘打败杨森后，深知川江航运对统一全川的重要意义，即于1929年11月成立川江航务管理处，作为四川省第一个川江航政专管机构，他委任卢作孚为首任处长，并拟定《川江航务管理处暂行章程》，明确指出："本处管理川江全部航务，直隶川康边务督办署，设处重庆，名曰川江航务管理处……以企图航业上之便利，及解除航务上之障碍为职责。"③

川江航务管理处成立后，即向中外轮船公司发出通知，要求所有轮船进出重庆港，必须向川江航务管理处结关，才能上下旅客；装卸货物的工作，亦需在川江航务管理处的监管下进行；任何乘客或船员上下轮船，必须接受川江航务管理处的检查。为保护长江上游本土船民的利益，川江航务管理处专门通知外轮，海事裁判属于中国内政，今后川江海事纠纷必须由中方处理，由此收回部分航权。④ 至全面抗战前夕，四川省政府下令将川江航运管理处升格为川江航务管理总处，"所辖万县、奉巫、宜宾三办事处，改为分处。除仍依旧有职权执行任务外，所有全川水上公安事宜，并饬由该处兼办"⑤。不过，由于其不具备跨省区的航政管理权限，川江航务管理总处的局限性也较为明显。

相较川江航务管理处的地方航政机构属性，交通部航政局则是代表中央政府的航政管理机构。国民政府定都南京后，于1928年5月17日在交通部下设航政司，负责讨论航政管理的范围及权限划分。1929年6月，国民政府通过了海政、航政分别由海军部、交通部管理的议案。时

---

①　实业部中国经济年鉴编纂委员会编：《中国经济年鉴》，商务印书馆1934年版，第4130—4132页。
②　王洸：《战时长江航业与航政（中）》，《世界交通月刊》1947年第1卷第2期。
③　《川江航务管理处暂行章程》，《财务月刊》1927年第3、4期。
④　王绍荃主编：《四川内河航运史（古、近代部分）》，四川人民出版社1989年版，第202—203页。
⑤　《交通：川江航务管理处改组》，《四川月报》1935年第6卷第6期。

任交通部部长王伯群向国民政府行政院提出确立航政根本方针议案,并拟具海关兼管航政移管大纲,请求收回海关代管的航政管理权。① 1930年12月15日,国民政府公布《交通部航政局组织法》,明确规定:"航政局直隶于交通部……船舶航政事宜,由航政局处理之,但总吨数不及二百吨、容量不及二千担之船舶,不在此限。"② 按照这一规定,则地方航政不在其管辖范围内,于是就出现了海关兼管、交通部航政局主管、地方航政机构分管的航政管理模式。③

1931年7月,交通部航政局先后成立分管长江航政的上海、汉口航政局。其中,汉口航政局驻地汉口,主管四川、湖北、湖南以及江西四省的内河航政事务。同年11月,汉口航政局在重庆设立办事处,开始接收海关兼管的川江船舶登记、丈量、检验等部分航政工作。但是,川江航务管理处和海关依旧保存部分管理权限,这与汉口航政局在职能上多有交叉,彼此在航政管理与建设的过程中常有冲突之处。为避免发生管理上的摩擦,三家机构对各自承担的职责进行划分,具体如下:1. 重庆宜昌间之沿江标杆水表之设置、滩险之排除及川江各段领江之考选事宜,仍由海关办理;2. 行驶川江各段轮木船之登记、丈量、检验等事,由汉口航政局派员办理;3. 轮运之治安保障及纠纷处理,轮船秩序的维持,航业之指导改良及渝嘉、渝合沿江标杆水表之设置、滩险之排除等事,由川江航务管理处负责管理,并协助海关排除川江宜渝段之滩险,协助汉口航政局重庆办事处进行船舶登记、丈量、检验之执行等。

应该说,汉口航政局重庆办事处的设置,真正结束了近代中国海关兼理川江航政的历史。不过,作为四川省政府下辖的地方航政机构,川江航务管理处借助四川地方政府的支持,其影响力依旧不容忽视。对此,时人就指出:"交通部汉口航政局在重庆设立办事处,主管川江航政,川江航务处亦未改组,当时中央为避免与地方发生意见,始终未曾妥筹

---

① 江天凤主编:《长江航运史(近代部分)》,人民交通出版社1992年版,第400—401页。
② 《交通部航政局组织法》,《行政院公报》1930年第213期。
③ 朱娇娇:《交通部长江区航政局研究》,硕士学位论文,重庆师范大学,2014年。

第四章 现代性的回响：清末民国长江上游航道图志的本土建构

解决办法。"① 至 1937 年 11 月，国民政府正式迁都重庆，大量政府机构、工矿企业以及各类学校，均需依靠长江水运西迁，一时间川江航道尤为繁忙。在此情形下，交通部任命王洸主管汉口航政局，随即对其内部组织进行一系列改革。此后，汉口航政局分批前往重庆，并将工作重心放在川江流域。围绕川江航政的管理权问题，汉口航政局与川江航务管理处矛盾日深。

不过，战时川江航政管理重叠的问题，随着刘湘的病逝而式微，作为地方航政机构，川江航务管理处很难得到国民政府的承认。1941 年，时任四川省主席张群发布训令，限令川江航务管理处于当年 5 月裁撤，有关川江航政管理事宜转交汉口航政局负责办理。从此，交通部汉口航政局真正成为代表中央政府的长江上游航政机构。不过，在这一过程中，很多军政机构都试图染指战时川江航政。例如，1939 年，军事委员会就公布了《非常时期船舶管理条例》；1942 年 4 月，重庆卫戍司令部颁布了《重庆区短航轮船宪军警乘船办法》；同年 4 月，军委会运输统制局又公布了《水陆交通统一检查条例》，四川省船舶总队又制订了《重庆港木船进出口管理办法》；1943 年 5 月，四川省政府又公布了《四川省水上检查规则》。② 上述不同机构之间各自为政，职权重叠，彼此掣肘，很难有统一的航政规划。对此，王洸就批评：

> 查水道贯通，船舶宜通行无阻，故各国航政无不集权中央，统一管理。我国开办航政历史较短，基础未固，航政局处多设立于商业繁盛之港埠，管辖范围又限制在与海相通之水道，侧重轮船管理，注意沿海长江之交通，对于各省内河水道木船运输则多所忽视，未曾加意管理；而地方政府又多设置航务机关，管理地方航务，职掌未经划分，事权颇多淆混，此皆航政职权未能统一扩展之重大原因也。……至抗战以后，汉口航政局移设重庆，对于川江航务积极改进，力谋扩展，川江航务处不明时势，畛域之见太深，以致事权

---

① 王洸：《战时长江航业与航政（中）》，《世界交通月刊》1947 年第 1 卷第 2 期。
② 龙生主编：《重庆港史》，武汉出版社 1990 年版，第 135 页。

未能统一,航政法令无法顺利推行,不但交通当局引以为虑,即各界舆论亦有烦言。后经交通部与四川省政府一再洽商,始行决定,将川江航务管理处裁撤,另行筹设四川省水上警察局,专负川省水上治安之责,加以明白划分,所有多年之纠纷,至此始获解决。又汉口航政局本为管理长江航政,但其管辖范围,仅限于川鄂湘赣四省,而苏皖两省又归上海航政局管辖,整个长江区域之航务,竟分两局管理,亦不无未尽合理之处。①

总之,在20世纪30—40年代川江航政的管理中,尽管后期国民政府交通部为统一长江航政,将汉口航政局改组升级为长江航政局。但是在实际运作中,不同军政机构都试图染指于此。这些机构彼此权力重叠,管理交错;各不统属,职责不清;多着眼于一时一事的需要,疏于整体长远的考虑;出现事故又相互推诿,不肯承担责任,导致战时川江航政实际上无法做到真正的统一。②

二 《川江绞滩总站所属各滩站形势图说》的编绘

20世纪30—40年代,长江上游航道建设最重要的内容,当属轮船绞滩事业的创构。特别是川江绞滩机的设置,有效解决了上水轮船过滩的问题。现有资料表明,川江机械绞滩兴办之前,已有土法人力绞滩。③川江上传统木船过滩时多采用"换棕"法。即每到滩头会聚几只船的船工,合力共拉一船,让后再逐一过滩。有人形容是人与水争,船与石让,危险异常。川江行轮兴起以后,在上述木船拉滩的基础上,航业界开始摸索土法绞滩,即利用滩上"系船桩"栓船,进行岸上绞引。尔后又发展到由岸绞为船上自绞,即在轮船上安装绞关,配以钢缆,船到滩头,放长缆于滩上大石,然后绞船过滩。④

---

① 王洸:《战时长江航业与航政(中)》,《世界交通月刊》1947年第1卷第2期。
② 龙生主编:《重庆港史》,武汉出版社1990年版,第135页。
③ 四川省交通厅地方交通史志编纂委员会:《四川内河航运史料汇集(第二辑·建国前四川航道)》,内部刊印,1985年,第41页。
④ 王绍荃主编:《四川内河航运史(古、近代部分)》,四川人民出版社1989年版,第218页。

第四章　现代性的回响：清末民国长江上游航道图志的本土建构

然而，川江土法绞滩技术简陋，效率低微；费时误事，常出事故，无法满足长江上游轮船航运业发展的需要。对此，曾白光就坦言："轮船木船绞滩土法，人力时间之消耗既大，往往因缆折藤催，致滩夫酿伤亡之惨剧，且陷船舶于危险之境，此土法绞滩之亟待改进也。"① 当时长江上游航运界的有识之士，均力图加以改进，但阻碍重重，进展缓慢。② 例如，蒲蓝田在担任长江上游巡江工司期间，就"力主以科学方法，改良绞滩技术，只以赞助乏人，卒未实现"③。至20世纪30年代，海关主导的川江打滩委员会、民生实业公司以及战时船舶运输司令部也曾经有装设机器绞滩之议，但多因人力物力的缺乏以及木船滩夫的反对，未便轻率从事，因此川江绞滩工程多未能办理。

全面抗战爆发以后，随着战线西移，川江水运日益重要，物资转移多需绞滩上行。有鉴于此，国民政府交通部随即下令汉口航政局筹办长江上游绞滩事宜。为妥善办理战时绞滩事务，1938年9月，汉口航政局积极展开筹备工作，并委派曾白光等人前往川江青滩、泄滩、兴隆滩、庙基子等主要险滩实地查勘滩险情形，询问以往滩务之利弊，咨询设置机械绞滩的可能性。④ 同年10月21日，汉口航政局在宜昌成立川江绞滩管理委员会，下设滩务、管理、工程三组，专门负责举办机械绞滩事务。新成立的川江绞滩管理委员会依照滩险程度和事务繁简，选择在川江三类险滩分设绞滩站。⑤

经过短时间的筹备，至1938年12月，川江绞滩管理委员会在"宜昌以上，先于青滩、泄滩安设绞滩站，然后及于兴隆滩、东洋子等滩。在两个月中成立七站，完成抢运物质、撤退轮船之任务"⑥。此后，川江绞滩委员会的绞滩建设迅速发展，1939年又陆续在下马滩、青竹标等5

---

① 曾白光：《内河绞滩建设概况》，《交通建设》1943年第1卷第7期。
② 四川省交通厅地方交通史志编纂委员会：《四川内河航运史料汇集（第二辑·建国前四川航道）》，内部刊印，1985年，第41页。
③ 曾白光：《内河绞滩建设概况》，《交通建设》1943年第1卷第7期。
④ 王轼刚主编：《长江航道史》，人民交通出版社1993年版，第246页。
⑤ 王洸：《创设川江机械绞滩之概述》，《抗战与交通》1939年第24期。
⑥ 四川省交通厅地方交通史志编纂委员会：《四川内河航运史料汇集（第二辑·建国前四川航道）》，内部刊印，1985年，第41页。

处增设绞滩站。1940年，又增设白洞子、碎石滩、宝子滩等3个中洪水期绞滩站。为适应长江上游川滇联运的需要，川江绞滩委员会又在泸州设立长江上游绞滩总站，又在金沙江下游设立了3个绞滩站。至此，长江上游已经设立21个绞滩站，战时绞滩事业渐具规模。同时，川江绞滩管理委员会还制定了川江船舶绞滩的相关规则，为抗战时期长江上游航运业的发展做出极大的贡献。① 对此，王洸指出：

> 川江自宜昌至重庆，长六百四十八公里。重要险滩，不下五十余处，而尤以青、泄两滩为最险。上下船舶，莫不视为畏途，故首先成立该两处滩站，次设兴隆滩、东洋子等五站，施绞船舶。未满两月，完成抢运义民物资、兵工器材及撤退船舶之伟大任务，实抗战史上一大贡献也。（民国）二十八年四月，旋将青泄两滩加强设备，改为机器绞滩，可以施绞三千吨以下之大轮船。其余各滩站，亦均装置绞盘，节省人力施绞力量，大约可绞一百吨至一千吨左右之轮船不等，俾益航运，诚非浅鲜！②

1940年6月，宜昌失守后，川江绞滩管理委员会迁至万县办公。1945年初，经交通部核准，该委员会又迁移至重庆与长江区航政局合署办公，同时在万县成立川江绞滩总站，管理万县以下的川江各绞滩站。抗战胜利后，国民政府复员东还，一时间川江绞滩事业遭受冷遇，川江绞滩管理委员会奉命撤销。川江各滩站中仅保留青滩、泄滩、狐滩、兴隆滩、东洋子滩等五站，隶属川江绞滩总站。③ 然而，战后复员运输的繁忙程度不亚于战时，有关航业人士"佥以绞滩机构大部裁撤，船只难行，危险陡增"④，纷纷向当局提请恢复设立川江各滩站。此后，川江各

---

① 王轼刚主编：《长江航道史》，人民交通出版社1993年版，第248—252页。
② 长江区航政局统计室编：《交通部长江区航政局中华民国三十五年度统计年报》，1946年，第51页。
③ 王轼刚主编：《长江航道史》，人民交通出版社1993年版，第253页。
④ 长江区航政局统计室编：《交通部长江区航政局中华民国三十五年度统计年报》，1946年，第51页。

第四章 现代性的回响：清末民国长江上游航道图志的本土建构

绞滩站又陆续加以恢复，至1949年中华人民共和国成立前，川江常设各类绞滩站21个，其中兼办4个。①

在筹办川江绞滩事务的过程中，必然要求绞滩管理机构调查和了解川江滩务情形，前述曾白光等人就对青滩、泄滩等主要险滩进行勘察，但一直没有发现专门描绘川江绞滩事业的长江上游航道图志。近年来，笔者在调查的过程中，发现了一套手绘的《川江绞滩总站所属各滩站形势图说》。此套图册绘制于1946年，图面28厘米×40厘米，封面题有"交通部长江区航政局、川江绞滩总站所属各滩站形势图说、吴超审定"等字样。按吴超为当时川江绞滩总站的站长，此套绞滩形势图当是其主持编绘，而由范金生具体负责绘制。②

《川江绞滩总站所属各滩站形势图说》的主体内容为川江各绞滩站形势图，主要有：白洞子形势图、塔洞形势图、青滩形势图、碎石滩形势图、滚子角形势图、泄滩形势图、牛口形势图、青竹标形势图、油榨碛形势图、铁滩形势图、黄石嘴形势图、哑叭滩形势图、二道溪形势图、庙基子形势图、东洋子形势图、兴隆滩形势图、狐滩形势图、斗笠子形势图等。全套图册共计收入各类绞滩站分图18张，每滩附之以说，共计36页。各图均采用现代地图绘法，以统一的图例符号，绘出各滩站站屋与绞屋的具体位置，标注沿江暗礁、明礁、岩石、石梁、碎石等航道地物信息，以及河流流向等水文特征。各滩站图之后均附"绞滩站滩险图说明"，分列各滩站的站址、成立日期、滩站等级、滩站组织、滩夫组织、绞滩工具设备、滩险状况、交通、特产、附注等内容。根据现有资料，笔者初步判断《川江绞滩总站所属各滩站形势图说》是目前所见最早关于抗战时期川江绞滩事业的专题航道图志，具有较高的史料价值。

以《川江绞滩总站所属各滩站形势图说》"兴隆滩绞滩站滩险图说明"为例，依照图说内容叙述如下：

---

① 王轼刚主编：《长江航道史》，人民交通出版社1993年版，第254页。
② 参见孔夫子旧书网嘉士轩店，此图册售价为35000元人民币。然而店主误将此图绘制时间定为1941年，笔者通过核查图中信息，确定应为1946年。网址：https://book.kongfz.com/135958/2721234691/。

站址：该滩属四川省云阳县双江乡辖境，滩之北岸建有站屋一所。

成立日期：民国二十七年十一月一日。

滩站等级：二等站。

滩站组织：设站长一员，司事、轮机员各一员，机匠、生火、加油、水手长各一名，水手六名，工役一名，共计员工十四员名。

滩夫组织：总领班一人，领班三人，班长七人，连同滩夫共七十八人。内有甲级壮丁十八人，乙级壮丁二十人，余皆老弱或女性不等。

绞滩工具：现有铁质绞关一座，钢缆四节及绞滩信号等工具。又柴油绞滩机一部，俟运汉改装后即行建设。

滩险状况：在海关水码七英尺开绞，水位上升至一丈停绞，水位自二英尺至零度以下（即倒退水位）滩险最汹。滩舌坡度约九英尺，滩长约七百三十英尺，若遇马力弱小之轮船如建汉等，则其距离约达一千二百英尺有奇。

交通：东下云阳县城六十华里，西至小江三十五华里，南距盘龙九里许，交通称便。北有黄市乡，崎岖多山，惟盘沱、小江等地滨临大江，为水上通衢要道，过去曾设江防要塞及高射炮阵地于此两处，在军事上有相当重要性。

特产：云盐、毛铁、桐油、牛羊皮及楂子（药材）、糖、米、麦、包谷、杂粮等。

附注：1. 该站附近居民有三十余户，滩夫在开绞时均以拉滩为业，停绞后改作操舟，或务农维持生活，其体健耐劳，强半嗜赌、酗酒，缺乏基本教育，十九均属文盲。2. 该滩北岸之大匠子岩石凸出部份，如能施工炸除，无凸凹形阻挡江流，则其滩险自可和缓矣。①

---

① 范金生绘制，吴超审定：《川江绞滩总站所属各滩站形势图说》，1946年手绘本，第32页。

第四章　现代性的回响：清末民国长江上游航道图志的本土建构

从"兴隆滩绞滩站滩险图说明"来看，可知《川江绞滩总站所属各滩站形势图说》文字说明有如下特征：1. 图说内容既突出重点，又注重全面性，不仅详细描述川江滩站设站、等级、设备、组织、滩险等直接关乎绞滩事业的具体信息，还具体收录各滩站周边交通态势、地方特产以及劳动力状况、航道整治方案等内容，结构清晰，主次分明。2. 图说体例分门别类，线索明确，明显沿袭中国传统地志的编纂风格。例如，关于兴隆滩"交通"的形势描述，与传统地志中"四至八到"的位置描述方式十分类似。而"特产"类目的罗列，则沿袭传统地志对地方风物特产的书写传统。在第一条附注中，编者还加入了当时兴隆滩绞滩站周边劳动力资源与其生计方式的描述，借鉴了现代社会调查的内容，突破了传统地志体例的局限，是此前所未有的一项创新。

综上所述，这套《川江绞滩总站所属各滩站形势图说》门类清晰、简明扼要、图说互证，便于读者快速了解抗战前后川江各滩站设立与运作的具体情形，不仅是近代川江绞滩事业发展的重要史料和珍贵文献，也深深影响了后世川江绞滩图说的编绘。在今重庆长江航道局档案库中藏有一套绘制于1950年代的《长江航务局重庆分局川江绞滩总站滩险图说》，对比其中《兴隆滩绞滩站滩险图说明》，后者在类目上亦分为：1. 站址与交通，2. 沿革，3. 滩站等级，4. 站上组织和滩工组织，5. 滩险概况，6. 绞滩工具设置及施绞、停绞日期，7. 改进意见，8. 附注。上述体例与1946年《川江绞滩总站所属各滩站形势图说》非常相似，只是在图说内容上有所增删，再加上两者在滩险图绘制方法与图例的多重类似，可以初步判断两套绞滩图说存在文本谱系的传承关系。

三　战时大后方水利机构与长江上游水道测绘

20世纪30年代，一批本土航业精英积极呼吁国人组建专业机构，对川江进行系统测绘，以期完全实现长江上游航道图志的本土化和科学化。为此，他们或编制新的长江上游航道图志，以期收回航权；或拟定详细的川江测绘计划，以备专业人士参考；有的还计划对川江进行航空

清代民国长江上游航道图志研究

摄影测量,这在长江上游测绘史上是前所未见的创举。① 例如,航业专家盛先良就以一人之力编著《川江水道与航行》一书,于1937年交上海航海学社总经售,作者坦言:

> 余之编著是书,简言之,有动机二:一、我国正欲收回各帝国主义者在华之航权,觉现应在各方面从事实质之准备。二、吾人设欲消灭历来墨守成法之因袭意识,觉即宜普遍提倡科学方法之研究。②

为达到上述目标,此书多取材于蒲蓝田所著英文版《长江上游宜渝间航行指南》,但在文本内容上更为丰富,不仅详细介绍长江上游航运起源、水文情况、航标配置、航行纪要等内容,还借鉴西方科学手段编绘21幅川江险滩图,各图均详细标示川江航道水流起伏、标杆设置、航行线路等地理信息,多有益于长江上游航行实际。当年《航海杂志》在推介此书时就评价道:

> 著者鉴于我国朝野人士,迩来十分注重航政,锐意提倡航权,近编《川江水道与航行》一书。其取材泰半译诸今日川江航行唯一巨帙,英人蒲蓝田氏著《川江航行指南》(即《长江上游宜渝间航行指南》一书),并依据学理兼及个人航行实际经验,阅时两载,完成此书,举凡川江水道状况及航行必需知识,以文字图表阐明详尽,内容充实,印刷精良,洵为航业界及航行家必备之书籍也。③

同一时期,民生公司元老郑璧成亦发表《整理川江上下游航业规划说明书纲要》一文,专门提及整理与振兴川江航运业的关键,在于绘制更为精确详细的航道图。他认为无论是从勘测程序,还是测量方法而言,

---

① 长江水利委员会综合勘测局编:《长江志(卷二·测绘)》,中国大百科全书出版社2000年版,第124—125页。
② 盛先良:《川江水道与航行》,上海航海学社1937年版,"绪言"第1页。
③ 佚名:《〈川江水道与航行〉新书推介》,《航海杂志》1937年第4期。

第四章 现代性的回响：清末民国长江上游航道图志的本土建构

均需专门机构负责。其主体内容摘录如下：

> 川江航行上之可供参考者，有刘声元主持所测之图，及法兵舰所测之图两种，但皆错误甚多，殊欠完善。应有精确之图，用作航行南针，减少水上危险。
>
> A 测勘程序：
>
> 1. 先测宜渝段三百五十英里，因此段为川省咽喉，货物吞吐之总汇，故宜提前办理。
>
> 2. 次测渝叙嘉及渝合段，此数段在运输上属次要者。
>
> 3. 有机会即便测其他支流，支流关系更较小。
>
> B 测量方法：
>
> 1. 请托航空测量测水面以上现象。中央参谋本部航空测量队，不日即须以飞机测宜昌至黄陵庙一段，系受扬子江整理委员会之托也。此种测量费用，每方公里仅需二元八角。渝宜七百公里，平均作三公里，宽共为二千一百公里，照每公里二元八角计算，仅五千八百八十元。其工作，包括照相、凑合、改正高低、制图四项。至于由宁渝往来飞航及航空测量人员费用，为数不过数千元，合共万元内外，此事即举矣。
>
> 2. 派人测量水底河床。水底情形，关系甚大。今日以前之图，于河床尚无详细测明，标定等高线者。应择最浅之地如灶门碛、纽包碛等地，逐一测明，标出等高线。川江宜渝段虽有七百公里长，水深处航行无问题者，可以不测。其须测者，仅最少地段，为费亦不过数千元，即举办矣。
>
> 3. 支流先采简单测量，如步测目测之类，随时有机会即办。
>
> 4. 筹集测量经费。①

上述提及的"扬子江整理委员会"，就是成立于 1928 年的"扬子江水道整理委员会"，其前身是"扬子江水道讨论委员会"，隶属北洋政府

---

① 璧成：《整理川江上下游航业规划说明书纲要》，《新世界》1933 年第 23 期。

内务部。南京国民政府成立后，即在该委员会的基础上，重新改组为"扬子江水道整理委员会"，改隶于交通部，并由交通部次长兼任委员长。[1] 根据《交通部扬子江水道整理委员会章程》，扬子江水道整理委员会以"消弥水患，发展航业"为宗旨，主要职责为长江水道测绘、江流疏浚、航路养护。[2] 为系统整理长江航运起见，扬子江水道整理委员会成立后即专门设立测量队，以测绘长江水域各种比例尺地形图为重心，专供长江水利工程规划与航道整治设计使用。[3] 这直接影响20世纪30—40年代的长江上游水道测绘与航图制作，不仅呈现出科学化与专业化的特征，亦展现出实用性和系统性的风格。

1933年3月24日，扬子江水道整理委员会鉴于川江流域山高水险，滩多水急，人工测量极为不便，遂与国民政府航空署、陆地测量总局商洽，借用该单位飞机、摄影仪和航内制图仪器，决定对川江进行为期5年的航测计划。该计划自1933年开始实施，在当年即初步航摄宜渝段水道，分别制成多幅1∶10000、1∶5000比例尺的河道地形图。同时，该会还在宜昌葛洲坝至黄陵庙一段施测，制成1∶2500比例尺地形图多幅。由于飞机测量长江上游尚属首次，当时报刊纷纷报道："扬子江水道整理委员会拟用飞机测量长江上游宜昌至重庆一段水道，商借航空署飞机一架，由中央陆地测量局派员代测，已得许可。测量局派航学组组长徐礼耕，航空署派飞航员章杰为测量驾驶员，定四月十日出发，测量期约一周。此次用飞机测量，目的为宜渝险滩亟待削平，以利航行。并因建设会计划在宜昌一带创办水力发电厂，就便测量其水位流量等形势，以资依据。"[4]

然而，由于此后抗战军兴，经费困难，扬子江水道整理委员会的川

---

[1] 长江水利委员会水政水资源局编：《长江志（卷六·水政）》，中国大百科全书出版社2000年版，第4—5页。

[2] 《交通部扬子江水道整理委员会章程》，内政部年鉴编纂委员会编：《内政年鉴（水利篇）》，商务印书馆1936年版，第3页。

[3] 《章则：交通部扬子江水道整理委员会测量队章程》，《扬子江水道整理委员会月刊》1930年第2卷第6期。

[4] 《国内要闻·飞机测量长江上游水道》，《飞报》1933年第203期；《交通消息·飞机测量长江上游水道》，《交通职工月报》1933年第3期。

第四章　现代性的回响：清末民国长江上游航道图志的本土建构

江航测计划大都未能实施，航摄地图也在战时丢失，至今无从查考。①1935年，扬子江水道整理委员会与太湖流域水利委员会合并，改组为"扬子江水利委员会"，隶属国民政府全国经济委员会，"掌理扬子江流域一切兴利防患事务"②。其主要任务拓展为水灾防御、农田灌溉、航道改进及水利发展，工作重心亦转向长江流域综合治理。③抗战全面爆发后，长江上游成为大后方发展内河航运、纾解战时资源转运困局的关键所在。以扬子江水利委员会为代表，包括华北水利委员会、导淮委员会、江汉委员会等水利机构纷纷内迁，一大批水利专家与测绘人员云集重庆。在"抗战建国"与民族精神的鼓舞下，这批专家很快意识到要解决后方交通问题，实以改善内河水运为最重要；而要改善后方内河水运，最重要的突破口就是要对川江进行测量与疏浚。④例如，宋建勋就在《交通月刊》上发表《川江航行安全之检讨》一文，内中倡言：

> 长江下游沿海航线曾经海关测量制图，中外船舶航行，赖为南针。嗣测量工程移归海军部海道测量局办理，自吴淞口至汉口之一段，并经该局重行测量，制有详图。至川江上游自海关测量后，该局尚未继续办理。抗战军兴，该局又告裁撤。海关亦未奉令接办，而川江水位冬夏季涨落数丈，泥沙淤积，河床时有变迁，沿江各海关虽有水位涨落报告，而对于河道之深浅，尚未勘测。目前亟应责成主管机关即行办理，以减少航行困难。……若夫当前川江之航行，则只凭引水人之经验，视水流水纹以抉择可航之水道，而非赖航图所示浅滩暗礁河道深浅，作为航行之指南，是不可不注意也。⑤

实际上，为摆脱"日寇侵凌深入内陆，交通动脉大都沦陷，内地

---

① 长江水利委员会综合勘测局编：《长江志（卷二·测绘）》，中国大百科全书出版社2000年版，第152—153页。
② 《扬子江水利委员会组织条例》，孙燕京、张研主编：《民国史料丛刊续编406（经济·概况）》，大象出版社2012年版，第9页。
③ 陈国达、陈述彭等主编：《中国地学大事典》，山东科学技术出版社1992年版，第610页。
④ 熊树明主编：《长江上游航道史》，武汉出版社1991年版，第165页。
⑤ 宋建勋：《川江航行安全之检讨》，《交通月刊》1940年第1卷第4—5期。

物资供应，多赖水道输转，原有航道失于修复，运输能力极为有限"之困境，内迁后的国民政府迅即确定"以整理后方水道为水利中心工作，以适应抗战运输之需要"的战时水运交通整治计划。① 1938年，国民政府成立经济部，接管了原经济委员会负责的水利管理工作。1941年，又在行政院内设立水利委员会，作为战时管理水利事业的临时机构，各省及流域性水利机构均归其管辖。为避免职责不专，按照全盘统筹的原则，国民政府令各水利机构按照长江上游流域进行划片管理，以充分利用汇集四川的各水利机构的技术力量。② 其中，扬子江水利委员会奉命办理川江、金沙江、嘉陵江、酉水、岷江等大后方水道整理工作。

面对"后方水道，急需整理"的现状，为适应抗战军运的要求，扬子江水利委员会内迁后不久，即将查勘和测绘工作的重心放在长江上游干、支流，同时"规订各项水利工作计划，除须有充分之水文及气象资料，暨由查勘收得之各项材料外，尚需有详细之水道图、地形图等，以作根本"③。鉴于川江在大后方水运中的重要地位，1938年，扬子江水利委员首先派出测量队前往川江进行实地测绘，旨在"绘制各项水道图、地形图及纵横断面图，以作设计之张本"④。翌年，又组织两个测量队对川江进行全面水准测量。嗣因所测之重庆水尺与以前海关所引用测量的重庆水尺高程尚有差异，又于1941年4月及1942年7—9月，先后两次组织测绘人员对重庆水尺高程作了复测工作。⑤

为确保川江航道测绘的科学性与精确性，扬子江水利委员会专门制定《扬子江水利委员会川江水道测量实施纲要》（以下简称《纲要》），

---

① 《抗战时期迁都重庆之扬子江水利委员会（1947年）》，唐润明主编：《抗战时期国民政府在渝纪实》，重庆出版社2012年版，第382—387页。
② 王轼刚主编：《长江航道史》，人民交通出版社1993年版，第268页；朱茂林主编：《川江航道整治史》，中国文史出版社1993年版，第65页。
③ 《扬子江水利委员会成立以来之工作概况（附表）》，《行政院水利委员会月刊》1944年第1卷第12期。
④ 《扬子江水利委员会成立以来之工作概况（附表）》，《行政院水利委员会月刊》1944年第1卷第12期。
⑤ 熊树明主编：《长江上游航道史》，武汉出版社1991年版，第179页。

第四章　现代性的回响：清末民国长江上游航道图志的本土建构

作为战时川江测绘的操作标准与技术规范。① 这份纲要对战时川江测量的平面控制、高度控制、地形测量、断面测量、险滩测量等具体实施规章都有详细的规划，内容全面，设计合理，具有较强的可操作性。② 如在"平面控制"中，《纲要》就规定三角测量实施法则与万县基准点的设立标准。在"高度控制"中则规定"全部测量高度，应以吴淞海平零点为根据"③。在"地形测量"中，《纲要》确立"测量范围，应展测至最高洪水位线外平面二〇〇公尺为原则。……测量地形所需之导线，以经纬仪，用视距法测定之。……所有图形均须在野外依实测形势绘出之"④。在"断面测量"上，《纲要》提出"施测断面，以六分仪或经纬仪测定点之位置。每测点之距离，依深度之变迁而定，断面之左右起讫点，须与地形之最低点相连合"⑤。《纲要》在"险滩测量"环节，规定"险滩测量之比例尺为二千分之一。所有导线点，须由控制点为起点，精度与地形测量同。施测之方法，当依实地情形施以视距法、交会法、六分仪法，而测定之"⑥。

在此基础上，扬子江水利委员会依据各项测绘数据，绘制川江宜渝段水道图 138 张，宜渝段滩险图 16 张。其中，水道图比例尺 1∶5000，图廓 78 厘米×58 厘米，各图均详细标绘水标站、信号站、碇泊地点、水流流向等航道信息。险滩图与水道图图幅大致相同，比例尺 1∶2000，图中标绘各险滩的同深线、各种水位上下航路以及水上交通标志。此后，扬子江水利委员会进一步统一川江水道图的绘制标准，专门制订《川江

---

① 《扬子江水利委员会川江水道测量实施纲要》，《扬子江水利委员会季刊》1938 年第 2 卷第 3—4 期。
② 《扬子江水利委员会川江水道测量实施纲要》，《扬子江水利委员会季刊》1938 年第 2 卷第 3—4 期。
③ 《扬子江水利委员会川江水道测量实施纲要》，《扬子江水利委员会季刊》1938 年第 2 卷第 3—4 期。
④ 《扬子江水利委员会川江水道测量实施纲要》，《扬子江水利委员会季刊》1938 年第 2 卷第 3—4 期。
⑤ 《扬子江水利委员会川江水道测量实施纲要》，《扬子江水利委员会季刊》1938 年第 2 卷第 3—4 期。
⑥ 《扬子江水利委员会川江水道测量实施纲要》，《扬子江水利委员会季刊》1938 年第 2 卷第 3—4 期。

水道各项测图绘制办法大纲》，分别对川江水道图、险滩图、断面图以及水道图索引、凡例、图绘等技术规范作出详细规定，不仅是清末以来国人设计的最详细的川江航道测绘技术办法，也是近代长江上游航道图志编绘史上具有代表性的专门文献之一。[①] 其主要内容分凡例、水道图、险滩图、断面图、水道图索引、附注等，具体如下：

《川江水道各项测图绘制办法大纲》

一、凡例

甲、注字：1. 连续二字以上其排列方法与图廓底边平行者，则读写自左而右，不与图廓底边平行者，则读写自上而下。2. 图廓及图题注字，应照各项图样规定之字体及大小办理之。3. 字体除图题外，均用仿宋体，数字用阿拉伯号码正楷。4. 圆内注字之大小分别另订之。

乙、图例应按本会规定之图例引用之。

丙、各种图幅编号，悉按本会编制图表办法办理之。

丁、各种图幅大小，应按规定尺寸办理之。

戊、各项测图，应根据实测所得，迅速绘出，并须精确详明。

二、水道图

甲、图幅：外廓长七十八公分，宽五十八公分；内廓长七十公分，宽五十公分。

乙、比例尺：五千分之一。

丙、编号：图幅编号（图样一右下角之号数）为614—3—1—△△△.△△△，末段因张数未定，暂空六个数字单位。至张数之排列（图样一图题内第△△△张），万渝段自一〇一号起，向渝递加；万宜段自一〇〇号起，向宜递减，号数并暂以铅笔书写。

丁、图题：按照图样一绘置于图之适宜空白地点。

戊、图内注字之大小列表如下：

[①] 李鹏：《清末民国川江航道图编绘的现代性》，《西南大学学报》（社会科学版）2017年第5期。

第四章 现代性的回响：清末民国长江上游航道图志的本土建构

类别	县城	镇市	主要险滩	名山	大河	小地名	村集
字之大小（公厘见方）	6.0	4.5	4.5	4.5	4.5	3.0	3.0
类别	小河	普通险滩	断面号数	里程数字	三角点数字	高度数字	水深数字
字之大小（公厘见方）	3.0	3.0	3.0	3.0	3.0	1.5	1.5

己、图中应绘入：1. 等高线（间距：平坦地半公尺，山地1—5公尺）。在未测定各地高出吴淞零点以上之高度以前，只将等高线按假定高度，暂以铅笔勾出。2. 水标站。3. 信号站。4. 碇泊地点。5. 横流、溇流之流向。6. 主要航道标志。7. 真北及磁北。8. 各断面低水位之下江床深度数字。9. 险道表：按照图样一内格式及尺寸，绘置于图之适宜空白地点。10. 里程数（以公里计测抵宜昌后，始能填入）。

三、险滩图

甲、图幅：与水道图同，较大之险滩，得分绘数幅。

乙、比例尺：二千分之一。

丙、编号：图幅编号（图样二右下角之号数）为614—9—2—△△△.△△△，末段因张数未定，暂空六个数字单位。至张数之排列（图样二图题内第△△△张），万渝段自一〇一号起，向渝递加；万宜段自一〇〇号起，向宜递减，号数并暂以铅笔书写。如某滩幅数在一幅以上，于滩名后加书（一）（二）（三）等数字，次序则由下游向上游排之。

丁、图题：按照图样二绘置于图之适宜空白地点。

戊、注字：图内注字除主要险滩名用六公厘见方字外，余照二·戊项规定之大小办理之。

己、图中应绘入：1. 同深线：间距半公尺。2. 各种水位上下水航道。3. 各种航道标志。

四、断面图

甲、图纸：米厘方格透明纸。

乙、图幅：内廓长七十公分，宽五十公分。

丙、比例尺：纵二百分之一，横二千分之一。

丁、编号：万县以下自614—4—△△△.300起，向下递减。万县以上自614—4—△△△.301起，向上递加，末段号数，暂以铅笔书写。

戊、图题：按照图样三绘于图幅之右下角。

己、所有断面水深及沙岸岩石之高度，均须自低水位（随地变更，由低水位线求之）算起。

五、水道图索引

甲、图纸：蜡纸。

乙、图幅：外廓宽二十六公分，长不拘。

丙、比例尺：视分幅图之多寡而定之。

丁、编号：宜万段为614—3—2—2.1，万渝段为614—3—2—2.2。

戊、图题：

		机关全称		6公厘
长度32公厘	图名	扬子江宜渝段水道图索引		8公厘
	部分	宜万（或万渝）段		6公厘
	比例尺	绘图者		6公厘
	日期	图号	614—3—2—2.△	6公厘

六、附注

甲、图内水边线，概系根据各处至低水位线绘制，俾图幅得以衔接。

乙、宜万段之低水位线及低水位表，见附表一该段内之水尺零点须加以校测。

丙、万渝段各地之低水位线及低水位表（各地水尺零点以上之高度），见附表二该段内之水尺零点高度，须于经过各水尺时接测

第四章　现代性的回响：清末民国长江上游航道图志的本土建构

之，以推算低水位线。

丁、绘图用色之规定：1. 等高线用棕色。2. 水边线、同深线、江床深度数字均用蓝色。3. 三角边线、导线、各项测站、上水航道均用红色。4. 农田、树木、芦草、水草、下水航道均用绿色。5. 航行标志，按照水道图例用色。6. 其他天然物、建筑物均用黑色。7. 断面图、索引图均用黑色。①

从上述测绘程序与制图标准来看，扬子江水利委员会在水利与测绘技术专家的支持下，已经完全参照西方标准建立起一整套川江水道测绘体系及其制图模式。具体言之，作为当时内迁大后方的国家级水利机构，扬子江水利委员会的主要测绘技术人员大多是受过专业测绘训练的技术人员。如主持测量的总工程师是美国人史笃培，精密水准测量队队长为李谦若，其余多为北洋大学、河海大学和美国康奈尔大学毕业的中国工程师。② 正是在这批技术专家的支持下，通过体制化的组织运作方式，扬子江水利委员会对川江水道的测绘工作，先期都有详细的测绘计划与制图标准，并提请中央政府部门批准。此后又按照西方测绘制图标准，通过科学化、精密化的野外测绘工作和专业化、标准化的室内制图工作，最终完成现代川江航道地图的绘制任务。

伴随抗战形势的发展，长江上游轮运航线延伸至金沙江，战时运输日趋繁重，川江渝叙航段之内河水运日渐增多，扬子江水利委员会开始将川江水道整理的重点从宜渝段转向渝叙段。当时国民政府对整治川江宜叙段航道极为重视，决定以国家财政拨款15400万元，并先付4000万元给扬子江水利委员会，作为购置工具材料和施工前的准备工作。从1944年起，扬子江水利委员会开始对川江渝叙段小南海、筲箕背、莲石三滩等主要碍航险滩进行整治，以保障军事运输。③ 为保证整治工程的

---

① 《川江水道各项测图绘制办法大纲》，《扬子江水利委员会季刊》1939年第3卷第1—2期。

② 长江水利委员会综合勘测局编：《长江志（卷二·测绘）》，中国大百科全书出版社2000年版，第86页。

③ 王轼刚主编：《长江航道史》，人民交通出版社1993年版，第269页。

迅速展开，扬子江水利委员会组织专门力量对三大险滩进行测绘，并绘制了详细的航道险滩图，为上述整治工程提供了必要的依据。① 此外，扬子江水利委员会还对湘桂水道、岷江、嘉陵江等支流进行地形测绘，陆续完成 1:10000 比例尺湘桂水道地形图共 923 平方千米，岷江及嘉陵江等支流 1:2500 比例尺水道滩险地形图共 70 平方千米，岷江及嘉陵江 1:2500—1:2000 比例尺滩险水道施工地形图共约 57 平方千米。②

正是在"抗战建国"的大背景下，伴随中央权威对大后方的强力渗透，扬子水利委员会的长江上游水道测绘已经变成一项国家行为，并完全由中央政府主导，成为战时国家政权建设的重要一环。③ 相比过去地方组织或个人牵头的零星测绘，战时扬子江水利委员会主导的水道测绘，其首要表现就是国家机构有着完全的主导作用与控制能力；其次，由于大量水利和测绘技术专家的加入，其所测绘的水道地图在科学性远超越前者。而正是扬子江水利委员会的长江上游水道测绘，开启了战时国家主导下大后方水道查勘的序幕。

除去扬子江水利委员会对长江上游水道的测绘，在国家政权的强力支持下，海关长江上游巡江事务处以及经济部水利设计队、国家资源委员会、导淮委员会、乌江工程局、金沙江工程处、江汉工程局、四川省水利局等专业水利机构，亦分别对大后方各干支流进行了多次调查与测绘，从而在更大规模、更广范围上，累积起一整套的战时水道查勘资料。

1939 年，国民政府经济部就将上述不同机构对大后方水道的查勘资料，汇集为《水道查勘报告汇集（第一集）》，具体包括川黔、川滇、湘桂、黔桂、粤桂、赣粤、川江、汉江、嘉陵江等水道查勘报告 9 种，并各有单行本发行。1941 年 9 月，国民政府水利委员会又将其余水道查勘

---

① 熊树明主编：《长江上游航道史》，武汉出版社 1991 年版，第 179 页。
② 长江水利委员会综合勘测局编：《长江志（卷二·测绘）》，中国大百科全书出版社 2000 年版，第 6 页。
③ ［美］戴维·艾伦·佩兹在其所著的《工程国家：民国时期（1927—1937）的淮河治理及国家建设》（姜智芹译，江苏人民出版社 2011 年版）一书中就指出：国民政府导淮委员会的建立，就是通过现代水利科学的引进、技术专家的培养、机构设置的实施、政策制定的导向，最终实现国家力量对淮河水道治理的全面管控。这一过程也成为广义上近现代中国国家建设的重要组成部分。

第四章　现代性的回响：清末民国长江上游航道图志的本土建构

报告汇总，编辑出版《水道查勘报告汇集（第二集）》，其中包括岷江、大渡河、青衣江、马边河、金沙江、安宁河、横江、永宁河、沱江、赤水河等处水道查勘或试航报告，共计20篇，为战时大后方水道整治、水利建设与资源转运提供了坚实的知识与技术储备。①

其他方面，海关长江上游巡江事务处在执行川江助航设施"三年计划"中，先后对川江宜渝段洛碛、风和尚、柴盘子、灶门子、烂泥湾、崆岭滩、蓝竹坝、王家滩、秤杆碛、扇子沱等10处水道进行测量，绘制险滩图50张。在1940—1941年枯水季节，又先后对川江渝叙段珊瑚坝、黄沙溪、九龙滩、蓝竹坝、砖灶子、大渡口、观文岩、盆鳅石、钢盆碛、黄洞溪、打鱼嘴、中堆、小南海、洞宾溪、雀窝滩、叉鱼碛、罐口、筲箕背等17处险滩进行测绘。②1942年6月，海关长江上游巡江事务处又根据海关总署的指示，由处长陆南炳率海关74号机艇及船员、水手共10人，对金沙江水道进行初步测绘，期间制成宜宾至石角营草测图1张，险滩图6张。1944年1—5月，陆南炳又率海关3号工作木船和14号航道机艇，再次上驶金沙江进行测量设标工作，绘成长江上游宜宾至屏山段水道图4张。③

1939—1940年，国民政府经济部水利设计队与导淮委员会合测金沙江宜宾—冒水孔段1∶10000比例尺水道地形图，面积390平方千米。同年，该队又与江汉工程局配合，共同测勘嘉陵江朝天驿—苍溪小淅河段1∶10000比例尺水道地形图，面积116平方千米。国民政府资源委员会于1945年测绘岷江水库库区1∶25000比例尺地形图5幅，岷江1∶5000比例尺地形图2幅，大渡河1∶25000比例尺水道地形图2幅。导淮委员会于1939年测绘乌江涪陵—龚滩1∶20000比例尺水道地形图21幅、涪陵—思南1∶5000比例尺水道地形图82幅。该会又于1940年在

---

① 国民政府经济部编：《水道查勘报告汇集（第一集）》，1939年，出版地不详；国民政府水利委员会编：《水道查勘报告汇集（第二集）》，1941年，出版地不详；北京图书馆编：《民国时期总书目（农业科学·工业技术·交通运输）》，书目文献出版社1993年版，第425—426页。
② 熊树明主编：《长江上游航道史》，武汉出版社1991年版，第179页。
③ 王轼刚主编：《长江航道史》，人民交通出版社1993年版，第258—260页。

金沙江测绘冒水孔—黄荆坪1∶20000比例尺水道地形图24幅，同时还测绘金沙江滩险图58处，共绘成1∶2000、1∶2500、1∶500等比例尺地形图213幅。乌江工程局于1938—1940年间测绘乌江涪陵—思南段滩险图100余处，比例尺有1∶5000、1∶2500、1∶2000、1∶1000、1∶500等。金沙江工程处于1942年测绘金沙江干流黄荆坪—雅砻江口段1∶10000比例尺地形图82幅，后缩绘成宜宾—雅砻江1∶100000比例尺水道略图8幅。江汉工程局于1939—1941年测绘嘉陵江重庆—蓬安段，制成1∶10000比例尺水道图多张。①

应该看到，上述不同机构在大后方水道图的测绘过程中，尽管视距较远，导致图中地形地物的标识难免出现较大的误差，成图质量也参差不齐，但却是战时长江上游水道测绘最系统的成果，故其参考价值甚高。值得一提的是，1944年，国民政府资源委员会为开发长江上游水电资源，特邀美国著名水力工程学家萨凡奇（Savage）来华，对长江三峡水力资源进行考察，并提出了扬子江三峡水力发电计划，即著名的《萨凡奇计划》。为此，国民政府资源委员会与美国费其艾航测公司合作，拟对宜昌石牌至南津关附近航道进行航空勘测。1946年7月，该公司派员来华在三峡坝区进行航空测绘作业，历时57天，设计控制点91点，实际观测点84处，实测范围150平方千米，共航测1∶1200比例尺三峡航测图288张。不过，上述长江三峡航测地图资料多已残缺不全，已很难利用。②

综上所述，抗战时期水利机构对大后方的水道测绘，促使测绘专家与水利技术人员的作用日渐加强。表现为：1. 这些专业人员大都受过专业训练，因此在制订测绘计划和制图标准上，有着很大的发言权。由他们测绘的水道地图，无论在成图手段、图式系统、测制规范上都与西方相差无几。在此基础上，"科学主义"成为测绘的核心理念与集体诉求。③ 2. 专

---

① 长江水利委员会综合勘测局编：《长江志（卷二·测绘）》，中国大百科全书出版社2000年版，第130—132页。
② 长江水利委员会综合勘测局编：《长江志（卷二·测绘）》，中国大百科全书出版社2000年版，第154—156页。
③ 有关20世纪前半期"科学主义"话语在中国思想界的建构，参见［美］郭颖颐《中国现代思想中的唯科学主义（1900—1950）》，（雷颐译，江苏人民出版社2010年版）一书。笔者此处论述即受其关于"科学主义"概念的影响。

第四章　现代性的回响：清末民国长江上游航道图志的本土建构

业水利机构的作用日渐突出，在国家权力的支持下，扬子江水利委员会等通过制度化的运作模式，保障了测绘工程实施中人力、资金、技术、组织上的需求。3. 在抗战建国的大背景下，伴随中央权威对大后方的强力渗透，长江上游的水道测绘已经变成一项国家行为，日渐成为战时国家政权建设的重要一环。同时，在国家政权建设的主导下，"民族主义"往往成为隐形的推动力，而科学测绘也作为现代性的象征，成为战时大后方水道整治与航运发展的知识工具。①

四　民生公司与战时川江行轮的知识总结

1925 年 10 月，鉴于发展内河航运是实业救国之重要途径，一代船王卢作孚联合地方士绅在合川创立了"民生实业股份有限公司"②。通过早期的艰苦创业和优质服务，逐步"化零为整"统一了长江上游中小轮船公司，至全面抗战爆发前已经成为长江上游轮船航运业中的龙头企业。③ 1935 年，民生公司组织人力物力，在川江枯水期试行三段航行，揭开了长江上游行轮新的一页，一举打破了川江枯水期必须停航的旧观念。为保障川江枯水期三段试航的行船安全，卢作孚与民生公司专门组织驾驶考察团，实地调查川江航道水文情形，并对各处主要险滩特征都记以明显图示，这批珍贵的险滩勘测资料，为民生公司日后的发展提供了宝贵航行技术与丰富经验。④

抗战军兴以后，卢作孚大力倡导对川江轮船航行知识进行科学总结，即"川江航行技术欲求进步，必须以科学方法整理其经验而归纳一定之法则，更须将航行技术悬为一公开讨论之问题，使提高并普及研究兴趣，俾仅凭目力与记忆之旧法得以改进，而扩大造就之范围"⑤。在这一思想的指导下，民生公司积极组织航道专家及富有经验的驾驶人员，或对川江航道进行系统考察，或编纂绘制川江航道图志资料，以探索长江上游

---

① 李鹏：《晚清民国川江航道图编绘的历史考察》，《学术研究》2015 年第 2 期。
② 卢作孚：《本公司是怎样筹备起来的》，《新世界》1934 年第 56 期。
③ 张守广：《民生公司与抗日战争》，江苏人民出版社 2022 年版，第 120 页。
④ 凌耀伦主编：《民生公司史》，人民交通出版社 1990 年版，第 65—68 页。
⑤ 顾久宽：《扬子江宜渝段航行指南》，民生公司 1945 年版，"序言"第 1—2 页。

轮船行驶的科学依据。自1937年起，民生公司多次派出航道考察团，分别考察了川江宜渝段、渝叙段、叙嘉段航道，并撰写了多本航道考察报告书，制作了多幅河床改正图。①

为培养战时川江航运驾领人才，民生公司专门组织人力进行长江上游航道图志以及驾引资料的编纂工作。1944年7月，民生公司委托川江航道专家顾久宽主持编著《扬子江宜渝段航行指南》。编写人员广泛搜集长江上游航道图志资料，并邀请专业航行人员介绍川江航道各段特点，并随船实地勘测，历经10个月，于1945年正式刊行。全书共20万字，对长江上游宜渝段上下水正常航线、特殊水道、锚位、航标解说、航行术语、航行章程、历年海损、船舶绞滩规则、国际避碰章程等内容均择要说明。书中还附20多幅长江上游水道图，比例尺为1∶12600，各图均详细标示长江上游宜渝段险滩碛坝情况，为研究抗战时期川江航道图编绘提供了详细材料。②在另一部长江上游航行技术资料《驾驶指南》中，编者还对宜渝段航道水尺、船标、让船、绞滩等直接关系川江航行安全的技术问题进行详细解答。③上述两部长江上游航道图志，在内容上图文并茂、系统规范、各具特色、互为补充，不仅是战时川江航行知识的科学总结，还成为民生公司轮船驾引人才提高技术水平的教科书，其积极意义自不待言。

此外，1939年，卢作孚受当时国民政府粮食部委托，负责研究战时粮食水运速达的有效办法，以解决后方粮食匮乏危局。为此，他专门致意四川粮食储运局配送处编绘了一套《扬子江航道平面图（重庆至宜昌）》，于1943年刊行，以便利战时粮运。全套图共4张，比例尺1∶250000，现藏四川省档案馆，各图均采用标准指向标，但多根据航道走向偏转幅度，故每幅图的指北方向都有所不同。图中标绘宜渝段航道沿岸聚落、险滩等之分布及名称，并详细标示聚点仓库、县仓库、分仓库的具体分布地点，是一套反映抗战时期后方粮食转运的专题性

---

① 凌耀伦主编：《民生公司史》，人民交通出版社1990年版，第295—296页。
② 李鹏：《晚清民国川江航道图编绘的历史考察》，《学术研究》2015年第2期。
③ 凌耀伦主编：《民生公司史》，人民交通出版社1990年版，第296—297页。

第四章 现代性的回响：清末民国长江上游航道图志的本土建构

航道图册。① 总体而言，抗战时期民生公司对长江上游航道图志的编绘，一方面是战时国家建设背景下"民族主义"高涨的必然结果；另一方面则是技术专家推动下川江行轮知识"科学主义"兴起的本土诉求。

本章小结

王一川在论及中国现代性的发生问题时，这样说道：

> 中国的现代性主要是指中国社会自1840年鸦片战争以来，在古典性文化衰败而自身在新的世界格局中的地位急需重建的情势下，参照西方现代性指标而建立的一整套行为制度和模式。②

诚如斯言，清末民国长江上游航道图志编绘的现代性建构，就是参照西方标准建立的一整套制图体系及其制度模式，亦即西方科学制图与现代测绘技术的展开、融合与确立的过程。然而，近代中国人特别是本土知识精英对西方现代测绘技术与制图体系的认同与接受，并非简单地是一个"他者"的渗入与移植过程，而是一场由西方文化传播者与本土地图绘制者共同参与的复杂的"在地化"知识生产。③ 换言之，近代中国精英阶层在对西方"科学"地图学的"现代性体验"中，往往不自觉地利用中国传统地图知识进行重新塑造，即通过传统知识资源的再利用，进而沟通与融合中西两种不同的地图绘制传统。

是故，清末以来中国人自行编绘的长江上游航道图志，在地图绘制方式上往往新旧杂陈，明显带有"旧瓶装新酒"的内容特征。特别是伴随川江航运现代性的变迁，"民族主义"意识也开始在地方航业精英中

---

① 李鹏：《清末民国川江航道图编绘的现代性》，《西南大学学报》（社会科学版）2017年第5期。
② 王一川：《中国现代性体验的发生》，北京师范大学出版社2001年版，第19页。
③ 有学者在论及西方政治学在近代中国的传播与接受时，就指出这种传播过程并非西方知识系统的单向输入，更是中西之间文化传统的双向互动过程。参见孙青《晚清之"西政"东渐与本土回应》（上海书店出版社2009年版）一书。

逐渐扎根。其表现就是：无论是川江本土轮船公司与现代航道整治机构的设立，地方精英都积极借助近代中国国家建构的宏大叙事，从而将"地方"利益纳入到维护"国家主权"的话语体系中。而在民族主义的刺激下，"收回航权"亦成为川江本土航业精英的共同诉求。同时，面对西方列强在华航业的霸权地位，地方精英往往通过长江上游航道图志的编纂，试图以传统"地方性知识"资源来对抗西方"普遍性知识"的话语霸权，这种"民族主义"话语影响下的"地图政治"倾向，是传统长江上游航道图志编绘所没有的，这也是民国时期川江地方精英构建本土知识谱系的直接动力。①

总体而言，在近代中国国家建构的大背景下，长江上游航道图志本土谱系的建构，其特征有二：一方面，伴随国家权力在长江上游地区的强力渗透，地方精英往往借助"国家话语"来编绘长江上游航道图志，因此，"民族主义"成为知识生产的直接动力；另一方面，在"传统"与"现代性"的碰撞下，"科学主义"逐渐成为本土精英地图编绘的共同诉求，由此"地方"开始让位于"空间"，而伴随"地方性知识"的逐步消退，"普遍性知识"最终单向存在。

---

① 李鹏：《晚清民国川江航道图编绘的历史考察》，《学术研究》2015年第2期。

结　语

从地图史学透视中国"现代性"问题

一　中国地图史学研究的"现代性"认识悖论

20世纪以来，中外学者对中国地图史学发展脉络的诠释方式，通常以西方测绘技术为基础的科学制图学作为评价标准。这种"以今度古"的观察视角，建构出一部"科学性、准确性不断提高的发展史，或者说是一部不断追求将地图绘制得更为准确，以及不断朝向科学制图学发展的历史"①。换言之，这种基于"科学主义"的理论预设，常常以数字化或精确化程度作为参照，将历史时期中国地图绘制的演化路径，简单地化约为一种线性发展模式，一种不断向前的历史方向论，一种基于"进化论"的西方优越信念。②

自20世纪50年代王庸所著《中国地图史纲》出版以来，海内外陆续有诸多版本《中国地图学史》相继问世，但其书写方式多从"科学主义"出发，旨在探寻中国传统地图编绘变迁的科学性问题。其内容要旨概括如下：一方面，在传统时代中国地图绘制的技术水平和精确程度逐渐提高；另一方面，在近代西方测绘技术传入后，中国地图绘制的"传

---

① 成一农：《"科学"还是"非科学"：被误读的中国传统舆图》，《厦门大学学报》（哲学社会科学版）2014年第2期。
② 王汎森：《近代中国的线性历史观——以社会进化论为中心的讨论》，《近代中国的史家与史学》，复旦大学出版社2010年版，第29—68页。

统"不断遭到扬弃,最终汇入西方科学制图的知识体系之中。① 然而,自 1990 年代开始,这种"科学主义"的书写范式开始受到部分学者的质疑,特别是美籍学者余定国对中国传统地图人文价值重新评价后,引发了中外学者对中国地图史学的热议。② 单就国内研究现状而言,通过近年来诸多学者的相关研究,逐渐形成一种从思想史、文化史、知识史的角度,重新阐释中国地图史学的"人文主义"路径。③

从问题意识的角度看,上述两种研究路径,无论是"科学主义"还是"人文主义",其根本出发点都可归于中国"现代性"问题。先就"科学主义"地图史学研究来讲,论者多预设一套衡量中国传统地图进步的标准与一个西方测绘制图的"现代性"目标。在这里,中国传统制图学是落后的、缓慢发展的、必须放弃的"地方性知识",只有通过向西方学习"先进"的、"科学"的、"普世性"的测绘制图学知识,中国地图学才能完成其现代性的变迁。这种以西方"科学主义"为价值评价标准的地图史书写,其在处理中国地图史学"传统"与"现代性"的关系上,往往采取一种严格的两分法,这种假设"就像跷跷板一样,中国的近代化因素越来越多,她的传统因素就自动地变得越来越少"④。

因此,基于"科学主义"的地图史学观,往往认为中国地图学"传统"是向西方测绘方法学习的障碍,必须革除"传统"的负面影响,"现代性"因素才能确立,故其对近代中国地图编绘传统的丧失是持积极的乐观态度。就其本质来看,则是西方现代性思想中"西方中心论"

---

① 参见王庸《中国地图史纲》,商务印书馆 1958 年版;[英] 李约瑟《中国科学技术史(地学卷·第一册)》,《中国科学技术史》翻译小组译,科学出版社 1976 年版;陈正祥《中国地图学史》,香港商务印书馆 1979 年版;卢良志《中国地图学史》,测绘出版社 1984 年版;喻沧、廖克编著《中国近现代地图学史》,测绘出版社 2008 年版;喻沧、廖克编著《中国地图学史》,测绘出版社 2010 年版。

② 姜道章:《二十世纪欧美学者对中国地图学史研究的回顾》,《汉学研究通讯》1998 年第 17 卷第 2 期(总第 66 期);《近九十年来中国地图学史的研究》,《地球信息》1997 年第 3 期。

③ [美] 余定国:《中国地图学史》,姜道章译,北京大学出版社 2006 年版。国内对该书的回应,参见韩昭庆《中国地图史研究的由今推古及由古推今——兼评余定国〈中国地图学史〉》,《复旦学报》(社会科学版)2009 年第 6 期。

④ [美] 柯文:《在中国发现历史——中国中心观在美国的兴起》,林同奇译,中华书局 2002 年版,第 90 页。

以及"冲击—回应"观点在中国地图史研究中的实际运用。① 与之相反，在"人文主义"地图史学研究中，传统中国地图学是植根于本土文化实践的知识系统，特别是传统山水地图绘法和"制图六体""计里画方"等制图标准，不仅体现了中国传统地图学的实用性特征，更是中国独立制图传统的"本土"体现。② 正如余定国所言：

> 在中国文化中，地图不但用于表示距离，也用于显示权力，用于进行教育，以及用于美学的欣赏。将中国地图学视为一个理性的、数学的学科以了解空间，这一观念导致无法研究地图的所有功能。……中国传统地图是中国传统学术的产物，在中国所独有的概念之下，地图具有知识的价值。在这些概念下，"好"地图不一定是要表示两点之间的距离，它还可以表示权力、责任和感情。③

如上所述，中国地图学"传统"有着不言自明的价值优先性，是值得珍视的文化遗产。④ 如果借用美国学者柯文著作书名对其概括的话，这种内部研究取向就是要"在中国发现地图史"。与"科学主义"地图史学对中国传统地图学的负面评价不同，"人文主义"的地图史学试图通过重新审视中国地图学"传统"，来解构中国传统地图走向西方"现代性"的必然性。⑤ 认为这是近代西方帝国扩张下话语霸权运作的产物，故其本质是一种针锋相对的"反西方中心论"逻辑，因此难免受到中国部分学者的"民族主义"式的追捧。

---

① 需要指出的是，持"科学主义"观点的多是中国本土地图史学者，但从其问题意识的阐释看，则不可避免地接受这种"西方中心论"思想。笔者认为，这是新文化运动以来中国知识精英激进反传统思潮下"唯科学主义"传播的持续性影响。参见［美］郭颖颐《中国现代思想中的唯科学主义（1900—1950）》（雷颐译，江苏人民出版社1998年版）一书。
② 李孝聪：《古代中国地图的启示》，《读书》1997年第7期。
③ ［美］余定国：《中国地图学史》，姜道章译，北京大学出版社2006年版，第30、45页。
④ 李孝聪主编：《中国古代舆图调查与研究》，中国水利水电出版社2019年版，"导言"。
⑤ 成一农：《"科学"还是"非科学"：被误读的中国传统舆图》，《厦门大学学报》（哲学社会科学版）2014年第2期。

从某种程度上讲，上述两种对中国地图学传统的"悖论"式评价，实质上反映出20世纪以来中外学者对中国"现代性"问题的认识危机。这种认识危机的表现为："科学主义"对中国"现代性"问题的处理，基本上采用"由今度古"的方式，即以西方"现代性"的标准去裁量与规训中国传统。"人文主义"则试图"由古度今"，反对用西方"现代性"标准去评价中国"传统"，中国的"现代性"只能从中国历史的自身传统去追溯和定义。

这种截然相反的态度，使得我们对中国地图史学研究"现代性"问题的认识莫衷一是，其症结还是如何看待中国"传统"与"现代性"的关系问题。如果按照"科学主义"的看法，源自西方的"现代性"具有不言自明的科学话语霸权，中国"传统"必然是落后的、不科学的，"传统"和"现代性"之间的关系是截然两分的线性发展过程。而按照"人文主义"看法，西方"现代性"在非西方地区的张扬与传播，必然带来对地方传统的负面影响。因此，对中国"现代性"问题的理解，必须植根于中国本土传统，他们甚至认为应该把西方"现代性"的标准弃之如敝履。换言之，"传统"是同"现代性"断裂的自足体系，"传统"也不必以"现代性"为归旨，两者之间并无高下之分，都是具有"普世价值"的知识形态。①

我们暂且不论中国"传统"与西方"现代性"到底是什么关系，但需要指出的是，"人文主义"的研究路径固然有助于我们摆脱"科学主义"单纯以"传统/现代"判定"落后/先进"的研究话语。然而，正如夏明方先生所言，这种在中国本土传统寻求"现代性"依据的做法，往往基于"中国中心观"的价值批判，尽管试图解构西方现代性的"普世价值"，但依旧"改变不了生长于欧洲的现代性最终取得全球霸权地位的事实"，最终结果"只能是在得到一种虚幻的文化慰藉的同时，丧失了对我们自身的中华文明进行批判与反思的自觉性"，因此，这种没有

---

① 梁其姿：《医疗史与中国"现代性"问题》，余新忠主编：《清以来的疾病、医疗和卫生——以社会文化史为视角的探索》，生活·读书·新知三联书店2009年版，第3—30页。

结语　从地图史学透视中国"现代性"问题

"现代性"的文化传统主义，"恰恰是一种缺乏自信的表现"①。

基于上述思路，在本书研究中，笔者尝试以清代民国长江上游航道图志编绘为研究个案，通过考察近代中国地图知识与制度转型的具体过程，进而分析中国本土传统与现代性之间的复杂关系，主要路径如下：一方面，从绘图背景与制度变更入手，力求揭示清代民国长江上游航运变迁与航道管理的转型路径，进而分析不同历史条件下长江上游航政、航道制度变迁对地图编绘实际运作的影响；另一方面，则从地图编绘的技术转型与知识建构出发，着重分析长江上游航道图志编绘"现代性"的转型过程。最终，力求解决如下问题：1. 如何重新评价清代传统长江上游航道图志的独特价值，长江上游航道图志编绘的制度背景与知识特征是什么？2. 西方"现代性"的测绘技术及其制图体系是如何传入长江上游地区的？其中又蕴含着怎样的知识/权力运作机制？3. 长江上游本土精英是如何回应西方"现代性"的航道图编绘体系的？"传统"又如何在制度建设与知识传承上成为"现代性"的转型资源？

二　清代民国长江上游航道图志编绘的制度变迁

在西方启蒙主义者眼中，"地方"（place）与"空间"（space）有着根本性的概念区别。"地方"往往与非西方世界特殊的文化传统与地方习俗联系在一起，而"空间"则被赋予西方化的现代普遍主义的特征。这种启蒙主义的表述总是置"空间"于"地方"之上，"空间"具有某种合法性的话语霸权。②而在近现代西方地理学的主流概念中，这种

---

① 近年来，夏明方先生对中国"现代性"问题进行了一系列反思，特别对当前中外学界"从中国发现历史"的思潮进行了评价。参见夏明方《十八世纪中国的"现代性建构"——"中国中心观"主导下的清史研究反思》，《史林》2006年第6期；《十八世纪中国的"思想现代性"——"中国中心观"主导下的清史研究反思之二》，《清史研究》2007年第3期；《一部没有"近代"的中国近代史——从"柯文三论"看"中国中心观"的内在逻辑及其困境》，《近代史研究》2007年第1期。

② 杨念群：《"理论旅行"状态下的中国史研究：一种学术问题史的解读与梳理》，参见杨念群主编《新史学·多学科对话的图景（上）》，中国人民大学出版社2003年版，第106—131页。

"地方"与"空间"的二分框架与霸权话语体系被完全继承下来，特别是在"计量革命"的影响下，使得"空间"与"地方"完全割裂，"地方"特性被驱逐出地理学的核心概念，并逐渐建构起一套抽象化的"空间"科学术语。①

至20世纪80—90年代，受后现代主义与人本主义的影响，人文主义地理学者开始反对这种几何化、平面化、普遍化的"空间"概念，主张回归主体经验的"地方"特性。②例如，雷尔夫在《地方与无地方》一书中就认为，"地方"是人们现实经历的生活世界。随着工业化的推进，我们正在开创一种"平面景观"；地方特性也被不断减弱，以致不同地方日趋统一；失去作为人类家园的"地方"，就会导致"无地方性"。③笔者在本书中虽然借用这套二分化的地理学核心概念，但却代之以"地方实践"与"空间控制"之区分，就是试图以一种"外部取向"的视角，来说明清代民国长江上游航道图志绘制的制度背景。其背后的问题意识在于，何种人在何种历史语境下去编绘长江上游航道图志？他们绘制航道地图的意图是什么？在不同历史情境或制度变迁背景下川江航运"地方"与"空间"的关系如何？其背后展现了怎样的权力运作模式？

（一）传统王朝国家体制下的地方绘图实践

传统王朝国家体制下，中国地图绘制的机制与功用往往具有特殊的政治、文化与审美含义。④魏晋以降，伴随山水画的兴起，在对自然胜景的亲近与欣赏中，各种胜景图以风景名胜作为绘制对象，成为文人览

---

① 李鹏：《追寻多样化的地方图景》，《中华文化论坛》2012年第3期。
② 有关西方人文主义地理学对"空间"与"地方"的概念分异，参见［美］Tim Cresswell《地方：记忆、想象与认同》，徐苔玲、王志弘译，台北：群学出版有限公司2006年版；［美］段义孚《空间与地方：经验的视角》，王志标译，中国人民大学出版社2017年版。
③ ［美］R.J.约翰斯顿：《地理学与地理学家：1945年以来的英美人文地理学》，唐晓峰等译，商务印书馆1999年版，第217—254页；［加拿大］爱德华·雷尔夫：《地方与无地方》，刘苏、相欣奕译，商务印书馆2021年版，第126—182页。
④ 唐晓峰：《地图中的权力、意志与秩序》，刘东主编：《中国学术（第4辑）》，商务印书馆2000年版，第261—268页。

结语 从地图史学透视中国"现代性"问题

胜的图像支撑,进而为中国地图学开出一个以审美为核心的地图分支。①与此同时,中国传统地图绘制又浸染了极强的政治含义。明清时期,在官僚体制文书行政的运作下,地图不仅是王朝"大一统"疆域内政治管控、政务往来的施政工具与决策凭证,还是王朝国家统治合法性构建中官方权威与政府权力的象征。② 这种地图绘制的文化政治特征表现在地方层面,则是地方知识精英或是地方行政人员,或为歌咏地方胜景,或为了解地方事务,通过地图绘制来描绘或传递地方的地理信息。③

本书研究表明:传统长江上游航道图志的绘制者非常注重地方观念的表达,基本上属于王朝国家体制下的地方绘图实践,是地方政府部门公文行政与地方官员实施管理下的产物。特别是在清代,传统长江上游审美性的山水胜景图开始式微,实用性的长江上游航道图志开始出现。为适应清代西部资源转运的实际需求,同时也为确保长江上游航运安全,地方政府逐渐加强对长江上游航道的整治与管理。在此过程中,有关长江上游水文信息的记录与航道险滩的地理考察日益增多。例如,在乾隆朝金沙江航道工程的开凿过程中,川滇两省因金沙江航道整治之公务需求,对金沙江河道进行大规模的实地勘察,并以此为根据绘制了相应的《金沙江全图》,作为工程运作与施政决策的重要参考。与此同时,为使川江往来船主认明水径,同时满足长江上游救生红船制度与地方航政运作之需求,有关长江上游航道图志的编绘亦从无到有,逐渐形成一项专门之学,涌现出诸如《峡江救生船志》《峡江图考》等传统长江上游航道图志,从而摆脱了基层政府官僚体制运作下公文附图的特征,其性质遂由档案文书转为专门著述。

而从文本使用的脉络来看,传统长江上游航道图志的绘制展现出"自下而上"和"自上而下"两种路径。如乾隆朝不同版本《金沙江全

---

① 潘晟:《地图的作者及其阅读:以宋明为核心的知识史考察》,江苏人民出版社2013年版,第69—94页。
② 有学者已经提出类似的观点,指出传统王朝体制下文书行政对地图绘制的重要影响。参见席会东《清代黄运河图研究》,博士学位论文,北京大学,2011年;潘晟《宋代地理学的观念、体系与知识兴趣》,商务印书馆2014年版,第101—288页。
③ [美]余定国:《中国地图学史》,姜道章译,北京大学出版社2006年版,第245页。

图》的编绘，主要是通过对金沙江流域这一"帝国边缘"地区的地图刻画，来展示"大一统"王朝构建中"地方"的作用。换言之，《金沙江全图》采用"自下而上"的模式，其使用对象与贮存机制主要是为宫廷服务，故其在"地方"利益的表达中自然蕴含"大一统"的国家话语。相反，贺缙绅《峡江救生船志》以及国璋《峡江图考》则从地方政府施政与地方社会建构的内在脉络出发，通过"自上而下"的模式，特别是对川江险滩水文与行船经验的图像刻画，着力审视长江上游内河航运变迁和航政运作中"地方性知识"的创造与传播机制，其背后展示的是传统木船水手纤夫船工等普通民众的地方感觉与地方认同。

综上所言，清代传统长江上游航道图志的编绘，其性质都属于王朝国家体制下的地方绘图实践，无论是文人审美性的景观山水图绘，还是公文附图中复杂绵密的地图绘制与奏报机制，以及专门著述中对川江航道的图像展示，都展示出王朝国家体制下长江上游航运社会独特的运行机制。换言之，作为文化建构的"地方"，其共同点都是基于"本地人"（local）的视野，并从"地方"为中心去描绘长江上游航运的地方感与地方性知识。同时，传统长江上游航道图志的编绘者均努力把绘图实践作为地方政治活动的基础，进而使得"地方"参与到王朝国家体制内的"大一统"网络之中。①

（二）近代西方国家殖民扩张中的空间编码

在近代西方国家对东方世界的殖民扩张中，其对"空间"的定义是以排斥东方为前提的。特别是在西方现代化意识形态的影响下，传统东方社会是"地方"性的存在，与"现代"西方社会是截然对立的二分关系。② 因此，他们认为要改变东方世界的"落后"局面，就要通过西方

---

① 就传统时代中国地方精英与基层官员对地方文化建构的影响及其意义，参见［美］包弼德（Peter Bol）《论地方史在中国史研究的地位——以欧美近十多年的研究为例》，复旦大学历史地理研究中心、哈佛大学哈佛燕京学社编《国家视野下的地方》，上海人民出版社2014年版，第7—24页。

② ［美］雷迅马：《作为意识形态的现代化——社会科学与美国对第三世界政策》，牛可译，中央编译出版社2003年版，第6—7页。

世界采用商业发展或殖民征服的手段，对其进行持续的"空间"扩张。换言之，在西方殖民者眼中，从不承认非西方世界的其他"空间"表现形式，东方社会只是近代西方国家空间扩张过程中的"地方"容器。只有通过西方列强殖民扩张中的所谓科学化的空间编码，才能转变非西方世界的"地方"形态。①

作为近代西方国家殖民扩张中空间编码的组成部分，西方殖民者发展出一套针对东方社会的空间控制技术。这种空间控制的首要方法，就是通过轮船、铁路、电报等技术手段，力求创造出一个网络化的交叉界面，通过不同资源在网络节点的快速移动，用来管理、监督和改造东方传统。与上述工作相补充，近代西方国家还通过地理信息的知识积累来对东方知识传统进行解码，即通过地理考察与地图测绘等情报搜集，并对上述空间地理信息进行加工比照和分类存储，以便于其在西方知识网络中以极少的代价进行浏览和复制。

本书研究表明：近代西方国家（包括日本）在华殖民扩张的过程中，以开辟川江行轮航线为切入点，持续对长江上游航道进行地理考察与地图测绘，进而发展出符合其扩张利益的科学化的空间控制技术。从某种程度上讲，这种空间控制的技术实践也是以英国为首的外国殖民者在华构建其秩序的有效手段。例如，近代英国人测绘长江上游的直接目的，就是为开辟川江行轮航线，并最终服务于其在华利益的扩张。近代法国人对长江上游航道的测绘，亦是服务于法国在中国西南地区（乃至整个远东地区）的地缘战略。此外，作为后发殖民国家，近代日本编译与测绘长江上游航道图的意图，早期多是服务于其商业利益，后期则更注重日本海军侵华作战的军事需要。特别是日本海军的"扬子江战略"，是推动日本水路部编绘长江上游航道图志的直接动力。

与此同时，近代中国海关作为"半殖民性"的"国际官厅"，其在长江上游地区的陆续设置，一度成为西方国家利益扩张的保障。特别是在长江上游巡江司的高效运作下，通过一系列内河航标设置、航

---

① 杨念群：《再造"病人"：中西医冲突下的空间政治（1832—1985）》，中国人民大学出版社2013年版，第567—582页。

行章程的制订以及航行布告的发布,逐步建构起一种档案化、严密化的数据统计方式以及现代航道监控体系,从而改变了过去长江上游航道管理的地方模式。这也使得长江上游航道管理与航政建设呈现出"档案化"的特征,即通过日常化、科学化的数据统计方式以及现代航道监控的空间建构,进而对长江上游航道情形进行动态跟踪,逐步建构起现代性的长江上游内河航运秩序。这种专门化、精细化、复杂化的空间控制技术体系,不仅改变了长江上游航道的空间秩序,亦重构了川江内河航政建设的制度基础,更成为长江上游航道图志再生产的体制依托。

(三) 近代中国民族国家建构中的地图政治

近代中国在向现代民族国家的转型过程中,最突出的议题就是国民对主权国家的政治认同,这是本土工商业资本主义(尤其是绅商阶层)长足发展的情形下,由此产生的国家建构诉求。由于现代民族国家的建构需要冲破西方帝国主义体系在华旧秩序,因此,在地方精英的宣传与倡导下,国家主权、民族利益至上的现代国家价值观念逐渐为社会舆论所接纳,并成为各方政治力量与地方精英阶层争夺话语权的宣传策略。[①]与此同时,在近代中国民族国家建构中,客观上又要求国家加强政权建设,并强化其对地方社会的控制。[②] 伴随近代中国的民族国家建设,国家权力的强化逐渐纳入民族主义与现代化的理念之下。与之同步的是,中央政府对地方社会的控制亦逐渐增强。[③]

本书研究表明:清末民初在中外航权竞争的利益驱动下,为杜绝外国人对川江轮船航运业的觊觎,由四川省政府倡导、地方绅商共同创办的川江轮船有限公司,成为长江上游航运史上第一家本土商业轮运公司。

---

① 马建标:《冲破旧秩序:中国对帝国主义国际体系的反应(1912—1922)》,社会科学文献出版社 2013 年版,第 80—81 页。

② [美] 杜赞奇:《从民族国家拯救历史:民族主义话语与中国现代史研究》,王宪明等译,社会科学文献出版社 2003 年版,第 153 页。

③ [美] 杜赞奇:《文化、权力与国家:1900—1942 年的华北农村》,王福明译,江苏人民出版社 2003 年版,"前言"第 1—4 页;John Fitzgerald, *Awakening china, Politics, Culture, and Class in the Nationalist Revolution*, Stanford University Press, 1996, pp. 103 – 179.

之后，川江本土轮船航运公司经营者风起，其发展速度异常惊人。而轮船作为新式交通方式在川江航运中的崛起，使得长江上游地区的资金、技术、人员、物资交流日益纳入全球性的市场网络之中。因此，在川江轮船运输业的快速发展下，由于轮船运输对航运线路、航路水深、航行测度等都有不同需求，航运方式转型必然要求中国传统航道图志在内容编绘上做出变革，同时建构长江上游航道图志的本土谱系，以求打破外国技术专家对长江上游行轮的知识垄断。

在民初以来"维护航权"的话语建构下，长江上游地方精英在国家意识和地方关怀的二重奏中，成立了首次由中国政府自主办理的长江上游航道整治机构——"修浚宜渝滩险事务处"。相比于传统川江航道整治的局部性以及慈善特征，修浚宜渝滩险事务处将川江航道整治工程纳入国家主权与国家建设的话语体系之中，成为民初以来民族国家建构在地方层面的体现。地方精英也充分利用民族国家话语来表达他们心中的地方利益，从而在国家与地方之间建立了一种辩证统一的联系。这种在国家体制内寻求地方问题解决途径的做法，也为长江上游航道图志本土谱系的建构提供了制度支撑与资金保障。无疑，这种借助"民族国家"话语的航道图志编绘，一开始就浸染"民族主义"的意识之争，成为与外国相颉颃以挽回航权的知识工具。

特别是在20世纪30—40年代，川江作为战时国家资源转运的生命线，其重要意义日益凸显。为保障日益繁重的水运任务，在中央政府的支持下，以扬子江水利委员会为代表的官方水利机构通过制度化的运作模式，保障了战时水道整治与航道测绘中人力、资金、技术、组织上的需求。在此基础上，伴随国家权威在大后方的强力渗透，长江上游航道图志的编绘逐步纳入国家级专业机构的指导之下，亦成为近代以来中国国家政权建构的重要一环。而正是在近代中国国家政权建设的主导下，长江上游水道测绘作为现代性的象征，亦成为普遍意义上国家权威在地方社会构建的重要组成部分。因此，抗战时期长江上游航道图志本土谱系的形成，不仅是国家力量与地方社会合作下的最终趋势，也是近代中国民族国家建构下地图政治运作的必然结果。

三 清代民国长江上游航道图志编绘的知识建构

在西方学术语境中，"地方性知识"（Local Knowledge）不是指任何特定的、关于区域特征的知识，而是在特定地域上产生的一套"本土性"的价值观念与符号系统。① 这种地方价值观念与符号系统，往往与特定的地方文化、传统与习俗等因素联系在一起，成为与西方启蒙运动以来所倡导的"普遍性知识"（科学系统）相对立的知识类型。② 然而，在近代西方启蒙主义哲学概念中（尤其是在康德的倡导下），"普遍性知识"必须超越"地方性知识"，如果没有"普遍性知识"，全部被获得的知识只能是碎片般的经历而不是"科学"。③ 由此可说，"普遍性知识"与"地方性知识"的根本区别就在于前者是现代普遍意义的科学表述，后者则是特殊的地方传统的代名词。因此，自近代以来的西方启蒙思想中，"普遍性知识"一直强调高于"地方性知识"。④

就近代中国而言，在西方所谓科学的"普遍性知识"的冲击和影响下，伴随制度体系的变异，中国本土传统所固有的"地方性知识"开始发生转型。换言之，西方"普遍性知识"挟科学之威与殖民之力，开始对中国本土经验式的"地方性知识"进行整合、分类、解码与替代，从而建构起一套符合西方在华殖民利益的科学化、标准化的所谓"普遍性知识"。然而，作为一种"地方传统"，传统中国的"地方性知识"并非被动地适应西方"普遍性知识"的空间渗透，而是在中西不同知识体系碰撞的实践过程中，传统"地方性知识"与西方"普遍性知识"之间有效融合，甚至创造出一种追溯"本土传统"的"现代传统"知识形态，

---

① 盛晓明：《地方性知识的构造》，《哲学研究》2000年第12期。
② ［美］克利福德·吉尔兹：《地方性知识：阐释人类学论文集》，王海龙等译，中央编译出版社2000年版，第219—220页。
③ 杨念群：《再造"病人"：中西医冲突下的空间政治（1832—1985）》，中国人民大学出版社2013年版，第581页。
④ 李鹏：《追寻多样化的地方图景》，《中华文化论坛》2012年第3期。

借以对抗"普遍性知识"对"地方性知识"的"科学宰制"。① 然而，伴随民国时期"科学主义"的传播，近代中国本土知识精英愈加认同西方"科学"是"普遍性知识"的唯一载体，"地方传统"中合理的知识成分被逐渐抛弃。

（一）王朝时代长江上游航道图志编绘的"地方传统"

在传统王朝时代，长江上游航道图志无论是从知识来源、文本形式还是编绘主体来讲，都不脱离中国传统地图学的范畴。

首先从知识来源看，传统长江上游航道图志可以凭借的知识资源有三种：一是传统中国的地志文献，二是官员及画工的实地勘察与探访资料，三是档案附件的草图文本。这种知识来源的性质，实际上是架构在传统文化语境与地方文化实践上的本土性知识建构，呈现出的是"多系并存"的知识谱系②，并打破精英知识体系与底层知识体验之间的壁垒。特别是《峡江救生船志》《峡江图考》等关于传统长江上游木船行舟技巧、滩形水势认知的记载，不仅记录船工水手对长江上游险滩水势的行话称谓，还涉及川江木船行舟的操作规则；不仅收录长江上游木船组织的称谓结构，还关照川江行船的信仰空间，堪称传统长江上游木船水运的知识总结。尽管这种知识形态只是地方性或经验性的，却是一目了然或简单明了，其意义不言自明。

再就文本形式来看，传统长江上游航道图志主要采用中国传统山水形象绘法，或采用长卷式的表现方式，或以传统图志的观览方式，这种艺术性的手法，对地理空间的组织呈现出流动性的特征，有利于从多样性的视觉角度表述地方景观的丰富性。换言之，传统长江上游航道图志以高度形象化的图绘符号，生动展示长江上游航道的地理形势，不仅表

---

① 桑兵等著：《近代中国的知识与制度转型》，经济科学出版社2013年版，"总说"，第1—33页。

② 地图学史上"多系并存"的概念，系由日本著名地图史家海野一隆先生提出。在其《地图的文化史》一书中，作者认为："地图内容并非单向进化，虽处同一时代、同一社会，但所据信息及处理方法的各不相同，导致了地图事实上的多系并存现象。"笔者此处借用此概念，来喻指传统长江上游航道图在知识来源上的多样性。参见［日］海野一隆《地图的文化史》，王妙发译，新星出版社2005年版，第5页。

现出"地方传统"对川江景观经验式、流动性、感觉化的主体体验，还关系到阅读者的观看方式，进而将读者参与到同地点、片段连缀起来的航道地理景观之中。① 这种独属于传统中国舆图绘制的表现效果，直接用实形图画表示，令人感觉非常舒适和自然。

最后就编绘主体来说，传统长江上游航道图志的作者，多是传统中国王朝国家体制下地方精英与基层官员在画工绘图基础上的再创作，这不同于姜道章所言中国传统山水画式的地图作者都是"博学通儒"的观点，更多的是技术性官僚与地方精英的重新创作。② 出于地方精英的审美需求，在上述具有实用性的长江上游航道图志中，还大量出现非实用性的观赏性景观与审美性的文字注记。这种地方性风景名胜的标绘与景观诗词注记，不仅仅是文人士大夫之间附庸风雅的山水审美，其背后展现的是地方精英对地方文化的无限热情与自我标榜，进而获得某种情感上的慰藉与心灵上的共鸣。

以往学界对传统长江上游航道图志的研究，往往以西方制图学作为衡量标准，对晚清山水形象法绘制的传统航道图多予以批评，认为其没有数学基础，科学性不够，有欠准确。应该说，这种过分追求"精确化"的研究范式存在一定的局限性，因为传统航道图志本身植根于中国本土舆图绘制的经验土壤，是否具有精确性并非其本意，也无法掩盖其社会文化方面的价值。相比之下，西方测绘而成的航道图志则需要专门的地图学者或制图专家，使用者需要专门训练方能看懂图绘内容。而传统航道图志的独特价值就在于通过山水形象的手法，同时配以大量注解文字，穿插介绍晚清川江航运时事与俚俗传说，颇为形象地总结了长期流行在民间的川江航行经验，这种编绘方式不仅是"地方性知识"的表达与升华，更是现代航道图志无法比拟的优势所在。③

---

① 姚伯岳：《论清代彩绘地图的特点和价值》，《中国典籍与文化》2007年第4期。
② 参见姜道章《论传统中国地图学的特征》，《自然科学史研究》1998年第3期。另外，就中国传统地图作者是技术性官僚的看法，参见潘晟《地图的作者及其阅读——以宋明为核心的知识史考察》，江苏人民出版社2013年版，第53页。
③ 李鹏：《晚清民国川江航道图编绘的历史考察》，《学术研究》2015年第2期。

（二）近代西方长江上游航道图志编绘的"科学宰制"

英国历史地理学家迈克·赫弗南（Mike Heffernan）在论及近代欧洲地图学与地理学史时这样指出：

> 探险和发现"英雄"时代的航海与制图技术为欧洲向美洲、亚洲和非洲推行军事上和商业上的殖民铺平了道路。当然，主要的地理"工具"就是地图。地理学家和地图学家把自然与人文景观的巨大复杂性展示到一幅单独影像上，给欧洲帝国计划提供了最具潜力而颇具争议的手段。欧洲人对美洲、非洲、亚洲和太平洋海岸线的探索和制图，以及随后对这些地区广阔内陆的地形测绘，不言而喻就是一种帝国权威的实践。利用现代三角学和大地测量学技术对迄今"未知"（就是为欧洲人所未知）地区进行制图，既是依靠训练有素的人员和利用当时工艺水平的装备所进行的科学活动，也是一种具有明显战略用途的据为己有的政治行动。①

诚如斯言，近代西方（包括日本）殖民者在长江上游的航道测绘中，就地图编绘的知识来源、文本形式、绘制主体来讲，无不浸染了"科学宰制"的话语霸权。

首先从知识来源看，近代西方人在长江上游航道图志的编绘中，其最重要的特征就是采用西方科学测绘技术，通过测定长江上游航道的经纬度数据，并以此为基础绘出相对精确的内河航道图。这种基于实地测绘数据的精确制图，其知识基础是西方近代数学、天文学、测绘学等学科分支的应用与实践，因此被归类于"科学"的"普遍性知识"体系。其具体表现有三：

1. 广泛运用先进仪器进行天文观测，在此基础上确定经纬度数据；同时，在无法进行天文观测的地方，则采用罗盘观测的方式，进而推算某地的经纬度数据。这样，经纬度测量点分布范围越广泛，测绘数据也

---

① ［英］萨拉·L. 霍洛韦、斯蒂芬·P. 莱斯、吉尔·瓦伦丁编：《当代地理学要义——概念、思维与方法》，黄润华、孙颖译，商务印书馆2008年版，第8—9页。

就更精确，这完全符合近代西方科学追求量化统计的原则。2. 在测绘过程中严格遵循规范化的绘图程序与测绘流程，首先是依据经纬度数据绘制草图，然后再通过考察资料进行修正，经过多次修改方可成图，以确保测绘数据的准确性与地图编绘的精确度，这完全符合西方科学特定的操作规程与标准化的验证方法。① 3. 这种数字化的测绘技术与标准化的制图程序，彰显的是西方启蒙运动以来的科学知识体系，其本质是按照近代西方"科学"的地图学标准，对长江上游航道地理知识的再生产。

再就文本形式来看，建构在科学测绘基础上的长江上游航道图志，在地图内容的表现方式上，亦追求西方科学话语的广泛应用。近代西方人（包括日本人）在长江上游航道图的测绘实践中，由于视大地为球形，故需采用地图投影与天文量度来确定航道的空间位置。同时，要精确标示长江上游的地理信息，这就需要相对精确的科学计算数据，故图中内容多以经纬度与比例尺为基础，通过地图投影的方式来展示航道地理的图幅大小与实际比例。因此，在航道内容的标示上，全部采用西方标准化的绘制手法与几何化的图例系统，通过对长江上游航道空间的平面化与均质化呈现，建构出一种以西方"科学"制图标准为参照的"现代性"航道图志体系。② 这种以数据控制为基础的文本表现方式，展示的是专业技术人员的科学认知与均质化的平面空间，这与中国传统中山水形象地图的视觉效果与实体化的空间观念迥然不同。

最后，就近代西方长江上游航道图志的绘制主体而言，不仅包括英法等老牌殖民帝国，更有新兴的日本等后发资本主义国家；不仅有代表官方意志的海军人员作为航道测绘的主体，更有商人、传教士、学者、技术专家等其他人员对长江上游的航道测绘，后期更是有"半

---

① 英国地理学家大卫·利文斯通在研究近代西方科学知识的传播过程时指出：近代西方科学的广泛成功，至少部分归因于仪器复制、观察者训练、操作规程传播和方法标准化等空间策略。由此观之，近代西方地图学中"科学"知识的生产，部分亦归因于上述因素。参见蔡运龙等《将科学置于地方，科学知识的地理》，收入蔡运龙、[美] Bill Wyckoff 主编《地理学思想经典解读》，商务印书馆 2011 年版，第 391—399 页。

② [美] 余定国：《中国地图学史》，姜道章译，北京大学出版社 2006 年版，第 199—244 页。

结语 从地图史学透视中国"现代性"问题

殖民"特征的旧中国海关洋员参与其间。可以说,制图主体的多样性也反映出近代西方列强在长江上游地区扩张其帝国利益,进而搜集川江航道地理信息与地图情报的迫切性。同时,上述不同的绘制主体均借助于西方各国政府、海军以及旧中国海关等官方化的组织力量,以团队合作的方式进行作业,这是传统长江上游航道图志经验化的绘制方式明显不同。特别需要提及的是,近代中国海关在长江上游航道图志的标准化中发挥着举足轻重的作用。通过组织化的航政运作和规模化的航道地图再生产,旧中国海关成功建立起以西方科学标准为参照的话语霸权,进而将近代长江上游轮船从业人员纳入海关的"知识—权力"规训范畴。

总之,近代西方测绘技术与制图知识在长江上游航道图志上的应用,是一次典型的"现代性"事件,由于西方近代地图学的特征就是趋向数字化、标准化与定量化,具体表现为以科学测绘为技术基础、以经纬度为空间控制标准、以地图投影及晕滃法为绘制技术的科学绘图机制,其本质是对长江上游航道地理空间的数字表达。这种科学化的长江上游航道地图与测绘技术标准的确立,实际上是对经验性的传统长江上游航道图志编绘的否定,更意味着以西方科学标准为参照的长江上游航道知识体系的现代性建构。

同时,近代西方诸国(还有日本)在长江上游的航道测绘,借助于各国海军与近代中国海关组织化、制度化的力量,西方殖民者(包括日本)与海关洋员通过对先进的地图测绘技术,加之严密的空间规划与精确的空间定位,使得"科学"制图逐渐成为一种话语霸权,进而生产出符合其在华利益与殖民扩张的标准化的地理信息[①],从而达到对传统长江上游航道图志"地方性知识"的有效解码。同时,通过对航道图志中专业化的技术壁垒与数字化的科学表述,近代中国海关逐渐完成对长江上游航道管理的权力垄断,进而赋予近代外国人所绘长江上游航道图志"普遍性知识"的"科学宰制"特征。

---

① [美]何伟亚:《英国的课业:19世纪中国的帝国主义教程》,刘天路、邓红风译,刘海岩审校,社会科学文献出版社2007年版,第133页。

（三）清末民国长江上游航道图志编绘的"本土回应"

地图作为表达地理环境的空间图像，除去本身对客观事物的反映外，也是一种空间记忆与地理想象。① 就清末民国长江上游航道图志编绘的历史轨迹看，不仅清晰可见中西方对长江上游航道地理信息处理的空间差异，同时也反映两种不同社会文化理念的碰撞、交互与融合的过程。以中国山水形象绘法为主的传统航道图志知识谱系和以西方测绘技术为基础的现代航道图志知识系统，两者在绘制的背景、目的、技术等方面都呈现不同的方向②，但西方绘制航道图志的方法，以其精确的测绘技术与制图理念，适应了近代川江行轮兴起这一大背景。

特别是借助于近代中国海关体制化的组织力量，西方科学测绘制图的知识与方法开始传入长江上游内河航运的实践之中，逐步取代中国传统的山水写意的航道图志知识系统。然而，这种在"科学主义"话语霸权之下的"空间渗透"，难免会让长江上游本土知识精英产生不适之感，因此，出于建构长江上游航道图志本土谱系的目的，地方精英往往依据自身对西方行轮知识与地图绘制的理解，总是习惯利用传统知识资源来解决在具体操作时遇到的问题。

从知识建构的视角看，清末民国长江上游航道图志本土谱系的建构，本质上就是参照西方标准建立的一整套制图体系及其制度模式，亦即西方科学制图与现代测绘技术的展开、融合与确立的过程。然而，地方精英面对西方"科学"地图测绘的知识话语霸权，往往不自觉地利用传统地志知识进行重新塑造，即通过"本土知识资源的再利用"，进而沟通与融合中西两种不同的地图绘制传统。特别是民国前期国人所绘的长江上游航道图志，在编绘方式上往往新旧杂陈，明显带有"旧瓶装新酒"的内容特征。可以说，这种以传统内容嫁接西学体系的地图编绘方式，实质上就是近代中国本土地图谱系建构中"现代性"与"传统"之间的

---

① 葛兆光：《古地图与思想史》，《中国测绘》2002年第5期。
② 冯明珠等编：《笔画千里：院藏古舆图特展》，台北故宫博物院2008年版，第14—16页。

相互混杂与彼此交融。

例如,《最新川江图说集成》在内容体系上主要沿用晚清国璋所绘《峡江图考》的内容,但又增加若干新式长江上游航道信息与行轮知识资料。相较之下,《峡江滩险志》不仅充分借鉴近代西方测绘与科学制图的技术优势,还保留中国传统航道图志编绘之精华,在体例上更为完善,内容上更为"本土化",在某些方面比近代西方人测绘航道图志更具实用价值,成为民初以降国人建构长江上游航道图志本土谱系的一次成功尝试。

由此可见,西方测绘技术和科学地图知识在长江上游航图制作的传播,绝非简单地是一个"他者"的单向移植和输入过程,必须在中国本土知识语境中进行重新形塑,方能消弭中西不同地图文化体系的紧张与冲突。换言之,当中国开始大规模学习西方制图技术与测绘知识的时候,地方精英在全面参与到标准化、科学化与数字化的地图制图实践之前,往往力图从自身传统知识背景做出"本土回应",去理解和消融所谓"科学"的西方地图测绘体系。是故,清末民国国人所绘的长江上游航道图志,这种以地方传统嫁接西方科学的空间书写方式,实质上就是"传统"与"现代性"之间的相互混杂与彼此交融。

及至20世纪30—40年代,水利技术专家在长江上游水道测绘中的作用日渐加强,这些专业人员大都受过专业训练,因此在制定川江测绘计划和制图标准上有着很大的发言权。由他们测绘的长江上游水道地图,无论在成图手段、图式系统、测制规范上都与西方相差无几。在此基础上,"科学主义"成为长江上游航道图志测绘的核心理念与本土诉求。由此,"地方"开始让位于"空间",伴随"地方性知识"的逐步消退,"普遍性知识"最终单向存在。①

四 重思中国地图史学研究的"现代性"问题

英国著名社会学家吉登斯在《现代性的后果》一书中这样说道:

---

① 李鹏:《晚清民国川江航道图编绘的历史考察》,《学术研究》2015年第2期。

"现代性以前所未有的方式,把我们抛离了所有类型的社会秩序的轨道,从而形成了其生活形态。"① 在现代性的冲击下,中国地图的编绘技术、知识体系几乎完全不同于传统旧有的制图原则,呈现出传统与现代性之间巨大的断裂性。② 正是基于上述认知前提,20世纪以降,无论是持"科学主义",还是持"人文主义",中国地图史学者都把中国传统地图学与西方科学制图学视作二元对峙的不同知识形态,认为两者之间存在不兼容性,前者以西方测绘技术与科学地图学作为参照标准,对传统中国地图学形成一种负面评价;后者则试图寻找中国传统地图学的独立价值与构成要素,以对抗西方"现代性"制图学的普世逻辑。

如前所述,"科学主义"对中国传统地图"不科学"的负面评价,实际上是对西方科学地图学的简单笼统的认同态度,在一评价方式往往把中国地图"现代性"的复杂变迁,简单地理解为西方科学地图学对中国传统地图编绘的"冲击—回应"过程,从中看不到中国地图学传统的转换活力。"人文主义"正是鉴于"科学主义"过多强调"外力冲击"的积极意义,转而强调中国传统地图绘制的本土特征与独特价值,特别注意发掘传统文化影响下中国本土地图学发展的自身逻辑。

笔者赞同"人文主义"所注重的"传统中国地图学的原本体系",也反对用西方科学地图学的框架、概念与知识标准去简单裁量中国传统地图的价值,这无疑是对"科学主义"中国地图史观的积极纠偏。换言之,"科学"不一定是好的,"现代性"并不意味着进步,西方测绘制图理念并不天然具有"普遍性知识"的话语霸权。③ 相比于西方"科学"地图,中国传统舆图有着独特的审美价值与非凡的视觉效果。这种以传统山水地图为表现形式的"地方传统",强调主体性和经验性,而非西方均质化的空间概念,因此,传统舆图的种类、样式、风格与内容,均

---

① [英] 安东尼·吉登斯:《现代性的后果》,田禾译,译文出版社2000年版,第4页。
② 近年来,上海师范大学钟翀教授对近代中国城市地图谱系的研究,很好地说明了近代中国地图编绘知识与制度转型的断裂性。参见钟翀《近代上海早期城市地图谱系研究》,《史林》2013年第1期;《中国近代城市地图的新旧交替与进化系谱》,《人文杂志》2013年第5期。
③ 成一农:《中国地图学史的解构》,彭卫主编:《历史学评论(第1卷)》,社会科学文献出版社2013年版,第147—199页。

结语 从地图史学透视中国"现代性"问题

植根于地方社会与本土文化的独特性之中,这种艺术化的视觉表述方式,正是中国传统地图学的一个价值典范。①

然而,不容回避的问题是:无论怎样强调中国地图学"本土传统"的自足性,都无法改变近代以来中国地图编绘逐渐纳入西方科学制图体系的普遍性事实。换言之,近代中国地图编绘的"现代性"建构,就是参照西方标准建立的一整套制图体系及其制度模式,亦即西方科学制图与现代测绘技术的展开、融合与确立的过程。因此,要解决中国地图史学"现代性"问题的认识危机,我们必须考察的核心问题就是:中国地图学"传统"在西方"现代性"制图体系的冲击下,如何在不断建构的过程中发挥自身的活力,亦即"传统"如何在"现代性"语境中成为一种知识资源。② 基于上述思路,本书的研究表明:

近代中国地图学对西方测绘技术与地图知识的认同与接受,并非简单地是一个"他者"的渗入与移植过程,而是一场由西方文化传播者与本土地图绘制者共同参与的、颇为复杂的"在地化"知识生产过程。在这里,"传统"在向"现代性"的转型中,虽呈现出断裂性的特征,但两者之间犹如一个游标,"没有截然分离的界标,也不像革命那样有一个明确的转折点"③。由此可说,晚清以来中国地图编绘"现代性"的本土建构,其最根本的表征就是中西不同地图知识在不同文化语境碰撞下所发生的现代转型。④ 在这种情势下,"传统"与"现代性"的关系并不是相互冲突、此消彼长、截然分离的二元对立格局,而是相互融通、互为补充、双向互动的复杂纠葛过程;更不能把"现代性"简单视为"传统"到"现代"的线性转变,而是一种"本土传统"语境下的再生产过程。正如桑兵教授所言:

---

① [美]余定国:《中国地图学史》,姜道章译,北京大学出版社2006年版,第170页。
② 杨念群:《中层理论——东西方思想会通下的中国史研究》,江西教育出版社2001年版,第17—20页。
③ 王笛:《跨出封闭的世界——长江上游区域社会研究(1644—1911)》,中华书局2001年版,"导言"第8页。
④ 桑兵:《近代中国的知识与制度转型》,经济科学出版社2013年版,"总说",第1—33页。

清代民国长江上游航道图志研究

中国文化从古至今一以贯之，清季民国的知识与制度体系转型，发生在这一文化系统持续活动的过程之中，中国固有的知识与制度，是国人认识和接受外来知识与制度并且加以内化的凭借。①

因此，对于晚清以来地图编绘转型的"现代性"问题，未来中国地图史学研究中还需要深入思考：1. 中国传统地图编绘的知识与制度源流是怎样的；2. 西方"现代性"的绘图技术进入中国的具体过程；3. 中国如何接受西方"现代性"的科学制图学，外来的地图学体系如何与中国地图学传统发生联系；4. 在上述过程中，中国本土地图学"传统"如何在"现代性"语境下发生变异，两者之间的关系如何。② 在本书中，笔者虽以西方制图技术的影响程度划分长江上游航道图志编绘的演进阶段，但仅仅承认这是一种客观事实，积极反思地图史学研究的二分阐释框架，才是笔者隐含的目的所在。因此，就清代民国长江上游航道图志编绘的演进路径看，从传统的"多系并存"到近代的"科学宰制"，所反映的不仅是西方测绘制图知识的最终胜利，背后实则伴随晚清以来民族主义与科学主义的话语竞争以及川江航运近代化的复杂纠葛过程。因此，简单采用"传统/现代"判定"落后/先进"，无助于长江上游航道图志编绘现代性的深层阐释。③

综上所述，就近代中国地图编绘的知识与制度转型而言，我们需要在总体把握中国地图学传统的基础上，重新审视西方科学地图学进入中国的基本过程，由此考察近代中国地图编绘转型的"现代性"趋势。笔者相信：只有充分认识"传统"与"现代性"之间的复杂性，摆脱简单的"二元对立"框架，才能真正重建我们对中国地图史学"现代性"问

---

① 桑兵：《近代中国的知识与制度转型》，经济科学出版社 2013 年版，"总说"，第 19 页。
② 对于上述问题的研究，已经有学者做出有益的探索。例如，张佳静的《西方近代地图测绘法在中国——以地貌表示法和地图投影法为例》（博士学位论文，中国科学院大学，2013 年），就从科技史的角度深入分析了西方"现代性"的绘图技术进入中国的具体过程和样式。不过，近代中国地图编绘的知识与制度转型，不仅仅是一个知识或技术问题，而是社会变迁下的综合产物。参见成一农《社会变迁视野下的中国近代地图绘制转型研究》，《安徽史学》2021 年第 4 期。
③ 李鹏：《晚清民国川江航道图编绘的历史考察》，《学术研究》2015 年第 2 期。

题的阐释体系。进而言之，我们对于近代中国"现代性"问题的理解，不能简单地停留在论证本土"传统"如何被动适应西方"现代性"的历史合理性，而应力求超越"西方/东方""传统/现代"的二分框架，去揭示中国本土"传统"在"现代性"语境下的强力支配及其主动抵抗的过程。正如杨念群先生所言："对近代中国人而言，现代性现象既是一种宿命，也是一种建构。"① 或许说，处于后现代语境中的我们，只有折中"全盘现代"与"本土传统"两者之间，关注晚清以降"现代传统"的创制过程，才能重新找寻传统中国社会走向"现代性"的历史路径与具体方式。②

---

① 杨念群：《中层理论——东西方思想会通下的中国史研究》，江西教育出版社2001年版，第76页。
② 黄宗智：《悖论社会与现代传统》，《读书》2005年第2期。

参考文献

一 历史文献类

（一）方志

成化《重庆府志》，中国国家图书馆藏胶片。

弘治《夷陵州志》，弘治九年刻本。

正德《四川志》，西南大学历史文化学院藏复印本。

正德《夔州府志》，上海古籍书店1981年影印本。

嘉靖《四川总志》，四川大学图书馆藏抄本。

嘉靖《云阳县志》，上海古籍书店1961年影印本。

嘉靖《归州全志》，嘉靖二十八年刻本。

嘉靖《巴东县志》，嘉靖三十年刻本。

嘉靖《归州志》，嘉靖四十三年刻本。

万历《四川总志》，四库存目丛书本。

万历《湖广总志》，四库存目丛书本。

万历《重庆府志》，上海图书馆藏本。

万历《合州志》，合川图书馆1978年铅印本。

万历《三峡通志》，上海图书馆1979年影印明刻本。

雍正《四川通志》，《四库全书》本。

雍正《湖广通志》，《四库全书》本。

乾隆《巴县志》，嘉庆二十五年重刻本。

嘉庆《湖北通志》，嘉庆九年刻本。

嘉庆《归州志》，嘉庆二十二年刻本。

嘉庆《四川通志》，巴蜀书社1984年影印本。

道光《綦江县志》，道光六年刻本。
道光《夔州府志》，道光七年刻本。
道光《重庆府志》，道光二十三年刻本。
道光《补辑石柱厅新志》，道光二十三年刻本。
道光《城口厅志》，道光二十四年刻本。
道光《江北厅志》，道光二十四年刻本。
道光《直隶忠州志》，民国二十一年排印本。
咸丰《开县志》，咸丰三年刻本。
同治《东湖县志》，同治三年刻本。
同治《酉阳直隶州志》，同治三年刻本。
同治《宜昌府志》，同治四年刻本。
同治《巴东县志》，同治五年刻本。
同治《增修万县志》，同治五年刻本。
同治《巴县志》，同治六年刻本。
光绪《彭水县志》，光绪元年刻本。
光绪《南川县志》，光绪二年刻本。
光绪《大宁县志》，光绪十一年刻本。
光绪《巫山县志》，光绪十九年刻本。
光绪《奉节县志》，光绪十九年刻本。
光绪《湖北舆地记》，光绪二十年刻本。
光绪《黔江县志》，光绪二十年刻本。
光绪《梁山县志》，光绪二十年刻本。
光绪《垫江县志》，光绪二十六年刻本。
光绪《巫山县乡土志》，光绪三十二年抄本。
光绪《巴县乡土志》，光绪三十三年刻本。
宣统《湖北通志》，民国十年刻本。
民国《万县乡土志》，民国十五年石印本。
民国《涪陵县续修涪州志》，民国十七年铅印本。
民国《重修丰都县志》，民国十八年排印本。
民国《长寿县志》，民国二十年刻本。

民国《重修南川县志》，民国二十年排印本。
民国《云阳县志》，民国二十四年石印本。
民国《巴县志》，民国二十八年刻本。
民国《涪陵县续修涪州志》，民国十七年铅印本。

（二）实录、奏折、档案

《清实录（影印本）》，中华书局1985年版。

中国第一历史档案馆编：《雍正朝汉文朱批奏折汇编》，江苏古籍出版社1991年版。

中国第一历史档案馆藏：《光绪八年八月初二日湖南提督鲍超奏为体察蜀江情形请添补险滩救生红船等事》，档案号：037135041。

中国第一历史档案馆藏：《光绪九年四月初二日湖广总督涂宗瀛、湖北巡抚彭祖贤奏为遵查宜昌府属沿江险滩并添设救生红船事》，档案号：037135045。

中国第一历史档案馆藏：《光绪九年十二月初二日四川总督丁宝桢奏准户部咨闻事折》，档案号：3144713550。

日本外务省外交史料馆：《清国扬子江航路调查一件：扬子江上游汽船通航要论》，日本亚洲历史资料中心档案，档案号：B11092664100。

四川省档案馆藏：《四川办理滇黔边计盐务总局抄呈委员密查自泸州起至巫山止各滩救生船一案清册》，档案号：6560472。

中国第二历史档案馆藏：海关总署档案《总税务司致重庆关第1号令》，档案号：679—13549。

中国第一历史档案馆藏：《光绪三十三年十二月初四日护理四川总督赵尔丰奏为设立川江轮船有限公司事折》，档案号：0401010971066。

宜昌市档案馆藏：《1915年3月22日海关总署秘书长给宜昌海关关于蒲蓝田船长任宜昌—重庆间巡江工司的报告》，档案号：英海档031-036号。

重庆市档案馆藏：《川江行船免碰章程》，档案号：03510001009830000165。

重庆市档案馆藏：《关于开列有效航行布告之号数、颁布日期及其摘要的布告》，档案号：03510001002750000009。

宜昌市档案馆藏：《1937年11月16日海关总署代理助理秘书给宜昌海

关转发总署给重庆关关于重庆巡江事务办公室丢失价值 267 美元之长江航道图一事的公文》，档案号：英海档 031 - 130 号；《1938 年 5 月 21 日海关总署代理助理秘书给宜昌海关转发总署给重庆关关于丢失航道图责任者门比先退还赔偿差额的公文》，档案号：英海档 033 - 68 号。

重庆市档案馆藏：《关于开列海关海政局发行之各种河道图书、水道图等的布告》，档案号：035100010031110000014。

重庆市档案馆藏：《重庆海关长江上游巡江事务处航行布告（第 219 号）》，档案号：0351000100275。

宜昌市档案馆藏：《1936 年海关总署执行助理秘书给宜昌海关转发总署给统计秘书关于要求其将长江上游用于船只停泊地点表作为增加内容编入〈长江上游宜渝间航行指南〉的公文》，档案号：英海档 31 - 008 号。

（三）史料汇编

邓少琴等主编：《四川省内河航运史志资料汇编（第一辑）》，四川省交通厅地方交通史志编纂委员会印（内部刊行），1984 年。

方国瑜主编，徐文德、木芹、郑志惠纂录校订：《云南史料丛刊（第 8 卷）》，云南大学出版社 2001 年版。

哈恩忠编选：《乾隆朝整饬江河救生船档案》，《历史档案》2013 年第 1 期。

海关总署《旧中国海关总税务司署通令选编》编译委员会编：《旧中国海关总税务司署通令选编（第 1—3 卷）》，中国海关出版社 2003 年版。

李明义译编，李晓舟校订：《近代宜昌海关〈十年报告〉译编（1882—1931）》，团结出版社 2020 年版。

刘若芳、孔未名编选：《乾隆年间疏浚金沙江史料（上）》，《历史档案》2001 年第 1 期。

刘若芳、孔未名编选：《乾隆年间疏浚金沙江史料（下）》，《历史档案》2001 年第 2 期。

聂宝璋等编：《中国近代航运史资料（第一辑）》，上海人民出版社 1983

年版。

聂宝璋、朱荫贵编：《中国近代航运史资料（第二辑）》，中国社会科学出版社2002年版。

秦国经主编：《清代官员履历档案全编（第1册）》，华东师范大学出版社1997年版。

水利电力部水管司科技司、水利水电科学研究院编：《清代长江流域西南国际河流洪涝档案史料》，中华书局1980年版。

四川省交通厅地方交通史志编纂委员会编：《四川内河航运史料汇集（第二辑·建国前四川航道）》，内部刊印，1985年。

王铁崖编：《中外旧约章汇编（第一册）》，生活·读书·新知三联书店1957年版。

王彦威、王亮辑编；李育民、刘利民、李传斌、伍成泉点校整理：《清季外交史料》，湖南师范大学出版社2015年版。

徐雪筠等译编：《上海近代社会经济发展概况：1892—1931〈海关十年报告〉译编》，上海社会科学院出版社1985年版。

张静庐辑注：《中国近代出版史料（初编、二编）》，群联出版社1953—1954年版。

中国第二历史档案馆、中国海关总署办公厅合编：《中国旧海关史料（1859—1948）》，京华出版社2001年版。

周勇、刘景修编译：《近代重庆经济与社会发展（1876—1949）》，四川大学出版社1987年版。

（国民政府）交通、铁道部交通史编纂委员会编：《交通史航政编（第一册）》，（国民政府）交通、铁道部交通史编纂委员会，1931年。

　　（四）笔记文集

（宋）陆游、范成大著，陈新译注：《宋人长江游记·陆游〈入蜀记〉、范成大〈吴船录〉今译》，春风文艺出版社1987年版。

（宋）黄休复撰：《益州名画录》，人民美术出版社1964年版。

（元）刘埙：《隐居通议》，中华书局1985年版。

（明）章潢：《图书编》，江苏广陵古籍刻印社1988年版。

（明）曹学佺：《蜀中广记》，《四库全书》本。

（明）何宇度：《益部谈资》，《丛书集成》本。
（清）严如熤：《三省边防备览》，光绪八年三角书屋重刊本。
（清）陈明申：《夔行纪程》，《小方壶斋舆地丛钞》本。
（清）洪良品：《巴船纪程》，《小方壶斋舆地丛钞》本。
（清）谢鸣篁：《川船记》，《赐砚堂丛书》本。
（清）丁宝桢著，罗文彬编：《丁文诚公（宝桢）遗集》，台北：文海出版社1966年版。
（清）李元：《蜀水经》，巴蜀书社1985年版。
（清）陈登龙：《蜀水考》，巴蜀书社1985年版。
（清）李鸿章著；顾廷龙、叶亚廉主编：《李鸿章全集》，上海人民出版社1985—1987年版。
（清）庆桂等编纂，左步青校点：《国朝宫史续编》，北京古籍出版社1994年版。
（清）张之洞著，苑书义、孙华峰、李秉新主编：《张之洞全集（第7册·电牍）》，河北人民出版社1998年版。
（清）端方：《壬寅消夏录（续修四库全书本·第1089册）》，上海古籍出版社2002年版。

（五）图目、图录、图志

（清）贺缙绅：《峡江救生船志》，光绪四年宜昌水师新副中营刻本。
（清）国璋：《峡江图考》，光绪二十年上海袖海山房石印本。
北京大学图书馆编：《皇舆遐览：北京大学图书馆藏清代彩绘地图》，中国人民大学出版社2008年版。
北京图书馆善本特藏部舆图组编：《舆图要录：北京图书馆藏6827种中外文古旧地图目录》，北京图书馆出版社1997年版。
曹婉如等编：《中国古代地图集（战国—元）》，文物出版社1990年版。
曹婉如等编：《中国古代地图集（明）》，文物出版社1995年版。
曹婉如等编：《中国古代地图集（清代）》，文物出版社1997年版。
冯明珠等编：《笔画千里：院藏古舆图特展》，台北故宫博物院2008年版。
顾久宽：《扬子江宜渝段航行指南》，民生公司1945年版。

国立北平故宫博物院文献馆编：《清内务府造办处舆图房图目初编》，国立北平故宫博物院文献馆1936年版。

华林甫：《英国国家档案馆庋藏近代中文舆图》，上海社会科学院出版社2009年版。

李孝聪、饶权主编，钟翀、张志清副主编：《中国国家图书馆藏山川名胜舆图集成》，上海书画出版社2021年版。

李孝聪主编：《中国运河志·图志》，江苏凤凰科学技术出版社2019年版。

刘镇伟主编：《中国古地图精粹》，中国世界语出版社1995年版。

刘铮云等编：《治水如治天下：院藏河工档及河工图展》，台北故宫博物院2004年版。

宋兆霖主编：《水道渠成：院藏清代河工档案舆图特展》，台北故宫博物院2012年版。

孙靖国：《舆图指要：中国科学院图书馆藏中国古地图叙录》，中国地图出版社2012年版。

天津图书馆编：《水道寻往：天津图书馆藏清代舆图选》，中国人民大学出版社2007年版。

王庸：《国立北平图书馆特藏清内阁大库舆图目录》，国立北平国立图书馆1932年版。

王庸、茅乃文编：《国立北平图书馆中文舆图目录》，国立北平国立图书馆1933年版。

王庸、茅乃文编：《国立北平图书馆中文舆图目录续编》，国立北平国立图书馆1937年版。

修浚宜渝滩险事务处编：《峡江滩险志》，北京裕源公司排1922年铅印本。

阎平、孙果清主编：《中华古地图集珍》，西安地图出版社1995年版。

杨宝珊：《最新川江图说集成》，重庆中西书局1923年石印本。

中国测绘科学研究院编：《中华古地图珍品选集》，哈尔滨地图出版社1998年版。

二　现代文献类

（一）著作

蔡运龙、［美］Bill Wyckoff 编：《地理学思想经典解读》，商务印书馆 2011 年版。

长江水利委员会综合勘测局编：《长江志（卷二·测绘）》，中国大百科全书出版社 2000 年版。

陈可畏主编：《长江三峡地区历史地理之研究》，北京大学出版社 2002 年版。

陈诗启：《中国近代海关史》，人民出版社 2002 年版。

陈瑶：《籴粜之局：清代湘潭的米谷贸易与地方社会》，厦门大学出版社 2017 年版。

陈正祥：《中国地图学史》，商务印书馆 1979 年版。

成一农：《当代中国历史地理学研究（1949—2019）》，中国社会科学出版社 2019 年版。

成一农：《"非科学"的中国传统舆图：中国传统舆图绘制研究》，中国社会科学出版社 2016 年版。

程美宝：《地域文化与国家认同：晚清以来"广东文化"观的形成》，生活·读书·新知三联书店 2006 年版。

船舶教材编写组编：《内河普通水路图志》，人民交通出版社 1960 年版。

大连外国语学院编：《外国科技人物词典（天文学、地理学卷）》，江西科学技术出版社 1990 年版。

戴鞍钢：《港口·城市·腹地——上海与长江流域经济关系的历史考察（1843—1913）》，复旦大学出版社 1998 年版。

邓少琴等：《重庆简史和沿革》，重庆地方史资料组，1981 年。

邓少琴：《近代川江航运简史》，重庆地方史资料组，1982 年。

邓晓：《川江航运文化研究》，中国实言出版社 2009 年版。

邓衍林编：《中国边疆图籍录》，商务印书馆 1958 年版。

段勇：《乾隆"四美"与"三友"》，紫禁城出版社 2008 年版。

樊百川：《中国轮船航运业的兴起》，中国社会科学出版社 2007 年版。

复旦大学历史地理研究中心、哈佛大学哈佛燕京学社编：《国家视野下的地方》，上海人民出版社2014年版。

复旦大学历史学系、复旦大学中外现代化进程研究中心编：《新文化史与中国近代史研究》，上海古籍出版社2009年版。

葛剑雄：《中国古代的地图测绘》，商务印书馆1998年版。

葛兆光：《古代中国的历史、思想与宗教》，北京师范大学出版社2006年版。

葛兆光：《中国思想史·导论》，复旦大学出版社2001年版。

何永敬主编：《宜昌船厂史》，武汉出版社1990年版。

侯甬坚：《区域历史地理的空间发展过程》，陕西人民教育出版社1995年版。

侯甬坚：《历史地理学探索》，中国社会科学出版社2004年版。

侯甬坚：《历史地理学探索（第二集）》，中国社会科学出版社2011年版。

侯甬坚：《历史地理学探索（第三集）》，中国社会科学出版社2019年版。

胡英泽：《流动的土地：明清以来黄河小北干流区域社会研究》，北京大学出版社2012年版。

湖北省宜昌地区地方志编纂委员会：《宜昌地区简志》，内部刊行，1986年。

黄德林、程丽君主编：《中国长江三峡库区地图集》，中国地图出版社2000年版。

黄东兰主编：《新史学（第4卷·再生产的近代知识）》，中华书局2010年版。

黄权生、罗美洁：《千年坝梦：长江治水文化研究》，中国水利水电出版社2021年版。

黄时鉴、龚缨晏：《利玛窦世界地图研究》，上海古籍出版社2004年版。

暨爱民：《民族国家的建构：20世纪上半期民族主义思潮研究》，社会科学文献出版社2013年版。

江天凤主编：《长江航运史（近代部分）》，人民交通出版社1992年版。

景天魁等著：《时空社会学：理论和方法》，北京师范大学出版社 2012 年版。

蓝勇：《四川古代交通路史》，西南师范大学出版社 1989 年版。

蓝勇：《深谷回音——三峡经济开发的历史反思》，西南师范大学出版社 1994 年版。

蓝勇：《西南历史文化地理》，西南师范大学出版社 1997 年版。

蓝勇主编：《长江三峡历史地理》，四川人民出版社 2003 年版。

蓝勇主编：《重庆古旧地图研究》，西南师范大学出版社 2013 年版。

蓝勇主编：《长江三峡历史地图集》，星球地图出版社 2015 年版。

蓝勇主编：《重庆历史地图集》，星球地图出版社 2017 年版。

蓝勇：《话语提炼与中国历史研究》，四川人民出版社 2022 年版。

雷颐：《面对现代性挑战：清王朝的应对》，社会科学文献出版社 2012 年版。

李嘎：《旱域水潦：水患语境下山陕黄土高原城市环境史研究（1368—1979 年）》，商务印书馆 2019 年版。

李明义：《洋人旧事：讲述百年前发生在宜昌的故事》，三峡电子音像出版社 2016 年版。

李孝聪：《欧洲收藏部分中文古地图叙录》，国际文化出版公司 1996 年版。

李孝聪：《美国国会图书馆藏中文古地图叙录》，文物出版社 2004 年版。

梁勇：《移民、国家与地方权势——以清代巴县为例》，中华书局 2014 年版。

廖克、喻沧：《中国近现代地图学史》，山东教育出版社 2008 年版。

凌耀伦主编：《民生公司史》，人民交通出版社 1990 年版。

刘诗古：《资源、产权与秩序：明清鄱阳湖区的渔课制度与水域社会》，社会科学文献出版社 2018 年版。

龙生主编：《重庆港史》，武汉出版社 1990 年版。

卢良志：《中国地图学史》，测绘出版社 1984 年版。

陆远权：《通商贸易与区域社会变迁——重庆开埠二十年发展研究》，西南师范大学出版社 2004 年版。

罗传栋主编：《长江航运史（古代部分）》，人民交通出版社1991年版。

罗荣渠：《现代化新论》，商务印书馆2004年版。

马建标：《冲破旧秩序：中国对帝国主义国际体系的反应（1912—1922）》，社会科学文献出版社2013年版。

潘晟：《地图的作者及其阅读——以宋明为核心的知识史考察》，江苏人民出版社2013年版。

潘晟：《宋代地理学的观念、体系与知识兴趣》，商务印书馆2014年版。

彭伯通：《古城重庆》，重庆出版社1981年版。

蒲孝荣：《四川政区沿革与治地今释》，四川人民出版社1986年版。

乔铎主编：《宜昌港史》，武汉出版社1990年版。

桑兵等著：《近代中国的知识与制度转型》，经济科学出版社2013年版。

沈福伟：《西方文化与中国（1793—2000）》，上海教育出版社2003年版。

沈玉昌：《长江上游河谷地貌》，科学出版社1965年版。

水利部长江水利委员会编著：《长江三峡工程水库水文题刻文物图集》，科学出版社1996年版。

四川省地方志编纂委员会编：《四川省志·测绘志》，成都地图出版社1997年版。

四川省哲学社会科学学会联合会、四川省近代教案史研究会编：《近代中国教案研究》，四川省社会科学院出版社1987年版。

孙青：《晚清之"西政"东渐与本土回应》，上海书店出版社2009年版。

孙修福编译：《中国近代海关高级职员年表》，中国海关出版社2004年版。

孙越生、陈书梅主编：《美国中国学手册》，中国社会科学出版社1993年版。

汪家君：《近代历史海图及应用文集》，测绘出版社1989年版。

汪家君：《近代历史海图研究》，测绘出版社1992年版。

汪民安等编：《现代性基本读本》，河南大学出版社2005年版。

汪前进编：《中国地图学史研究文献集成（民国时期）》，西安地图出版社2007年版。

王成组：《中国地理学史（上册）》，商务印书馆1988年版。

王笛：《跨出封闭的世界——长江上游区域社会研究（1644—1911）》，中华书局2001年版。

王力：《政府情报与近代日本对华经济扩张》，中国人民大学出版社2013年版。

王立新：《美国传教士与晚清中国现代化》，天津人民出版社1997年版。

王钱国忠：《风云岁月：传教士与徐家汇天文台》，上海科学普及出版社2012年版。

王绍荃主编：《四川内河航运史（古、近代部分）》，四川人民出版社1989年版。

王轼刚主编：《长江航道史》，人民交通出版社1993年版。

王文圣：《晚清重庆海关的历史考察》，安徽大学出版社2012年版。

王耀：《水道画卷——清代京杭大运河舆图研究》，中国社会科学出版社2016年版。

王一川：《中国现代性体验的发生》，北京师范大学出版社2001年版。

王庸：《中国地理图籍丛考》，商务印书馆1956年版。

王庸：《中国地图史纲》，商务印书馆1959年版。

隗瀛涛、周勇：《重庆开埠史稿》，重庆地方史资料组，1982年。

隗瀛涛主编：《近代长江上游城乡关系研究》，天地出版社2003年版。

吴松弟、方书生主撰：《中国旧海关内部出版物使用手册》，广西师范大学出版社2021年版。

席会东：《中国古代地图文化史》，中国地图出版社2013年版。

夏述华主编：《涪陵港史》，武汉出版社1991年版。

熊树明主编：《长江上游航道史》，武汉出版社1991年版。

熊月之：《西学东渐与晚清社会》，上海人民出版社1994年版。

徐斌：《制度、经济与社会：明清两湖渔业、渔民与水域社会》，科学出版社2018年版。

徐廉明主编：《万县港史》，武汉出版社1990年版。

徐万民、李恭忠主编：《中国引航史》，人民交通出版社2001年版。

薛新力：《巴渝古籍要籍叙录》，中州古籍出版社2008年版。

严中平：《清代云南铜政考》，中华书局1948年版。

杨念群：《中层理论——东西方思想会通下的中国史研究》，江西教育出版社2001年版。

杨念群主编：《新史学·多学科对话的图景（上）》，中国人民大学出版社2009年版。

杨念群：《再造"病人"：中西医冲突下的空间政治（1832—1985）》（第2版），中国人民大学出版社2013年版。

叶嘉畬：《中国航标史》，中华人民共和国海事局2000年版。

叶可松编：《水道图志用法指南》，商务印书馆1954年版。

宜昌市税务局税志办公室编：《宜昌海关简志（1877—1949）》，内部刊印，1988年。

余新忠主编：《清以来的疾病、医疗和卫生——以社会文化史为视角的探索》，生活·读书·新知三联书店2009年版。

詹庆华：《全球化视野：中国海关洋员与中西文化传播（1854—1950年）》，中国海关出版社2008年版。

张瑾：《权力·冲突与变革：1926—1937年重庆城市现代化研究》，重庆出版社2003年版。

张俊峰：《"水利社会"的类型：明清以来洪洞水利与乡村社会变迁》，北京大学出版社2012年版。

张俊峰：《泉域社会：对明清山西环境史的一种解读》，商务印书馆2018年版。

张守广：《民生公司与抗日战争》，江苏人民出版社2022年版。

张修桂：《中国历史地貌与古地图研究》，社会科学文献出版社2006年版。

张仲礼、熊月之、沈祖炜主编：《长江沿岸城市与中国近代化》，上海人民出版社2002年版。

郑友揆、程麟荪：《中国的对外贸易与工业发展（1840—1948）》，上海社会科学院出版社1984年版。

中国第一历史档案馆、福建师范大学历史系合编：《清季中外使领年表》，中华书局1970年版。

中国社科院近代史研究所编译室：《近代来华外国人名辞典》，中国社会科学出版社1981年版。

中国科学院《中国自然地理》编辑委员会编：《中国自然地理·历史自然地理》，科学出版社1996年版。

中国科学院自然科学史研究所地学史组主编：《中国古代地理学史》，科学出版社1984年版。

重庆市地方志编纂委员会编：《重庆市志·地理志》，四川大学出版社1992年版。

周亚：《晋南龙祠：黄土高原一个水利社区的结构与变迁》，商务印书馆2018年版。

周勇主编：《重庆通史》，重庆出版社2002年版。

朱茂林主编：《川江航道整治史》，中国文史出版社1993年版。

（二）译著

［法］武尔士：《长江激流行——法国炮舰首航长江上游》，曹娅、赵文希译，重庆出版社2019年版。

［法］法国里昂商会编著，里沃执笔：《晚清余晖下的西南一隅——法国里昂商会中国西南考察纪实（1895—1897）》，徐枫、张伟译注，云南美术出版社2008年版。

［加］宋怡明：《被统治的艺术：中华帝国晚期的日常政治》，［新加坡］钟逸明译，中国华侨出版社2019年版。

［加］爱德华·雷尔夫：《地方与无地方》，刘苏、相欣奕译，商务印书馆2021年版。

［美］路得·那爱德摄影，王玉龙撰述：《消失的天府：美国教师路德·那爱德摄影作品集（1910—1913）》，广西师范大学出版社2009年版。

［美］戴维·艾伦·佩兹：《工程国家：民国时期（1927—1937）的淮河治理及国家建设》，美智芹译，江苏人民出版社2011年版。

［美］丹尼斯·伍德：《地图的力量》，王志弘等译，中国社会科学出版社2000年版。

［美］杜赞奇：《文化、权力与国家：1900—1942年的华北农村》，王福明译，江苏人民出版社2003年版。

［美］杜赞奇：《从民族国家拯救历史：民族主义话语与中国现代史研究》，王宪明等译，社会科学文献出版社2003年版。

［美］段义孚：《经验透视中的空间与地方》，潘桂成译，台北："国立编译馆"1998年版。

［美］段义孚：《空间与地方——经验的视角》，王志标译，中国人民大学出版社2017年版。

［美］郭颖颐：《中国现代思想中的唯科学主义（1900—1950）》，雷颐译，江苏人民出版社2010年版。

［美］何伟亚：《英国的课业：19世纪中国的帝国主义教程》，刘天路、邓红风译，刘海岩审校，社会科学文献出版社2007年版。

［美］柯博文：《走向"最后关头"——中国民族国家建构中的日本因素（1931——1937）》，马俊义译，社会科学文献出版社2004年版。

［美］柯文：《在中国发现历史——中国中心观在美国的兴起》，林同奇译，中华书局2002年版。

［美］克利福德·吉尔兹：《地方性知识：阐释人类学论文集》，王海龙等译，中央编译出版社2000年版。

［美］罗安妮：《大船航向——近代中国的航运、主权和民族建构（1860—1937）》，王果、高领亚译，社会科学文献出版社2021年版。

［美］马士：《中华帝国对外关系史（第2卷）》，张汇文等译，商务印书馆1963年版。

［美］威廉·埃德加·盖洛：《扬子江上的美国人》，晏奎译，山东画报出版社2008年版。

［美］余定国：《中国地图学史》，姜道章译，北京大学出版社2006年版。

［美］R. J. 约翰斯顿：《地理学与地理学家》，唐晓峰等译，商务印书馆1999年版。

［日］滨下武志：《近代中国的国际契机》，朱荫贵等译，中国社会科学文献出版社1999年版。

［日］海野一隆：《地图的文化史》，王妙发译，新星出版社2005年版。

［日］沪友会编：《上海东亚同文书院大旅行记录》，杨华等译，商务印

书馆 2000 年版。

［日］松浦章：《清代内河水运史研究》，董科译，江苏人民出版社 2010 年版。

［日］外山三郎：《日本海军史》，龚建国、方希和译，殷宪群、许运堂校，解放军出版社 1988 年版。

［英］安东尼·吉登斯：《现代性的后果》，田禾译，译文出版社 1999 年版。

［英］彼得·伯克：《图像证史》，杨豫译，北京大学出版社 2008 年版。

［英］伯尔考维茨：《中国通与英国外交部》，江载华、陈衍译，商务印书馆 1959 年版。

［英］布莱基斯顿：《江行五月》，马剑、孙琳译，中国地图出版社 2013 年版。

［英］李约瑟：《中国科学技术史》（第五卷·地学·第一分册），《中国科学技术史》翻译小组译，科学出版社 1976 年版。

［英］萨拉·L. 霍洛韦、斯蒂芬·P. 赖斯、吉尔·瓦伦丁合编：《当代地理学要义——概念、思维与方法》，黄润华、孙颖译，商务印书馆 2008 年版。

［英］阿奇博尔德·约翰·立德：《扁舟过三峡》，黄立思译，云南人民出版社 2016 年版。

（三）论文

陈熙远：《长江图上的线索：自然地理与人文景观的历史变迁》，《"中央研究院"历史语言研究所集刊》第 85 本第 2 分，2014 年。

陈新立：《清代川江航运业中的纠纷与滩务管理》，《人文论丛》2012 年卷。

成一农：《社会变迁视野下的中国近代地图绘制转型研究》，《安徽史学》2021 年第 4 期。

邓晓：《对川江航运文化成因的讨论》，《中华文化论坛》2003 年第 3 期。

邓晓：《川江航运文化初探》，《中华文化论坛》2002 年第 2 期。

邓晓：《"川江号子"的文化内涵》，《中华文化论坛》2005 年第 1 期。

邓晓：《川江流域的物产、木船与船工生活》，《重庆师范大学学报》（哲学社会科学版）2005年第4期。

邓晓：《老重庆的城门与码头文化》，《重庆师范大学学报》（哲学社会科学版）2005年第1期。

丁一：《"源流派分"与"河网密切"——中国古地图中江南水系的两种绘法》，《中国历史地理论丛》2011年第3辑。

葛兆光：《古地图与思想史》，《中国测绘》2002年第5期。

葛兆光：《思想史研究视野中的图像：关于图像文献研究的方法》，《中国社会科学》2002年第4期。

韩昭庆：《中国地图史研究的"由今推古"及"由古推古"——兼评余定国〈中国地图学史〉》，《复旦学报》（社会科学版）2009年第6期。

侯德础：《抗战时期四川内河航运鸟瞰》《四川师范大学学报》（哲学社会科学版）1990年第3期。

华林甫：《十年来中国历史地理文献研究的主要成就》，《中国历史地理论丛》2011年第3辑。

黄宗智：《悖论社会与现代传统》，《读书》2005年第2期。

姜道章：《二十世纪欧美学者对中国地图学史之研究》，《汉学研究通讯》1998年第2期。

姜道章：《近九十年来中国地图学史之研究》，《地球信息》1997年第3期。

姜道章：《论传统中国地图学的特征》，《自然科学史研究》1998年第3期。

静石：《川江航行之行源及其近况》，《航业月刊》1933年第2卷第11期。

蓝勇：《传统制造名实类分无序与技术时代断层研究——以近代川江木船船型调查反映的现象为例》，《西南大学学报》（社会科学版）2019年第5期。

蓝勇：《对先进制造技艺与落后传承路径的反思——以历史上川江木船文献为例》，《历史研究》2016年第5期。

蓝勇：《近代川江木船情结与轮船制造力、航行权、利益权之考量》，

《江汉论坛》2018年第5期。

蓝勇:《近代川江木船主要船型流变及变化原因研究》,《四川大学学报》(哲学社会科学版)2018年第4期。

蓝勇:《近代日本对长江上游的踏察调查及影响》,《中国历史地理论丛》2005年第2辑。

蓝勇:《近代三峡航道图编纂始末》,《近代史研究》1994年第5期。

蓝勇:《难言之隐——清代内河救生慈善组织内部服务有偿化研究》,《社会科学研究》2018年第6期。

蓝勇:《清代长江救生红船的公益性和官办体系的衰败》,《学术研究》2013年第2期。

蓝勇:《清代长江上游救生红船制初探》,《中国社会经济史研究》1995年第4期。

蓝勇:《清代长江上游救生红船制续考》,《中国社会经济史研究》2005年第3期。

蓝勇:《清代滇铜京运对沿途的影响研究——兼论明清时期中国西南资源东运工程》,《清华大学学报》(哲学社会科学版)2006年第4期。

蓝勇:《清代滇铜京运路线考释》,《历史研究》2006年第3期。

蓝勇:《清代京运铜铅打捞与水摸研究》,《中国史研究》2016年第2期。

蓝勇:《三峡最早的河道图〈峡江图考〉的编纂及其价值》,《文献》1995年第1期。

蓝勇:《试论中国川江历史文化的世界性》,《中华文化论坛》2022年第4期。

蓝勇:《中国古代图像史料运用的实践与理论建构》,《人文杂志》2014年第7期。

蓝勇:《中国历史上特殊的地方志书——救生类专志》,《中国地方志》2015年第12期。

蓝勇、金兰中:《清乾隆〈金沙江全图〉考》,《历史研究》2010年第5期。

蓝勇、刘静:《晚清海关〈中国救生船〉与东西洋红船情结》,《学术研究》2016年第4期。

李良、李鹏：《历史记忆与貌写家山：〈蜀川胜概图〉中的景观叙述》，《装饰》2016年第10期。

李鹏：《近代长江上游巡江工司与川江内河航政建设》，《长江文明》2018年第2期。

李鹏：《近代海关对长江上游航道图的发售与编绘》，《长江文明》2018年第3期。

李鹏：《近代外国人对长江上游航道的地图测绘》，《中国历史地理论丛》2017年第2辑。

李鹏：《旧瓶装新酒：近代川江本土轮船公司的成立与〈最新川江图说集成〉的编绘》，《三峡大学学报》（人文社会科学版）2018年第6期。

李鹏：《乾隆朝金沙江工程与〈金沙江图〉的绘制》，《历史地理》2017年第1期。

李鹏：《清代民国重庆军事地图叙录》，《军事历史研究》2014年第2期。

李鹏：《清末民国川江航道图编绘的现代性》，《西南大学学报》（社会科学版）2017年第5期。

李鹏：《清末民国商务印书馆地图出版述论》，《苏州大学学报》（哲学社会科学版）2019年第6期。

李鹏：《清末民国中国历史地图编绘与民族国家建构》，《史林》2018年第1期。

李鹏：《图绘大川：晚清〈峡江救生船志〉航道图研究》，《学术研究》2020年第6期。

李鹏：《晚清民国川江航道图编绘的历史考察》，《学术研究》2015年第2期。

李鹏：《学术史视野下的北碚中国地理研究所》，《中国历史地理论丛》2014年第2辑。

李鹏：《追寻多样化的地方图景》，《中华文化论坛》2012年第3期。

李天元：《民生公司抗日物资强运记》，《四川文物》1987年第3期。

李源:《图像·证据·历史——年鉴学派运用视觉材料考察》,《史学理论研究》2010年第4期。

林宏:《中西长江口地理知识及地图绘制（10世纪中叶至20世纪初）》,博士学位论文,复旦大学历史地理研究中心,2016年。

刘秀生:《清代内河商业交通考略》,《清史研究》1992年第4期。

卢雪燕:《院藏彩绘本〈长江地理图〉:无边落木萧萧下,不尽长江滚滚来》,《故宫文物月刊》总第366期（2013年）。

鲁西奇:《"水利社会"的形成——以明清时期江汉平原的围垸为中心》,《中国经济史研究》2013年第2期。

聂宝璋:《川江航权是怎样丧失的?》,《历史研究》1962年第5期。

钱杭:《共同体理论视野下的湖湘水利集团——兼论"库域型"水利社会》,《中国社会科学》2008年第2期。

秦宝琦、孟超:《哥老会起源考》,《学术月刊》2000年第4期。

秦和平:《川江航运与啯噜消长关系之研究》,《社会科学研究》2000年第1期。

秦明智、林健:《甘肃省博物馆藏清顺治〈长江江防图〉》,《文物》1996年第5期。

邱澎生:《十八世纪滇铜市场中的官商关系与利益观念》,《"中央研究院"历史语言研究所集刊》第72本第1分,2001年。

屈平:《川江航运之过去及其现状》,《商学丛刊》1936年第2期。

谭刚:《抗战时期大后方的内河航运建设》,《抗日战争研究》2005年第2期。

谭刚:《清末民初川江轮船运输的兴起与济楚川盐运输近代化》,《盐业史研究》2006年第2期。

汪敬虞:《立德和川江的开放》,《中国经济史研究》1987年第4期。

汪前进:《地图在中国古籍中的分布及其社会功能》,《中国科技史料》1998年第3期。

王大学:《皇权、景观与雍正朝的江南海塘工程》,《史林》2007年第4期。

王笛:《晚清长江上游地区公共领域的发展》,《历史研究》1996年第

1期。

王纲：《乾隆金沙江通川河工程的历史经验教训》，《天府新论》1989年第6期。

王加华：《让图像"说话"：图像入史的可能性、路径及限度》，《史学理论研究》2021年第3期。

王立新：《"文化侵略"与"文化帝国主义"：美国传教士在华活动两种评价范式辨析》，《历史研究》2002年第3期。

王铭铭：《"水利社会"的类型》，《读书》2004年第11期。

王文君：《近30年来清代民国川江航运研究综述》，《中华文化论坛》2009年第2期。

吴松弟：《港口腹地与中国现代化的空间进程》，《河北学刊》2004年第3期。

吴松弟：《中国旧海关出版物评述——以美国哈佛燕京图书馆收藏为中心》，《史学月刊》2011年第12期。

吴松弟、方书生：《一座尚未充分利用的近代史资料宝库——中国旧海关系列出版物评述》，《史学月刊》2005年第3期。

夏明方：《十八世纪中国的"现代性建构"——"中国中心观"主导下的清史研究反思》，《史林》2006年第6期。

夏明方：《十八世纪中国的"思想现代性"——"中国中心观"主导下的清史研究反思之二》，《清史研究》2007年第3期。

夏明方：《一部没有"近代"的中国近代史——从"柯文三论"看"中国中心观的内在逻辑及其困境》，《近代史研究》2007年第1期。

行龙：《从"治水社会"到"水利社会"》，《读书》2005年第8期。

徐勇：《近代日本之扬子江扩张及其战争规划再研究》，《军事历史研究》2015年第1期。

许金生：《近代日本对长江航道军事谍报活动概述》，《民国档案》2013年第1期。

杨国安：《救生船局与清代两湖水上救生事业》，《武汉大学学报》（人文科学版）2006年第1期。

杨戒净：《四十年来之川江航行概况》，《中国航业》1941年第1卷第

1期。

姚伯岳：《论清代彩绘地图的特点和价值》，《中国典籍与文化》2007年第4期。

姚永超：《近代海关与英式海图的东渐与转译研究》《国家航海》2019年第2辑（总第23辑）。

姚永超：《中国近代海关的航海知识生产及其谱系研究》，《国家航海》2016年第3辑（总第16辑）。

姚永超：《中国旧海关海图的时空特征研究》，《历史地理》2014年第2期。

尹玲玲：《记长江三峡地质灾害后的江流与航道变迁——以1896年云阳县兴隆滩的滑坡灾害为中心》，《中国农史》2018年第4期。

尹玲玲：《历史时期三峡地区的城镇水资源问题与水利工程建设》，《华北水利水电学院学报》（社科版）2012年第5期。

尹玲玲：《论清末三峡云阳兴隆滩的滑坡灾害》，《史林》2015年第6期。

尹玲玲：《明代三峡地区地质滑坡对交通和社会的影响》，《中国历史地理论丛》2008年第4辑。

尹玲玲：《明清时期三峡地区环境变动下的驿传变迁与改革——关于三峡新滩地区的滑坡地质灾害之影响的个案考察》，《上海师范大学学报》（哲学社会科学版）2009年第2期。

尹玲玲：《试论宋代三峡新滩地区的滑坡灾害及其影响》，《中国社会经济史研究》2008年第4期。

尹玲玲：《新滩·新龙滩·兴隆滩——记清末三峡滑坡灾害后的一次地名与聚落演变》，《中国历史地理论丛》2017年第2辑。

袁琳等：《古代山水画中的地域人居环境与地景设计理念——宋〈蜀川胜概图〉（成都平原段）为例》，《中国园林》2014年第11期。

张佳静：《西方近代地图绘制法在中国——以地貌表示法和地图投影法为例》，博士学位论文，中国科学院大学，2013年。

张莉红：《尴尬的开放——近代长江行轮与重庆开埠》，《天府新论》1998年第2期。

张莉红:《近代外商在四川的投资活动》,《中国经济史研究》1993年第2期。

张永海、刘君:《清代川江铜铅运输简论》,《历史档案》,1988年第1期。

钟翀:《近代上海早期城市地图谱系研究》,《史林》2013年第1期。

钟翀:《中国近代城市地图的新旧交替与进化系谱》,《人文杂志》2013年第5期。

朱竑、刘博:《地方感、地方依恋与地方认同等概念的辨析及研究启示》,《华南师范大学学报》(自然科学版)2011年第1期。

邹爱莲:《关于清宫舆图》,《明清论丛》第2辑,紫禁城出版社2001年版。

三 外文文献类

(一) 英文

Archibald John Little, *Through the Yangtze Gorges*, Cambridge University Press, 2010.

Daniel Headrick, *The Tools of Empire*: Technology and European Imperialism in the 19*th Century*, Oxford University Press, 1981.

Gretchen Mae Fitkin, "The Great River: The Story of a Voyage on the Yangtze Kiang," *North-China Daily News & Herald*, 1922.

Henry Andrew Sarel, "Notes on the Yang-tsze-Kiang, from Han-kou to Ping-shan", *The Journal of Royal Society of London*, Vol. 32, 1862.

Igor Iwo Chabrowski, *Sing on the River: Sichuan Boatmen and Their work songs*, Brill, 2013.

Lyman P. Van Slyke, *Yangtze: Nature, history and the river*, Stanford Alumni Assoc. 1988.

Michael Gillam, "The Making of Cornell Plant The Pilot", *Journal of the Hong Kong Branch of the Royal Asiatic Society*, Vol. 43, 2003.

Nanny Kim, *Mountain Rivers, Mountain Roads: Transport in Southwest China, 1700 – 1850*, Brill, 2020.

"Obituary: Captain Thomas Wright Blakinston. R. A", *Proceedings of The Royal Geographical Society and Monthly Record of Geography*, Vol. 32, 1891.

S. Cornell Plant, *Glimpses of the Yangtze gorges*, Kelly & Walsh, 1921.

S. Cornell Plant, *Handbook for the Guidance of Shipmasters on the Ichang-Chunking Section of the Yangtze River*, Statistical Department of the Inspectorate General of Customs, 1920.

Thomas Wright Blakiston, *Five Months on the Yangtze*, John Murray, 1862.

2. 法文

Stanislas Chevalier, Le Haut Yang-tse: De I-tchang fou à P'ing-chan Hien en 1897 – 1898: Voyage et eescription: Complément de l'atlas du Haut Yang-tse (E. Guilmoto, 1899).

Stanislas Chevalier, Atlas du haut Yang-tse, de I-Tchang Fou à P'ing-Chan Hien (Lithographie de la Presse orientale, 1899).

（三）日文

東亞同文會《支那省別全志》第 5 卷，大正六年。

東亞同文會《支那省別全志》第 9 卷，大正七年。

水路部編:《揚子江水路誌》第 3 卷（中揚子江及上揚子江），東京水路部，昭和二年。

神田正雄:《四川省綜覽》，海外社，昭和十一年。

佐藤定勝:《支那大全》，誠文堂新光社，昭和十二年。

沖野亦男:《揚子江岸内》，第三艦隊司令部，昭和十五年。

后　记

　　这部书稿是在我博士论文的基础上修改而成的。无论如何，经过近两年断断续续的修订，这本书终于完成了，顿时有如释重负的感觉。尽管书稿还存在诸多问题，甚至在某些方面还有遗憾，自己也不太满意，但它毕竟承载了我读博期间乃至整个研究生阶段的学术记忆。因此，将其修改出版，一方面是当下职称评定的现实需要，另一方面也是对自己踏入学术之门的初步总结。需要说明的是，因为审阅进度的原因，书稿中原附的大量古旧地图，只得忍痛割爱，希望在拙著《长江舆图志》出版后能弥补这一遗憾。

　　自2009年考入西南大学历史地理研究所，追随蓝勇教授学习历史地理学，我就与《长江三峡历史地图集》有了不解之缘。从硕士阶段开始，在蓝师的耳提面命之下，我陆续参加了人口图组、航道图组的编绘工作。可以这样说，参编《长江三峡历史地图集》是我学术研究的起点，也是自己体悟历史地理学的开始。如果没有蓝师主持编绘《长江三峡历史地图集》，我也就不会对历史地图学与古旧地图研究产生浓厚的学术兴趣。

　　为了编绘这部历史地图集，蓝师出资让我前往中国国家图书馆、上海图书馆徐家汇藏书楼、重庆市图书馆、台北故宫博物院、"中央研究院"傅斯年图书馆查找资料，同时多次前往长江三峡从事田野考察。我也由此得以领会蓝师"尽全时空、人地互动、注重田野、关怀现实"的学术理念。在编图之余，蓝师还带着我们一起去逛北碚的美食，碓窝鸡、蓝氏鲫鱼、豆腐鱼、骑龙火锅……，现在一想起来就让我直流口水。累了的时候，大家还一起去爬缙云山，站在山间领略嘉陵江的美景，云淡

后 记

风轻、美不胜收。现在想来，这段编图的经历虽然辛苦，却是我最快乐的时光。尽管由于种种原因，我未能按照恩师的期望留在母所工作，但这里永远是我精神的故乡。

2016年完成博士论文答辩之后，我进入陕西师范大学中国史博士后流动站，在侯甬坚老师的指导下从事近代中国地图出版业的研究。侯师温文尔雅，学识渊博，颇有君子之风，促使我认真思考如何做一个合格的学者。我常想，自己在求学阶段能遇到两位恩师的指导，是多么幸福的事情！2018年顺利出站后，我很荣幸进入本校西北历史环境与经济社会发展研究院工作。史念海先生"有用于世"的学术理念，以及"宁可劳而不获，不可不劳而获"的研究信条，于我等晚学而言，都是宝贵的精神财富与珍贵的学术遗产。在此期间，我非常感谢王社教院长、马维斌书记、方兰副院长等院领导对我的支持和宽容；感谢朱士光先生与周宏伟、李令福、刘景纯、卜风贤、张力仁、史红帅、肖爱玲、张莉、侯海英、马玉玲、穆兰、豆建春、丁晓辉、毛慧、陈绍俭等本院全体老师对我的帮助；感谢薛滨瑞、高升荣、杜娟、屈亚婷、王向辉、梁红、洪海安、彭玥、刘思聪、郭明明老师在生活上给予的照顾。同时，亦感谢本校历史文化学院贾二强、李秉忠、李化成、拜根兴、黄寿成、王双怀、沙武田、介永强、黄正林、冯立君、胡耀飞、田武雄、侯亚伟、于海兵、李大伟等老师的鼓励。

自从事古旧地图研究与历史地图编绘工作，承蒙北京大学李孝聪先生、中国科学院大学汪前进先生提供诸多帮助。在我工作未定之时，李孝聪先生曾向上海师范大学推荐我，至今想起依旧感动不已。云南大学的陆韧老师一直希望我去云大工作，这份恩情我亦永记心间。重庆大学张瑾老师、云南大学张轲风老师、东南大学李昕升兄也曾伸出援手，我特别感谢他们！在我人生面临选择的时候，这是多么重要的支持！

我要感谢复旦大学张晓虹、邹振环、张伟然、安介生、杨伟兵、韩昭庆、孟刚、王哲、徐建平等诸位老师的提携；感谢北京大学阙维民先生的支持；感谢中国人民大学清史研究所华林甫、丁超、胡恒老师的鼓励；感谢山西大学张俊峰、胡英泽、李嘎、周亚、刘伟国老师的关心；感谢西南大学历史地理研究所杨光华、马强、朱圣钟、马剑等老师的培养；感谢中国社会科学院孙靖国、李花子、孙宏年老师与浙江大学杨雨蕾老师的鼓励；感谢太原师范学院王尚义、陈亚平、王杰瑜、王丽、李立等老师的厚爱；感谢上海师范大学钟翀老师与宁夏大学李新贵老师的鼓励；感谢中国地图出版社卜庆华老师与首都师范大学张萍老师的帮助；感谢西安外国语大学黄达远老师的关心；感谢西北大学徐卫民、吕卓民、李军、席会东老师的鼓励；感谢国家图书馆白鸿叶、台北故宫博物院卢雪燕两位老师的支持；感谢南开大学王利华老师与湖北大学黄柏权、郑晓云老师的提携。

  我还要感谢西南大学历史文化学院邹芙都、陈一容、袁从秀、谭刚、赵国壮、陈安民、李军等老师的帮助。感谢云南大学成一农老师、南京师范大学潘晟老师、原宜昌市委秘书长李明义先生、重庆长江航道局彭亚军老师一直以来的鼓励。感谢张景平、丁雁南、王耀、曹津永、梁志平、林宏、王永杰、孙景超、聂顺新、葛洲子、程森、耿金、霍仁龙、何沛东、杨迅凌、魏超、胡勇军、陈冰、王旭、李淮东、王大文、张岩等学界好友，多年来大家相互鼓励，及时分享学术信息。感谢大学好友李峻杰、吴小沛、李志伟长期的关心！本书的相关内容，曾陆续在《中国历史地理论丛》《历史地理》《学术研究》《西南大学学报》（社会科学版）《形象史学》《史林》《军事历史研究》《三峡大学学报》《长江文明》《文津学志》《国家航海》等刊物上发表，在此一并致谢！

  我还要感谢同门师兄师姐、师弟师妹，他们给了我家一般的温暖。在我博士论文的撰写过程中，黄权生师兄和罗权、陈俊梁、陈旭多次陪我进行考察；李良、姜立刚、彭学斌、梁勇、张勇师兄与舒莺、王文君、朱江琳师姐在生活上多有照顾。姜海涛、曾潍嘉、张铭、孙健、刘静、周妮、梁晓玲、李惠、宋祖顺、牟旭平、吴兆庆、乔天等师弟师妹也常提供帮助，如今大家天各一方，不知何时才能聚齐。我要特别感谢黄权生师兄与张亮师弟，买书缺钱的时候，师兄师弟都积极支持；心情郁闷的时候，也常与他们打电话。

  自我来到西京，师母蔡老师总是关心我在生活上有没有困难，让我倍感温暖。王晗、曹志红、吴朋飞、张祖群、徐冉、张佳静等师兄师姐亦给予了诸多帮助。马巍、祁剑青、武亨伟、刘闯、宋亮、张博、小林

后　记

雄河、路其首、梁陈、魏慧芳、扁阳阳、祝昊天、谢嘉琳、王国睿、吴曼玉、朱镇等师弟师妹一起去吃美食、一起谈天说地，一起钻研学术。杨郭强同学与田益凡同学也对我帮助不少。在我经济困顿之时，西南大学出版社卢渝宁老师、于诗琦师妹给予很多兼职机会，中国地图出版社《地图》杂志也常发表我的科普文章，对此我深表感谢！在本书的出版过程中，我还要感谢中国社会科学出版社宋燕鹏兄的辛苦付出！

多年来，我未能很好地回报家庭，父亲母亲、岳父岳母、姐姐姐夫却总是默默支持我的工作。内子辛苦持家，生活有时很清苦，对此我心怀愧疚。爱女元宝可爱调皮，她是我心中最温柔的部分，希望她能快快乐乐长大，平平安安一生。在本书最后修改的日子里，长江流域的旱情、重庆的山火一直令我揪心不已，好在已经得到控制。最后，我要特别感谢伟大的祖国，这是生我养我的故乡，寻河山而行，历万年不衰！侯师曾言，历史地理学是一门令人心胸宽广的学问，能找到自己一生事业所系，我心甚安！

2022.9.4
于陕西师范大学长安校区博物馆西辅楼

附记：在书稿最后修订之时，新冠疫情正肆虐神州大地，我亦未能幸免。一日浑浑噩噩间梦回渝城，遥望北碚缙云山云烟秀绝，群峰叠翠，缙云古刹塔景婆娑，夜雨铃脆，顿感人生之不易与往事之不可追。忽又忆及蒋捷《虞美人·听雨》一词，有云："少年听雨歌楼上，红烛昏罗帐。壮年听雨客舟中，江阔云低，断雁叫西风。而今听雨僧庐下，鬓已星星也。悲欢离合总无情，一任阶前点滴到天明"。多年前，余有幸与张诗亚先生同吟此词，一别经年，感慨良多，不知先生今日曾记否？谨以此书献给我的太老师何汝泉先生，惟愿老人家健康长寿！

2023.1.4
记于长安陋室